Yves Requena · Qi Gong

# Yves Requena

# QI GONG

*Das geheime chinesische Übungssystem*
*für Lebenskraft und Langlebigkeit*

Aus dem Französischen übertragen
von Dr. Frank Fiedeler

## Goldmann Verlag

Originaltitel: Qi Gong – gymnastique chinoise de santé et longévité
Originalverlag: Editions de la Maisnie (Guy Trédaniel), Paris

Deutsche Erstausgabe

Der Goldmann Verlag
ist ein Unternehmen der Verlagsgruppe Bertelsmann

Made in Germany · 1. Auflage · 11/92
© 1989 by Editions de la Maisnie (Guy Trédaniel), Paris
© der deutschsprachigen Ausgabe 1992 by Wilhelm Goldmann Verlag, München
Umschlaggestaltung: Design Team München
Umschlagfoto: Pretzl, München
DTP-Satz und Herstellung: Barbara Rabus
Druck: Graphischer Großbetrieb Pößneck
Lektorat: Diane von Weltzien
Redaktion: Christine Schrödl
ISBN 3-442-12191-4

# Inhalt

*Vierter Teil*

# Qi Gong in der Medizin

*Fünfter Teil*

# Jenseits des Qi Gong

*Sechster Teil*

# Praktische Ratschläge

# Danksagung

Seit einigen Jahrzehnten interessiert man sich im Westen für Akupunktur und wendet sie zur Behandlung von verschiedenen Krankheiten an. Daß Meridiane und Akupunkturpunkte existieren, wird aufgrund der Heilungserfolge nicht mehr bezweifelt. Es liegt deshalb nahe, das Augenmerk auch auf die chinesische Methode zu richten, mit der man diese Leitbahnen und Energiepunkte unmittelbar im eigenen Körper spürt. Qi Gong ist dafür der Schlüssel, und ich bin überzeugt, daß von allen Körperübungen Qi Gong die wirkungsvollste ist, um diese spezielle Art der Wahrnehmung zu erlernen.

Qi Gong umfaßt darüber hinaus medizinische und therapeutische Anwendungen sowie zahllose wirkungsvolle Heilverfahren, die in Zukunft zu erforschen, zu bewerten und zu lehren sein werden. Mit ihnen wird sich die medizinische Fachwelt noch auseinanderzusetzen haben.

Als Arzt war es mir ein Bedürfnis, diese noch relativ neue Methode im Westen vorzustellen und dabei auch auf einige wenige Risiken aufmerksam zu machen, die man jedoch umgeht, wenn man die Übungen korrekt ausführt.

Für das Zustandekommen dieses Buches danke ich all jenen, die mich unterwiesen oder mir geholfen haben, und vor allem meinem Freund Jake Fratkin, der mich in die Praxis des Qi Gong eingeführt hat. Ich habe diesen ruhigen und fröhlichen Amerikaner 1983 in Washington bei einem Akupunktur-Kongreß kennengelernt, wo er morgens vor dem Beginn der Vorträge Qi-Gong-Übungen anbot. Daraufhin habe ich Jake eingeladen, nach Frankreich zu kommen, um einige Seminare abzuhalten. Jake hat sich das Qi Gong und das Tai Ji Quan mit der Hilfe von etwa zehn chinesischen Meistern in den USA erarbeitet. Danach verbrachte er mehrere Monate in China, um in Peking seine Ausbildung zu vervollständigen und um zusätzlich eine Reihe von Heilverfahren und das medizinische Qi Gong (Fa Gong) zu erlernen.

Die Übungen, die er mir gezeigt hat und die das Grundprogramm dieses Buches darstellen, sind, nachdem ich mir einen Überblick über die verschiedenen Richtungen des Qi Gong verschafft habe, meiner Ansicht nach grundlegend und können für sich stehen. Aber das Qi Gong ist eine Kunst mit unerschöpflichen Möglichkeiten und Variationen, und jeder Lehrer drückt ihm den Stempel seiner Persönlichkeit auf.

Ich danke gleichermaßen Peter Moy, einem chinesischen Freund, der in New York geboren ist und Qi Gong in Chinatown und später in Shanghai gelernt hat. Als ein ausgezeichneter Lehrer, der seltene Formen des Qi Gong und Tai Ji beherrscht, hat er mich mit seiner chinesischen Frau, Ming Jie Chiang, die am Qi-Gong-Institut von Shanghai ausgebildet wurde, bekannt gemacht und mit seinem taoistischen Lehrer, Meister Hsien Yuen, dem ich meine tiefe Verehrung bekunde.

Für Unterweisungen, Ratschläge und Informationen danke ich auch George Shen, Professor der Medizin und Direktor des Qi Gong-Instituts in Shanghai. Darüber hinaus gilt mein Dank allen Lehrern des Instituts; dem Meister Yang Jwing Ming aus Boston, mit dem mich eine aufrichtige und offene Beziehung verband, die es mir möglich machte, die Übungen besser zu verstehen und anzuwenden; Ma Chun, einem in China sehr bekannten Meister, den in New York zu treffen ich das Glück hatte; den Pekinger Professoren Song Tian Bin und Li Xao Ming für ihren Unterricht in Frankreich; Professor Gu Mei Chen ebenso wie Hu Bao Yan, T. K. Shih, Si Fu Ken Lo, Tom Tham; und schließlich dem thailändischen Meister Mantak Chia und seinen Lehrern Gunther Weil, Rylin Malone und Jian Lin, die mir ein noch tieferes Verständnis des Qi Gong erhellt haben.

Ich möchte auch Zhang Ming Wu und Sou Xing Yuan erwähnen, die das bemerkenswerte Buch *Chinese Qigong Therapy* geschrieben haben, das den Geist des therapeutischen Qi Gong vermittelt, und die heute mit Krebskranken in einem achtzig Kilometer von Peking entfernten Krankenhaus beachtliche Arbeit leisten.

Mein amerikanischer Verleger Bob Felt und seine Frau Marta haben alles getan, um mir die Arbeit in den USA zu erleichtern und mir die Bücher zu beschaffen, die ich wollte, wobei sie mir auch zur Entdeckung all derjenigen verhalfen, die ich noch nicht kannte ...

Folgende Freunde haben mich beherbergt und mir Begegnungen mit Experten und Forschern der Harvard-Universität ermöglicht, die über das Thema arbeiten: David Eisenberg, Robert Samson, Herbert Benson, die ich in Dankbarkeit für ihr Entgegenkommen und ihre freimütige Zusammenarbeit grüße.

Ein herzliches Dankeschön an Jean Simonet, Arzt und Akupunkteur, John Squier, Qi-Gong-Lehrer in Paris, und Chantal Hou, die sich freundlicherweise für die Illustrationen zur Verfügung gestellt haben.

Mit großer Dankbarkeit erinnere ich mich an den aufopfernden Einsatz und die kompetente Unterstützung meiner Lebensgefährtin Nicole bei der Konzeption und Realisation dieses Manuskripts.

Der Zwischenraum zwischen Himmel und Erde
ist wie eine Flöte,
leer und fällt doch nicht zusammen;
bewegt kommt immer mehr daraus hervor.
Aber viele Worte erschöpfen sich daran.
Besser ist es, das Innere zu bewahren.

*Tao Te King,* 5. Abschnitt

*Erster Teil*

# Die Geschichte
# des Qi Gong

# Erste Begegnungen mit Qi Gong

Im Jahr 1981, ein paar Tage vor der Abreise von Präsident Mitterand nach China, brachte das französische Fernsehen eine Reportage über die Volksrepublik und insbesondere einen langen Bericht über das Qi Gong.

- Erste Sequenz: Gemeinsames Training von Qi Gong und Tai Ji Quan. Geschmeidige Kampfspiele in den Parks von Peking.
- Zweite Sequenz: Eine Person liegt steif ausgestreckt in der Horizontale zwischen einem Stuhl und einer Kommode – zur Stärkung ihrer Gesundheit.
- Dritte Sequenz: Ein Kranker sitzt in einem Raum bei verschlossener Tür. Im angrenzenden Zimmer konzentriert sich ein Student des Qi Gong und diagnostiziert, ohne die betreffende Person zu sehen, eine Hüftverletzung. Eine exakte Diagnose per Telepathie: Die Tür wird geöffnet, und die Person kommt hinkend herein.
- Vierte Sequenz: Eine Studentin konzentriert sich auf den Namen eines Kranken, der sich in einhundert Kilometer Entfernung befindet. Sie diagnostiziert Magenkrebs im Endstadium: »Man kann nichts mehr für ihn tun«, sagt sie. Die Überprüfung ergibt, daß der Patient tatsächlich an dieser Krankheit leidet. Er stirbt einige Tage später.
- Fünfte Sequenz: Exakte Diagnose eines Qi-Gong-Meisters durch Beobachtung eines Patienten, der auf Video gefilmt wurde.
- Sechste Sequenz: Doktor Heng, ein Mann mit außerordentlich magnetischen Augen, lenkt durch sein Qi die vor ihm sitzenden Kranken aus der Entfernung, indem er seine Hände und Arme in der Luft hin und her bewegt. Wie an unsichtbaren Fäden gezogen, bewegen sich die Kranken unter der Wirkung des Qi in einem Zustand tiefer Entspannung. Aufgrund der Behandlung macht ein Patient, der an Bandscheibenvorfall leidet und der von zwei Personen gestützt hereingebracht wurde, akrobatische

Übungen auf seinem Bett und kann sich später ohne Hilfe erheben. Nach einigen Sitzungen wird der Kranke geheilt sein.

– Siebte und letzte Sequenz: Lin Hou Sheng hält Daumen und Zeigefinger seiner rechten Hand über einen Patienten, an dem man eine Schilddrüsenoperation vornimmt. Das geschieht im Juni 1981; es ist die fünfzehnte Operation dieser Art, bei der die Anästhesie mittels Qi Gong durchgeführt wird. Der Meister sendet sein Qi durch seine ausgestreckten Finger auf den Operationsbereich und steht ungefähr einen Meter vom Patienten entfernt.

An diesem Abend hält Qi Gong über das Fernsehen seinen Einzug in Frankreich, wie übrigens auch fast zur gleichen Zeit in den übrigen Ländern Europas.

# Der Ursprung des Qi Gong

Die ältesten Hinweise auf die chinesischen Körperübungen finden sich in dem berühmten Werk *Nei Jing,* der Bibel der Akupunkteure. Das *Nei Jing* enthält die medizinischen Ratschläge des Arztes Qi Bo an den Gelben Kaiser (Huang Di), den Begründer der chinesischen Kultur, der um 2600 v. Chr. gelebt hat. Das Buch wird von Historikern heute auf die Han-Zeit datiert, das heißt um das Jahr 200 v. Chr.

Dieses große Werk beginnt mit einer der besten Einführungen in das Qi Gong, und es ist trotz seines hohen Alters aktuell geblieben.

»Es war einmal ein Kaiser mit Namen Huang Di. Von Geburt an mit Scharfsinn begabt, redegewandt von klein auf, wurde er mit dem Eintritt in das Jünglingsalter weise, nahm an Rechtschaffenheit und Feinsinnigkeit zu, und nachdem er sein Werk vollendet hatte, stieg er zum Himmel auf (erstieg er im Mannesalter den Thron des Himmelssohnes).

Er spricht zum erhabenen Meister Qi Bo:

– Man hat mir berichtet, daß die Menschen im frühen Altertum

hundert Jahre lebten, ohne daß ihre Lebenskraft schwächer
geworden wäre. Bei den Menschen von heute lassen die Kräfte
schon mit fünfzig Jahren nach. Ist das so, weil die Zeiten sich
geändert haben, oder ist es die Schuld der Menschen?

– Dem Tao folgend, richteten sich die Alten nach Yin und Yang.
Sie waren maßvoll in ihrer Ernährung und in ihren Tätigkeiten.
Sie vermieden die Überforderung, gaben acht, ihrem Körper und
ihrem Geist nicht zu schaden, und versetzten sich so in die Lage,
hundert Jahre zu leben. Die Menschen heutzutage handeln nicht
mehr in gleicher Weise, sie betrinken sich mit Alkohol, sind
vermessen und verschwenderisch. Die Leidenschaften erschöpfen ihre Lebenskraft und vergeuden ihren natürlichen Atem.
Unersättlich und unbedacht, liefern sie sich ihren Neigungen
aus, widersetzen sich den wahren Freuden des Lebens, erregen
sich ohne Maß und erschöpfen sich vor der Zeit.

2 Laotse

Die Weisen des hohen Altertums lehrten jeden, rechtzeitig die ›widernatürlichen Formen der Erschöpfung und die Piratenwinde‹ zu meiden und durch Ruhe und Konzentration ihren natürlichen Atem zu kontrollieren, um ihren Geist im Inneren zu halten, damit sie den Krankheiten keine Angriffsfläche bieten. Dank der Mäßigung der Triebe und der Zurückhaltung der Gelüste bleibt das Herz in Frieden und ungestört; der Körper arbeitet, ohne sich zu erschöpfen; der Atem folgt einem regelmäßigen Lauf, und jedes von ihnen ist befriedigt.

Indem sie ihre Nahrung zu würdigen wußten, zufrieden mit ihrer Kleidung und fröhlich in ihrer Einfachheit lebten, ohne Verlangen nach besseren Lebensbedingungen, waren die Menschen das, was man ›einfach‹ nennt. Keine Begehrlichkeit trübte ihren Blick, keine Unordnung befiel ihr Herz.

Gewöhnliche Menschen oder Gelehrte, klug oder nicht, alle hielten sich von inneren Erschütterungen fern, denn sie stimmten mit dem Tao überein. Sie erreichten ein Alter von hundert Jahren, ohne daß ihre Lebenskraft nachgelassen hätte, weil ihre Tugend nicht nachließ.«

Da Huang Di vom »frühen Altertum« spricht, ist zu vermuten, daß sich die erwähnten Ereignisse mindestens 2000 Jahre v. Chr. zugetragen haben. Tatsächlich wird übereinstimmend angenommen, daß die taoistische Weisheit 5000 Jahre alt ist.

Im *Nei Jing* finden sich andere wichtige Hinweise wie: »Man muß die Lebensessenz atmen, seine Atmung regulieren, um seinen Geist zu schützen und die Muskeln entspannt lassen ...«

In einem Kapitel über Therapie heißt es: »Diejenigen, die an Kreuzschmerzen leiden, sollen folgende Übung machen, um von ihrer Krankheit geheilt zu werden: Aufrechtstehend, mit dem Gesicht nach Süden, morgens bei Tagesanbruch siebenmal einatmen, ohne an etwas anderes zu denken.«

## Die Spuren der Vergangenheit

Man hat noch andere Zeugnisse gefunden, die Aufschlüsse über die Körperübungen und die Atemtechniken im frühen China geben. Der Historiker Guo Moruo, ehemals Präsident der Chinesischen Akademie der Wissenschaften, hat Anweisungen für Atemübungen in Schriften aus der Bronzezeit entschlüsselt, die auf die Chou-Dynastie (1100 bis 221 v. Chr.) zurückgehen.

Eine Ausgrabung hat in Changsha, der Hauptstadt der Provinz Hunan, zur Entdeckung eines sehr aufschlußreichen Textes geführt, der auf das Jahr 168 v. Chr. zurückgeht, und, auf Seide geschrieben, die Übungen des Dao Yin darstellt. Achtundzwanzig farbige Zeichnungen von den ursprünglich vierzig, die der Text enthalten haben müßte, zeigen Übungen, die von jungen und alten Männern und Frauen ausgeführt werden. Manche Figuren lassen Bewegungen erkennen, die später von Tchong Zu beschrieben wurden und fünf Tiere nachahmen. Alle Bewegungen werden in Kombination mit der Atmung gezeigt.

## Dao Yin, Hsing Qi, Kung Fu

Dao Yin ist also die früheste Bezeichnung für die energetischen Körperübungen des alten China. Wörtlich bedeutet Dao Yin »Führer, Leiter des Qi«.

Der mythische taoistische Meister Ning, Schutzpatron der Töpfer, würde übrigens das Dao Yin vom Hsing Qi unterscheiden. Die erstere Technik reguliert ihm zufolge die Innenzirkulation, während die zweite die äußere Zirkulation beeinflußt.

Im Laufe der Jahrhunderte wurde der Begriff Dao Yin für die Gesamtheit der Körper- und Atemübungen aufgegeben. Als Dao Yin werden heute nur noch die Selbstmassagen bezeichnet, die zu den speziellen Techniken bei den Körperübungen gehören. Im Japanischen heißt der Begriff Do-In, allen wohlbekannt, die die Massage an den Akupunkturpunkten oder Shiatsu praktizieren. Im Chinesischen bezeichnet Dao Yin nur die Selbstmassage. Die Massage, die an jemand anderem praktiziert wird, trägt die Bezeichnung An Mo oder auch Tui Na.

Das Wort Kung Fu, das sehr spät in der chinesischen Kultur auftaucht, hat den Begriff Dao Yin zur Bezeichnung der Gesamtheit der energetischen Übungen und darüber hinaus der gesamten alchimistischen Techniken zur Lebensverlängerung und Verbesserung der Gesundheit ersetzt. Kung Fu wird mit »Ergebnis verdienstvoller Arbeit« übersetzt. Es bedeutet wörtlich »vollendete Durchführung«; daher kommt auch der Name des Weisen Konfuzius oder K'ung-fu-tzu.

Unter der Bezeichnung Kung Fu ist die Gesamtheit der östlichen Körperübungen seit dem 18. Jahrhundert im Westen eingeführt worden. Jedoch hat dieser Begriff seinerseits eine Bedeutungseinschränkung erfahren, so daß er heute nur noch Kampftechniken bezeichnet.


## Hua Tuo, der Vater der »Fünf Tiere«

Im Laufe der Jahrhunderte hat sich die Tradition der energetischen Übungen beständig erweitert und ist reichhaltiger geworden. Hua Tuo, ein berühmter Arzt aus der Zeit der »Drei Reiche«, lebte von 190 bis 265 und war einer der legendären Meister des alten China. Seine Ansichten über den menschlichen Körper geben Aufschluß darüber, mit welcher Geisteshaltung man seit dieser Zeit des Qi trainierte:

»Der menschliche Körper hat ein natürliches Bedürfnis zu arbeiten, in Tätigkeit zu sein. Jedoch darf man ihn nicht bis zur Erschöpfung treiben. Durch ein gewisses Maß an Arbeit kann die Energie, die aus der aufgenommenen Nahrung gewonnen wird, wirkungsvoll verteilt werden. Wenn das Blut ungehemmt durch die Adern zirkuliert, kann die Krankheit sich nicht festsetzen. So ist der Körper wie eine Tür, die an Scharnieren aufgehängt ist; wenn sie regelmäßig benutzt wird, wird sich nie Rost ansetzen.«

Inspiriert durch die Natur, deren Weisheit ein Vorbild für die alten Chinesen war, erfand Hua Tuo das Wu Qin Xi oder das »Spiel der fünf Tiere«, das die Bewegungen des Tigers, des Bären, des Hirsches, des Affen und des Vogels nachahmt (Abb. 3).

Aber diese Bewegungen sind nicht nur auf äußere Gebärden beschränkt, denn sie verbinden sich mit der »inneren Arbeit« oder »der Arbeit des Atems« (chinesisch: Nei Gong). So wurde die Methode der »Fünf Tiere« bereits als eine Arbeit an den »Drei Schätzen« betrachtet: dem Jing, dem Qi und dem Shen, das heißt der Essenz, dem Atem und dem Geist.

Diese Übungen sind im Laufe der Zeit in ihrer medizinischen Form vervollkommnet worden. Sie zählen zu den ältesten körperlichen

3 Wu Qing Xi
(»Spiel der fünf Tiere«)

Übungsmethoden und werden bis heute praktiziert. Aber sie sind auch von Bedeutung, weil sie dem Wu Shu zugrunde liegen, der Kunst des Kampfes und des Körpertrainings. Sie sind also eines der ersten Beispiele für eine Methode, die sowohl in der Medizin wie auch in der Kampfkunst Anwendung findet.

# Die vier Schulen des Qi Gong

Um die Entwicklung des Qi Gong zu verstehen, ist es notwendig, den Einfluß der verschiedenen kulturellen Strömungen und historischen Epochen zu berücksichtigen.

Grundsätzlich unterscheidet man vier Strömungen oder Schulen: die taoistische, die konfuzianische, die buddhistische und die medizinische. Allerdings hat diese Unterscheidung nur relative Gültigkeit, weil sie nicht die Entwicklung des Qi Gong als Kampfkunst einbezieht, die mit jeder der Schulen in Verbindung steht. Sie läßt auch die Beziehungen zwischen den einzelnen Schulen aus dem Blick – die taoistische und die medizinische Schule sind direkt verbunden – und ebenso, daß es einen vielfältigen Austausch zwischen Taoisten und Buddhisten gab und daß die verschiedenen Stile in der Praxis aufeinander aufbauen.

## Die taoistische Schule

Laotse, eine mythische Figur des Altertums, dessen Existenz gleichwohl nachgewiesen ist, hat im 6. Jahrhundert v. Chr. gelebt. Man betrachtet ihn als Autor des *Tao Te King*. Es heißt, daß er mit Konfuzius (um 551 bis um 479 v. Chr.) zusammentraf, und bei Su Ma Tahu, dem ersten Historiker Chinas (um 100 v. Chr.) wird sogar ein Dialog wiedergegeben. Allerdings äußerte dieser Historiker selbst Zweifel an der Existenz des Meisters.

Wie dem auch sei, das *Tao Te King* bleibt eines der am häufigsten übersetzten Bücher der chinesischen Literatur. Im Abschnitt 10 dieses Werkes werden Körpertechniken erwähnt, die die Lebensdauer verlängern:

»Kannst du deine Seele bilden, daß sie das Eine umfängt, ohne sich zu zerstreuen?

Kannst du deine Kraft einheitlich machen und die Weichheit erreichen, daß du wie ein Kindlein wirst?«

Das sind, neben dem *Nei Jing*, die ältesten Hinweise, die es zur Theorie und Praxis taoistischer Körperübungen gibt. Es folgten zahlreiche Meister, wie zum Beispiel der berühmte Chang Zu, der in seinem *Nan Hua Jing* (300 v. Chr.) schrieb, daß der wahre Mensch bis zu den Fersen atme.

Der Taoismus stützt sich auf die Existenz eines Energiekörpers, die Zirkulation des Qi und des Blutes, auf die Funktionen der fünf Sinnesorgane und der sechs inneren Organe in Übereinstimmung mit den kosmogonischen Theorien der »Fünf Elemente« und der »Sechs Energien«.

Die Körperübungen sind Teil der Kunst der Vorbeugung, um den Körper stets bei guter Gesundheit zu halten. Ihre medizinische Weiterentwicklung wurde zum therapeutischen Qi Gong, das darauf abzielt, die Selbstheilung und die Kraft des Organismus zu stärken. Das therapeutische Qi Gong entstand als eigenständige Disziplin der chinesischen Medizin, neben der Akupunktur, der Moxibustion, der Arzneikunde, der Diätetik, den Massagen und Handgriffen des Dao Yin und An Mo.

Aber im eigentlichen Sinn werden die Übungen mit dem Ziel praktiziert, die Energien des Körpers zu verfeinern, um in höhere geistige Ebenen und durch Intuition und innere Visionen zu einem transzendentalen Wissen zu gelangen. Dieses Verfahren wird Alchimie genannt. Die Chinesen sind im übrigen die Erfinder der Alchimie. Die Alchimie der Metalle, die später von den Arabern in den Westen eingeführt wurde, wird von den Chinesen als äußere Alchimie, Wai Dan, bezeichnet, im Gegensatz zu jener inneren Alchimie, Nei Dan, der körperlichen und spirituellen Übungen.

Bei der inneren Alchimie stellen das Jing, das Qi und das Shen die »Drei Schätze« des Körpers dar. Das Jing, die Essenz, wird im unteren Kessel, Dan Tian, dem Energiezentrum unterhalb des Nabels, in Qi transformiert. Von dort muß es durch Konzentration in den »Mittleren Erwärmer« geleitet werden, der dem Solarplexus oder auch dem Thorax, dem zweiten Kessel, entspricht. Die in Qi verwandelte Kraft des Jing soll so den Schüler in die Lage versetzen, diese Energie auf der Ebene des Dritten Auges, dem dritten Kessel, zu Shen, das heißt in ein spirituelles Prinzip, zu sublimieren. Diese drei Ebenen tragen die Bezeichnung »Zinnoberfelder«, ein alter Begriff aus der inneren Alchimie.

Diese Etappen der alchimistischen Umwandlung beruhen auf der Beherrschung der Atmung, verbunden mit der gedanklichen Bewußtmachung und der körperlichen Empfindung des Qi, der Energie, die in den Leitbahnen und im Inneren des Körpers zirkuliert. Die Übungen können in verschiedenen Positionen durchgeführt werden: im Liegen, Sitzen oder Stehen.

Diese ursprünglichen Techniken des Taoismus sind lebendig geblieben, wobei sie im Laufe der Jahrhunderte Abwandlungen erfahren haben und perfektioniert wurden. Sie stellen die Grundlage dessen dar, was man als chinesisches Yoga bezeichnen könnte. Diese Methoden, die noch immer praktiziert werden, sind das Herzstück des Qi Gong. Sie werden am Ende des Buches ausführlicher besprochen.

Aus der taoistischen Literatur zum Qi Gong sind mehrere Texte und einige berühmte Übungen erhalten geblieben. Erwähnenswert ist eine Abhandlung des taoistischen Meisters Zhao Bi Chen, vor relativ kurzer Zeit geschrieben und von Catherine Despeux ins Französische übersetzt, die die immer noch große Kraft des Taoismus bezeugt. Aus der ferneren Vergangenheit stammt das Schlüsselwerk *Thai Jing Dao Yin Yang Sheng Jing* (»Handbuch über die Stärkung der Lebenskraft durch körperliche Übungen und Selbstmassagen«), eine Sammlung, die auf die Zeit zurückgeht, die zwischen dem Ende der Tang-Dynastie und der ersten Sung-Dynastie liegt.

Der Text enthält keine Illustrationen. Die langsamen, konzentrierten Übungen, die die Bewegungen des »Kranichs« und der »Schildkröte«, die für ihre Langlebigkeit bekannt sind, nachahmen, werden nur beschrieben. Der Schüler soll sie mit Konzentration ausführen und aufhören, bevor er schwitzt. So lautet die Empfehlung der Taoisten, die im Schweiß ein Zeichen des Verlusts von Qi und damit der Vitalität sahen. Ganz wie bei Hua Tuo sollen die Übungen in natürlicher Weise durchgeführt werden, so wie eine Tür in den Angeln bewegt wird. Diese langsame und maßvolle Art, sich bei den Übungen zu bewegen, wird Nei Dan genannt. Sie hat im Lauf der Jahrhunderte zu einem Stil des Qi Gong geführt, den die Chinesen heute das weiche oder entspannte Qi Gong nennen, das Qi Gong der inneren Nahrung (Nei Yang Gong). Später sollte es dann das Tai Ji Quan inspirieren. Das Nei Dan, die innere Alchimie, stellt auch einen Stil der Kampfkünste dar, bei dem der Akzent mehr auf der inneren Beherrschung des Atems liegt, als auf der Muskelstärke und der Kraft der ausgeteilten Schläge.

Ein anderer Text beschreibt eine berühmte Technik, die in allen aktuellen Lehrbüchern des Qi Gong erwähnt wird: Ba Duan Jin Fa (»Acht anmutige Übungen« von Chun Li Chuan, die in diesem Buch beschrieben werden). Dieser Text stammt aus dem 8. Jahrhundert.

In den vergangenen Jahrhunderten waren die großen Mediziner oft berühmte taoistische Weisheitslehrer und Eingeweihte. Daher kann man in manchen Klassikern der Akupunktur auch etwas über körperliche und spirituelle Techniken lesen. Pien Cho beschreibt im *Nan Jing* Atemübungen, Chang Chun Gien und Wei Bo Yang stellen in ihren Werken neben den Anweisungen für die Akupunktur ebenfalls einige Techniken vor. Das ist auch der Fall bei Sun Su Miao aus der Tang-Dynastie (618 bis 907), der in seinem Klassiker, *Rezepte, die tausend Goldstücke wert sind,* eine Methode beschreibt, um das Qi zu leiten: »Um seinen Geist auf die Atemübung vorzubereiten, muß man sich in einem ruhigen Raum aufhalten, die Tür schließen, eine warme Matte zurechtlegen mit einem Kopfkissen, das ungefähr zweieinhalb Daumen dick ist, sich flach auf den Rücken legen, die Augen schließen und dann tief mit dem Zwerchfell atmen, in der Weise, daß eine Feder, die vor den Nasenlöchern liegt, sich nicht bewegt. Dreihundertmal atmen, bis die Ohren kein Geräusch mehr wahrnehmen, die Augen nichts mehr sehen und kein Gedanke mehr durch den Sinn geht.«

Sun Su Miao verdankt man auch die Ausarbeitung der »Sechs heilenden Laute«, eine Technik, die eine Körperhaltung mit einem bestimmten Laut für jedes der Hauptorgane verbindet.

Je größer also die Beherrschung des Qi, desto größer war die Kunst der Medizin. Und die Heilkundigen der Frühzeit hinterließen in China ein kostbares Erbe von Übungen, die zusammengestellt wurden, um es den Schwachen und vor allem den Kranken zu ermöglichen, ihr Qi zu stärken und sich zu heilen. Diese Tradition ist bis heute in China lebendig geblieben, wo weiterhin neue Formen etwa zur Behandlung von Krebs und chronischen Krankheiten erprobt werden.

## Die konfuzianische Schule

Parallel zum Taoismus und mit vielen Anleihen bei ihm hat eine andere kulturelle Strömung, die auf den Lehren des Konfuzius basiert, die Praxis des Qi Gong beeinflußt. Die moralischen Gesetze und Prinzipien des Konfuzius beeinflußten die chinesische Gesellschaft seit der Zeit der »Streitenden Reiche«, und sie sind in den chinesischen Sitten noch heute lebendig. Konfuzius (um 551 bis um 479 v. Chr.) hat die Zeit des Niedergangs erlebt, die der Epoche der »Streitenden Reiche« am Ende der Han-Dynastie voranging, als sich das feudale Kaisertum formierte. Von daher begründen sich sein Wille zu Reformen und sein Werk. Seine Arbeit und seine Ideen wurden von Menzius (372 bis 289 v. Chr.) aufgegriffen.
Konfuzius' Auffassung des Qi Gong und der körperlichen Übungen unterscheidet sich nicht sehr von der des Juvenal, dem man im Westen die Maxime »mens sana in corpore sano« verdankt. Konfuzius unterstützte die Praxis der körperlichen Übungen, denn sie erhöhen seiner Ansicht nach die Lebenskraft, formen den Charakter, stärken die guten Angewohnheiten, rotten die schlechten Neigungen des Individuums aus und schenken ihm die Tugend der Loyalität. Konfuzius lehrt, daß der Körper, den wir von den Eltern bekommen haben, »heil und ganz« in den Bereich eingehen soll, der dem Tod untersteht. Vor diesem Hintergrund konzentriert sich das Qi Gong auf die Beherrschung des Denkens, auf die Wahrhaftigkeit und moralische Kraft.
Trotz dieser Betonung des dogmatisch Moralischen war das angestrebte Ziel in der Praxis nicht weit von dem der Taoisten entfernt, nämlich das innere Gleichgewicht fern jeder Leidenschaft herzustellen: »Wenn es keine Störungen durch Willen, Zorn, Trauer oder Freude gibt, spricht man von einem Zustand des Gleichgewichts. Dieses Gleichgewicht ist die Wurzel, aus der alle Handlungen der menschlichen Wesen in der Welt erwachsen.«
Dse Sse, ein Schüler von Konfuzius, hat zwei grundlegende Begriffe

im Konfuzianismus eingeführt, die auch für die Praxis des Qi Gong von Bedeutung sind: Chung und Yung.

Chung ist die Kraft des Gleichgewichts oder »ohne Strebungen nach rechts oder links sein«. Das muß als Mäßigung in allen Dingen verstanden werden. Nichts ist verboten: Getränke, Gewürze, bequeme Kleidung, aber nirgendwo wird übertrieben, weder in der Askese noch im Luxus oder in der Wollust. Diese Tugend kommt also der angemessenen Haltung nahe, die im Mahayana-Buddhismus als »Weg der Mitte« empfohlen wird, des »Nichts-im-Übermaß«, und sie ist dem »Nicht-Handeln« des Taoismus verwandt.

Yung meint »die Fortführung ohne Veränderung« oder die Ausdauer: »Man darf den guten Weg nicht einen Augenblick lang verlassen; wenn man davon abweichen kann, ist es also nicht der gute Weg.«

Yung erinnert an die Tugend (Paramita) der Disziplin des Buddhismus, wobei das Bestreben, die richtige Lebenshaltung vorzugeben, nicht das Hauptanliegen der taoistischen Lehre ist. Der Taoismus überläßt es der Natur des Menschen, seine Handlungen zu bestimmen, und er vertritt eher eine Ethik des authentischen und spontanen Lebensausdrucks als einen starren Moralkodex. Im Bereich des Qi Gong ist Yung die Kraft, die uns lehrt, daß man nichts ohne regelmäßiges Üben erreicht, das zu einer Lebenshaltung wird, zu einem neuen Lebensstil, in dem das Qi Gong fester Bestandteil ist. Es gibt also keine wirklichen Kraftanstrengungen mehr, und die Erfolge stellen sich von selbst ein.

Was die Taoisten dem Lauf der Dinge überlassen, haben die Konfuzianisten in geregelte Bahnen geleitet, um dem durchschnittlichen Menschen zu helfen, sich zu orientieren und geistige Fortschritte zu machen. Die chinesische Kultur hat durch diese Einflüsse in zweifacher Weise profitiert: zum einen durch die Gebote der Disziplin, zum Beispiel ohne Diskussion Anweisungen zu befolgen, und zum anderen durch Gebote, die der Eingebung folgen, der Unmittelbarkeit des Augenblicks, hervorgerufen von dem, was ist.

Bei einer richtigen Lebensführung wird der Energie, Qi, neben dem Geist ein besonderer Raum zugestanden. Manzius, der Schüler von Konfuzius, schreibt dazu: »Der Geist herrscht über Qi, und Qi ist das, wovon der Körper erfüllt ist. Der Geist hat die höchste Autorität inne, und das Qi kommt gleich danach. Auch muß man beständig seinen Geist üben und sich hüten, sein Qi in unangemessener Weise zu verausgaben.«

## Der buddhistische Einfluß

Der Buddhismus hat in China in den acht Jahrhunderten wechselseitiger Beziehungen zwischen Indern und Chinesen Wirkung gezeigt. Er hat Kunst, Religion, Philosophie, spirituelle Praktiken und Körperübungen, darunter auch die Kampfkünste, beeinflußt.

Die Geschichte mißt dem buddhistischen Mönch Bodhidharma, auf chinesisch Da Mo, große Bedeutung bei. Er führte das Dhyana ein, was in Sanskrit Meditation bedeutet und im Chinesischen durch das Wort Chan wiedergegeben wurde und eine Denkrichtung bezeichnete, die später die buddhistischen und taoistischen Einflüsse vereinte. Chan liegt dem Wort Zen und der Fortführung dieser Schule in Japan zugrunde.

Taisen Deshimaru, der japanische Mönch, der in den siebziger Jahren dazu beigetragen hat, Zen nicht nur in Frankreich zu verbreiten, erzählt mit Vergnügen die japanische Legende über den Ursprung des Tees: Es seien die Augenlider gewesen, die sich Bodhidharma selbst herausgerissen habe und die in der Sonne aus dem Boden sprossen und zum Teestrauch wurden, um die meditierenden Mönche wachzuhalten.

Da Mo Sardili, ein kleiner Prinz aus dem Süden Indiens, wurde ungefähr im Jahr 483 n. Chr. geboren und – wie auch andere indische Mönche zu dieser Zeit – vom Kaiser von China eingeladen, die Lehre zu verkünden. Unter der Herrschaft des Kaisers Liang Wu traf Da Mo im Jahr 526 oder 527 in China ein und wurde dem Kaiser vorgestellt, der seine Lehre nicht mochte. Also ging Da Mo davon, um seine Zuflucht im Kloster Shaolin zu suchen, das 377 gebaut wurde und in der Provinz Henan liegt. Aus dieser Zeit stammt die Kampfkunst der Mönche des Shaolin, die später eine gewaltige Entwicklung erfuhr. Doch wie war es dazu gekommen? Es wird berichtet, daß Da Mo der schlechte körperliche Zustand, in dem sich die Mönche befanden, auffiel, und es heißt, daß er sich für neun Jahre in eine Grotte zurückgezogen habe, um zu meditieren. Als er sein Eremitendasein beendete, schrieb er zwei Bücher, von denen eins erhalten geblieben ist, das *Yi Jin Jing* (»Abhandlung über die Übung der Muskeln«). Das andere Buch, das *Si Souei Jing* (»Abhandlung über die Spülung des Marks«), blieb zwar nicht erhalten, aber die Technik des Qi Gong, die diesen Namen trägt, wird noch immer geübt.

Aus dem *Yi Jin Jing* hat sich eine klassische Abfolge von zwölf Übungen des Qi Gong entwickelt, die lange Zeit geheim blieb. Sie erfuhr im Laufe der Zeit einige Abwandlungen. Die berühmteste wurde von General Yen Fei geschaffen, der in der Sung-Dynastie (1104 bis 1142) lebte. Mit dem gleichen Ziel, nämlich seine Soldaten, die er für körperlich schwach befand, zu trainieren, schuf er, von den Übungen des Da Mo ausgehend, das Shi Er Dun Jin, die »Zwölf Brokatstücke«. Diese »Zwölf Brokatstücke« werden noch immer praktiziert, ebenso wie ihre späte Abwandlung im Ba Duan Jin, die »Acht Brokatstücken«. Yang Jwing Ming erwähnt, daß aus den »Zwölf Brokatstücken« zwei klassische Stile bei den Kampftechniken hervorgegangen seien: der Hsing I und der Liu Ho Ba Fa.

Auf Anregung von Da Mo vom Shaolin-Kloster praktizierten die Mönche die Übungen des Yi Jin Jing (Abb. 4), die in ihrer modernen Form in China noch heute sehr populär sind. Durch das Training wurden die Mönche robuster und kraftvoller und entwickelten eine Form der Kampfkunst, die von fünf Tieren inspiriert war. Diese fünf Tiere, die sich von denen Hua Tuos trotz einiger Ähnlichkeiten unterscheiden, sind Tiger, Leopard, Drache, Schlange und Kranich. Später wurden daraus Symbole, die fünf Stile des Kung Fu bezeichneten.

## Qi Gong und die Kampfkünste

Die Techniken des Qi Gong wurden mit dem Ziel eingesetzt, Mönchen wie auch Laien zu helfen, ihre Gesundheit zu bewahren und zu verbessern, den Körper zu kräftigen und abzuhärten, den Alterungsprozeß zu verlangsamen, ein langes Leben zu ermöglichen und spirituelle Erfahrungen zu machen, aber auch, um ihnen zu helfen, ihr Leben gegen die vielen Gefahren zu schützen, die den Pilgern, den Meditierenden und jedermann in diesen turbulen-

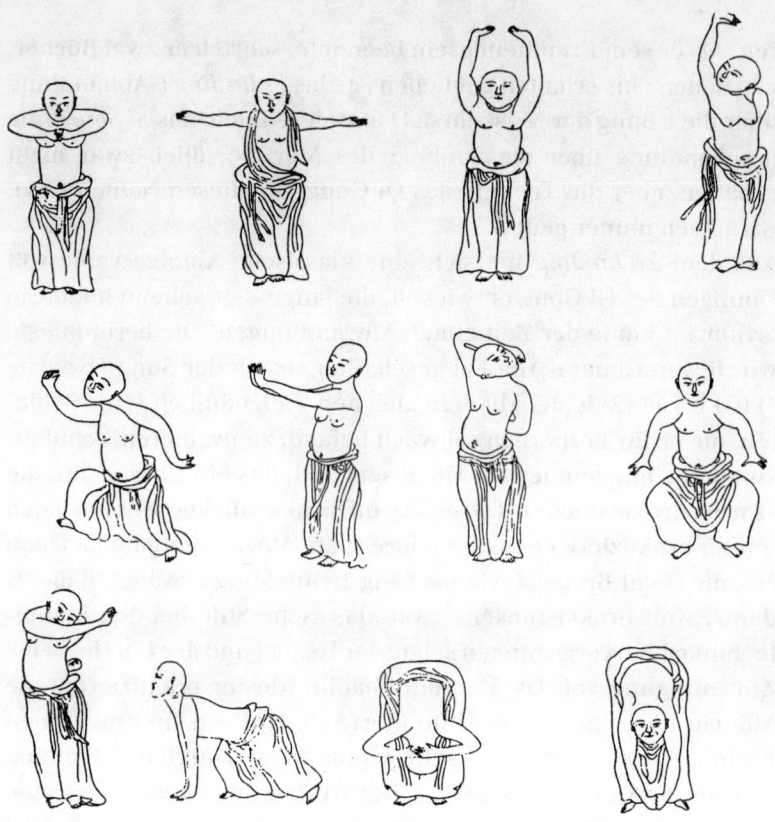

4  Yi Jin Jing des Da Mo (Bodhidharma)

ten Zeiten des alten China drohten. Man denke besonders an die
Zeit der Chin-Dynastie, in der sich Wu Shu und Kung Fu in beacht-
licher Weise entwickelt haben.

Die Kampfkünste entstanden also unter dem Zwang äußerer Umstände, allerdings in einem ursprünglich meist religiösen oder
spirituellen Umfeld. Daraus erklärt sich, daß sie in einem umfassenden Sinn viele Ziele zugleich abdecken: Vorbeugung und
Anpassungsfähigkeit, Stärkung und Widerstandsfähigkeit, langes
Leben und Spiritualität. Und diese Vielseitigkeit ist das Charakte-
ristische des auf den Kampf und die Verteidigung ausgerichteten
Qi Gong.

Man kann das Studium der chinesischen Kampfkünste entweder
nach ihrem Stil oder nach ihrem Ursprung angehen. Der erste Weg

unterscheidet die Form Wai Dan, die äußere Alchimie, von Nei Dan, der inneren Alchimie und klassifiziert damit die beiden Stile des Qi Gong.

Die Chinesen benutzen den Begriff Wai Dan, der gewöhnlich die Alchimie der Metalle meint, um den Stil von Übungen zu bezeichnen, die die äußere Beherrschung des Körpers entwickeln – Muskeln, Kraft, Schnelligkeit der Bewegungen –, was defensiven und offensiven Zielen dient. Der Begriff Nei Dan, die innere Alchimie, ist den spirituellen Körperübungen und Meditationen vorbehalten.

## Wai Dan Kung Fu

Diese Form wird als der am meisten körperliche und am wenigsten spirituelle Weg unter den Kampfpraktiken betrachtet und stützt sich auf die Muskelkraft, die Gewandtheit und die Beherrschung des Atems. Das Training basiert vor allem auf Übungen, die in normaler Geschwindigkeit ausgeführt werden.

Die vorbereitenden Übungen können langsam sein und dabei die Konzentration und die Atmung benutzen. Aber sie wenden, wenn auch leicht, die Muskelkraft an. Das Ergebnis ist eine Ansammlung von Qi und folglich von Blut in dem bearbeiteten Muskelkomplex. Letzten Endes haben wir im Wai Dan eine Entwicklung der Muskeln wie beim westlichen Bodybuilding oder Aerobic-Training.

Die Übungen des Bodhidharma stellen den Urtypus des Wai Dan Kung Fu dar. Und traditionellerweise vertritt das Shaolin-Kloster in China die Schule der äußeren Alchimie (Wai Dan) oder der Alchimie der Muskeln (Jin Dan).

Aus dem Shaolin-Kloster stammen all die spektakulären und im Westen so bewunderten Kung-Fu-Techniken, deren Meister zuweilen Kinoberühmtheiten wurden, wie Bruce Lee und Jackie Chan, um nur einige Namen zu nennen.

In diesen Filmen geht es oft um Feindschaften zwischen Sippen und Familien, die wirklich so existiert haben, denn häufig wurde der älteste Sohn vom Meister ausgewählt, um die Kunst als Ganzes weiterzugeben, und die wirksamsten Übungen wurden als echtes Familiengeheimnis streng gehütet.

Die Übung des Wai Dan strebt die Unverwundbarkeit des Körpers an, nicht nur gegen Schläge, sondern auch gegen Verletzungen durch blanke Waffen. Die »Eisenhemd-Technik«, verbunden mit der »Spülung des Marks«, ist eine Methode zur Stärkung der Muskeln und der Knochen. Durch die Konzentration der Gedanken leitet der Schüler das Qi und das Blut in einen bestimmten Teil des Körpers, während sein Trainingspartner ihn auf diesen Bereich schlägt. Weder empfindet er die Schläge, noch gibt es blaue Flecken oder Verletzungen. Sind es anfangs die Fäuste oder Bambusknüppel, so geht man später zu Stahlruten und dann zu Eisenstangen über.

Man kann Meister dieser Disziplin mit Akrobatennummern sehen, auf die die heutigen Chinesen geradezu versessen sind, wie das Gehen auf Dolchen, das Spalten von Steinblöcken mit der Faust, das Zerschlagen von Steinen mit dem Kopf usw.

Da diese Übungen allerdings keine Revolverkugeln stoppen können, ist es dazu gekommen, daß sie seit der Einführung von Feuerwaffen nicht mehr so verbreitet sind. Sie beweisen jedoch die Überlegenheit des Geistes und der Konzentration sowie die Wirksamkeit der Visualisierung von einem zirkulierenden Qi, das beeinflußt wird, um den Körper zu stählen.

Die Ergebnisse des Wai Dan erinnern an die Schmerzbetäubung durch Akupunktur. Durch Nadeln, die an Akupunkturpunkten gesetzt und elektrisch gereizt werden, erzeugt man künstlich eine Konzentration von Qi in dem Bereich, wo operiert wird. Der Patient empfindet nicht nur keinen oder einen erträglichen Schmerz, alle Experimente haben auch gezeigt, daß die Operationen besser verlaufen und die Wundheilung schneller erfolgt.

Abgesehen von den kämpferischen Richtungen werden in der allgemeinen Praxis des Qi Gong diese Übungen bis zu unseren Tagen als hartes oder gespanntes Qi Gong, Jing Gong, bezeichnet.

Im therapeutischen oder vorbeugenden Bereich, allerdings nicht im Sinne eines masochistischen Trainings, sind diese Übungen von Interesse, um körperliche Widerstandsfähigkeit und Muskelkraft zu entwickeln. Die Kontraktion des Unterleibs bei kurzen Atemzügen bringt einen Gegendruck hervor, stimuliert und setzt die Darmmuskeln in Bewegung und massiert die Organe.

Man kann hier hervorragende Übungen wie die »Schildkröte« (Abb. 5 a), den »Baum«, die »Goldurne« oder den »Phönix« anführen.

Eine der einfachsten Ausführungen nennt sich die »Eisenstange«:
Der Schüler hält sich ausgestreckt zwischen zwei Stühlen, ein Stuhl
ist unter dem Nacken, der andere unter den Fersen plaziert, und
er versucht dabei, einen entspannten Zustand beizubehalten
(Abb. 5 b). Einzig die Kraft der Konzentration macht es möglich, in
dieser schwierigen Position zu verharren. Dem thailändischen
Meister Mantak Cha kommt das Verdienst zu, diese Übungen in
seinem Buch *Eisenhemd Chi Kung* für den Gebrauch im Westen
systematisiert und vereinfacht zu haben.

Neben diesen Kraftübungen oder einem sehr schnellen Übungs-
tempo bei verstärkter Atmung bestehen die modernen Weiterent-
wicklungen des Wai Dan Qi Gong heute in einer Reihe von Übun-

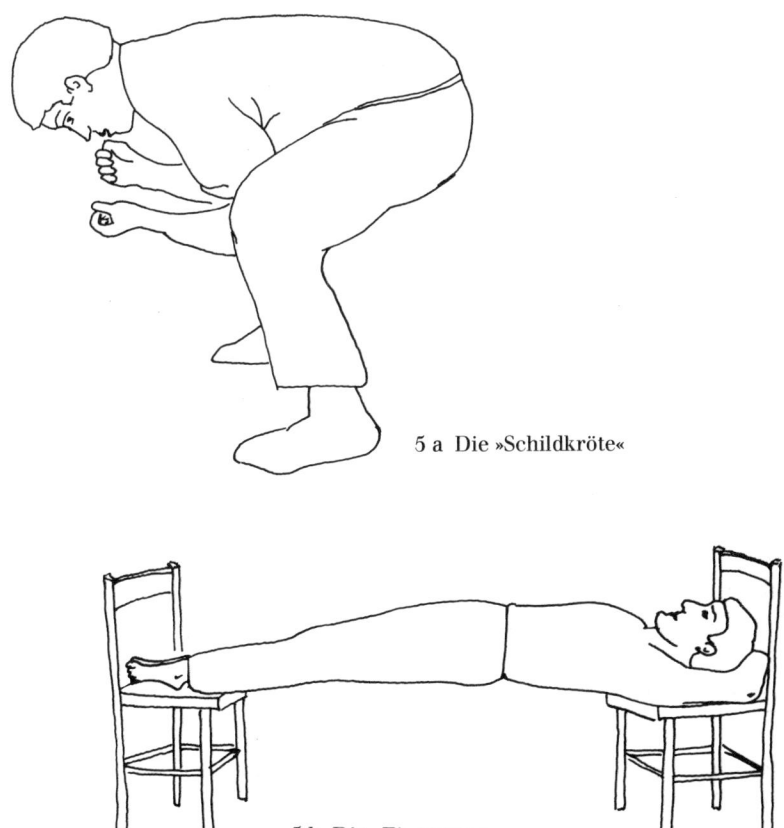

5 a  Die »Schildkröte«

5 b  Die »Eisenstange«

gen, die die Muskeln und den Körperbau durch langsame Bewegungen geschmeidig halten und damit stärken. Sie sind mit der Atmung verbunden, wie zum Beispiel das von Bodhidharma stammende Yi Jin Jing, über das wir schon gesprochen haben. In dieser Übungsreihe gibt es zahlreiche Varianten. Man hat sie auf Wandtafeln veröffentlicht, die in China für das tägliche Volkstraining weit verbreitet wurden.

Die »Acht Brokatstücke«, von denen schon die Rede war, sind auch Bestandteil des Wai Dan, ebenso die damit verwandte Übung der »Acht Seidenstücke« sowie bestimmte Körperhaltungen, die von den Asanas des Yoga beeinflußt sind und den Schülern als Streckübungen beigebracht werden.


## Die Meisterschaft des Si Fu Ken Lo

Bei einer meiner Begegnungen mit Si Fu Ken Lo aus New York, Kung-Fu-Meister des Wai-Dan-Stils von Shaolin aus dem Geschlecht der Wu Mei, sagte er zu mir: »Ich werde Ihnen etwas zeigen, das Sie, glaube ich, interessieren wird. Es ist das Ta Mo Cheurn Sun Faat, wie es auf kantonesisch heißt.«

Als ich »Ta Mo« hörte, war ich gespannt. Der Meister begann mit einer Reihe von sehr schnellen Bewegungen, und ich merkte, daß es sich um die Abfolge des Tai Ji Quan handelte, die er gerade vorführte, aber mit großer Geschwindigkeit, voller Kraft und Anspannung.

Zum Schluß bestätigte er, daß dies die Form der inneren Übung (Nei Gong) für ein langes Leben von Bodhidharma sei. Dabei handelt es sich um inneres Qi Gong. Diese Bewegungen sind von Bodhidharma als Gesundheitsübungen überliefert worden. Es ist möglich, sie auch in ihrer kämpferischen Form zu gebrauchen, aber erst nach ein paar Jahren Praxis, sonst könnte es gefährlich werden.

Da haben wir nun ein schönes chinesisches Wirrwarr: Gezeigt wurde unter dem Namen von Bodhidharma in einer Wai-Dan-Schule eine durch und durch innere Übung, wie sie gewöhnlich dem Nei Dan zugeschrieben und im übrigen auch als Nei Gong, »innere Arbeit«, bezeichnet wird.

Dieses Beispiel illustriert die simple Tatsache, daß Wai Dan und Nei Dan in der Praxis nicht so strikt voneinander getrennt sind. Das hängt vom Unterricht und der Intention des Meisters und seiner Schüler ab. Bestimmte Schulen des Wai Dan praktizieren auch Nei Dan, wenn sie Qi ansammeln und das Zirkulieren und Abgeben von Qi regulieren.

In seiner Eigenschaft als Mönch praktizierte Bodhidharma Meditation und Atemkontrolle. Er hat also, worauf Yang Jwing Ming in seinem Buch hinweist, Nei Dan mit Wai Dan verbunden, wie es auch viele andere Meister aus der Shaolin-Schule nach ihm taten.


## Nei Dan Qi Gong

Was den kämpferischen Nei-Dan-Stil der inneren Alchimie vom Wai-Dan-Stil beim Training und dann auch während des Kampfes unterscheidet, ist der Gebrauch des Atems, der in der unteren Partie des Unterleibs konzentriert wird, unterhalb des Nabels beim Akupunkturpunkt Qihai (Ren 6), dem Bereich, der Dan Tian genannt wird (Abb. 6).

In Chinas ferner Vergangenheit wurde die Kunst der Meditation unter den Taoisten entwickelt und blieb wie bei den Buddhisten vor allem den Mönchen, dann auch Kranken mit einem spirituellen oder therapeutischen Ziel vorbehalten. Man hat Beweise, daß zumindest seit dem 13. Jahrhundert ein taoistischer Stil der Kampfkunst existierte und daß seitdem verschiedene Stile daraus hervorgingen, aber auch nach und nach wieder verschwanden.

Ein lebendiges Beispiel dieser Tradition, heute vor allem im Westen sehr bekannt, ist die japanische Richtung des Do, wobei Do das japanische Wort für Tao, der Weg, ist. Man kennt Judo, Karate-do, Aikido oder Kendo. All diese Kampfkünste entfalten ihre Wirkungskraft aus der Konzentration und Entwicklung des Hara, des Dan Tian (japanisch: Tanden). Es ist kaum zu glauben, daß der Westen schon so lange die japanischen Kampfkünste kennt und kultiviert und dabei die chinesischen Kampfkünste, aus denen sie hervorgegangen und die ihnen manchmal überlegen sind, unterschätzt.

Die Eigentümlichkeit des Nei Dan besteht darin, die Ansammlung der Energie in der unteren Bauchpartie durch Atem- und Konzen-

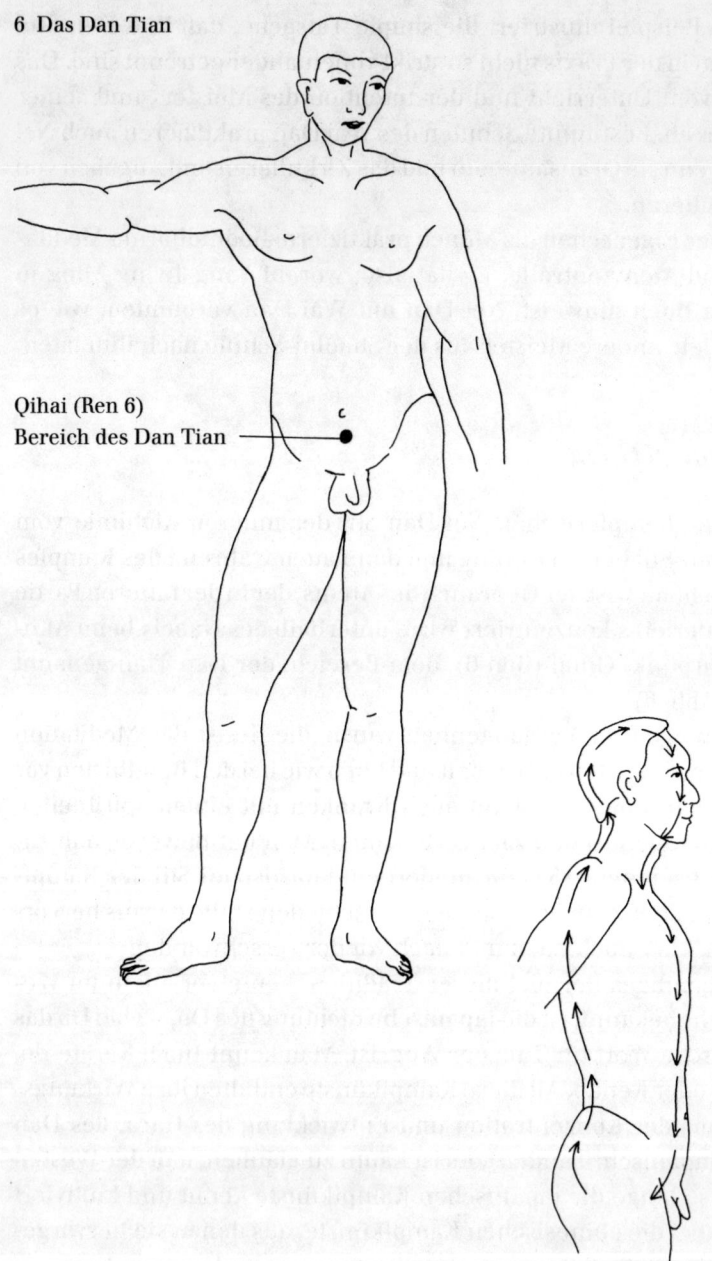

6 Das Dan Tian

Qihai (Ren 6)
Bereich des Dan Tian

7 Der »Kleine Energiekreislauf«
(Shao Zhou Tian)

trationsübungen zu fördern. Wenn das Qi in diesem Bereich aktiv ist, lernt der Schüler, es in den Leitbahnen nach Belieben zum Zirkulieren zu bringen, insbesondere in den beiden Leitbahnen der Körpermitte: Du Mai (auf der Rückseite vom Kreuzbein zum Schädel) und Ren Mai (auf der Vorderseite vom Gesicht zum Damm). Dieser Kreislauf wird »Kleiner Kreislauf« genannt, Shao Zhou Tian (Abb. 7). Die Grundlage dieser Übung unterscheidet sich nicht von jener der taoistischen Spiritualität und von der Vorbereitung zu einer Atemtechnik, die als »Embryonalatmung« bezeichnet wird.

Eine andere Möglichkeit besteht darin, das Qi in jenen zwölf Körperleitbahnen zirkulieren zu lassen, die gewöhnlich bei der Akupunktur benutzt werden und Hauptleitbahnen genannt werden. Dieser Kreislauf wird »Großer Energiekreislauf«, Da Zhou Tian (Abb. 8) genannt. Die Ansammlung von Qi im Dan Tian ist auch hier von entscheidender Bedeutung.

Die weiteren Übungsschritte hängen von der Zielsetzung ab. Wenn der Praktizierende auf Meditation ausgerichtet ist, wird er das Qi nur zirkulieren lassen. Wenn er ein Schüler des Nei Dan Kung Fu ist, geht es ebenfalls darum, das Qi zirkulieren zu lassen, um dann aber nach und nach in der Lage zu sein, Qi bei einem Angriff oder zur Verteidigung an eine bestimmte Stelle des Körpers, in die Füße oder Hände, zu leiten, um die Kraft des Abstoßens oder der Anziehung oder die Wirkung der Schläge zu erhöhen. Die Steigerung dieser Kraft ist völlig verschieden von dem Einsatz der Muskelkraft. Sie wird von den Anhängern des Nei Dan Kung Fu in ihrer Wirkung als der Muskelkraft überlegen angesehen.

Im 17. Jahrhundert schuf Chang San Feng aus dem Wu-Dang-Gebirge in der Provinz Hubei einen neuen Stil, das Tai Ji Quan. Diese Kunst wurde schnell zum Flaggschiff des Nei Dan Qi Gong.

Die Übenden des Tai Ji Quan führen die Bewegungen langsam aus, lassen das Qi im Körper zirkulieren und arbeiten gleichzeitig an der Sammlung des Atems im Dan Tian, an seiner Zirkulation und Weiterleitung.

Catherine Despeux weist in ihrer Dissertation darauf hin, daß es möglich ist, Qi aus dem eigenen Körper heraus auf den Gegner zu projizieren, besonders auf seine verwundbaren Stellen, was zum Tod oder zur Lähmung des Feindes führen kann. Ein ähnliches Phänomen findet man auch bei den japanischen Kampfkünsten im

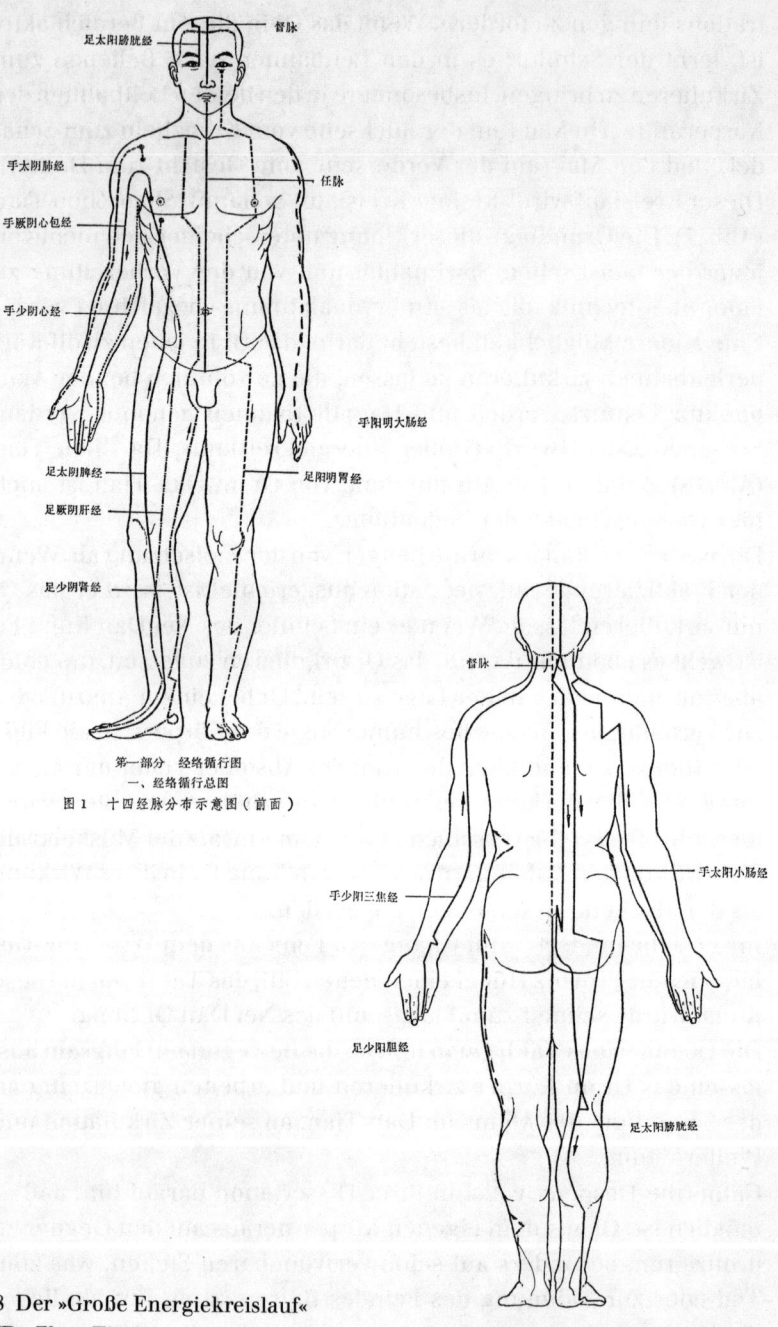

督脉
足太阳膀胱经
手太阴肺经
任脉
手厥阴心包经
手少阴心经
手阳明大肠经
足太阴脾经
足阳明胃经
足厥阴肝经
足少阴肾经

第一部分　经络循行图
一、经络循行总图
图1　十四经脉分布示意图（前面）

督脉
手太阳小肠经
手少阳三焦经
足少阳胆经
足太阳膀胱经

图2　十四经脉分布示意图（背面）

## 8 Der »Große Energiekreislauf«
(Da Zhou Tian)

Ki Ai wieder, einem Schrei, der aus dem Hara heraus ausgestoßen wird und den Gegner paralysiert.

Mehr noch, jeder, der das Stadium der Meisterschaft erreicht hat, ist in der Lage, einen für den Gegner undurchdringlichen Raum zu schaffen, ihn aus der Entfernung, ohne ihn zu berühren, umzuwerfen oder ihn seiner Energie zu berauben.

Mein Freund Jake Fratkin nahm mehrere Jahre lang am Unterricht eines in den USA sehr bekannten Meisters des Tai Ji, Way Sun Liao, teil. Er berichtete mir: »Eines Tages habe ich gesehen, wie Meister Liao jemanden sechs Meter weit geschleudert hat, ohne ihn zu berühren. Er befand sich in ein bis zwei Meter Entfernung von ihm, als er seine Finger auf ihn richtete. Ich selbst bin von einem seiner Schüler gegen eine Mauer geworfen worden, ohne Kraftanstrengung, nur durch die Energie.«

Und er fuhr fort: »Eines Tages näherte sich mir Meister Liao und brachte blitzartig meinen Geist in Verwirrung, indem er mir sehr schnell in die Augen blickte. Ich wurde verwirrt und wußte für einen Moment lang weder, wer ich war, noch, was ich dort machte.«

Die verwundbaren Punkte, wie man sie in den japanischen und chinesischen Kampfkünsten kennt, sind nach den Thesen von Catherine Despeux indischen Ursprungs und trugen in Indien die Bezeichnung »Marman«.

Das zeigt, wie sehr sich die indische und chinesische Kultur auf natürliche Weise zu Beginn unseres Zeitalters beeinflußt haben. Man denke nur an Bodhidharma, durch den später das Shaolin-Kloster zu einer der Säulen der Kampfkunst wurde. Welche Geheimnisse der indischen Kampfkünste mag er in seinem Gepäck mitgeführt haben?


## Die verschiedenen Formen von Nei Dan

In den letzten Jahrhunderten haben die Kampfkünste des inneren Stils in China einen Aufschwung genommen, angefangen mit dem Tai Ji Quan, das im Wu-Dang-Gebirge entwickelt wurde. Daneben sind drei andere Formen relativ erfolgreich gewesen, die auch heute noch praktiziert werden: Ba Guan Quan, Hsing I Quan, Liu Ho Ba Fa.

In dieser nicht weit zurückliegenden Epoche Chinas und seit der Entwicklung des Tai Ji Quan ist es üblich geworden, die beiden Hauptströmungen einander willkürlich gegenüberzustellen. Die Schule des Shaolin wird danach als äußeres Kung Fu, Wai Dan, bezeichnet, die Schule Wu Dang als inneres Kung Fu, Nei Dan.

Indessen wird dieser Sprachgebrauch den Tatsachen nicht mehr ganz gerecht. Einerseits kultivieren bestimmte Schüler von Shaolin, wie wir schon gesehen haben, das Dan Tian und die Kunst, das Qi zu lenken. Andererseits praktizieren Anhänger des Nei Dan Übungen des Wai Dan, und seien es nur die »Acht Brokatstücke«, die in den Tai-Ji-Kursen sehr beliebt sind.

Bodhidharmas »Brokat-Übungen« sind ebenfalls von der Wu-Dang-Schule etwas modifiziert worden und werden im inneren Stil praktiziert, mit der Konzentration im Dan Tian und der Zirkulation des Atems während der Bewegungen.

Man muß also in Betracht ziehen, daß es nur wenige gibt, die sich in der Praxis der Kampfkünste auf nur einen Stil beschränken und darauf verzichten, »innere« Techniken zu entlehnen. Diejenigen, die Nei Dan praktizieren, sind sich allerdings der Stärke, und, so muß man wohl sagen, der Überlegenheit dieses Stils bewußt und zumeist der Meinung, daß es nicht notwendig sei, das äußere Training der Muskelkontraktionen zu praktizieren.

Eine andere Verwirrung, die auftreten kann, wenn man Shaolin und Wu Dang als Gegensätze hinstellt, beruht auf der Annahme, daß Nei Dan erst seit der Schöpfung des Tai Ji Quan existiert, das offiziell auf das 17. Jahrhundert datiert wird. Die Geschichte zeigt aber, und wir haben schon davon gesprochen, daß die Kampfkünste in der Anwendung des Nei Dan, in der engen Verbindung zwischen Mönchen und Kriegern, zwischen Spiritualität und Verteidigung, sehr weit, zumindest bis in das 13. Jahrhundert, zurückgehen. Die japanische Entsprechung finden wir in der Geschichte der Samurai. Wie wir noch sehen werden, geht auch der Ursprung des Tai Ji Quan selbst noch weiter als auf seinen historischen Schöpfer, Chang San Feng, zurück.

## Tai Ji Quan

Tai Ji heißt »Großer Dachfirst« und symbolisiert das Prinzip des Wandels. Es ist der Ursprung von Yin und Yang, verkörpert durch einen halb schwarzen, halb weißen Kreis, den man im Westen auch häufig mit dem Symbol des Tao (Abb. 9) verbindet.

Es heißt, daß Chang San Feng vom Berg Wu Dang Schöpfer des Tai Ji Quan sei. Der Legende nach wurde er dazu angeregt, als er vom Fenster aus den Kampf zwischen einer Elster und einer Schlange beobachtete, der aufgrund ihrer kreisförmigen Körperbewegung zugunsten der Schlange ausging. Die Historiker stellen Chang San Feng als einen Anhänger des Taoismus und der Praxis des Nei Dan dar. Was daran interessant ist und die typisch chinesische Konfusion der Geschichte komplett macht, ist die Theorie, wonach er sich im Shaolin-Kloster aufgehalten und anschließend den von Bodhidharma und seinen Nachfolgern geschaffenen Stil reformiert habe, da seiner Ansicht nach die zu heftigen Bewegungen zum Verlust der vitalen Energie führen.

Das Tai Ji weist mehrere Formen auf – mit 13, 72 oder 108 Bewegungen. Bis in das 19. Jahrhundert hielt man es geheim, dann wurde es dank der Bemühungen von Meister Yang Lu Shan öffentlich verbreitet. Fünf verschiedene Stile sind, ausgehend vom ursprünglichen Tai Ji, entwickelt worden, von denen die Stile des Chen, Yang und Wu am meisten praktiziert werden.

Die Bewegungsfolge spiegelt die verschiedenen Formen des Angriffs oder der Abwehr des Gegners. Langsam ausgeführt, erlaubt sie das Wecken und Lenken des Qi während der Bewegung. Das Training kann dann zu zweit, entweder nur mit den Händen oder unter Einsatz des ganzen Körpers, in einem erst langsam, dann schnell simulierten Angriff absolviert werden.

Aber, und das ist sehr wichtig, das Qi Gong muß mit dem Tai Ji verbunden werden, wenn die Mobilisierung der Energie beschleunigt werden soll. Es ist das Nei Dan, das der Entwicklung des Qi zugrundeliegt und sich mit ihm in der Praxis durch den Atem in der Meditation zum »Kleinen und Großen Energiekreislauf« verbindet. Ich habe das Privileg und das Vergnügen gehabt, Yang Jwing Ming bei der Ausführung von Tai-Ji-Bewegungen zu sehen, sowohl in langsamer Geschwindigkeit als auch mit hohem Tempo bei simu-

9 Symbol des Wandels
von Yin und Yang

10 Bewegungen des Tai Ji Quan

lierten Angriffen. Nur wenn man eine solche Demonstration erlebt, kann man die Kraft dieser scheinbar merkwürdigen Übungen, die teilweise an das Tanzen erinnern, ermessen. Man merkt sehr wohl, in welchem Maß ihre Wirksamkeit an das Lenken des Qi gebunden ist und wie sehr sie dem kämpferischen Angriff des Wai Dan überlegen sein können.

## Tai Ji Quan und Qi Gong

Tai Ji Quan ist mit dem Qi Gong also eng verbunden. Mit Qi Gong sind hier alle Techniken zum Sammeln von Qi im Dan Tian durch Meditation gemeint, sowie das Lenken des Qi im »Kleinen und Großen Energiekreislauf«.
In den Werken von Way Sun Liao, *Tai Chi Classics,* lehrt der Autor alle für die Arbeit mit dem Tai Ji nützlichen Elemente des Qi Gong und darüber hinaus Übungen zur Atemtechnik sowie Übungen, die im Wai Dan üblich sind wie die Atmung durch die Knochen. Mit dem Ausdruck Tai Ji Qi Gong wird die enge Beziehung zwischen Tai Ji Quan und Qi Gong deutlich gemacht. Leider ist dieser Begriff doppeldeutig, denn Tai Ji Qi Gong bezeichnet auch eine Reihe von Übungen, die im Stehen, Sitzen, Liegen und Laufen durchgeführt werden und von ihrem Geist her den buddhistischen und taoistischen Übungen zur Stärkung der Muskeln in Verbindung mit der Konzentration und der Kontrolle des Atems nahestehen (Abb. 11).

## Qi Gong und Tai Ji Quan

Da das Qi Gong den Anhängern des Tai Ji Nutzen bringt, sind sich viele darüber einig, daß auch Tai Ji die Praxis des Qi Gong unterstützt. Ich sage das ganz ausdrücklich, denn dieses Buch umfaßt nur die Techniken des inneren und äußeren Qi Gong.
Nun empfehlen etliche unter den Meistern des Qi Gong, die ich kennengelernt habe, Tai Ji zu praktizieren. Qi Gong, sagen sie, entwickelt die Energie und das Ingangsetzen der Zirkulation; Tai Ji jedoch begünstigt dieses Ingangsetzen und die harmonische Verteilung von Qi im ganzen Körper. Diese Empfehlung ist vor

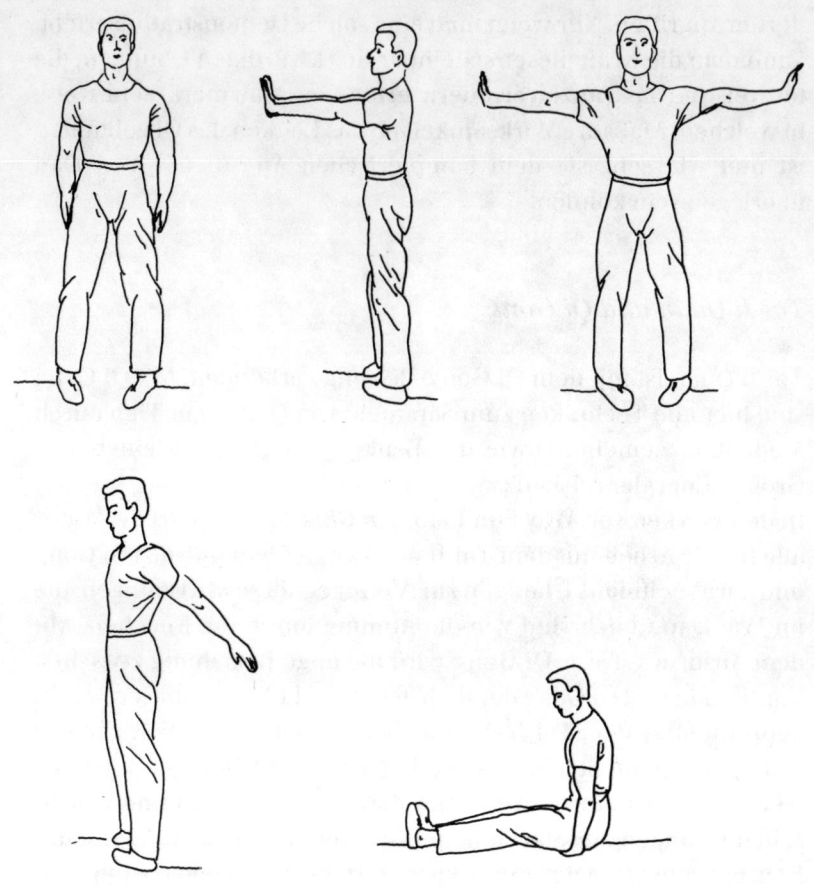

11 Körperhaltungen beim Tai Ji Qi Gong

allem für diejenigen wertvoll, die nicht nur das therapeutische oder
äußere Qi Gong, sondern das meditative Nei Gong praktizieren
wollen. Jedoch kann sich jeder nach freiem Ermessen auf die
alleinige Praxis des Tai Ji Quan oder aber des reinen Qi Gong
beschränken.

## Der Vorläufer des Tai Ji Quan und das innere Qi Gong

Ich habe einer Vorführung von Ming Jie Chiang, der Frau von Peter Moy, der ein Lehrer und Freund von Jake Fratkin ist, beigewohnt. Ming Jie ist in China geboren und hat bis April 1987, dem Zeitpunkt ihrer Übersiedlung in die USA, in Shanghai gelebt. Was die junge Frau in der Volksrepublik gelernt hatte und mir zeigte, war das Wu Dang Tai Ji Ba Guan Hsing I Yuan Gong.

Diese fein ausgearbeitete und sehr kraftvolle Abfolge von Übungen stellt eine Verschmelzung von Bewegungen und Körperverlagerungen des Tai Ji Quan, des Ba Guan und des Hsing I dar. Wu Dang bezieht sich auf den Berg gleichen Namens, Symbol sowohl des Tai Ji als auch der inneren Alchimie, und entspricht einer sehr alten, sehr traditionsreichen, aber in China nur wenig bekannten und kultivierten Schule.

Ming Jie Chiang führte dann die »Vierzehn Bewegungen« oder »Vierzehn Pfade« des ursprünglicheren inneren Qi Gong aus der gleichen Schule vor (daher auch der Name Wu Dang Qi Gong), das ebenfalls als eine wichtige Basis des Qi Gong, woraus verschiedene Übungen des Nei Dan hervorgegangen sind, angesehen wird.

Jede Bewegung stärkt eines der Hauptorgane des Körpers und soll fünfundzwanzigmal wiederholt werden. Dazwischen dient jeweils eine spezielle Armbewegung, die den Scheitel und das Dan Tian in Beziehung setzt, dazu, Energie von außen aufzunehmen, vor allem wenn die Übung draußen unter Bäumen, und besonders unter Nadelbäumen, durchgeführt wird.

Damit berühren wir die innere Alchimie und die Geheimnisse des Taoismus zur Stärkung der Lebenskraft auf der Grundlage der Naturelemente. Der englische Wissenschaftler Needham berichtet in diesem Zusammenhang von den Grundregeln zur Aufnahme der Sonnen- und Mondenergie. Andere Autoren wie der taoistische Meister Ni Hua Ching, Mantak Chia und der Arzt Chang in seinem Buch über Sexualität stellen diese Techniken vor und lehren sie ihren Schülern.

Im folgenden wollen wir auf das Qi Gong in der Volksrepublik China und auf die Untersuchung eingehen, die die Reportage des französischen Fernsehens im Jahr 1981 ausgelöst hat.

# Qi Gong im heutigen China

In der Untersuchung werden Forschungen zum Qi Gong aus den fünfziger und sechziger Jahren erwähnt, insbesondere an der Ersten Medizinischen Klinik von Shanghai, am Qi-Gong-Sanatorium von Tangshan und am Medizinischen Institut von Chongqing; überhaupt haben sich seit dem Sturz der »Viererbande« Praxis und Erforschung des Qi Gong entwickelt und intensiviert.

Zuvor hatte die Kulturrevolution, unter dem Schlagwort der »kollektiven Hygiene«, aus traditionellen Quellen des Qi Gong Selbstmassagen (Dao Yin) entlehnt, wie die für die Augen, die in den Schulen praktiziert wurden, oder Fingergymnastik für die Alten. Und sie hatte in den Fabriken eine verkürzte Form der Körperübungen zu bestimmten Pausenzeiten eingeführt. Einzig das Tai Ji Quan wurde weiterhin von Freiwilligen morgens in den Parks ausgeübt. Die Tempel und Klöster wurden jedoch geschlossen. Den Taoisten wurde der Unterricht verboten.

Seit den achtziger Jahren entstanden zahlreiche Qi-Gong-Institute zum Studium der physischen und therapeutischen Aspekte des Qi Gong. Ein Zeitschriftenartikel aus dem Jahr 1983 erwähnt zudem drei internationale Symposien seit 1973. Die immer zahlreicher werdenden chinesischen Publikationen zum Qi Gong in westlichen Sprachen sind neueren Datums.

Das offensichtliche Interesse des chinesischen Staates am Qi Gong ist mehr medizinischer als spiritueller Natur und auf Gesundheitsvorsorge und Therapie ausgerichtet. In Shanghai gibt es ein Institut zur Erforschung des Bluthochdrucks, und insgesamt untersuchen ungefähr einhundert Institute in ganz China die therapeutischen Wirkungen des Qi Gong, insbesondere bei chronischen oder funktionellen Krankheiten, bei Bluthochdruck, Herzbeschwerden und Asthma. Die Möglichkeiten, durch die Praxis des Qi Gong das Immunsystem zu stimulieren und daraus bei der Behandlung von Krebs und degenerativen Krankheiten Nutzen zu ziehen, sind demnach erstaunlich. Der vierte Teil dieses Buches legt den Schwerpunkt auf die chinesischen Forschungen anhand verschiedener wissenschaftlicher Periodika wie *Qi Gong and Science, Qi Gong Magazine, Journal of Qi Gong.*

Ein anderer Interessenschwerpunkt beim Qi Gong ist das Training von Sportlern wie auch die Behandlung von Sportverletzungen. Einer der Spezialisten auf diesem Gebiet ist Doktor Jia Jin Ding, der in Japan ausgebildet wurde und weiterhin den Kontakt dorthin pflegt. Es scheint, daß einige westliche Länder und auch die ehemalige Sowjetunion daran interessiert sind.

Schließlich besteht eine der besonderen Anwendungen des Qi Gong im medizinischen Bereich im Übertragen von Qi durch den Therapeuten auf den Kranken. Das Qi wird entweder durch die Akupunkturnadel übertragen, wenn der Therapeut Akupunkteur ist, oder von ihm direkt durch die nahe am Kranken oder sogar in einiger Entfernung vom Kranken ausgestreckten Finger oder Handflächen übermittelt.

Dieses Lenken des Qi nach außen, Wai Qi genannt, erinnert in der Beherrschung des Atems und des Energiepotentials durch Gedanken an die Techniken des Nei Dan in den Kampfkünsten, vor allem an die fortgeschrittene Form des Trainings beim Tai Ji Quan. Aber das Ziel liegt hier im Heilen. Yang Meijun, eine in China sehr berühmte Frau, hat die Praxis des Da Yan Qi Gong den heutigen Bedürfnissen angepaßt und eine Form des Qi Gong entwickelt, die die Bewegungen der Wildgans imitiert und nützlich ist, um Wai Qi in den Händen zu sammeln und zu heilen.

Eine andere besondere Anwendungsform, die schon anfangs erwähnt wurde, ist der Gebrauch von Wai Qi, um einen Bereich des Körpers vor einem chirurgischen Eingriff zu anästhetisieren. Lin Hou Sheng aus Shanghai hat sich seit 1981 auf diesem Gebiet besonders hervorgetan. Andere Anwendungsmöglichkeiten von Qi Gong liegen außerdem im Bereich der Entwicklung von paranormalen Fähigkeiten.

## Die verschiedenen Bezeichnungen des Qi Gong

Im heutigen China sind die Bezeichnungen für die Formen des Qi Gong fast ebenso zahlreich wie die Stile und Übungen selbst. Die folgende Auswahl soll helfen, sich zu orientieren:

– Tuna Gong: Atemübungen
– Jing Gong: Übungen der Heiterkeit

- Ying Ai Gong: Qi Gong der Muskeln (äußerlich), hartes oder angespanntes Qi Gong
- Ruang Gong: langsame Übungen, weiches oder entspanntes Qi Gong
- Zhang Zhuang Gong: Übung im Stehen, ohne Bewegung
- Dong Gong: Bewegungsübungen mit Heiterkeit
- Dao Yin Gong: vorbeugende Massage
- Wai Qi Gong: Übungen mit einer Verlagerung der Bewegungen nach außen
- Tai Ji Bang Qi Gong: Qi Gong unter Verwendung eines Stocks
- Hei Yang Gong: inneres Nähren der Lebenskraft
- Yang Qi Gong: Nähren der Kraft
- Zuo Gong: Qi Gong der Heiterkeit in sitzender Haltung
- Zhon Gong: Qi Gong der Heiterkeit in stehender Haltung
- Xing Gong: Übung im Laufen

Es ist üblich, die verschiedenen Disziplinen (Gong) nach einigen großen Kategorien zu unterscheiden, wie es Professor G. Shen aus Shanghai in einem Artikel getan hat, der in der Zeitschrift *Advances* erschienen ist.

- Fang Song Gong oder Qi Gong der Entspannung: Professor Shen vergleicht es mit einigen westlichen Entspannungsmethoden und der Response-Entspannung von H. Benson von der Harvard-Universität. Diese Form des Qi Gong erweist sich in China bei der Behandlung von Krankheiten wie Bluthochdruck, Glaukom, Magengeschwüren, Kolitis und Asthma als wirksam.
- Nei Yang Gong oder Qi Gong der inneren Nahrung: Diese Technik beruht vor allem auf der Konzentration im Dan Tian, dem Bereich unterhalb des Nabels, um Qi zu sammeln. Sie wird eingesetzt, um geschwächte oder kranke Personen zu behandeln.
- Guo Lin Gong Fa: Eine neue Therapie des Qi Gong, die von Madame Guo Lin entwickelt wurde und speziell für die Behandlung von Krebs gedacht ist.
- Hi Xing Zhuang Gong oder »Übung des sich drehenden Kranichs« mit dynamischen Bewegungen.
- Zhang Zhuang Gong oder Qi Gong im Stehen ohne Bewegung: Die eingenommene Körperhaltung zwingt dazu, Konzentration

und Stabilität von Qi zu entwickeln, um lange ausharren zu können. Die berühmte Haltung »Den Baum umarmen« stellt dabei die Grundposition dar.
– Qi Gong der dynamischen Induktion: Die spontanen Bewegungen werden durch das Qi selbst hervorgebracht. Athleten, Akrobaten und Tänzer können dadurch ihre Leistungen erhöhen.

## Die traditionellen Sportarten

Parallel zum Qi Gong existieren und entwickeln sich weiterhin das Wu Shu, das Tai Ji Quan und das Lian Gong Shi Ba Fa und werden als nationale Sportarten betrachtet. Darbietungen des Wu Shu finden regelmäßig statt. Das gilt auch für das Tai Ji Quan, wofür jedes Jahr nationale und internationale Wettkämpfe organisiert werden.

## Die Verbreitung des Qi Gong im Westen

Um die Geschichte der Verbreitung des Qi Gong in der westlichen Welt nachzuvollziehen, muß man in das 18. Jahrhundert und auf die Arbeit des Jesuitenpaters P. M. Cibot zurückgehen, *Notice du Cong-Fu des Bonzes Tao-sée* aus dem Jahre 1779, die Needham zitiert. Den Historikern zufolge war es unter anderem diese Arbeit, die P. H. Ling dazu angeregt hat, eine neue Körperübung zu schaffen: die schwedische Gymnastik. Er entwickelte sie in seinem Institut in Stockholm, das 1817 eröffnet wurde und das der modernen Gymnastik einen beträchtlichen Aufschwung gegeben hat.
Die Theorie von Ling, auf der seine Gymnastik beruht, unterscheidet die vitale Kraft nach drei Prinzipien. Needham erörtert die Verbindungen zwischen dieser Konzeption und den chinesischen Theorien der drei Prinzipien Jing, Qi und Shen, von denen Ling möglicherweise beeinflußt wurde.
Seit dem 18. Jahrhundert haben, trotz des Interesses von Historikern wie Dudgeon, jedoch weder Qi Gong noch Kung Fu einen großen Bekanntheitsgrad erreicht. Das Interesse der westlichen Welt begann erst in den achtziger Jahren.

Das erklärt sich in erster Linie dadurch, daß sich die westliche Welt zunehmend der chinesischen Kultur und speziell der Akupunktur öffnete. In Europa sind es vor allem die Akupunkteure, die etwas über das Qi Gong veröffentlicht haben, wie zum Beispiel seit mehreren Jahren Nguyen Van Nghi in Frankreich. Seit kurzem interessieren sich auch europäische Autoren dafür und übersetzen Texte über die grundlegenden Techniken. Zur gleichen Zeit beginnt ein breiteres Publikum gerade erst damit, die Praxis des Qi Gong zu entdecken, und in Frankreich, Deutschland, England, in der Schweiz, Italien und Spanien finden Ausbildungsseminare statt.

In der westlichen Hemisphäre sind es aber vor allem die USA, wo Qi Gong heute am besten bekannt ist und am häufigsten praktiziert wird. Das ist auf den großen kulturellen Einfluß der Chinatowns in Großstädten wie New York, Boston, San Francisco, Chicago und Los Angeles zurückzuführen. Mehrere Meister des Qi Gong und des Taoismus unterrichten die chinesischen Gemeinden und die Amerikaner, die sich dem anschließen. Andere Chinesen haben es zu ihrem Beruf gemacht.

Diese Bewegung, die vor über zehn Jahren begonnen hat, intensiviert sich seit etwa sechs Jahren und gewinnt unter dem Einfluß der modernen medizinischen Forschungen der Volksrepublik China das Interesse der wissenschaftlichen Welt.

*Zweiter Teil*

# Physiologische Grundlagen
# des Qi Gong

# Das Qi

Die chinesische Physiologie stützt sich auf drei dynamische Elemente: Die Energie (Qi), das Blut (Xue) und die Körpersäfte (Jin Ye). Das Blut zirkuliert in den Gefäßen, die Körpersäfte im Fleisch und in der Haut, in den Sehnen, das Qi in den Leitbahnen. Trotzdem zirkulieren diese drei Elemente nicht getrennt voneinander, eins ist nicht vom anderen isoliert. Der Aufbau eines jeden hängt gleichermaßen von den beiden anderen ab.

## Das Qi oder die Energie

Überall im menschlichen Körper zirkuliert Energie. Das Wort Energie gibt annäherungsweise die Bedeutung des chinesischen Schriftzeichens Qi wieder, das im Wort Qi Gong enthalten ist. Die Sinologen bieten uns eine sprachlich genauere Übersetzung an, die Atem bedeuten würde, doch wird Energie als klassischer Begriff benutzt.

Jene Energie, die im menschlichen Körper zirkuliert, wird Zhen Qi genannt, »wahre, authentische Energie«, oder auch Zheng Qi, »korrekte Energie«. Die chinesische Physiologie unterteilt zwecks genauerer Analyse das Zhen Qi des Körpers in verschiedene Energieformen: Yuan Qi, angeborenes Jing Qi, erworbenes Jing Qi, Zong Qi, Yong Qi und Wei Qi, denen man noch das Shen zufügen muß.

Zhen Qi zirkuliert überall und in der kleinsten Zelle, entsprechend dem Blut, das alle Gewebe versorgt. So wie sich das Blut in den Gefäßen verteilt, die sich zu Arterien, kleineren Adern und Kapillaren verzweigen, so wird das Qi über die Meridiane, die sich in kleinere Leitbahnen unterteilen, Lo-Leitbahnen genannt, und über ihre Verzweigungen in den inneren Organen und Geweben, in der Haut und an den Poren verteilt. Bestimmte Punkte an der Oberfläche sind Sammelpunkte von Qi, Hsue genannt, »Brunnen«; das sind die Akupunkturpunkte.

| Zhen Qi | Yuan Qi | ursprüngliche Energie | Energien |
|---------|---------|----------------------|----------|
| (wahre | Zong Qi | geerbte Energie | des |
| Energie) | angeborenes | Samenenergie | »Früheren |
| | Jing Qi | | Himmels« |
| oder | | | |
| | erworbenes | | Energien |
| Zheng Qi | Jing Qi | essentielle Energie | des |
| (korrekte | Yong Qi | nährende Energie | »Späteren |
| Energie) | Wei Qi | Abwehrenergie | Himmels« |

Tabelle 1  Die verschiedenen Energieformen, die das Zhen Qi bilden.

Zhen Qi unterteilt sich also in sechs Formen von Qi. Drei Formen
werden dem »Früheren Himmel« zugeordnet: Yuan Qi, Zong Qi, das
angeborene Jing Qi; und die drei übrigen dem »Späteren Himmel«:
das erworbene Jing Qi, Yong Qi und Wei Qi (Tabelle 1).

## Die Energien des »Früheren Himmels«: Yuan Qi, Jing Qi und Zong Qi

In der chinesischen Medizin bezeichnet man als »Früheren Himmel« das, was der Empfängnis, oder in einem eingeschränkteren
und mehr wissenschaftlichen Sinn das, was der Geburt vorausgeht.
Im Taoismus repräsentiert der »Frühere Himmel« das Nicht-Mani-
festierte, das heißt die Wirkungsebene jenseits des Materiellen.
Der »Spätere Himmel« ist das, was der Ordnung des Manifestierten,
des Materiellen angehört. Die Energien des »Späteren Himmels«
sind diejenigen, die das autonome Individuum, wenn es einmal
geboren ist, dank Atemluft und Nahrungsmitteln selbst in seinem
Stoffwechsel umsetzt.
Das Studium der Energien des »Früheren Himmels« beginnt mit
Yuan Qi.

## Yuan Qi

### Das wichtigste Qi

Yuan Qi bezeichnet die pränatale Energie. Sie besteht vor der Existenz des Individuums und wird durch die Eltern übertragen. Die westliche Interpretation dieser Auffassung legt den Gedanken nahe, daß Yuan Qi das genetische Kapital darstelle. Nach einer anderen Theorie glaubt man im Yuan Qi das phylogenetische Kontinuum zu erkennen, die Evolution der Spezies bis hin zum Menschen.

In jedem Fall verlangt das Studium der alten medizinischen Texte, das, was die Chinesen mit dem Begriff Yuan Qi zum Ausdruck bringen wollten, in seinen verschiedenen Nuancen zu verstehen. Diese Texte bringen in der Tat klar zum Ausdruck, daß dieser Hauch, Yuan Qi, schon vor der Empfängnis existiert und dabei bestimmend ist. Gemeint ist die Übertragung des ursprünglichen Yang durch den Vater und des ursprünglichen Yin durch die Mutter und ihre Verschmelzung. Aus dieser Verschmelzung entsteht Yuan Qi, die Quelle des Lebens während der gesamten Existenz.

Man könnte sich hier fragen, ob diese Energie nicht gleichzeitig die »Intelligenz« ist, die die Entwicklung des Embryos, ausgehend von den drei Keimstadien Ektoplasma, Mesoplasma und Endoplasma, induziert.

Man sagt, daß Yuan Qi den Organismus von der Geburt an in den Prozeß des Wachstums, des Lebens und dann des Todes hineinführe, denn aus diesem Hauch entwickeln sich die Energien des »Späteren Himmels«. Yuan Qi ist also die wichtigste Form von Qi. Wenn es erschöpft ist, bedeutet das den Tod.

### Mingmen

Vom Zeitpunkt der Empfängnis an ist Yuan Qi in einem bestimmten Bereich des Embryos und später des Fetus lokalisiert. Im ausgewachsenen Körper entspricht dieser Bereich dem Akupunkturpunkt Mingmen (Abb. 12), der auf der Mittelachse der Wirbelsäule sitzt, zwischen dem zweiten und dritten Lendenwirbel.

Mingmen ist auch mit der rechten Niere verbunden, genauer mit dem Yang der Niere. Tatsächlich stellt Mingmen das reine Yang der beiden Nieren dar; deshalb liegt der Punkt in der Mitte. Anatomisch gesehen entspricht sein Sitz jedoch mehr der rechten als der linken Niere.

Mingmen bedeutet »Pforte des Lichts«. Man muß hier »Licht« als das, was sich manifestiert hat, verstehen, als Sichtbares im Gegensatz zum Nicht-Manifestierten, zum »Früheren Himmel«, dem Verborgenen. Deswegen sagt man auch »Lebenspforte« oder »Auftrag des Himmels«.

Diese Zuweisungen zeigen, daß Yuan Qi metaphysische Vorstellungen umfaßt, die über den rein genetischen Begriff hinausgehen. Aus diesem Grund kann der Tod verfrüht in jungen Jahren oder sogar im Uterus eintreten, weil das Kapital des Yuan Qi zu schwach ist, mit anderen Worten, weil der »Auftrag des Himmels«, das Schicksal des Individuums, dem entspricht.

Halten wir also fest, daß der »Frühere Himmel« den Lebensplan im »Späteren Himmel« bestimmt; im Punkt Mingmen sitzt und wirkt Yuan Qi. Aus diesem Grund ist es ein Konzentrationspunkt, der für die Praxis des Qi Gong von Bedeutung ist.


Die Chong-Mai-Leitbahn

Yuan Qi ist der Ursprung des Lebens, aber damit Leben existieren kann, muß Yuan Qi im Körper zirkulieren. Diese Zirkulation, diese Aktivität von Yuan Qi vollzieht sich über eine Sonderleitbahn, die Leitbahn Chong Mai (Abb. 13), die von der Niere ausgeht, den Damm erreicht und von dort aus zu den unteren Gliedmaßen hinunterführt, aber auch zum Unterleib und zum Thorax steigt. Am Bauch und an der Brust überlagert diese Leitbahn den Nieren-Meridian, das heißt, auch dort ist noch die ganz enge Verbindung zwischen Yuan Qi und der Niere gegeben.

Die innere Leitbahn, die die Niere mit dem Damm verbindet und den Ausgangspunkt des Chong Mai darstellt, ist tatsächlich eine Linie, die drei Sonderleitbahnen gemeinsam ist, dem Chong Mai, Du Mai und Ren Mai (Abb. 14). Die beiden letzteren haben eine wesentliche Bedeutung für die grundlegende Meditationsübung des »Kleinen Energiekreislaufs« beim Qi Gong.

Dort, wo man den Chong Mai auf der Vorderseite des Rumpfes mit

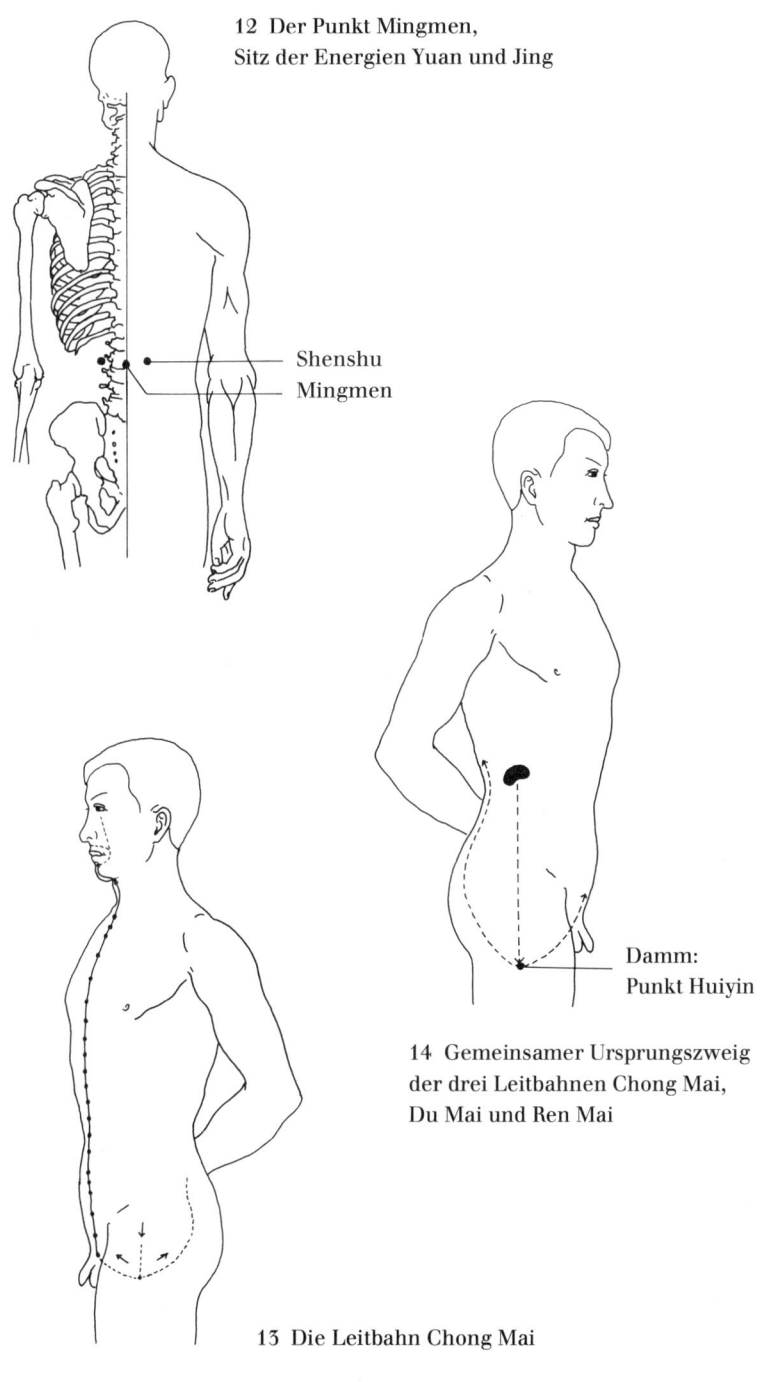

12 Der Punkt Mingmen,
Sitz der Energien Yuan und Jing

Shenshu
Mingmen

Damm:
Punkt Huiyin

14 Gemeinsamer Ursprungszweig
der drei Leitbahnen Chong Mai,
Du Mai und Ren Mai

13 Die Leitbahn Chong Mai

Nadeln und Massage erreichen kann, sehen ihn die taoistischen und medizinischen Traditionen tatsächlich genau in der Mitte des Körpers durch einen zentralen Durchgang laufen. Er trägt gemäß den von Maspero übersetzten Texten den esoterischen Namen »Weg des Haupthofes« oder »Weg des gelben Hofes«. Chong Mai ist die Leitbahn, über die sich die subtilste taoistische Meditation vollzieht.

## Der »Dreifache Erwärmer«

Nach traditioneller Auffassung wird Yuan Qi auch über die »Drei Herde«, San Jiao, verteilt, die in der chinesischen Medizin als »Dreifacher Erwärmer« bezeichnet werden.

Diese »Drei Herde« gleichen drei Atommeilern, die die gesamte Energie des Körpers zentralisieren, zusammenfassen und verteilen. Über drei Ebenen wird die Yuan-Energie über zwölf Leitbahnen an die Peripherie und die Haut verteilt.

Jede Leitbahn erhält Yuan Qi an ihrem Yuan-Punkt, dem Punkt der »Quelle«, wie er aus diesem Grund genannt wird. Man kann also die Energiequelle des Lebens, Yuan Qi, erreichen, indem man den Yuan-Punkt sticht oder behandelt, um die jeweilige Leitbahn und ihre Funktion zu stärken.

## Pathologie des Yuan Qi

Abgesehen von qualitativen Unregelmäßigkeiten bei der Verteilung von Yuan Qi in den Leitbahnen und Organen, kann Yuan Qi durch chronische oder degenerative Krankheiten wie Krebs, Leukämie, Tuberkulose oder auch durch Fehl- und Mangelernährung oder durch eine schwere Verletzung der Niere und der Lenden infolge eines Unfalls geschwächt werden.

Oder aber das Yuan Qi ist von Geburt an nur schwach ausgeprägt. In diesem Fall liegt die Ursache beim Yang des Vaters oder auch beim Yin der Mutter, die keine gute Qualität aufweisen. Zu einem gewissen Teil tragen die Eltern die Verantwortung für die Kraft von Yin und Yang, die sie an ihre Nachkommenschaft übertragen. Man kennt eine Reihe von Vorschriften, die im Taoismus und in der chinesischen Medizin aufgestellt wurden, um sich auf die Empfängnis vorzubereiten und einen guten Schwangerschaftsverlauf zu gewährleisten. Interessierte Leser können in dem Buch von Douglas, *Les secrets de l'extase*, Ratschläge finden.

Es gibt noch eine weitere Ursache für ein schwaches Yuan Qi. Die betreffende Person ist jedoch selbst dafür verantwortlich, wenn sie nämlich einen ausschweifenden Lebenswandel führt und sich zu häufig sexuellen Abenteuern hingibt. Der Alterungsprozeß tritt vorzeitig ein, begleitet von einer schnellen Erschöpfung des Yuan Qi.

In der chinesischen Medizin wird ein schwaches Yuan Qi diagnostiziert, wenn sich beim Patienten ein gravierendes Absinken der körperlichen und sexuellen Aktivität, begleitet von Kurzatmigkeit, die das Sprechen behindert, sowie von schwerer Asthenie und Blässe zeigt.

Um in solch einem Fall von Schwäche durch Akupunktur befriedigende Resultate zu erreichen, muß man die Moxibustion anwenden. Diese Methode besteht darin, die Punkte, statt sie anzustechen, mit starker Hitze zu behandeln, die der Beifuß liefert, wenn er verbrennt. Man erwärmt besonders den Punkt Mingmen.

Die Behandlungen müssen täglich, wenn nicht sogar zweimal am Tag erfolgen. Es ist klar, daß weder Arzt noch Patient sich außer im Krankenhaus so häufig treffen können. Deshalb erklärten die Akupunkteure in China früher den Kranken oder ihren Familien die Anwendung und überließen es ihnen, die Moxibustion bei sich zu Hause selbst anzuwenden. So geschieht es zum Teil auch heute noch.

Wie wir sehen werden, sind beim Qi Gong statische Körperhaltungen mit der Konzentration auf den Punkt Mingmen ebenfalls geeignet, Yuan Qi zu stärken. Es gibt auch Massagen des Mingmen und des Nierenbereichs.

Ein anderes Mittel, das von der chinesischen Medizin bei einem Mangel von Yuan Qi vorgeschlagen wird, vor allem wenn es sich im natürlichen Alterungsprozeß erschöpft, ist Ginseng.

So nützlich Akupunktur, Moxibustion und Arzneimittel bei der Wiederherstellung von Yuan Qi in den Augen der Chinesen auch sind, so kommt doch, um dieses Ziel zu erreichen, nach ihrer Auffassung nichts dem Qi-Gong-Training gleich sowie dem in diese Praxis integrierten sexuellen Kung Fu, das heißt dem Zurückhalten

des Spermas. Qi Gong sorgt nicht nur für eine ökonomische Verteilung von Yuan Qi, sondern hilft, es zu nähren und für lange Zeit zu
erhalten. Aus diesem Grund genießt es den Ruf, eine Technik für
ein langes Leben zu sein.

### Jing Qi

Es gibt zwei Arten von Jing. Das angeborene Jing ist Teil der
ererbten Energien des »Früheren Himmels«. Das erworbene Jing
wird vom Körper im »Späteren Himmel« gesammelt.

### Angeborenes Jing Qi

Das angeborene Jing wird oft mit »Samenenergie« übersetzt. Es
heißt, daß das Jing, wie beim Yuan Qi, aus dem Yang des Vaters und
dem Yin der Mutter entsteht. Das *Nei Jing Ling Shou* führt im Kapitel 10 an: »Wenn der Mensch empfangen wird und entsteht, so ist
das erste, was sich bildet und Gestalt annimmt, das Jing.«
Im Kapitel 8 heißt es auch: »So kommt das Leben und das, was man
Jing nennt«.
In einem Akupunkturkurs aus Formosa wird ausgeführt: »Ein Mann
und eine Frau vereinigen ihr Jing, und so werden die zehntausend
Wesen umgewandelt und geboren. Jing ist das, was mit dem Leben
kommt, was vom ›Früheren Himmel‹ empfangen wird. Es ist das,
was die Quelle des Lebens ausmacht.«
Wie man sieht, kommt diese Definition jener des Yuan Qi nahe.
Einige Autoren sagen, daß Jing aus Yuan herrühre, andere meinen,
daß es das Yuan sei, daß sich aus Jing ableite. Es heißt außerdem,
daß Jing Qi im Dienst von Yuan Qi und Zong Qi stehe. Die wech-
selseitige Abhängigkeit ist so stark, daß die chinesischen Texte den
zusammengesetzten Ausdruck Yuan-Jing benutzen.
Das angeborene Jing ist wie das Yuan Qi in der Niere gespeichert.
Es zirkuliert über die acht »besonderen« oder »eigenartigen« Leitbahnen im Körper, die auch noch als die »wunderbaren« oder
»außerordentlichen« bezeichnet werden (Abb. 15). Unter diesen
acht Sonderleitbahnen haben drei mit Sicherheit mit der Zirkulation von Yuan Qi zu tun: Du Mai, Ren Mai und vor allem Chong

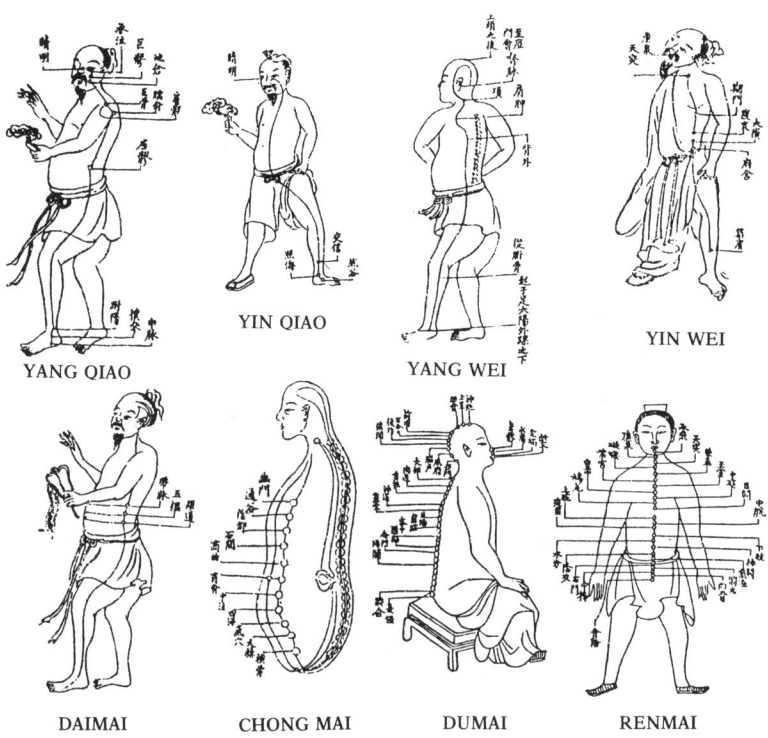

YIN QIAO

YANG QIAO

YANG WEI

YIN WEI

DAIMAI          CHONG MAI          DUMAI          RENMAI

15 Alte Darstellungen der acht Sonderleitbahnen (der Übersetzung des *Zao Bi Chen* von C. Despeux entnommen).

Mai. Tatsächlich transportieren die acht Sonderleitbahnen Yuan-Jing.
Die Funktionen des angeborenen Jing sind zweifacher Art:

Erstens besteht die Aufgabe des Jing Qi darin, die materielle Basis für die Lebensvorgänge und Organe zu sichern. Nach chinesischer Lehre heißt es dazu: »Jing ist das, was den menschlichen Körper grundlegend aufbaut und nährt. Im physiologischen Lebensprozeß wird es unaufhörlich gebraucht und verzehrt, und ebenso unaufhörlich wird dieser Defizit ausgeglichen, und es wird wiedererzeugt, um das Leben des menschlichen Körpers zu erhalten.«
In dieser ersten Funktion ist es von zeitgenössischen Autoren mit der genetischen Substanz verglichen worden, mit den Chromoso-

men des Zellkerns, mit der DNS und der Replikation der RNS durch die Boten-RNS. Aber dieser Vergleich wäre zu begrenzt, um dem gerecht zu werden, was die Alten auszudrücken versucht haben. Nach einer anderen Auffassung wird Jing gleichgesetzt mit den innersekretorischen Vorgängen und den Hormonen, die ständig neu produziert werden.

Beide Interpretationen ergänzen sich im übrigen mehr, als daß sie Gegensätze darstellten. Man kann sagen, daß das angeborene Jing, das verbraucht und vom Körper teilweise wieder im erworbenen Jing hergestellt wird, gleichzeitig etwas ganz anderes ist.

Die zweite Aufgabe des Jing Qi besteht darin, die Reproduktion zu gewährleisten. In den Texten heißt es: »Das Jing ist für die Fortpflanzung und das Wachstum verantwortlich.«

Je nach Kontext hat das angeborene Jing manchmal sogar die Bedeutung von Sperma. Aus diesem Grunde wird es auch mit »Samenenergie« übersetzt. Man denkt dabei an die Gameten, die Keimzellen, und versteht so besser, daß eine Hälfte (Yang) vom Vater und die andere Hälfte (Yin) von der Mutter stammt.

Aber das Jing steuert auch das Wachstum und den sexuellen Reifungsprozeß. Es umfaßt also noch die Thymusdrüse, die Wachstumshormone und die Kortikoide, die von der Nebennierenrinde produziert werden und für den Beginn der Pubertät und des Funktionierens der Geschlechtsdrüsen, der Eierstöcke und Hoden, zuständig sind. Darüber hinaus bestimmen die Phasen des Jing alle Lebensstadien: Jugend, Reife, Alter und Tod.

Insgesamt stellt Jing eine Essenz, eine »Quintessenz« dar, eine subtile Energie jenseits der materiellen Trägersubstanz, der Gameten oder der hormonellen Prozesse, mit denen man es zu Recht verbindet. Wenn es auch hier eine Entsprechung gibt, so kann man Jing mit ihnen jedoch letztlich nicht gleichsetzen.

Das angeborene Jing baut sich nach und nach ab. Es wird durch das erworbene Jing ersetzt, der Energie des »Späteren Himmels«. Wenn der Körper sich selbst verschleißt und nicht mehr in der Lage ist, Jing zu erzeugen, erschöpft sich das Jing, und das setzt dem Leben ein Ende. Die physiologischen Verbindungen zwischen Jing und den Geschlechtshormonen, zwischen Jing und dem Kortisol (siehe weiter unten zur Physiologie der Niere) deuten darauf hin, daß langes Leben, Altern und Verfall sich proportional zur sexuellen Aktivität verhalten, die das meiste Jing verbraucht. Aus diesem Grund haben, wie wir noch sehen werden, die Taoisten des Altertums eine Form der Sexualität entwickelt, die diese subtile Lebensessenz schont.

Pathologie des Jing Qi

Das gesamte Jing des Körpers stellt die »Energie des Ursprungs« dar, die in der Niere sitzt. Wenn das Jing erschöpft ist, bedeutet das den Tod. Mehrere Umstände können zur Schwächung des Jing führen: starke Überarbeitung, schlechte Ernährung, schlechte Atmung, emotionaler Streß, was die Alten die »Sieben Emotionen« nannten. Geschlechtsverkehr, im betrunkenen Zustand oder zu häufig ausgeführt, schwächt das Jing. Das Altern ist schließlich das Zeichen für die natürliche Erschöpfung des Jing.

Mangel an Jing zeigt sich durch Schwindelgefühle, Ohnmachten, Kurzatmigkeit, Asthenie, Traurigkeit, Funktionsschwäche der Organe (Ptose), Impotenz, nächtlichen Verlust von Samenflüssigkeit und durch Minderung der Libido bei Mann und Frau.

Bei der Behandlung mit Akupunktur und Moxibustion werden Punkte der Niere und des »Unteren Erwärmers« ausgewählt. Als Diät wird eine Ernährung empfohlen, die zu siebzig Prozent aus Vollkorngetreide besteht, denn die Körner enthalten die Energie der Pflanze in ihrer ganzen Stärke, das heißt das Jing der Reproduktion und des Wachstums der Pflanzenwelt.

Für einen sparsamen Umgang mit Jing oder für seine Wiederherstellung wird in der chinesischen Medizin eine Mäßigung der sexuellen Aktivitäten empfohlen, vor allem aber des Orgasmus und insbesondere der Ejakulation beim Mann.

Die körperlichen Übungen, das heißt Atmung und Bewegungen des Qi Gong und Tai Ji Quan, beruhen ganz auf der Ökonomie und Entwicklung des Jing.

Mit seinen Gefühlen in Frieden leben und die Beherrschung seines Inneren kultivieren, so lauten gleichermaßen die taoistischen und medizinischen Rezepte für einen sparsamen Umgang mit Jing und für ein langes Leben.

## Zong Qi

Zong Qi ist die dritte ererbte Energie, die aus dem »Früheren Himmel« stammt. Sie wird vom Vater und der Mutter weitergegeben. Sie verleiht die Fähigkeit, durch Atmung und Ernährung die Energien des »Späteren Himmels« zu assimilieren, und sie wird durch die Lungen erneuert. Sie ist zudem mit dem Herzen und dem Kreislauf verbunden; sie bringt den Rhythmus von Atem und Herzschlag hervor und hält ihn aufrecht.

Auch wenn diese Energie in ihrer Dynamik an das Herz und die Lunge gebunden ist, so scheint ihr Speicher in der Brust doch unabhängig von diesen beiden inneren Organen zu sein. Dieser Speicher ist keinem eigenen Organ zugeordnet; jedenfalls sind die Lunge und das Lymphsystem noch am engsten mit dieser Energie verbunden.

Die Akupunkturpunkte, die Zong Qi steuern, sind Shanzhong und Shufu (Abb. 16). Im Qi Gong sind beide Punkte von großer Bedeutung, insbesondere der Shanzhong, der ein Konzentrationspunkt bei der Meditation sowie ein vitaler Punkt bei den Kampfkünsten ist.

### Pathologie des Zong Qi

Eine besondere Leitbahn trägt zur Zirkulation der Zong-Energie im ganzen Körper bei: Es handelt sich um den großen Lo der Milz (Abb. 17). Wenn die Zirkulation in dieser Leitbahn gestört ist, kann das Ödeme, Zellulitis, Schmerzen und Lähmungen zur Folge haben. In der weiter unten beschriebenen Übung der »Allgemeinen Massage« wird der Anfangspunkt dieser Leitbahn, Dabao (MP. 21), mit den Fingerspitzen massiert und leicht geklopft.

Die Zong-Energie ist im Erbgut enthalten. Wenn das Zong Qi der Eltern stark ist, wird es auch bei den Kindern so sein. Wenn das Zong Qi bei der Geburt gut entwickelt ist, weist es auf eine robuste Konstitution hin; ist es mangelhaft, werden die Konstitution und die Assimilation der Energie der Nahrung und der Atmung schwach und unzureichend sein. Rauchen ist eine der Ursachen für die Schwächung von Zong Qi. Und Rauchen während der Schwangerschaft schwächt das Zong Qi des Kindes.

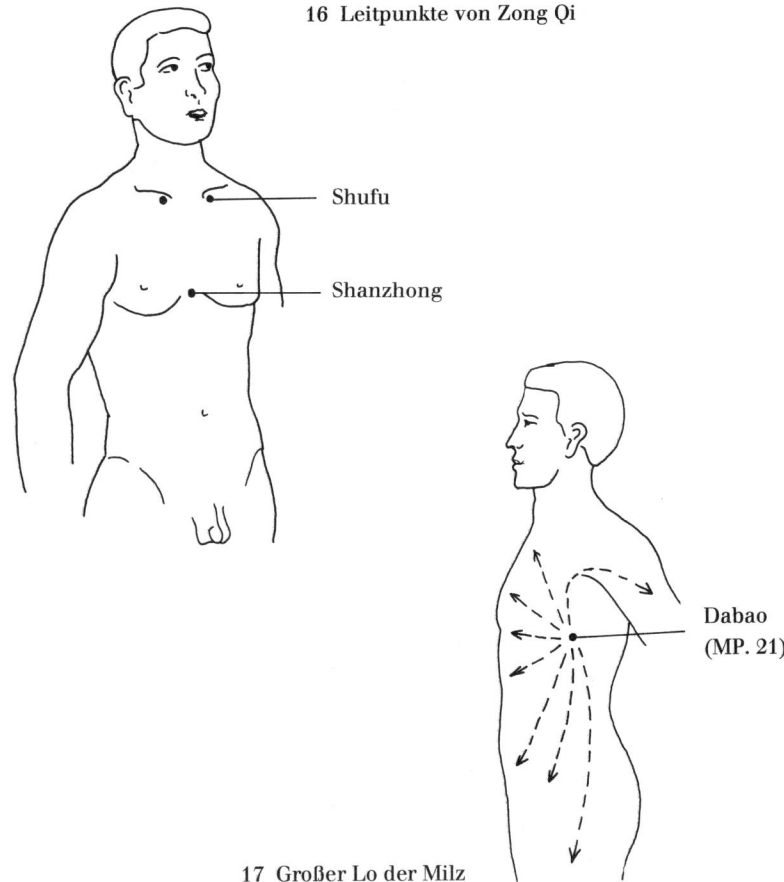

16  Leitpunkte von Zong Qi

Shufu

Shanzhong

Dabao
(MP. 21)

17  Großer Lo der Milz

Zong Qi treibt die Energie und das Blut in die Leitbahnen und die Gefäße. Wenn es schwach ist, kommt es zu einer Stockung des Blutes und der Energie.

Eine der Möglichkeiten, um den Verlust von Zong Qi auszugleichen, ist die Atmung. Darum sind die Atemübungen beim Qi Gong so wichtig, insbesondere die, bei denen die Phase des Einatmens verlängert wird, mit anschließendem Anhalten des Atems bei gefüllten Lungen. Die Kontrolle über den Atemrhythmus in Verbindung mit der Konzentration und der Mobilisierung des Atems kann zu Ergebnissen führen, die Medikamente und Nadeln allein nicht bringen würden.

*Die Energie des »Späteren Himmels«: Jing Qi, Yong Qi, Wei Qi*

Der »Spätere Himmel«, wir erinnern uns, repräsentiert die Ordnung des Materiellen, des Manifesten. Die Energien des »Späteren Himmels« werden vom nach seiner Geburt autonom gewordenen Individuum selbst aus der Luft und den Nahrungsmitteln gewonnen.

## Erworbenes Jing Qi

Das angeborene Jing wird im Zuge von Wachstum und Entwicklung nach und nach verbraucht und durch das erworbene Jing ersetzt. Das angeborene Jing ist die Basisstruktur, um das erworbene Jing, das unaufhörlich durch die Aktivität des Organismus verbraucht wird, herzustellen und zu erneuern.

Das erworbene Jing wird essentielle Energie genannt. Jedes Organ baut sein eigenes Jing auf, das Yin ist und sich aus der ererbten Energie und den nährenden Energien des »Späteren Himmels« speist. Außerdem hat jedes Organ eine spezifische Art und Weise, die Energie des Körpers umzusetzen, die sein eigenes Qi charakterisiert. So hat das Qi der Leber, das in Beziehung zum Frühling steht, die Aufgabe, die gesamte Energie des Körpers zu verteilen und auszubreiten; die Erzeugung seines spezifischen Jing folgt diesem Muster.

Die Jing-Arten, die sowohl Yin wie auch die grundlegende Essenz der physiologischen Aktivität jedes Organs präsentieren, sind mit dem Vorgang der Hormonausschüttung verglichen worden. Zum Beispiel können die Krankheitsbilder, die dem Jing der Leber entsprechen, sich mit denjenigen überlagern, die bei Problemen mit der Schilddrüse festgestellt werden. Aber die Vergleiche zwischen den chinesischen physiologischen Begriffen und den westlichen Auffassungen sind voller Fallstricke, und es ergibt keinen Sinn, wenn man versucht, die beiden Konzepte einfach gleichzusetzen. So entspricht zwar das Jing der Leber ebenfalls Körperreaktionen in Verbindung mit dem Hormon der Nebenschilddrüse, der Bildung des Hypertensins und dem Katabolismus der Sexualhormone, aber all diese Entsprechungen zusammengenommen reichen nicht aus, um das Jing der Leber in seiner Gesamtheit zu definieren. Diese Fragen werden gegenwärtig von chinesischen Forschungsgruppen wissenschaftlich untersucht.

## Yong Qi

Die nährende Energie

Gemeint ist die tiefe, feste, ruhige Energie der Nahrung. Von ihr sagt man, sie sei »rein und klar«.

Magen und Milz-Pankreas sind die beiden inneren Organe, die die jeweilige Quintessenz, Gou Qi, aus den Nahrungsmitteln und Getränken herausziehen. Nachdem die reine Energie in einem ersten Schritt auf der Ebene des Solarplexus herausgefiltert ist, wird sie durch diese Organe über die Blutgefäße und entsprechenden Körperleitbahnen verteilt. Die Milz leitet diese Essenz zur Lunge hoch, die sie mit der Qintessenz der reinen Energie der Luft, Ta Qi, vermischt. Dann treibt die Lunge diese aus der Luft und den Nahrungsmitteln gefilterte Nahrungsenergie in die Endlosschleife der zwölf Leitbahnen, von denen alle Körperzonen berührt werden.

Eine zweite Auswahl der Energie von Nahrungsmitteln und Getränken und deren Absorbierung findet in Höhe des Dünndarms statt, erreicht von dort aus die Leber und tritt in das Blut und die Leitbahnen ein.

Die Funktion von Yong Qi kommt der westlichen Auffassung der Sauerstoffzufuhr und der aufgenommenen und über das Blut in den Gefäßen zirkulierenden Nährstoffen nahe. Es ist die Funktion, alle inneren Organe, Gewebe und Sinnesorgane mit Nahrung zu versorgen, die das Yong Qi übernimmt, indem es den ganzen Organismus durchdringt. Aber es gibt einen gewaltigen Unterschied zwischen dem westlichen und dem chinesischen System. Dieses Qi, wie auch alle anderen, existiert für sich. Es ist unterscheidbar vom Sauerstoff und den Nährstoffen. Aber man spürt es nicht, denn es ist geistiger Natur und stellt eine Quintessenz dar. Es wird etwas ausgelöst, das parallel zu den Atmungs- und Verdauungsprozessen verläuft, die die westliche Medizin auf der materiellen Ebene untersucht. Schließlich, und das ist ein großer Unterschied, zirkuliert es in den Leitbahnen.

Vergleichen wir die saubere Luft, die man auf dem Land oder in Höhenlagen atmet, mit der verschmutzten Luft in der Stadt. Aus westlicher Sicht besteht der Unterschied darin, daß es auf dem Land oder im Gebirge mehr negative Ionen gibt als in der Stadt, wo Bleimoleküle und infolge der Umweltverschmutzung zu viele positive Ionen auftreten. Für die alten Chinesen enthält die saubere Luft auf dem Land mehr Ta Qi, reine Energie, als die Stadtluft. Sie wird sich als gesünder erweisen. Die Folge beim Atmen ist eine größere Absorbierung von Qi durch die Lunge und eine klarere, fließendere, leichtere Zirkulation von Qi in den Leitbahnen und im Organismus.

Betrachten wir die Energie der Nahrung, Gou Qi. Nehmen wir an, daß eine Person gesunde, natürliche Nahrung zu sich nimmt. Dann wird mehr Gou Qi, das reine Qi der Nahrungsmittel in dem, was sie ißt, vorhanden sein, als wenn es sich um künstlich hergestellte, synthetisierte Produkte handelt.

Die Art, wie man die Nahrung zubereitet, mit Liebe und mit einem reinen Geist, kann ebenfalls das Gou Qi beeinflussen, das nicht mit den Händen zu greifen ist und nichts mit den Nahrungsbestandteilen zu tun hat, die von der westlichen Physiologie als einziges analysiert werden. Aber was vielleicht noch wichtiger ist, ist die persönliche Haltung und Stimmung desjenigen, der ißt.

Kehren wir zurück zum Yong Qi: Ein weiterer Unterschied in Bezug auf den westlichen physiologischen Begriff des Sauerstoffs und der Nährstoffe liegt darin, daß das Yong Qi wie alle ererbten Energien einen Speicher hat: den Unterleib, den Solarplexus.

Ein anderer, für den Akupunkteur wichtiger Aspekt von Yong Qi ist seine Zirkulation. Yong Qi wird tatsächlich durch die Lunge in alle Meridiane geschickt und verläuft gleichzeitig durch die zwölf Leitbahnen (»Großer Energiekreislauf«) und die beiden Sonderleitbahnen Du Mai und Ren Mai (»Kleiner Energiekreislauf«). Die Reihenfolge der wichtigsten Akupunkturleitbahnen lautet: Lungen-, Dickdarm-, Magen-, Milz-, Herz-, Dünndarm-, Blasen-, Herzbeutel-, »Dreifacher-Erwärmer«-, Gallenblasen-, und Leber-Meridian.

Es heißt, daß Yong Qi tagsüber fünfzigmal an der Oberfläche im

Yang kreist und nachts fünfzigmal im Yin des Körperinneren. Wenn die Atmung normal und unkontrolliert vor sich geht, bewegt sich Yong Qi mit der Geschwindigkeit einer Handbreit beim Einatmen und einer Handbreit beim Ausatmen entlang der Leitbahnen. Berechnen Sie ungefähr, wieviele Handbreiten Ihr Körper in aufrechter Stellung mit himmelwärts gestreckten Armen mißt, multiplizieren Sie mit drei, denn es sind drei Schleifen von vier Leitbahnen, die einen vollständigen Umlauf ausmachen, teilen Sie durch zwei, und dann haben Sie die ungefähre Anzahl von Atemzügen, die nötig sind, um an den Ausgangspunkt zurückzukommen.

Es ist wichtig, sich diese Tatsache bewußt zu machen. Man begreift dann, in welchem Maß die Atmung die Bewegungen des Qi im Körper bestimmt. So wird man auch das Interesse des Qi Gong (oder des Yoga), seinen Atemrhythmus zu beherrschen, besser verstehen. Man vermag durch Konzentration auf diesen Kreislauf einzuwirken, die Geschwindigkeit des Qi zu verändern, es zu beschleunigen oder zu verlangsamen, oder auch das Qi in einem genauer bestimmten Bereich des Körpers zu konzentrieren. Das gilt ebenso für die Geschwindigkeit, mit der die Bewegungen beim Tai Ji Quan ausgeführt werden. Das Tempo ist langsam, um es dem Qi im Körper anzupassen. Wie Gu Mei Chen während eines Vortrags in der Sorbonne sagte: »Wenn der Schüler sich seiner Energie bewußt wird, ist es letztlich die Energie selbst, die den Körper bewegt und die Geschwindigkeit der Ausführung bestimmt.«

Außer der Geschwindigkeit, mit der das Qi beim Ein- und Ausatmen durch Leitbahnen geschickt wird, gibt es noch einen zweiten Rhythmus. Dieser Rhythmus verteilt sich über vierundzwanzig Stunden (Abb. 18). Zu jeder chinesischen Stunde, die zwei Stunden unserer Zeitrechnung entspricht, ist eine Leitbahn mehr gefüllt als die andere, in der nächsten Stunde erreichen die Gezeiten die darauffolgende Leitbahn. Zum Beispiel ist es in der ersten Stunde, von 3 bis 5 Uhr, die Lunge, in der zweiten Stunde, von 5 bis 7 Uhr, der Dickdarm. Dieser Rhythmus wird Ebbe und Flut genannt. Die zwölf Leitbahnen folgen im Uhrzeigersinn aufeinander (Abb. 19), wobei jedem Meridian eine Stunde zugeteilt ist, die dem Energiefluß entspricht.

Dieser Rhythmus ist für die Akupunkteure von großer Bedeutung, denn wenn sie einen Überfluß oder einen Mangel von Qi in einem

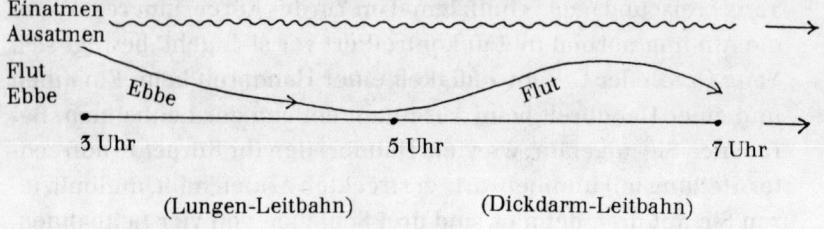

18  Die Bewegung des Qi in den Leitbahnen gemäß der Atmung und dem
chinesischen Zwölfstundenzyklus

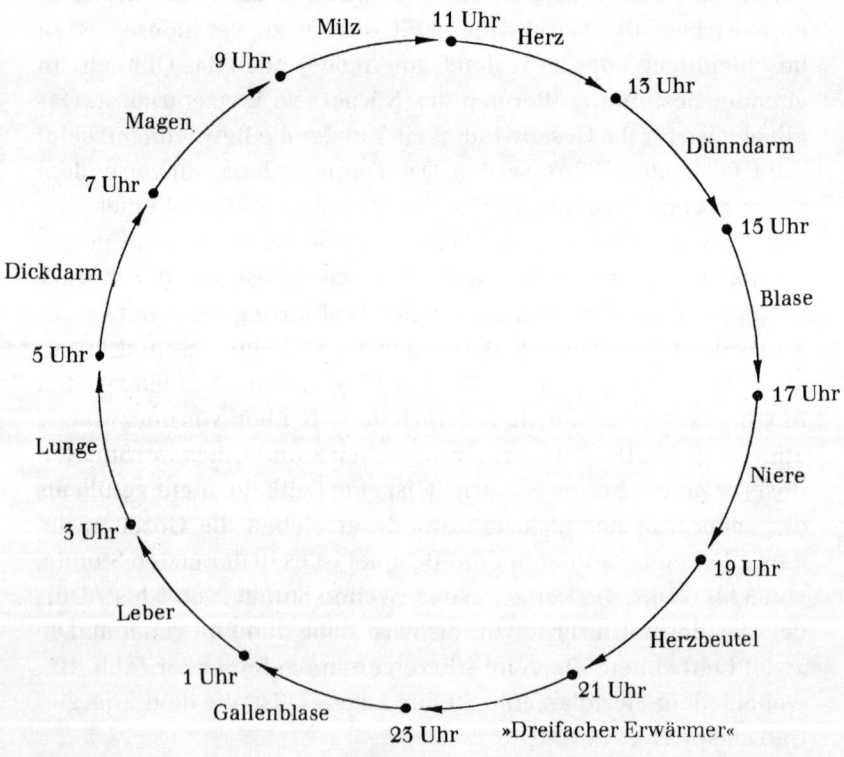

19  Zeitplan für die Zirkulation von Yong Qi in den zwölf Leitbahnen

inneren Organ oder in einer Leitbahn diagnostiziert haben, können sie die Stunde wählen, die in Beziehung zu diesem Organ oder dieser Leitbahn steht, um so wirkungsvoll wie möglich zu behandeln. Wenn zum Beispiel in der Lunge Überfluß herrscht, wählt man den Verteilungspunkt auf der Lungen-Leitbahn und nadelt ihn zu der Stunde, in der die Leitbahn das Maximum an Energie aufweist, das heißt zwischen 3 und 5 Uhr. Das ist das, was die chinesischen Ärzte unter »Entgegengehen« verstehen. Wenn in der Lunge Mangel herrscht, wird er den Tonisierungspunkt in der Stunde nadeln, in der sich die Leitbahn leert, zwischen 5 und 7 Uhr, was die günstigste Zeit ist, um zum Beispiel chronisches Asthma oder eine Tuberkulose zu behandeln. Diese Methode bedeutet »Hinterhergehen«.

Im Sprechstundenalltag werden weder die Akupunkteure noch die Kranken einen Termin zu solch früher Stunde wünschen. Es gelten also statt dessen andere Behandlungsvorschriften:

- Die Mittag-Mitternachts-Regel, die von dem berühmten taoistischen Arzt Sun Su Miao formuliert wurde.
- Die Regel, die Öffnung der Punkte gemäß den Stämmen und Zweigen zu benutzen.
- Man kann auch noch die Regel der den Jahreszeiten entsprechenden Punkte erwähnen.

Wenn wir uns die Mühe gemacht haben, über diese drei Akupunkturregeln zu sprechen, so deshalb, weil sie direkt auf die Praxis des Qi Gong anwendbar sind, wobei das Beispiel von Ebbe und Flut am wichtigsten ist.

Zhang Ming Wu und Sun Xiang Yuan führen in ihrem Buch *Chinese Qigong Therapy* aus, wie die Kranken den Zeitpunkt für ihre Übungen wählen können. Wenn das Qi der Lunge bei einem Kranken betroffen ist, dann ist für ihn die günstigste Übungsstunde die Zeit zwischen 3 und 5 Uhr morgens. Jedoch wird diese Regel durch die Vorschrift des »Entgegengehens« und »Hinterhergehens« je nach Jahreszeit abgewandelt. Den zitierten Autoren zufolge befinden sich im Frühling und im Sommer Yang und Yin in Übereinstimmung. Um also die Lunge zu diesen Jahreszeiten zu stärken, übt man zur entsprechenden Stunde. Im Herbst oder Winter, den Yin-

Jahreszeiten, ist hingegen die Yang-Stunde zu wählen, die dem *Metall* entspricht, das heißt die Stunde des Dickdarms von 5 bis 7 Uhr.

Der Leser, der in der Akupunktur bewandert ist, findet alle Zeitangaben in der Tabelle 3, im Teil »Praktische Ratschläge« am Ende des Buches.

## Pathologie des Yong Qi

Die Energie Yong Qi kann je nach Ernährung im Übermaß oder ungenügend vorhanden sein. Eine zu kalorienreiche oder zu fette Nahrung, ein Übermaß an Gewürzen, an Alkohol, können ein Zuviel an Yong Qi hervorrufen. Der erkrankte Bereich ist meistens der Solarplexus. Man leidet an Magenschmerzen, schlechter Verdauung, Gewichtszunahme, Fettsucht, Diabetes und Bluthochdruck.

Eine schlechte, nährstoffarme Kost oder Unterernährung sowie eine durch Erbrechen, Durchfall oder durch chronisch schlechte Absorbierung hervorgerufene Mangelernährung führen zu einem Mangel an Yong Qi mit Abmagern, Kältegefühl in den Extremitäten, schlechter Immunabwehr und Anämie. Auch Streß und Emotionen können eine ungünstige Rolle spielen, sei es im Sinne eines Übermaßes oder auch eines Mangels. Das gleiche gilt für klimatische Einflüsse wie Kälte, Hitze, Feuchtigkeit, Trockenheit und Wind.

Durch die Qi-Gong-Übungen kann man auf verschiedene Weise auf das Yong Qi einwirken. Indem man die Milz und den Magen, die die Nahrung aufnehmen, durch besondere Massagen oder Übungen, die später noch erläutert werden, stärkt. Oder indem man die Lunge durch Atemübungen und Strecken des Thorax und der Schultern kräftigt, was eine gute Zirkulation in den zwölf Leitbahnen begünstigt oder schließlich durch direkte Konzentration auf diese Zirkulation in einer Meditationsübung, die »Großer Energiekreislauf« genannt wird.

Es ist auch möglich, mit dieser Energie zu arbeiten, indem man die Milz und den Magen mit dem Laut *Huo,* der ihnen entspricht, reinigt. Wie wir schon wissen, wird man außerdem, wenn man an dem Qi eines bestimmten Organs arbeiten will, die Stunde wählen, in der die Yong-Energie durch seine Leitbahn fließt.

*Wei Qi*

Wei Qi ist eine spezielle Form der vom Körper gebildeten Energie, die die Abwehrkraft darstellt, eine Art Schutzschild gegen das Eindringen von schädlichen Einflüssen. Sie zirkuliert in der Haut, den Aponeurosen, den Sehnen, den Faszien und dem Zwerchfell. Teils wird sie auf der Grundlage der Nahrung gebildet, die in den Magen gelangt, teils durch das Qi der flüssigen und festen Nahrung, das der Dünndarm gewinnt. Dieses Qi der flüssigen und festen Nahrung wird bis zur Niere geleitet und dann mit dem reinen Qi vermischt, das die Niere durch die Atmung bezieht. Die Niere verwandelt also diese Qi-Arten in Wei Qi, in Abwehrenergie, und in die Körpersäfte. Dann steigt Wei Qi über die Leitbahnen bis zur Lunge hinauf.

Die Lunge hat die Aufgabe, die Flüssigkeiten zu verdampfen und zusammen mit Wei Qi an der Hautoberfläche zu verteilen. Wei Qi ist eng mit den Organflüssigkeiten verbunden. Seine verschiedenen Funktionen sind folgende:

- die Oberfläche des Körpers gegen schädliche Klimafaktoren zu schützen,
- die Öffnungen der schweißbildenden Drüsen zu kontrollieren,
- der Haut ihr frisches Aussehen und den Haaren ihren Glanz zu verleihen,
- die Körpertemperatur zu regeln,
- die Organe warm zu halten.

Wei Qi deckt also Funktionen ab, die in unserer westlichen Physiologie getrennt voneinander analysiert werden: die Schweißabsonderung, Keratinbildung, Vernarbung und Immunität der Zellen, das Vernichten von körperfremden Stoffen durch die weißen Blutkörperchen, die Wärmeregulierung, das orthosympathische System.

Wei Qi kreist in vierundzwanzig Stunden fünfzigmal im Körper; fünfundzwanzigmal tagsüber an der Oberfläche im Yang und fünfundzwanzigmal nachts im Yin. Wenn sich das Yang nach innen verlagert und das Yin nach außen, dann verlangsamen sich die Stoffwechselprozesse, und der Schlaf stellt sich ein. Wenn das Yang wieder an die Oberfläche kommt und das Yin in das Innere absteigt, beschleunigen sich die Stoffwechselprozesse, und der Körper erwacht.

## Pathologie des Wei Qi

Wei Qi kann schwach sein, wenn die Niere, der Magen oder die Milz, die es produzieren, nicht ausreichend funktionieren. Anzeichen dafür sind Kältegefühle, Nachtschweiß, Müdigkeit und ein Absinken der Abwehrkräfte des Körpers.

Wei Qi kann ebenfalls schwach sein, wenn geschwächte Lungen seine Verdunstung und Verteilung nach außen nicht gewährleisten. Die Folgen sind Frösteln, matte Stimme, Kurzatmigkeit und trockene Haut.

Das Qi Gong hat durch seine körperlichen Übungen, die die Muskeln, Aponeurosen, Sehnen und Faszien arbeiten lassen, direkt mit der Zirkulation von Wei Qi zu tun. Das ist besonders beim harten Qi Gong der Fall, dem Jing Gong aus der kriegerischen Tradition (Wei Dan) des Shaolin-Klosters. Der Übende lernt, die Muskeln und Sehnen zu kontrahieren und zu härten; er zieht mit dem Atem seine Körperhöhlungen, seine Faszien um die Organe zusammen und sorgt dadurch für eine gute innere Massage.

Diese Kontraktionen sind äußerlich mit der Atmung ebenso wie mit der Tonisierung der Knochenstruktur durch die »Atmung der Knochen« verbunden. Das Resultat ist eine verstärkte Wirkung der Muskelkraft bei Fauststößen oder Fußtritten, aber auch ein größerer Widerstand der Knochen und Muskeln gegenüber Schlägen des Gegners oder bei Schlägen, die ausgeführt werden, um Steine zu zerbrechen. Die Technik der »Reinigung des Knochenmarks«, die mit diesem Training verbunden ist, führt beim Übenden zu einer Kräftigung all seiner Körperstrukturen, indem er sich mit immer härteren Materialien schlagen läßt, bis Haut und Muskeln weder etwas spüren noch verletzt werden. Die Konzentration und das Lenken von Qi, so muß man Wei Qi verstehen, auf den Körperbereich, der die Stöße empfängt, machen eine solche Leistung möglich und münden in die spektakulären Vorführungen des Wu Shu.

# Das Blut und die Körpersäfte

*Das Blut*

Die Energie, das Blut und die Körpersäfte sind in der chinesischen Physiologie sehr eng verbunden. Das Blut ist wichtig, um die Organe mit Nahrung zu versorgen. Es zirkuliert in den Gefäßen. Aber mit ihm zusammen zirkuliert auch das Qi. Die enge Wechselbeziehung zwischen dem Qi und dem Blut ist in der klassischen Formel erfaßt: »Qi regiert das Blut; das Blut ist die Mutter von Qi.« Das Blut selbst setzt sich aus Körpersäften, Qi und Nährstoffen zusammen. Die Entstehung des Blutes ist dreifacher Art. Es bildet sich zunächst durch das Jing, das heißt aus dem reinsten Teil der Nahrung, sowie durch die Körpersäfte, dazu kommen noch das Jing der Niere und das in der Niere gespeicherte Yuan Qi. Diese beiden Qi-Arten beeinflussen das Knochenmark.

In der Physiologie des Blutes spielt jedes der »Fünf Organe« eine Rolle:

– Die Niere speichert Yuan Qi, das das Blut produziert, indem es auf das Mark einwirkt. Hier scheint es eine direkte Verbindung zum Erythropoetin zu geben, dem Hormon, das von der Niere ausgeschüttet wird, um das Mark anzuregen und die roten Blutkörperchen reifen zu lassen.
– Das Qi des Herzens ist die Antriebskraft des Blutkreislaufs.
– Die Lunge verteilt das Blut im ganzen Körper. Außer ihrer Funktion der Oxydation transportiert die Lunge das reine Qi der Atmung. Da sie das erste Organ und die erste Leitbahn darstellt, ist sie es, die »das Blut in den Gefäßen und den Leitbahnen antreibt«.
– Die Milz reguliert das Blut. Sie macht es möglich, daß das Blut in den Gefäßen aufgenommen wird, indem sie die Durchlässigkeit der kleinen Adern bewirkt. Milz und Pankreas sind mit der Absorbierung der wasserlöslichen Vitamine verbunden, und die wasserlöslichen Vitamine C und P sorgen für die Durchlässigkeit der Kapillaren. Der Magen spielt seinerseits eine nicht zu unterschätzende Rolle, indem er an der Extraktion von Yong Qi und

Jing aus der Nahrung teilhat. Nach der westlichen Medizin ermöglicht es ein besonderes Enzym, das die Magenschleimhaut überzieht, das Vitamin B 12 zu absorbieren, das von grundlegender Bedeutung für die Bildung der roten Blutkörperchen ist.

– Die Leber sammelt das Blut, speichert es und setzt es bei Bedarf frei. Entwässerung, Katabolismus, Regulation des Kreislaufs der Pfortader und der Hohladern sowie die Bildung der Koagulationsfaktoren sind die entsprechenden Funktionen der Leber in der westlichen Medizin. Man könnte hier noch die Absorption der fettlöslichen Vitamine nennen, die durch das Zerlegen der Lipide begünstigt wird, was die Aufgabe der Galle ist. Eines dieser Vitamine, das Vitamin K, ist Grundlage für die Bildung der Koagulationsfaktoren.

Die alten chinesischen Schriften besagten, daß das Blut den ganzen Körper ernähre: die Leitbahnen, Haut, Nägel, Organe und Eingeweide, die Muskeln und die Knochen. Qi und Blut zirkulieren also im Einklang miteinander und unterstützen sich gegenseitig. Sie sind eng aufeinander bezogen. Dementsprechend heißt es in den medizinischen Texten: »das Blut zirkuliert mit dem Qi in den Leitbahnen« oder auch »die Leitbahnen begleiten die Gefäße«.

Diese beiden Aussagen lassen sich auf die anatomische Ebene beziehen, und das hat eine gewisse Bedeutung für die Praxis des Qi Gong. Die Gliedmaßen sind tatsächlich von Arterien, die das Blut bis in die Fingerspitzen, und von Venen, die es zurück zum Herzen transportieren, durchzogen. Das feine Netzwerk von Äderchen endet in den Kapillaren. Es gibt ein System von Shunts oder präkapillaren Schließmuskeln, die diese distale Zirkulation regulieren.

Es zeigt sich, daß das System der Leitbahnen nach demselben Muster wie der Blutkreislauf angelegt ist. Unter den Meridianen gibt es in der Tat zentrifugale, die vom Rumpf zu den Extremitäten gehen und in großen Zügen parallel zum Kreislauf der Arterien verlaufen; andere, die zentripetalen, verlaufen in ähnlicher Richtung wie die Venen, nämlich von der Peripherie zum Zentrum. Und wie bei den Blutgefäßen gibt es am Knotenpunkt zwischen einer zentrifugalen und einer zentripetalen Leitbahn ein System von Lo-Leitbahnen, die man mit den präkapillaren Schließmuskeln vergleichen kann. Anders gesagt, Blutgefäße und Energieleitbahnen sind aufs engste und untrennbar miteinander verbunden und beeinflussen sich gegenseitig.

Beim Qi-Gong-Training gibt es einerseits eine Gliedermassage im Sinne der zentrifugalen und zentripetalen Zirkulation der Leitbahnen und andererseits eine Konzentrationsübung auf die Zirkulation der Energie in der Endlosschleife der zwölf Leitbahnen, die »Großer Energiekreislauf« genannt wird. Diese beiden Übungen haben die Wirkung, daß sie nicht nur die allgemeine Zirkulation des Qi beeinflussen, sondern auch die Blutzirkulation im ganzen Körper verbessern.

Das erklärt, warum sich die Qi-Gong-Übungen nicht mit einem starken Tabakkonsum vertragen, denn das Rauchen vermindert die Durchblutung in den Kapillaren und führt zu einem Kältegefühl in den Extremitäten. Dem entspricht eine Störung der Zirkulation des Qi und des Blutes in den Leitbahnen und Gefäßen. Wenn man fünf oder mehr Zigaretten pro Tag raucht, verlangsamt dies das Wecken des Qi im »Großen Energiekreislauf«.

## Pathologie des Blutes

*Das Blut und das Immunsystem:* In der chinesischen Medizin ist das Blut Träger des Immunsystems. Wenn die Blutproduktion gemindert ist, treten nicht nur Anämie, sondern auch ein Nachlassen der Abwehrkräfte des Organismus und ein Verlust der Abwehrbereitschaft auf. Die Krankheiten, die daraus entstehen, können ganz plötzlich auftreten. Das liefert eine theoretische Erklärung dafür, wie das Qi Gong durch eine Verbesserung der Produktion von Yuan Qi und Jing Qi, die das Blut hervorbringen und seine Bestandteile bilden, bei der Behandlung von Immunschwächen wirksam sein kann. Umgekehrt schafft eine »Hitze« des Blutes ein Ungleichgewicht, das charakteristisch für Hautallergien, Juckreiz, Nesselausschlag und Dermatosen ist, die sich durch Hitze verschlimmern. Bei diesem Krankheitstyp müßte das Qi Gong zu guten Behandlungsresultaten führen.

*Das Blut und die Endokrinologie:* Ein Ungleichgewicht zwischen Blut und Energie ist in der chinesischen Medizin Ursache für genitale Erkrankungen bei der Frau wie auch beim Mann und allgemein für Drüsenkrankheiten.

Die gesamte genitale Physiologie basiert auf dem Gleichgewicht von Blut und Energie. Zwei Leitbahnen haben mit diesem Gleichgewicht zu tun: Ren Mai in Bezug auf die Energie und Chong Mai in Bezug auf das Blut. Qi Gong kann dabei helfen, das Gleichgewicht dieser Funktionen wiederherzustellen, vor allem indem es Energie durch die Meridiane leitet.

*Das Blut und die Typologie:* Das Gleichgewicht von Blut und Energie induziert die äußeren Geschlechtsunterschiede; der Mann hat mehr Blut als Energie und bei der Frau ist es umgekehrt. Zum Beispiel spiegelt die Behaarung für die chinesischen Mediziner die Kraft des Blutes im Verhältnis zur Energie. Die gesamte Morphologie des Körpers ist ein Ausdruck dieses Gleichgewichts. Deutlich ist, daß das Verhältnis von Blut und Energie in enger Beziehung zu den Sexualhormonen steht.

Zusammenfassend kann man sagen, daß der chinesische Begriff des Blutes komplex ist. Es handelt sich dabei nicht um einen abstrakten, ungenauen Begriff. Er umfaßt verschiedenartige moderne physiologische Begriffe, wie den Kreislauf im allgemeinen, die Oxydation durch die Lunge, die Ernährung der Gewebe, die Vasokonstriktion, die Koagulation, das Immunsystem, die Endokrinologie und die Morphologie.


### Die Körpersäfte

Dabei handelt es sich um Sekrete wie den Speichel, die Tränen, den Schweiß, aber auch um die Flüssigkeit aus der Nahrung, deren Aufnahme, Umwandlung und Ausscheidung.

Man unterscheidet zwei Gruppen von Körpersäften:

- Jin, die von Yang-Art sind und sich durch Leichtigkeit, Klarheit und eine fast immaterielle Natur auszeichnen. Die Jin-Flüssigkeiten zirkulieren an der Oberfläche und folgen der Bewegung der Abwehrenergie Wei Qi. Ihre Funktionen sind die Hydrierung und die Versorgung der Haut und der Muskeln mit Nährstoffen.
- Ye, die dem Yin entsprechen, sind materieller, trübe, schwer. Sie zirkulieren im Inneren mit der nährenden Energie Yong Qi und

dem Blut. Ihre Funktionen bestehen im Schmieren der Gelenk-
verbindungen und in der Versorgung des Gehirns, des Rücken-
und Knochenmarks und der Körperöffnungen mit Nährstoffen.

In der chinesischen Physiologie ist jedes der fünf Hauptorgane an
der Herstellung von einem der Körpersäfte beteiligt. So wird der
Schweiß mit Hilfe des Herzens hervorgebracht, der Nasenschleim
und die Lymphe durch die Lunge, die Tränen durch die Leber, der
flüssige Speichel, das heißt der Teil, der die Verdauungsenzyme
enthält, durch die Gesamtheit von Milz und Pankreas und der dichte
Speichel, der durch unwillkürliche Zungenbewegungen hervorgerufen wird, um den Mund zu befeuchten, durch die Niere. Der
dichte Speichel der Niere ist bei den Qi-Gong-Übungen sehr wichtig, denn er enthält die Essenz, das Jing der Niere, und damit das
Jing des ganzen Organismus. Um ihn zu stimulieren, wendet man
die taoistische Übung des »Himmelswassers« an, die weiter unten
beschrieben wird.
Die wichtigste anatomische Struktur, die die Bewegungen der
Körpersäfte leitet, ist der »Dreifache Erwärmer«. Es heißt: »Der
Dreifache Erwärmer ist das Organ der Wege des Wassers.«
Die Lunge und die Niere spielen eine sehr wichtige Rolle bei der
Assimilation von Flüssigkeiten. Die Niere empfängt die Essenz des
reinen Teils der Flüssigkeiten, um sie in Abwehrenergie umzuwandeln, die dann wieder in Körpersäfte und Energie zurückverwan-
delt wird. Was den unreinen Teil der Flüssigkeiten angeht, so wird
er mit dem Urin ausgeschieden.
Dieser Umwandlungsvorgang vollzieht sich im Bereich des »Unteren Erwärmers«, dem Teil, der dem Dan Tian oder »der Mutter der
Energie« entspricht. An diesem Ort hat die Niere die Kraft, die
reinen Säfte des Körpers, die Abwehrenergie, umzuwandeln und
zu produzieren.
Zusammengefaßt stellt die Physiologie der Körpersäfte in der chinesischen Medizin den Versuch dar, den allgemeinen Stoffwechsel
der körpereigenen Flüssigkeiten unter der Leitung von Qi, das in
den Leitbahnen kreist, und der speziellen Aktivität der Qi-Arten
jedes Organs zu begreifen. Die anatomische Organisationsform
dieses Stoffwechsels ist der »Dreifache Erwärmer«. Es ist ohne
weiteres zu verstehen, daß die Produktion und die Zirkulation der

Körpersäfte vor allem von der Stärke des Qi eines jeden betroffenen Organs abhängig sind, also vom Qi der Milz, des Magens, der Lunge, des Dünndarms, der Niere und der Blase.

Für die Körpersäfte sorgen heißt vor allem, seinem Körper in angemessener Weise mit sauberem Wasser Feuchtigkeit zuzuführen, so oft er das verlangt.

Die Praxis des Qi Gong erlaubt es, die Körpersäfte zu nähren, indem durch die Atmung das Qi der Lunge gestärkt, die Nahrungsaufnahme und die Verdauung gefördert und durch Konzentration und Zuführung von Qi in das Dan Tian die Niere bei der Transformation von reiner Energie und von Flüssigkeiten unterstützt wird.

Diese Übung heißt »Atmung über das Dan Tian« und wird weiter unten beschrieben. Sie ist grundlegend, um den Atem, das Blut und die Körpersäfte zu pflegen. Diese Atmung ist in der Lage, Transpiration hervorzurufen. Aber dieses Schwitzen ist das Ergebnis einer natürlichen Gefäßerweiterung und einer Intensivierung des Kreislaufs von Qi und Blut. Die kämpferischen »Eisenhemd«-Übungen des Qi Gong treiben durch die Kompression von Qi in den Muskeln, den Aponeurosen, den Sehnen, den Faszien und dem Dünndarmgekröse die Körpersäfte voran, öffnen den »Weg der Wasser« und machen ihn durchlässig. Aus den gleichen Gründen kommt es zur Transpiration.

Die Übungen der »Reinigung des Marks« und besonders die »Atmung durch die Knochen« für das Knochenmark und der »Kleine Energiekreislauf« für das Rückenmark sowie die Übungen zur Zirkulation des Qi in den Sonderleitbahnen Yang Qiao und Yin Qiao machen die Kreisläufe noch durchlässiger und stärken Gao, das Fett des Marks.

Die Beziehungen zwischen Blut und Körpersäften sind ebenfalls interessant. Beide entstehen durch die Essenz der Nahrung. Den größten Teil des Blutes bilden die Flüssigkeiten, von denen ein Bruchteil die Gefäße verläßt, um zu Körpersäften zu werden. Jeder Verlust von Flüssigkeit zieht also eine Verringerung des Blutvolumens nach sich. Das hat die Taoisten dazu gebracht, die langsamen Übungen des weichen Qi Gong auszuarbeiten, um jede heftige Transpiration mit dem daraus resultierenden Energieverlust zu vermeiden.

Hier sieht man den fundamentalen Gegensatz zwischen der westlichen körperlichen Aktivität und den taoistischen Methoden: Im Westen versucht man zu schwitzen, während die Taoisten die Transpiration vermeiden, außer der, die durch Energieübungen hervorgerufen wird.

# Der Mensch zwischen Himmel und Erde

## Der Himmel und die Erde

Der Mensch steht zwischen Himmel und Erde, er entspricht dem Himmel und der Erde. In diesem Sinn ist der Mensch ein Mikrokosmos, ein Modell, das sich vom Universum, dem Makrokosmos, ableitet. Er ist ein Ebenbild des Yang des Himmels und des Yin der Erde. Er steht außerdem in einer Wechselbeziehung mit dem Kosmos. Dieses Weltbild entspringt der taoistischen Tradition Chinas. Ihre Sicht des Menschen und seiner Beziehungen zum Universum sind, wie wir noch sehen werden, für die Praxis des Qi Gong grundlegend.

Im Rahmen der taoistischen Gnosis basieren die Vorstellungen vom Menschen und dem Universum auf einem induktiven, intuitiven Denken. Die Kosmologie des Tao ist eine Wissenschaft, die aus der Meditation entstanden ist. In dieser Kosmologie gibt es nicht nur ein Universum, sondern mehrere, die mit dem unsrigen Überschneidungspunkte haben, aber nicht wahrnehmbar sind. Es ist also nicht möglich, sie einfach durch Beobachtung zu erkennen. Siehe zu diesem Thema auch das Buch von Ni Hua Ching: *The Taoist inner view of the universe and the immortal realm.*

Aus dem anfänglichen Nichts des Tao oder des Ur-Qi treten alle materiellen Manifestationen dank eines herrschenden Prinzips hervor, das in sich existiert: Tai Ji. Tai Ji ist zugleich das Prinzip des Gegensatzes und der Komplementarität im Wandel. Die beiden Polaritäten sind das Yin und Yang. Tai Ji bewirkt die Materialisation der greifbaren Phänomene (Abb. 20). Damit werden zum Beispiel die Prinzipien der Entropie und der Negentropie sowie der Anziehung und Abstoßung im Bereich der physikalischen Energie und

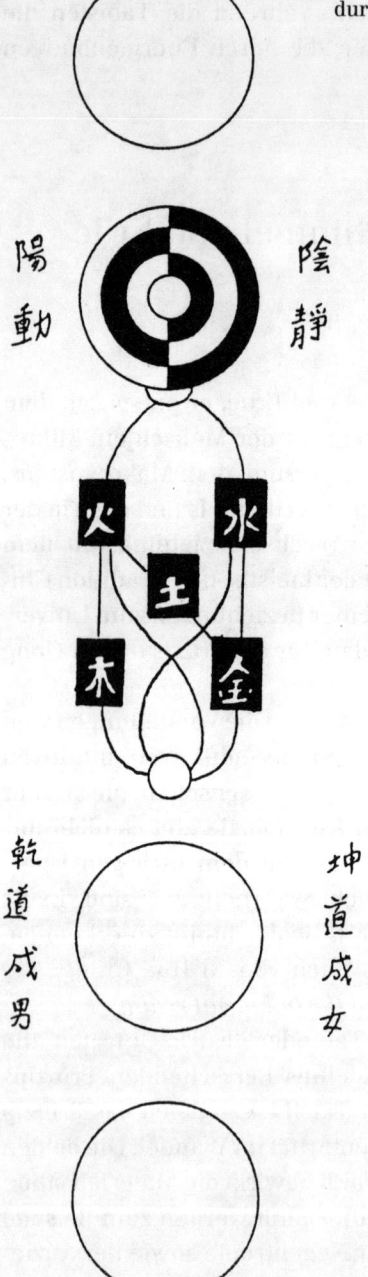

des Atoms angedeutet. Fritjof Capra, Physiker in Berkeley, hat diese These in seinem Buch *Das Tao der Physik* entwickelt.

Alles, was existiert, jedes Wissen, jedes Phänomen, ist diesem Gesetz von Yin und Yang unterworfen. Jeder Mensch geht aus dem Yin und Yang hervor, und symbolisch repräsentiert der Himmel den Archetypus von Yang und die Erde den von Yin.

## Yin und Yang

Yin regiert das, was materiell und schwer ist; Yang das Immaterielle, die Energie, das Subtile. Yin entspricht dem Zustand der Ruhe, Yang der Bewegung; Yin dem Entschwinden, Yang dem Erscheinen. Yin ist das, was im Inneren ist, das Versteckte, die Tiefe; Yang ist das Äußere, das Offene, die Oberfläche. Yin ist die Vertiefung, Yang die Erhebung.

Jedes Phänomen kann, je nach der Polarität, die es zum Ausdruck bringt, in Analogie zu Yin oder Yang gebracht werden. Am Himmel befinden sich zum Beispiel zwei bedeutsame Gestirne: die Sonne, die Yang ist, und der Mond, der Yin ist. Die Wärme ist Yang; die Kälte, die verfestigt und gefrieren läßt, ist Yin.

Der Tag ist Yang, die Nacht ist Yin. Der Wandel und die Komplementarität, die durch Tai Ji symbolisiert werden, lassen sich im Wechsel von Tag und Nacht beobachten. Zwei entscheidende Momente sind der Nadir zwischen 23 und 1 Uhr und der Zenit zwischen 11 und 13 Uhr. Entscheidend deshalb, weil das die Stunden sind, in denen man am besten auf das Yin und das Yang, die instabil sind, einwirken kann. Diese Stunden sind wichtig, weil sie den alten Taoisten zufolge für die Qi-Gong-Übungen und die Meditation am günstigsten sind.

In der Natur unterliegen alle geschlechtlichen Wesen, pflanzliche, tierische und menschliche, dieser Polarisierung. Das Weibliche ist Yin, das Männliche Yang.

Die Frau ist Yin, der Mann ist Yang. Die Geschlechtsorgane der Frau bilden eine Höhlung, in deren Inneren die Keimdrüsen verborgen sind. Beim Mann ist das Gegenteil der Fall. Bei der Befruchtung ist das Ei unbeweglich; es entspricht dem Yin. Die Spermatozoen wandern, bewegen sich mit Hilfe einer Geißel; sie sind Yang.

Der alte Fu Hi hat diese beiden Polaritäten als durchgehende Linie für das Yang und als unterbrochene Linie für das Yin dargestellt (Abb. 21). Das erinnert an die antagonistischen und komplementären Prinzipien bei der Ausbreitung des Lichts in Wellen und in Teilchen. Yin und Yang zeigt sich auch bei elektrischen Phänomenen (positiver Pol = Yang, negativer Pol = Yin), beim Atom (Kern, Proton = Yang, Elektronen = Yin) sowie beim Magnetismus (nördlicher Pol = Yang, südlicher Pol = Yin).

Auch der menschliche Körper entspricht dem Prinzip von Yin und Yang. Dies ist ein entscheidender Ansatzpunkt zum Verständnis der chinesischen Physiologie und ihrer Anwendung in der Medizin und im Qi Gong (Abb. 22).

*Nehmen wir den aufrecht stehenden Menschen:* Der obere Teil des Körpers, der Kopf, die obere Rumpfpartie, die oberen Extremitäten sind dem Himmel näher, also Yang. Der untere Teil des Rumpfes und die unteren Extremitäten bis zu den Füßen, die mit dem Boden verwurzelt sind und die Erde berühren, sind Yin.

Der Rumpf selbst wird in drei Ebenen unterteilt:

– die obere (oberhalb des Zwerchfells) = Himmel = Yang,
– die mittlere (zwischen Zwerchfell und Nabel) = Mensch = Yin und Yang,
– die untere (unterhalb des Nabels) = Erde = Yin.

Diese drei Ebenen entsprechen dem »Dreifachen Erwärmer« und schließlich den drei Energiezentren, mit denen man im Qi Gong arbeitet.

*Zur Einteilung der Vorder- und Rückfront des Körpers* bezog man sich im Altertum auf die zusammengekrümmte Position des Fetus im Mutterleib: Die Vorder- und Bauchseite ist in der Krümmung nach innen gewandt, also Yin; der Rücken, der hintere Teil, ist Yang.

*Betrachten wir jetzt die linke und die rechte Seite:* Es heißt in den alten Texten, daß der Weise nach Süden blicke. Nehmen wir also einen Menschen, der auf dem Rücken liegt, mit dem Kopf nach Norden, um in Harmonie mit dem Erdmagnetismus zu sein. Dies ist die optimale Position während des Schlafes, der ungefähr ein Drittel unseres Lebens ausmacht, die Zeit, während der wir diese

YANG                                    YIN

陽                                    陰

▬▬▬▬▬                        ▬▬   ▬▬

21 Yin und Yang

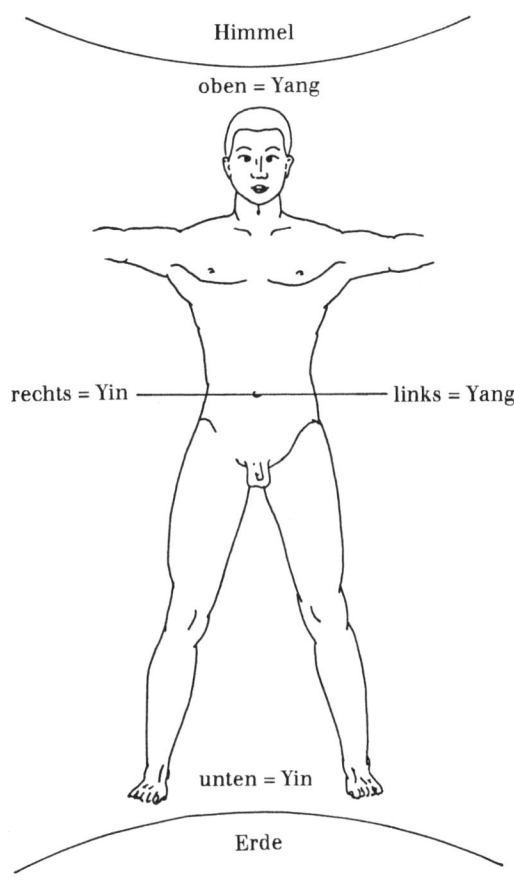

Himmel

oben = Yang

rechts = Yin —————————— links = Yang

unten = Yin

Erde

22 Polarisierung des Körpers

Polarität verstärken und nähren. Wenn sich der Mensch nun erhebt, blickt er nach Süden. Seine linke Seite entspricht im Liegen oder Stehen dem Osten, dort, wo die Sonne aufgeht, und ist Yang. Die rechte Seite ist die, wo die Sonne untergeht, der Westen; sie ist Yin.

*Schließlich ist noch die Innenseite der Glieder und die Seite der Beugung Yin; die Außenseite und die Seite der Streckung ist Yang.* Diese räumliche Zuordnung charakterisiert natürlich auch die Polarität der Leitbahnen, die von oben nach unten, links und rechts und vorne und hinten durch den Körper laufen (Abb. 23).

*Die Oberfläche des Körpers ist Yang, das Körperinnere Yin.* Darum gelten die Leitbahnen, wo die (immaterielle) Yang-Energie zirkuliert, als Schutzschild für alles, was sich als Organ im Inneren versteckt und Yin ist.
Für die Menschen im Altertum ging die Energie der Materie voraus, und das Immaterielle leitete und induzierte das Materielle. Die Leitbahnen und die Akupunkturpunkte sind darum die Orte, wo man auf die Organe einwirken kann.

*Betrachten wir jetzt die inneren Organe:* Einige werden gefüllt, um etwas zu verarbeiten; sie sind mehr materieller Natur. Man bezeichnet sie als Zang und ordnet sie dem Yin zu: Milz-Pankreas, Leber, Niere, Herz und Lunge. Im Gegensatz dazu sind Fu die hohlen Eingeweide, die als bewegliche Durchgänge der Peristaltik unterliegen und Yang sind: Magen, Gallenblase, Blase, Dünn- und Dickdarm.
Einige innere Organe befinden sich in Höhe des Rumpfes und bilden den »Oberen Erwärmer«. Sie haben mehr Yang als diejenigen, die im »Unteren Erwärmer« liegen.

In der Natur sind die Sonne, die Wärme, das Feuer Symbole für das, was Yang ist. Das Herz, das oben sitzt, stellt die Sonne im Organismus dar, den Kern, den Herrscher; es ist folglich von *Feuer*-Natur. Es erwärmt den Organismus, indem es das Blut kreisen läßt.
Sinnbilder für Yin sind der Mond, die Kälte, das Wasser, das das Feuer löschen kann. Die Niere, die unten sitzt, repräsentiert den Mond, das Yin; sie ist von *Wasser*-Natur. Sie kühlt den Organismus, indem sie das Wasser des Körpers zurückhält und wieder absorbiert.

23 Polarität der Leitbahnen

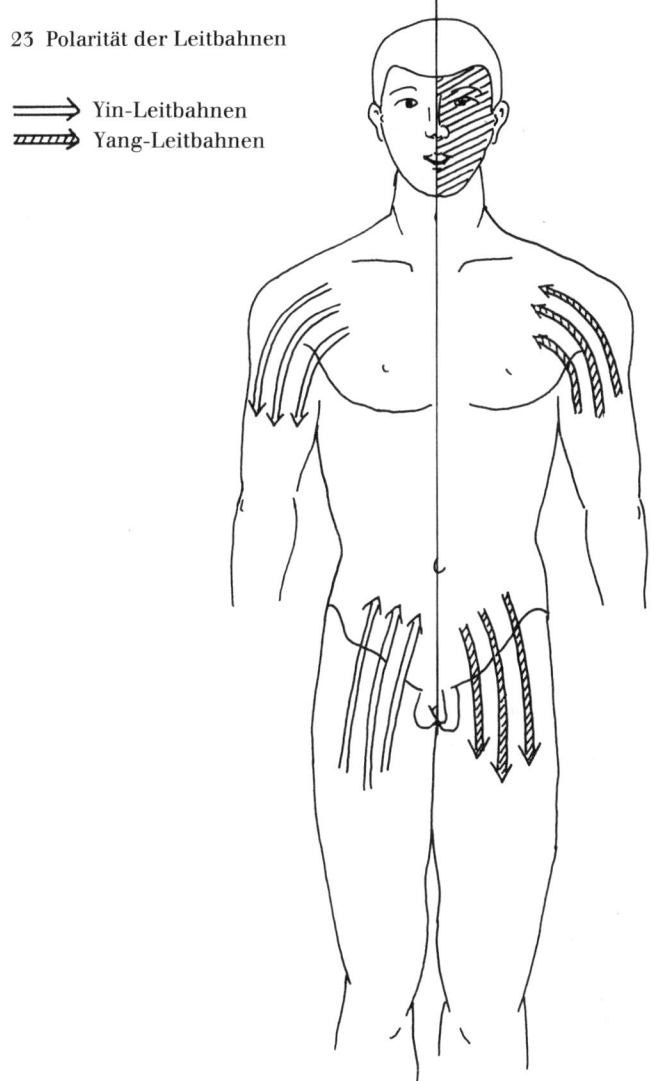

⟹ Yin-Leitbahnen
⟹ Yang-Leitbahnen

*Betrachten wir jetzt das Organ-Qi.* Dieses Qi leitet die Stoffwechselprozesse. Einige haben den Sinn, die Lebensvorgänge des Körpers
zu beschleunigen, andere, sie zu verlangsamen. Jedes Organ verfügt also über die Kraft, das Yang zu erhöhen. Entsprechend heißt
es: das Yang des Herzens, das Yang der Milz usw. Dasselbe gilt für
das Yin, und so spricht man vom Yin der Leber oder vom Yin der
Niere.

## Die »Fünf Elemente«

### Die »Fünf Elemente« im Kosmos

Das System der »Fünf Elemente« oder »Fünf Wandlungsphasen« ist einer der Grundpfeiler der alten chinesischen Philosophie. Es hat die Politik, die Geographie, die Religion, die Sitten, die Medizin und die Kriegskunst beeinflußt. Diese Theorie ist für die chinesische Medizin, die Akupunktur und Arzneimittellehre wie auch für die Praxis des Qi Gong von großer Bedeutung.

Für Marcel Granet entspringt die Theorie der »Fünf Elemente« der Beobachtung der vier Himmelsrichtungen und vier Zeitabschnitte: Morgenröte, Tag, Dämmerung und Nacht beziehungsweise Frühling, Sommer, Herbst und Winter. Die »Fünf Elemente« werden nach den vier Himmelsrichtungen *Holz, Feuer, Metall, Wasser* genannt; was das Zentrum angeht, von dem aus beobachtet wird, so wird es durch das fünfte Element, *Erde,* symbolisiert.

Wenn man sich dagegen auf die taoistische Kosmologie bezieht, dann haben die »Fünf Elemente« ihren Ursprung in fünf Sternenozeanen, Gestirnen, die nicht materialisiert sind, sondern auf einer geistigen Ebene existieren. Das heißt, sie entwickelten sich auf einer subtileren Ebene als der physikalischen oder energetischen, auf einer Bewußtseinsebene der Energie, die wie ein Prisma wirkt, das das ursprüngliche Qi bricht, um eine Vielzahl von Universen zu bilden, und die nur der intuitiven Vision in der Meditation zugänglich ist.

Man findet in den alten medizinischen Schriften Bezüge zu dieser taoistischen Kosmologie. Im *Nei Jing Su Wen* bezieht sich der Weise Gui Yu Qu, der von Huang Di konsultiert wird, im 66. Kapitel, das dem »himmlischen Ursprungskalender« gewidmet ist, auf einen noch älteren Text: »Im *Tai Shi Yuan Tian* heißt es, daß sich in der leeren Unendlichkeit das Fundament für das ursprüngliche Werden befindet. Es ist der Himmel, der mit der Vollendung der fünf elementaren Zyklen die Schöpfung in Gang setzt. Er strömt das reine, spirituelle Qi aus, das die irdischen Schöpfungen, das Aufleuchten der neun Sterne und den Kreislauf der sieben Lichter regiert.«

Qi Bo bietet dem Kaiser ergänzende Erklärungen: »Im *Tai Shi Yuan*

*Tian* heißt es, daß das Qi des Zinnobers des roten Bereichs durch den Stern Niu Nu des Teils 6 des Himmels geht ...« und so fort, wobei jeder Bereich durch einen Sternenozean definiert ist, einen »Teil des Himmels«.

Für die Taoisten waren die »Fünf Elemente«, die auf der Erde zu beobachten sind, nur eine Manifestation dieser Modellstruktur des Universums, von der unser Sonnensystem und folglich auch die Ordnung auf der Erde ein Abbild sind. Da der Mensch ein Mikrokosmos ist, der nach der gleichen Ordnung wie der Kosmos geformt ist, finden sich bei ihm logischerweise die »Fünf Elemente« wieder. Wie auch immer, die Theorie der »Fünf Elemente« präsentiert sich als ein System, in dem jedes Element die ihm gemäßen Entsprechungen hervorbringt. »Es gibt Töne, Farben ..., die sich entsprechen«, so der Dichter Baudelaire. Es ist dieses Gedankenmodell der Synchronizität, wie es C. G. Jung genannt hat, das die Chinesen begründet haben.

Die »Fünf Elemente« in der Medizin

Zwischen dem *Feuer,* das oben den Süden, den Sommer, die Mitte des Tages (Sonne im Zenit) und das Herz repräsentiert, und dem *Wasser,* das unten dem Norden, dem Winter, der Nacht und der Niere entspricht, befinden sich drei weitere Organe: Milz-Pankreas in der Mitte, die Leber östlich, die Lunge westlich (Abb. 24).

Die raum-zeitlichen Entsprechungen und die Jahreszeiten, die mit ihnen verbunden sind, erlauben es, Regeln für das normale Funktionieren des Körpers abzuleiten. Im Frühling ist es die Leber, die am meisten Energie enthält. Im Sommer ist es das Herz. Diese Gesetzmäßigkeiten werden angewendet, um die Organe je nach Jahreszeit auszubalancieren. Übungen zur Unterstützung oder zur Behandlung von Fehlfunktionen der Leber werden demnach im Frühling wirksamer sein als zu einer anderen Jahreszeit.

Diese »Fünf Elemente« sind nach den zwei Gesetzen oder inneren Prinzipien der Erzeugung und der Zerstörung oder Kontrolle organisiert.

*Das Gesetz der Erzeugung:* So wie auf den Frühling der Sommer folgt und auf das Ende des Sommers Herbst und Winter und die Sonne sich von Ost nach West bewegt, bringt das *Holz* das *Feuer*

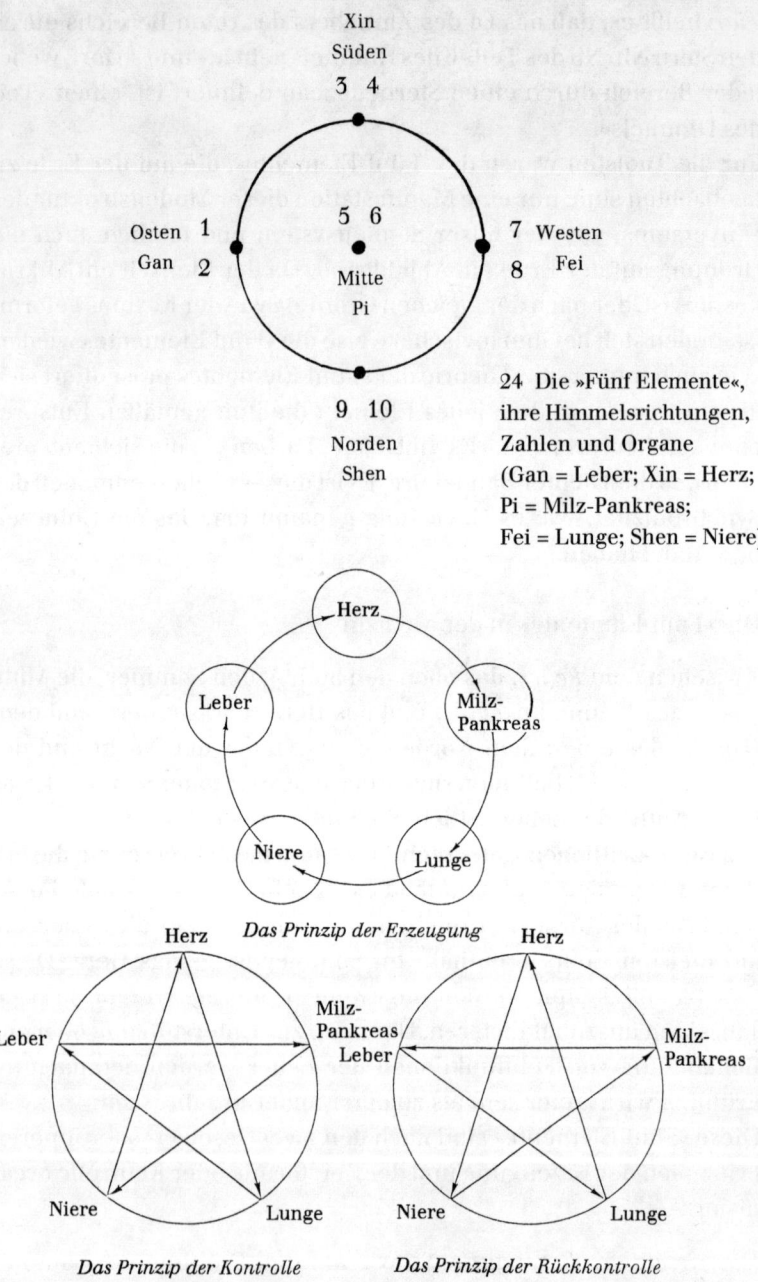

Xin
Süden
3  4

Osten  1
Gan    2

5  6
Mitte
Pi

7  Westen
8  Fei

9  10
Norden
Shen

24  Die »Fünf Elemente«,
ihre Himmelsrichtungen,
Zahlen und Organe
(Gan = Leber; Xin = Herz;
Pi = Milz-Pankreas;
Fei = Lunge; Shen = Niere)

Herz

Leber

Milz-
Pankreas

Niere

Lunge

*Das Prinzip der Erzeugung*

Herz

Leber

Milz-
Pankreas

Niere

Lunge

*Das Prinzip der Kontrolle*

Herz

Leber

Milz-
Pankreas

Niere

Lunge

*Das Prinzip der Rückkontrolle*

25  Die Gesetze der »Fünf Elemente« oder »Fünf Wandlungsphasen«

hervor, welches die *Erde* erzeugt, die das *Metall* hervorbringt, das das *Wasser* erzeugt, welches das *Holz* hervorbringt.

Im Körper wirkt dieses Prinzip, um die Organe miteinander zu verbinden: Die Leber gibt ihre Energie an das Herz weiter, das Herz an die Milz, die Milz an die Lunge, die Lunge an die Niere und die Niere an die Leber (Abb. 25).

*Das Gesetz der Kontrolle:* So wie der Sommer zum Winter im Gegensatz steht, läßt das *Feuer* das *Wasser* verdunsten, und das *Wasser* löscht das *Feuer*. Die Niere kontrolliert also das Herz, aber das Herz kann sich gegen die Niere wenden. Die »Fünf Elemente« sind also durch ein weiteres Prinzip der Rückkontrolle verbunden (Abb. 25).

Diese beiden Gesetze haben in der chinesischen Medizin eine fundamentale Bedeutung. Auf ihnen basieren die goldenen Regeln der Akupunktur. Sie dienen dazu zu bestimmen, welcher Punkt auf welcher Leitbahn ein Organ stärken oder aber dämpfen kann. Zum Beispiel wie man den Erdpunkt der Nierenleitbahn nadeln muß, um die Niere vor einer Attacke der Milzleitbahn und deren schäd-lichen Energie, der Feuchtigkeit, zu schützen. Diese Begriffe wer-den in allen Akupunkturbüchern ausführlich erläutert, so auch in unserem Werk *Acupuncture et Psychologie*. Wir wollen uns des-halb auch nicht länger damit aufhalten.

Die »Fünf Elemente« finden natürlich ihre Anwendung in den Qi-Gong-Übungen, aber auch beim Tai Ji und Kung Fu. Zum Beispiel gibt es beim Kung Fu eine Folge von Kampfübungen, die »Fünf Elemente« genannt wird. Sie ist eine vorbereitende Übung für den Angriff und die Verteidigung. Sie wird nach dem Prinzip der Erzeugung durchgeführt: Die Bewegung des *Feuers* folgt der des *Holzes*, geht der der *Erde* voran usw. Im Kampf selbst kontrolliert der Kämpfende die Bewegungen des Gegners: Wenn der Gegner mit einer Aufwärtsbewegung der Arme angreift, der Bewegung des *Feuers*, verteidigt sich der Kämpfende, indem er ihm mit einer Abwärtsbewegung der Arme, der Bewegung des *Wassers*, antwor-tet, denn *Wasser* beherrscht das *Feuer*.

Beim Üben des Qi Gong kann man unerwartete Reaktionen beob-achten, die auf den subtilen Wechselwirkungen der Elemente beruhen, die für die Akupunkteure so nützlich sind. So erklärt sich zum Beispiel die Wirkung des fünften Abschnitts der Übung »Acht Brokatstücke«, die weiter unten beschrieben wird, durch eine Stimulation der Lunge, um das Herz unter Kontrolle zu bringen und es von den unheilvollen Wirkungen von Streß und Emotionen zu reinigen.

Was die Qi-Gong-Übungen angeht, wird die Regel der »Fünf Elemente« auch angewendet, um die korrekte Himmelsrichtung zu wählen:

- Der Osten entspricht dem Sonnenaufgang und heißt kleines Yang (Shao Yang). Das ist die Richtung, um eine schwache Leber zu stärken.
- Der Süden entspricht dem Höchststand der Sonne und wird altes Yang (Lao Yang) genannt. Das ist die Richtung, um das Herz zu stärken.
- Der Westen entspricht dem Untergehen, dem kleinen Yin (Shao Yin), die geeignete Richtung, um eine schwache Lunge zu behandeln.
- Der Norden entspricht der Erdnähe, das ist das alte Yin (Lao Yin). In diese Himmelsrichtung sollte man sich wenden, um das Herz zu kräftigen und die Energie im Körper nach unten sinken zu lassen.

Jemand mit guter Gesundheit kann sich, je nach Zeitpunkt der Übung, an eine der Richtungen halten: morgens nach Osten, mittags nach Süden, abends nach Westen und nachts nach Norden.

Ein Kranker aber wird die Himmelsrichtung gemäß dem angestrebten Ziel wählen: gen Osten, egal zu welcher Tageszeit, aber bevorzugt morgens, wenn er seine Leber stärken will. Wenn er dagegen an erhöhtem Blutdruck leidet, wird er, um die Energie nach unten zu leiten, eine Himmelsrichtung wählen, die die Energie nach oben steigen läßt, den Norden also, auch wenn die Übungen morgens durchgeführt werden; der Abend wäre allerdings geeigneter.

# Die »Fünf Organe« und die »Sechs Eingeweide«

## Die »Fünf Organe« (Zang)

### 1. Das Herz

Dieses Organ entspricht der Sonne, dem Zentrum unseres Planetensystems, das alle Strahlen, alle Farben des Spektrums repräsentiert. Darum wird das Herz in der chinesischen Physiologie symbolisch als Kaiser oder als Herrscher dargestellt.

Es ist auch der Repräsentant des Planeten Mars, der Hitze, des Sommers. Das Yang des Herzens hat die Funktion, zu erwärmen. Das Herz ist folglich mit dem Element *Feuer* verbunden.

Im Organismus hat es entsprechende Funktionen inne. Indem das Herz das Blut in den Gefäßen nach oben treibt (Halsschlagadern) und verteilt (Aorta), erwärmt es den Organismus.

Das Qi des Herzens hat die Funktion, sich auszudehnen. Es ist schnell, es erwärmt, seine Tätigkeit ist das Verbrennen. Es erfüllt die Aufgabe, etwas anzuheben und auseinanderzutreiben. So wie Flammen oder die Hitze der Yang-Natur die Tendenz haben, nach oben zu steigen, so erhebt sich das Qi des Herzens und schickt die Energie des Körpers in alle Richtungen.

Bei den Qi-Gong-Übungen und in der Meditation ist es möglich, diese Bewegung im Körper zu spüren. Eine Konzentration auf das Herz mit der Visualisierung von Flammen ist in der berühmten taoistischen Übung in sitzender Haltung, Ba Duan Jin, enthalten.

Bei einem Gefühl, das das Herz anregt, wie das der Freude oder der Liebe, kann jeder fühlen, was bei ihm vor sich geht: Man hat den Eindruck, daß sich die Brust weitet. Von einer Art Aufwärtsbewegung ergriffen, röten sich die Wangen. Gleichzeitig schlägt das Herz schneller. Was man hier fühlt, ist nichts anderes als die Verstärkung des natürlichen Herz-Qi, das im Erheben, Verteilen, Erwärmen und darin besteht, »die Hautfarbe leuchten zu lassen«. Solche Gefühle können während der Qi-Gong-Übungen wahrgenommen oder ausgelöst werden, wenn man sich auf die Herzgegend konzentriert und dabei visualisiert. Traditionsgemäß hat das Herz die Aufgabe zu erleuchten, eine Funktion, die der der Sonne gleicht. Diese Erleuchtung ist die Klarheit des Bewußtseins, »das spirituelle Prinzip«. Darum hat das Herz auch .e Funktion, die fünf Formen des Shen zu verfeinern und sie im Gleichgewicht zu halten. Man sagt auch, daß das Herz die »Sieben Emotionen« regiere: Wut, Freude, Schwermut, Trauer, Kummer, Furcht und Angst. Der Ausdruck Herz steht für »die Fähigkeit, Gefühle zu empfinden«. Volkstümliche Wendungen wie »warmherzig sein«, »das Herz ist einem schwer« oder »ein Herz aus Stein« bringen die Bedeutung zum Ausdruck, die dieses Organ für die Gefühlswelt hat.

Die Meditation auf das Herz sowie auch einige christlich inspirierte Meditationsformen haben zum Ziel, die »Sieben Emotionen« zu befrieden und die fünf psychischen Prinzipien, die vom Herzen hervorgebracht werden (Shen), ins Gleichgewicht zu bringen.

Diese »Sieben Emotionen« sind mit den sieben Körperöffnungen verbunden. Zum Beispiel löst Angst das Bedürfnis zu urinieren aus und ist folglich der Harnröhre zugeordnet. Wenn die Emotionen im Ungleichgewicht sind oder das Qi eines Organs zusammengebrochen ist, erleiden die Körperöffnungen einen Kontrollverlust. So ist die Harninkontinenz ein Zeichen für den Zusammenbruch des Qi der Niere. Das Herz als Herrscher der »Sieben Emotionen« ist jedoch mit allen Körperöffnungen verbunden.

Außerdem findet jedes der fünf Sinnesorgane seine Entsprechung in einem der Elemente. Die Zunge wird die »Knospe des Herzens« genannt. Als weicher Muskel erinnert sie in ihrer Konsistenz zudem an die des Herzens. Das Herz regiert den Geschmack und den Einfluß der fünf Geschmacksrichtungen auf das Qi der »Fünf Organe«. Das Herz ist jedoch dem bitteren Geschmack gegenüber sensibler.

Die Wärme schließlich bringt den Schweiß hervor. Darum ist der Schweiß mit dem *Feuer* verbunden und vom Qi des Herzens abhängig. Das Herz fürchtet die Hitze.

Die Bewußtseinstätigkeit verbindet das Blut mit Shen. Und es ist das Herz, das die Funktion hat, das Gehirn zu nähren. Darum wird eine Person, wenn das Qi des Herzens gestört ist, psychische Symptome wie Schlaflosigkeit, Reizbarkeit, Unruhe und einen Mangel an Beherrschung zeigen.

Zusammenfassend sei gesagt, daß das Herz mit der bewußten Aktivität, der Wahrnehmung, verbunden ist.

Das Herz beeinflußt die Fähigkeit, sich zu erregen, alle Emotionen zu empfinden, die mit den fünf Formen des Shen in Beziehung stehen, die das Herz verarbeitet und im Gleichgewicht hält. Welcher Art das Gefühl auch sein mag, von dem jemand überwältigt wird, es wird einerseits einen Einfluß auf das entsprechende Organ haben, aber andererseits auch immer auf das Herz wirken.

Unter den verschiedenen Emotionen ist es die Freude, die es am unmittelbarsten berührt. Ein gesundes Herz und ein gutes Funktionieren seines Qi machen eine Person fröhlich. Umgekehrt stärkt eine fröhliche Atmosphäre das Herz.

Aber das Herz hat die Aufgabe, die Emotionen ins Gleichgewicht zu bringen, und jedes Gefühl, jeder heftige emotionale Streß, darunter intensive Freude, ist fähig, die Herzfunktion zu stören und zum Beispiel Herzanfälle oder Bluthochdruck zu verursachen.

Qi-Gong-Übungen und Meditation stärken das Herz und seine Fähigkeit zur Kontrolle der Gefühle und ermöglichen so seinen Schutz, wenn nicht sogar die Heilung oder Konsolidierung pathologischer Zustände des kardiovaskulären Systems, wie Experimente chinesischer Ärzte in Qi-Gong-Forschungsinstituten gezeigt haben.

Jenseits dieser psychosomatischen Dimension existiert die spirituelle. Das Herz ist Sitz des Geistes (Shen), und alle spirituellen Traditionen messen ihm große Bedeutung bei. Die Taoisten aber sagen, daß sich mit dem Tod Shen, das spirituelle Prinzip, auflöst, außer wenn der Mensch durch Übung eine ausreichende Verfeinerung des Jing erreicht, um ein »unsterbliches« Shen zu erlangen. Das ist der Ausgangspunkt des spirituellen Qi Gong, das dem taoistischen Weg der Vollkommenheit folgt.


2. Die Leber

Dieses Organ steht in Beziehung zum Planeten Jupiter und zur Farbe Grün. Es hat darüber hinaus Bezug zum Frühling, zur Geburt, zum Steigen der Säfte und zu den Knospen – zur Manifestation des frischen Yang, das die im Winterschlaf ruhende Natur erweckt. Das Qi der Leber hat die Aufgabe, den Reichtum an Möglichkeiten zu verteilen. Darum ist es ein Qi mit aufwärtsstrebender Bewegung wie das des Herzens. Es ist erwärmend, von empfänglicher Natur, seine Wirkung ist Elastizität. Das Qi der Leber hilft, »dem Yang den Weg zu ebnen und das Yin auszubreiten (entfalten)«.

Die Muskeln, die es dem Menschen ermöglichen, nach außen zu wirken, sich zu bewegen, stehen in Verbindung zum Element *Holz* und der expressiven Energie des Frühlings und sind von ihr abhängig. Die Leber lenkt zudem die Speicherung des Blutes; sie gleicht aus und reguliert

- die Muskeln, indem sie das für die physische Aktivität notwendige Blut abgibt. Es heißt auch, daß die Leber die körperliche Arbeit regiere;
- die Verdauung, indem sie die Abwärtsbewegung und das Ansteigen des Qi von Magen und Milz unterstützt;
- die Zirkulation der Körpersäfte im »Dreifachen Erwärmer«.
- Wenn die Leber gestört ist, kann es zu einer Funktionsstörung der Nägel kommen, die weich und brüchig werden, zu Muskelkrämpfen und Muskelschwund, wenn das Blut der Leber die Muskeln nicht ausreichend ernährt. Alle sportlichen Übungen haben den Sinn, diese Funktion zu verbessern. Wenn aber die körperlichen Aktivitäten zu intensiv werden, kann es bei einem Menschen, dessen Leber-Qi schon sehr gereizt ist, zu Muskelkrämpfen oder Tetanie kommen. Das Qi Gong wirkt dagegen harmonisierender, indem es harte mit den langsamen, weichen Übungen verbindet.
- Wenn das Qi der Leber falsch zirkuliert, kann es zu Verdauungsstörungen kommen, weil die Bewegung des Qi des Magens und der Milz gehemmt ist, woraus Magenkrämpfe und schlechte Verdauung resultieren. Qi Gong wirkt auf verschiedenen Ebenen als Regulator, insbesondere durch innere Massagen der Leber und des Solarplexus.
- Wenn die Leber ernsthaft erkrankt ist, wie bei der Zirrhose, ist der Flüssigkeitshaushalt gestört, und es bildet sich Wasser im Bauch.
- Wenn die Aufwärtsbewegung zum Kopf exzessiv ist, kann es zu Schwindelgefühlen, Gereiztheit, Nervosität, Bluthochdruck, zu gerötetem Gesicht und verschwollenen Augen kommen.

Jeder, der von Wut ergriffen wird, kann folgendes bei sich erleben: eine heftige Energiewelle, die im Inneren des Körpers ansteigt und Krämpfe unterhalb der Rippen hervorruft, dazu rauhes Atmen, gestörte Herztätigkeit und ein verzerrtes Gesicht. Wenn aber das Qi der Leber bei seiner Aufwärtsbewegung in den Beinen oder im Becken gehemmt wird, kommt es zu Krampfadern, Blutandrang im Unterbauch, Hämorrhoiden, schmerzhafter Regel und Krämpfen in den Eingeweiden.

Wenn das Qi der Leber in Harmonie ist, dann sind auch alle Funktionen der Leber harmonisch. Wenn das Qi der Leber gestört ist, dann ist die Zirkulation des Qi und des Blutes ebenfalls gestört. Das Blut und Shen sind so eng verbunden, daß die Leber wie auch das Herz die »Sieben Emotionen« kontrollieren. Man sagt sogar, daß Hun, die vegetative Seele der Leber, der Ratgeber des Shen des Herzens sei.

Die Leber enthält und konserviert Blut. Wenn ihr Qi unzureichend ist, kommt es zu einem »Mangel an Blut in der Leber« mit Steifheit der Gelenke und Erkrankungen des zentralen Nervensystems. Wenn es im Übermaß vorhanden ist, führt es zu Bluthochdruck und manchmal sogar zu halbseitigen Lähmungen.

Nervosität, Wut, Ungeduld, Schlaflosigkeit, häufiges Träumen, Schwindelanfälle und Ohrensausen sind Anzeichen eines zu starken Qi der Leber, das ungestüm im Körper zum Scheitel steigt. Depression, Mißgelauntheit und Traurigkeit können einen Mangel an Leber-Qi anzeigen.

Das Muskeltraining beim Qi Gong und beim Tai Ji Quan wirkt auf diese beiden Zustände ein und trägt zur Kontrolle und Harmonisierung der Emotionen bei sowie zu einer besseren Verteilung des Blutes in den Gefäßen und Nerven. Es hilft, den Bluthochdruck zu beeinflussen und die Heilgymnastik bei Krankheiten des Nervensystems zu unterstützen.

Im *Nei Jing* heißt es, daß das Qi der Leber die Funktion habe, Präzision zu fördern. An der Harmonie der Körperhaltung und der Muskeln zu arbeiten bedeutet, diese Rolle des Qi zu stärken und das Gleichgewicht zu kultivieren.

Die der Leber entsprechende Körperöffnung ist das Auge. Unter den fünf Sinnen ist es das Sehen, das von der Leber abhängig ist. Man denke vor allem an jene Netzhautschicht, die das Vitamin A benötigt, das von der Leber produziert wird. Die Leber zu stärken, bedeutet umgekehrt eine Stärkung der Augen. In den medizinischen Schriften heißt es: »Wenn es der Leber an Blut mangelt, gibt es Schwierigkeiten mit dem Sehen; wenn es an Yin mangelt, sind die Augen trocken.«

Diese Verbindung mit dem Sinnesorgan ist für die Praxis des Qi Gong wichtig. So stärkt die Massage der Augen die Leber. In einer der Bewegungen des Ba Duan Jin bezieht man, um die Energie nach außen zu leiten, die Augen ein, indem man wütende und lodernde Blicke wirft.

### 3. Milz-Pankreas

Beide Organe bilden in der chinesischen Medizin eine Einheit. Diese Kopplung wird aus westlicher Sicht nicht immer verstanden, wenn nicht sogar als »anatomische Promiskuität« gesehen. Jedoch führten Experimente zu interessanten Ergebnissen, über die die westlichen Physiologen nachdenken sollten.

Die Funktion der Milz läuft vor allem über das Blut, die der Bauchspeicheldrüse über die Assimilation der Nahrungsessenz, um die nährende Energie Yong Qi, die Körpersäfte (Jin Ye) und das Blut zu erzeugen. Diese Aspekte von Milz und Pankreas werden als »Milz« bezeichnet.

Die Milz repräsentiert die Energie des Saturn, sie ist mit der Farbe Gelb verbunden und wird dem Element *Erde* zugeordnet, dem Zentrum also, der Mitte, dem Gleichgewicht, dem Neutralen. Ihre Jahreszeit ist der Spätsommer, wenn das Qi des Himmels im Gleichgewicht ist. Zu diesem Zeitpunkt, bevor das Yang abnimmt und das Yin wächst, entsteht so etwas wie eine Pause.

Die Milz ist an den Magen gekoppelt. Beide sind Organe der *Erde:* Sie bringen das Gleichgewicht, die Harmonie der Mitte hervor. Auch besitzt das eine Organ ein Qi, das steigt, nämlich die Milz, das andere, der Magen, ein Qi, das sinkt, um so die Balance zu manifestieren. Diese Dynamik steht unter anderem in Beziehung zu den Bewegungen des Zwerchfells. Aber sie betrifft wahrscheinlich auch den Magenmund und die abwärtsführende Peristaltik im Körper.

Wegen ihrer beachtlichen Rolle bei der Aufnahme der erworbenen

Energie des »Späteren Himmels« wird die Milz »Mutter der Leitbahnen« und der Magen »Vater der Leitbahnen« genannt. Beide Organe tragen über ihre Leitbahnen dazu bei, die Energie im ganzen Körper zu verteilen.

Die Milz wird »Grundlage des Späteren Himmels« genannt. Durch ihr Qi läßt sie die Essenz der Nahrung aufsteigen sowie die Flüssigkeit zirkulieren und hält den Körper feucht.

Wegen seiner vielfältigen Wirkungen ist es die Aufgabe des Qi der Milz, den Transport, die Umwandlung und das Hochsteigenlassen der Energie zu sichern. So wie es die energetische Rolle der Leber ist, etwas in Umlauf zu bringen, die des Herzens, etwas zu erheben und in alle Richtungen zu zerstreuen, ist es die Funktion der Milz zu verteilen.

Ein gesundes Qi der Milz sichert außerdem einen gesunden Appetit. Ein Überschuß kann zu Heißhunger führen, ein Mangel zu Appetitlosigkeit und Abmagern. Man sieht hier einen klinischen Bezug zur biologischen Funktion der Ausschüttung von Insulin und Glukagon, die beiden Hormone, die den Blutzucker regulieren.

– Wenn das Qi der Milz gestört ist, kann die Energie nicht aufsteigen, und die Anzeichen dafür sind Schwindel, Schwächegefühl und chronischer Durchfall. Dieses Ansteigen des Qi der Milz sorgt gleichermaßen für die Kräftigung der Organe im Unterleib. Seine Schwäche zieht eine Senkung der Organe nach sich: Ptosis des Magens, der Niere, der Leber oder einen Gebärmutter- oder Anusvorfall. Weil die »Eisenhemd«-Übungen des Qi Gong die Faszien und das Zwerchfell durch innere Kontraktionen des Bauches bei kurzem, stoßweisem Einatmen stärken, sind sie sehr nützlich, um das aufsteigende Qi einer geschwächten Milz zu kräftigen und um einer Senkung der Organe vorzubeugen oder sie zu bessern.

Eine andere Übung, die Bewegung, Atmung und Konzentration verbindet, wirkt auf das Auf- und Absteigen der Energie der Milz und des Magens. Es handelt sich um den dritten Abschnitt des Ba Duan Jin oder um die zweite Bewegungsfolge der »Acht Seidenstücke«, die im Übungsteil beschrieben werden.

– Wenn das Qi der Milz nicht aufsteigt oder in der Lo-Leitbahn blockiert ist, werden die Körpersäfte nicht richtig transportiert.

Daraus können sich Ödeme entwickeln. Cellulitis am Bauch, den Hüften oder Beinen ist ein Beispiel für diese Art von Störungen.

- Die Störung der Lo-Leitbahn kann auch zu einer schlechten Versorgung des Gewebes und der Muskeln mit Energie und Flüssigkeit sowie zu einer »Infiltration von Feuchtigkeit« oder zu einer Austrocknung, die Atrophie der Muskeln und Nervenentzündungen hervorruft, führen. Der Mangel an wasserlöslichen Vitaminen ist eine der Hauptursachen für diese Nervenentzündungen.
- Die gleiche Funktion wird vom Qi der Milz nicht nur beim Muskelfleisch und den Leitbahnen, sondern auch bei den Gefäßen übernommen, wo es dafür sorgt, daß die Blutflüssigkeit in den Adern bleibt. Wenn das Qi der Milz mangelhaft ist, kann das Blut aus den Gefäßen treten, was möglicherweise zu Blut im Harn und zu Hämorrhagien im Genital- und Verdauungsbereich führt. All diese Störungen können durch regelmäßiges Üben von Qi Gong vermieden oder vermindert werden.
- Man sagt auch, daß die Eigenschaften des Qi der Milz all seinen Aufgaben entsprächen: Es heißt, es sei empfänglich und versöhnend; seine Tätigkeit finde oben wie unten statt, seine Wirkung sei »Zusammenarbeit und Wohltat«. Darum bestehe seine Aufgabe im »Befrieden«.

Die Milz kontrolliert auch das Prinzip der Form und manifestiert sich in der physischen Gestalt (Xing) und im Wuchs.
In der Physiologie des Blutes als Immunfaktor ist die Milz mit dem Thymus und dem Lymphsystem verbunden. Es ist bewiesen, daß die Milz beim Embryo alle weißen Blutkörperchen produziert. Beim Erwachsenen gehört die Milz zu den Lymphgeweben, die sich aus den Ganglien, den lymphatischen Kanälen, den lymphatischen Plexi des Dünndarms und der Thymusdrüse zusammensetzen.
Es gibt verschiedene Arten der Immunität, die sich komplementär verhalten. Diejenige, die das Lymphsystem betrifft, wird zelluläre Immunität genannt, in der Knochenmark, Thymus, Lymphe und Milz einen Verbund bilden.
Das Mark produziert zwei Arten von Lymphozyten: T- und B-Lymphozyten. T wie Thymus; das soll heißen, daß die T-Lymphozyten ihre Information auf der Ebene des Thymus suchen und dann

zirkulieren, um den Körper gegen Krebserkrankungen zu schützen. Die B-Lymphozyten gelangen direkt in das Lymphsystem und schützen den Organismus gegen die meisten Infektionen. Bei Aids entwickelt sich der betreffende Virus in den T-Lymphozyten und setzt dabei zugleich deren Anzahl und Abwehrkraft herab.

Experimente haben die Wirkung von Qi Gong auf die Beschleunigung und Zunahme bei der Reifung der T-Lymphozyten und auch bei der Behandlung von Krebs gezeigt. Andere Experimente mit Akupunktur bewiesen eine allgemeine Erhöhung der Immunität durch die Stimulation des Akupunkturpunktes Geshu. Dieser Punkt ist der »Spezialpunkt des Blutes«. Er liegt zwischen dem siebten und achten Rückenwirbel und ist der Leitpunkt für das Zwerchfell, womit zugleich eine Behandlung des Schluckaufs möglich ist. Man wird damit wieder an die Bedeutung des Zwerchfells erinnert, die die chinesischen Schriften betonen. Sobald eine bewußte Atemübung stattfindet, vor allem mit Konzentration und Weckung des Qi, wird das Zwerchfell und damit auch die Immunität gestärkt.

Aber wie soll man nun die Verbindung zwischen Milz und Pankreas vor dem Hintergrund von Körperwachstum und Immunität erklären?

Wenn man jungen Tieren zu experimentellen Zwecken die Milz entfernt, entstehen Ernährungsprobleme. Diese Tiere entwickeln eine ungeheure Freßgier, assimilieren die Nahrung aber nicht und magern ab, weil die Stoffwechselvorgänge gestört sind. In der westlichen Medizin hat die Milz aber nichts mit der Verdauung zu tun, die Bauchspeicheldrüse dagegen schon, vor allem bei der Verdauung der Proteine. Es handelt sich hier also um einen experimentellen Beweis für den Einfluß der Milz auf die Nahrungsaufnahme und die Assimilation, die auf die Bauchspeicheldrüse zurückzuführen sind.

Als lymphoides Organ ist der Thymus in der westlichen wie in der chinesischen Medizin mit der Milz verbunden. Er entwickelt sich und wird aktiv in der Kindheit. Am Ende der Wachstumsperiode, wenn die Knochen ausgewachsen sind und viel Knochenmark vorhanden ist, beginnt der Thymus sich zurückzuentwickeln. Wenn man bei einem jungen Tier den Thymus entfernt, kommt es zu einer Verzögerung bei der Entwicklung der Knochen, bei der

Gewichtszunahme und bei der psychischen Reife sowie zu einer Atrophie der Hoden.

Man sieht also in Verbindung mit dem Organ Milz, nach traditioneller chinesischer Definition, eine Reihe von Funktionen, die von chinesischen Ärzten gut verstanden und in Beziehungen gesetzt wurden, die wir im Westen zwar noch nicht wissenschaftlich erklären, aber in Experimenten feststellen können: die Verbindung zwischen Milz und Pankreas, zwischen Milz, Thymus und Wachstum, zwischen Zwerchfell und Immunität, zwischen Thymus, Milz und Psyche sowie zwischen Thymus, Milz und Hoden.

Was letztere Verbindung angeht, so hat die chinesische Medizin schon immer einen ursprünglichen Zusammenhang zwischen Milz, Pankreas und Hoden hergestellt. Deshalb ist es nicht verwunderlich, daß die Hodenentzündung als Komplikation bei Mumps angesehen wird.

Speichelabsonderungen, der Mundbereich, Lippen, Speicheldrüsen und Pankreas unterstehen dem Qi der Milz. Die Hoden sind von der Energie der Milz betroffen, deren Leitbahn an den Geschlechtsteilen vorbeiführt.

Die Arbeit der Milz wird nicht von Faktoren emotionaler, sondern intellektueller Natur beeinträchtigt. Das Shen, das die Milz verfeinert, ist das Yi, das über die Welt der Ideen herrscht und das Denken leitet. Aus diesem Grund zieht eine gravierende Störung des Qi der Milz bei einem kleinen Kind eine Verzögerung der psychischen Entwicklung nach sich, wie man sie bei der Thymektomie und auch bei der Hypothyreose beobachten kann.

Unter dem Aspekt einer vom Intellekt beeinflußten Milz beobachten die Chinesen folgende psychosomatischen Störungen:

- Ein Übermaß an Sorgen kann das Qi der Milz aus dem Gleichgewicht bringen.
- Eine Überfunktion der Milz kann dagegen zu einer krankhaften Sorglosigkeit führen.
- Eine Unterfunktion der Milz führt zu fixen Ideen und Obsessionen.

Die Harmonisierung des Shen des Herzens und des Hun der Leber beim Qi Gong, die Arbeit des Zwerchfells während der Atmung, die speziellen Übungen, wie beim Ba Duan Jin, um das Auf- und Absteigen zu regulieren, sowie eine gesunde Ernährung können die Milz und folglich auch die Denkfunktion ins Gleichgewicht bringen. Diese Funktion wird angeregt und gleichzeitig ausbalanciert, das heißt bei Bedarf genutzt und aufgegeben, wenn sie nicht nötig ist.

4. Die Lunge

Dieses Organ ist mit dem Planeten Venus und der Farbe Weiß verbunden.

Die Lunge steht im Zusammenhang mit dem *Metall*, das die herbstliche Jahreszeit repräsentiert. Der Herbst gebietet über die Natur; die trockene Kälte läßt die Vegetation nach ihrer vollen Entfaltung ausdörren. Das Yin vermehrt sich; das bedeutet die Wendung nach innen, die Zeit der Ernte und der Vorsorge.

Beim Menschen kontrolliert das Qi der Lunge das komplette Qi des Organismus. Die Lunge wird als Herrscherin des Qi, aber gleichzeitig auch als Hüterin aller Organe betrachtet. Diese Funktion wird durch Zong Qi im Thorax gesichert, das die Energie der Nahrung und der Atmung sammelt, um sie durch das Herz in den Gefäßen und Leitbahnen zirkulieren zu lassen. Darum heißt es, daß »die Lunge das Prinzip des menschlichen Atems kontrolliert«.

Diesen Einfluß übt sie auch aus durch ein Herabsenken des Qi und der Körpersäfte zur Niere hin, die sie aufnimmt. Die Qualität des absteigenden Qi ist darum von kühlender Art, wie die des aufsteigenden Qi der Leber und des Herzens wärmend sind. Die Lunge sammelt und kontrolliert das Qi und läßt es nach unten sinken.

Aber ihre Aufgabe ist es auch zu reinigen. Sie klärt die Atem- und Nahrungsenergie, bevor sie sie nach unten abgibt, sowie auch die Körpersäfte und die Abwehrenergie Wei Qi vor ihrer Verbreitung. Denn eine weitere Funktion der Lunge ist die Verteilung nach außen zur Epidermis. So wie die Leber mit den Muskeln, das Herz mit den Gefäßen, die Milz mit dem Fleisch, ist die Lunge mit der Haut verbunden.

Insgesamt gesehen wirkt die Lunge beim Einatmen auf das innere Qi und die Körpersäfte, indem sie sie herabsinken läßt. Beim Ausatmen verteilt sie die Flüssigkeiten und Wei Qi nach außen.

- Wenn das Qi der Lunge in seiner Funktion des Absteigens blokkiert ist, sammelt es sich in der Brust, was zu Druckgefühlen, Husten, Kurzatmigkeit oder Asthma führt.
- Wenn es zu einer Verlangsamung beim Absteigen der Körpersäfte kommt, sind die Symptome Ödeme und Schleim, Schwierigkeiten beim Urinieren oder Oligurie (schwach fließender Urin).
- Wenn das Qi der Lunge in seiner Verbreitungsfunktion blockiert ist und die Körpersäfte und die Abwehrenergie nicht bis zur Haut gelangen, wird diese trocken und schuppig. Ekzeme und Psoriasis sind die Folge. Gleichzeitig sichert Wei Qi den Schutz des gesamten Organismus in der Art von Wachtposten, die in den Leitbahnen zirkulieren, regelrechte Bollwerke zur Verteidigung des Inneren. Wenn das Qi nicht zirkuliert, läuft der Organismus Gefahr, durch äußere klimatische Einflüsse beeinträchtigt zu werden. Vor allem Kälte greift in erster Linie die Haut und die Lungen an, was mit dem grippalen Syndrom verbunden ist, das wir im Westen Erkältung nennen: mit Fieber, verstopfter Nase, Husten und Kurzatmigkeit.

Die beiden Funktionen der Lunge beeinflussen sich gegenseitig, so daß jemand, dessen Qi der Lunge schwach ist, sich mit den ersten Kälteeinbrüchen im Herbst häufig Erkältungen zuzieht und im Winter an trockener Haut leidet oder auch von Ekzemen befallen wird, was man oft in Verbindung mit asthmatischen Erkrankungen beobachtet. Die Lunge kontrolliert darüber hinaus die Nase und den Geruchssinn sowie den Kehlkopf. Man wird daher nicht selten Rhinitis, eine verstopfte oder laufende Nase und Erkrankungen des Kehlkopfes wie Laryngitis und Aphonie beobachten.
Das Qi-Gong-Training mit seinen Atemübungen stärkt Zong Qi und das Qi der Lunge. Die Kontrolle über die Ein- und Ausatmung reguliert jeweils die Bewegungen des Qi. Bei gefüllten Lungen die Luft anzuhalten und dabei mit den Händen auf die Brust zu klopfen, stärkt die Lunge.
Die Qi-Gong-Übungen machen es möglich, Asthma zu lindern oder zu heilen. Das ist eine Erfahrung, über die der Franzose Roger Drouhin in seinem Buch *Qi Gong, la maîtrise du soufflé* berichtet. Das Qi mit Hilfe von Gedankenkraft nach außen zu den Leitbahnen zu lenken und seine Zirkulation beim Atmen zu verstärken erhöht

die Fähigkeit des abwehrenden Wei Qi, und der Betreffende wird weniger anfällig für Rheuma und Grippe sein. Damit ist gleichzeitig die Methode beschrieben, das Qi durch die Handflächen oder Finger nach außen zu leiten, denn auch hier benutzt man die Ausatmung, um die Emission von Wai Qi, dem äußeren Qi, zu verstärken.

Wie auch die Niere, regiert die Lunge die Haare. Die Kraft des Qi der Lunge zu stärken bedeutet auch, die Vitalität von Haut und Haaren zu erhöhen.

Das Po als Seele des Körperlichen, als vitale Flüssigkeit ist von der Lunge abhängig. Es heißt auch, daß das Po die Seele des Blutes sei.

Seine Beziehungen zum Lymphsystem, den Ganglien, dem Thoraxkanal sind ebenso ausgeprägt wie die zur Milz.

Das Po bewirkt Verinnerlichung, Reserviertheit, eine strenge Haltung, Traurigkeit.

Wenn das Qi der Lunge schwach ist, ist auch das Po schwach, und die betreffende Person wird leicht müde und lebt zu introvertiert. Sie urteilt streng und ist traurig. Wenn das Po stark ist, urteilt und handelt die betreffende Person nach reiflicher Überlegung. Sie ist dann von ausgeglichener Wesensart und hat ein energisches Temperament.

Diese positiven Eigenschaften werden unterstützt, wenn man Übungen mit kraftvollen und rhythmischen Atemzügen durchführt oder aber langsam und kontrolliert atmet, wobei länger ein- als auszuatmen und die Wirbelsäule aufrecht zu halten ist.


5. Die Niere

Dieses Organ steht in Beziehung zum Element *Wasser* und untersteht dem Planeten Merkur, dem die Farbe Schwarz entspricht. Seine Jahreszeit ist der Winter, wo die Menschen innen, also zurückgezogen leben. Die Vegetation ist abgestorben und verharrt in Wartestellung.

Die Niere speichert das Jing des Organismus und gibt es bei Bedarf frei. Ihr Qi »klärt«. Das Jing der Niere beeinflußt das Wachstum durch eine direkte Wirkung auf die Knochen, und es schützt den Körper.

Das Jing der Niere transformiert sich zum Qi der Niere mit einem

Pol Yin, der das wahre Yin, die Basis aller Yin und aller Körpersäfte repräsentiert, und einem Pol Yang, der das wahre Yang darstellt, das ursprüngliche Yang, das den ganzen Organismus erwärmt.

Das Yin kann mit dem Aldosteron verglichen werden, das wie ein antidiuretisches Hormon wirkt und Wasser im Körper zurückhält, das Yang mit dem Adrenalin, Kortisol und den Sexualhormonen.

Das Yang der Niere repräsentiert das *Feuer* im *Wasser*. Mit anderen Worten, die Niere entspricht dem Yin und Yang des Organismus, wie es durch das Symbol Tai Ji (Abb. 9) dargestellt wird.

– Wenn das Yang oder das Yin der Niere nicht ausreichend vorhanden sind, beobachtet man Müdigkeit, Kreuzschmerzen, Kreuzschwäche bei Anstengungen, Kälteempfindlichkeit, Sterilität, Impotenz, Ejaculatio praecox oder auch Hitze in den Fußsohlen, abendliches Fieber und Nachtschweiß.
– Wenn es an Yin fehlt, ist die Niere »zu sehr geöffnet«: Der Betreffende uriniert häufig dickflüssigen, trüben, fetten Urin.
– Bei einem Mangel an Yang ist die Niere »zu geschlossen«. Das bedeutet Oligurie, Ödeme oder umgekehrt eine Erschlaffung, so daß es zu Polyurie mit blassem Urin kommt.

Diese komplementären Funktionen verbinden sich mit der Funktion der Transformation des Atems und der Körpersäfte, die durch die Lungen hinabgeleitet werden und die die Niere dann wieder beim Ausatmen in die Höhe steigen läßt.

Das Jing der Niere hat außerdem die Aufgabe, das Knochenmark zu produzieren und das Gehirn und das Rückenmark mit Nährstoffen zu versorgen. Das Jing der Niere nährt auch die Knochen, die Zähne und die Haare. Ein indirektes Zeichen für die Kraft von Jing sind der strahlende Glanz fülligen Haares und gesunde Zähne. Dagegen kommt es, wenn das Jing der Niere schwach ist, zu vorzeitigem Ergrauen, brüchigem Haar und Haarausfall, zu kariösen oder wackligen Zähnen, Anämie, Schwindelanfällen, Gedächtnisverlust, mentaler Asthenie und Depressionen. Die Lenden sind empfindlich, die Kniescheiben und Fesseln schwach. Der Betreffende hat Schwierigkeiten beim Gehen und eine unsichere Gangart.

Das seelische Prinzip der Niere ist das Zhi, was mit Wille, Kreativität, Essenz, Sperma übersetzt wird.

Wenn das Jing der Niere stark ist, ist das Zhi stark; das bedeutet Willenskraft, Kreativität, Stärke, starke Libido, Fruchtbarkeit. Das Gehirn ist äußerst aktiv, auf der Höhe seiner Möglichkeiten, und der Betreffende braucht wenig Schlaf.

Wenn das Jing der Niere schwach ist, fehlt es an Zhi. Das ist verbunden mit Willensschwäche, Langeweile, Mangel an Lebenslust, Gleichgültigkeit gegenüber dem Tod, einem furchtsamen, schüchternen, in sich gekehrten Geist. Die Libido ist schwach. Es kann zu Impotenz oder Frigidität und Unfruchtbarkeit kommen.

Die chinesische Kultur hat der Gesundheit der Niere stets große Bedeutung beigemessen: nicht kalt baden, wenn man schwitzt, nicht während der Menstruation baden, nicht zu salzig essen, die sexuelle Energie nicht vergeuden, sich nicht im betrunkenen Zustand lieben.

Ein großer Teil der Qi-Gong-Übungen hat die Stärkung des Qi der Niere zum Ziel, wie zum Beispiel mit den Fäusten auf das Kreuz trommeln oder mit den Zähnen klappern, während man uriniert. Die Niere ist darauf eingerichtet, Jing und Zhi zu stärken, die fundamentale Vitalität und den Ursprung des wahren Yin und wahren Yang des Organismus.

Zu diesem Zweck arbeitet der Schüler am Dan Tian, dem Energiezentrum unterhalb des Nabels, und am Mingmen, dem Punkt, der zwischen dem zweiten und dritten Lendenwirbel liegt. Man braucht Qi Gong nur kurze Zeit am Dan Tian zu praktizieren, und man wird einen beträchtlichen Zuwachs an Energie und ein vermindertes Schlafbedürfnis verspüren, sogar eine überreizte geistige Aktivität, wenn die Übungen nicht ausgeglichen werden.

Das Jing der Niere zu stärken und es durch Meditation, besonders über den »Kleinen Energiekreislauf« zu sublimieren, ist das Ziel der taoistischen Alchimie. Zu diesem Zweck muß die Sexualität kontrolliert werden, besonders in Hinblick auf den Verlust von Jing im Moment des Orgasmus.

## Die »Sechs Eingeweide« (Fu) und der Herzbeutel

Der Herzbeutel stellt eine Funktion für sich dar und unterscheidet sich von den »Fünf Organen«, die wir gerade betrachtet haben. Die »Sechs Eingeweide« sind die inneren Yang-Organe, die paarweise mit den »Fünf Organen« und dem Herzbeutel verbunden sind: Es gibt also insgesamt zwölf Funktionen, die den zwölf Hauptleitbahnen entsprechen und die man beim Qi Gong durch den »Großen Energiekreislauf« und die »Massage der Glieder« öffnet und stimuliert.

### 1. Der Herzbeutel

Es handelt sich um eine Ergänzungsfunktion des Herzens, die später zu den »Fünf Organen« hinzugefügt wurde. Sie hat einen Namen (Xin Bao = Hülle des Herzens), aber keine anatomisch definierte Form, auch wenn man sie mit dem Herzbeutel oder Perikard verglichen hat. Die klassische und nicht ganz genaue Bezeichnung für diese Funktion ist »Meister des Herzens«.

Seine Rolle besteht darin, das Herz vor schädlichen kosmischen Faktoren zu schützen, besonders vor Hitze. Manche Autoren haben in ihm eine Entsprechung zum orthosympathischen System gesehen. Es ist vielleicht möglich, ihn mit dem Herzplexus und Nackenganglion gleichzusetzen, aber diese Entsprechung bedeutet eine Einschränkung.

Es ist bemerkenswert, daß in der indischen Tradition von zwei Herzzentren gesprochen wird: dem Herzzentrum in der Mitte der Brust und dem kleinen Herzen unten am Brustbein. Ähnlich gibt es bei der Akupunktur den großen vitalen Punkt in der Mitte der Brust und einen speziellen Punkt unter dem Brustbein.

Auf alle Fälle öffnet einer der Punkte des Herzbeutels die Sonderleitbahn Yin Wei Mai, die bei inneren Blockierungen mit Krämpfen im Brustkorb oder im Verdauungs- und Beckenbereich reagiert. Dieser Punkt wird »Innere Barriere« genannt. Außerdem ist der Herzbeutel oben mit der Hülle des Uterus oder unten, im Beckenbereich, mit der des Spermas verbunden.

Anzeichen für eine Störung dieser Funktion und ihrer Leitbahn sind

- auf der psychischen Ebene: Wechsel von Weinen und Lachen, starke Beeinflußbarkeit;
- im genitalen Bereich: Hämorrhagien, Blutstau, sexuelle Störungen.

Störungen führen zu einem Verhalten, das als Hysterie eingestuft werden kann. Die an den Herzbeutel gekoppelte Funktion ist die des »Dreifachen Erwärmers«.

## 2. Der Dünndarm

Er ist mit dem Herzen durch das Element *Feuer* verbunden.

Er hat zur Aufgabe, die Verdauung der Nahrung fortzusetzen, ihre Essenz herauszuziehen und sie zum einen der Milz und der Leber und zum anderen der Niere und den Membranen des Zwerchfells zuzuführen (siehe dazu die Physiologie der Körpersäfte). Diese Funktion wird »das Reine vom Unreinen oder das Klare vom Getrübten trennen« genannt. Das Trübe wird zum Dickdarm und der Harnblase geleitet, um dort durch Stuhlgang und Urin ausgeschieden zu werden.

Eine Störung des Dünndarms führt zu Problemen bei der Ausscheidung. In der Akupunktur können eine Nierenkolik oder eine Uretrie über die Reizpunkte auf der Leitbahn des Dünndarms behandelt werden.

## 3. Die Gallenblase

Sie ist mit der Leber durch das Element *Holz* verbunden.

Unter allen Eingeweiden ist sie die einzige, die wie die Organe wegen ihrer Fähigkeit, die Essenz Jing herauszuziehen und zu transportieren, mit einer »edlen« Funktion betraut ist. Die Galle wird tatsächlich Jing Zhi genannt. Die Gallenblase gehört also zu den besonderen inneren oder »merkwürdigen« Eingeweiden, die allein dank der Sonderleitbahnen mit Jing gespeist werden. Sie beeinflußt das Geistige, indem sie den Mut und die Kühnheit begünstigt. Sie ist es angeblich, die alle Entscheidungen fällt.

Wenn die Gallenblase gestört ist, ist die betreffende Person unfähig, Entscheidungen zu treffen. Sie leidet unter Ängsten, Schlaflosigkeit oder Verfolgungswahn.

### 4. Der Magen

Er ist der Milz durch das Element *Erde* verbunden.
Er ist das Meer der Nahrung. Er nimmt die Nahrung auf, absorbiert sie zusammen mit der Milz und gibt sie in Umlauf. Das Qi des Magens läßt die Nahrung nach unten sinken.
Wenn er gestört ist, kommt es zu Übelkeit, Aufstoßen und Erbrechen.

### 5. Der Dickdarm

Er ist mit der Lunge durch das Element *Metall* verbunden.
Er ist eine Durchgangs- und Ausscheidungsstation für Nahrung und Wasser, die wieder absorbiert werden.
Wenn diese Funktion gestört ist, kommt es entweder zu Verstopfung oder Durchfall.

### 6. Die Blase

Sie ist mit der Niere durch das Element *Wasser* verbunden.
Sie ist für den Urin zuständig und hat, ähnlich wie die Niere, die Aufgabe, das Wasser des Organismus entweder auszuscheiden oder zurückzuhalten und den umgewandelten Atem, der aus der Lunge kommt, von sich zu geben. Man weist ihr eine untergeordnete Rolle zu.

### 7. Der »Dreifache Erwärmer«

Der »Dreifache Erwärmer«, der schon in der Abhandlung über Yuan Qi und die Körpersäfte erwähnt wurde, ist mit dem Herzbeutel durch das Element *Feuer* verbunden.
Wie auch der Herzbeutel hat der »Dreifache Erwärmer« einen Namen, aber keine anatomische Form. Der »Dreifache Erwärmer« ist unterteilt in den »Oberen Erwärmer«, der die Beziehungen von Herz und Lunge umfaßt, in den »Mittleren Erwärmer« mit Milz-Pankreas und Magen und den »Unteren Erwärmer« mit Nieren, Leber, Blase, Dünndarm und Dickdarm.
Diese drei Teile stehen in enger Beziehung zueinander und sind auch vielfältig miteinander verbunden, insbesondere durch die

Leitbahn Chong Mai, die alle drei im Körperinneren durchquert. Die Aufgaben des »Dreifachen Erwärmers« sind komplex. Er findet in erster Linie Beachtung durch die Funktion, die er mit Chong Mai teilt, nämlich die ursprüngliche Energie Yuan Qi zirkulieren zu lassen und zu verteilen.

Manche Autoren haben im »Dreifachen Erwärmer« auch die symbolische Darstellung der organischen Anlage des parasympathischen und Vagusnervs gesehen, die sich im Herz, Solar- und hypogastrischen Plexus verzweigen. Es steht fest, daß der Parasympathikus bei der Regulierung dieser komplexen Stoffwechselvorgänge beteiligt ist, aber sicher umfaßt er nicht alles, was die Chinesen unter dem »Dreifachen Erwärmer« verstehen. Jedenfalls sind in der Akupunktur ganz bestimmte Punkte bekannt, um Störungen durch Überfluß oder Mangel in diesen drei Bereichen zu regulieren: der Shanzhong (Ren 17) in der Mitte der Brust für den »Oberen Erwärmer«, der Zhongwan (Ren 12) in der Mitte des Magens für den »Mittleren Erwärmer«, der Yinjiao (Ren 7) und der Shimen (Ren 5) für den »Unteren Erwärmer«, die unterhalb des Nabels sitzen und das Dan Tian einrahmen.

Wenn der »Dreifache Erwärmer« in der Physiologie und Akupunktur wichtig ist, so ist seine Bedeutung beim Qi Gong nicht geringer: Der »Untere Erwärmer« steht in enger Beziehung zum Dan Tian, bei dem der Qihai (Ren 6) der Konzentrationspunkt ist. Er ist Sitz des Jing. Der »Mittlere Erwärmer« steht in Beziehung zum Punkt Zhongwan (Ren 12), Sitz des Qi. Der »Obere Erwärmer« ist mit dem Punkt Yintang (Ex. 1) zwischen den Augenbrauen verbunden, Sitz von Shen, das mit der Aktivität des Herzens verbunden ist.

Jing, Qi und Shen werden von den Taoisten die »Drei Kleinode« genannt. Die Aufgabe des taoistischen Schülers ist es, bei der Meditation die innere Alchimie anzuwenden, um das Jing in Qi, und das Qi in Shen umzuwandeln und um seinen gesamten Körper und daraus folgend sein Bewußtsein zu vergeistigen, das auch das Bewußtsein der Körpermaterie umfaßt.

Aber andere Qi-Gong-Übungen wirken auf eine mehr physische Weise auf den »Dreifachen Erwärmer«, wobei man sich davon leiten läßt, daß eine bessere Gesundheit das Unterpfand für größeres Wohlbefinden ist. Das ist der Fall bei dem ersten Teil von Ba Duan Jin oder dem ersten Teil von den »Acht Seidenstücken«. Es gibt auch eine Reihe von Visualisierungen, die mit Bewegungen und Tönen verbunden sind, um auf die »Fünf Organe« und den »Dreifachen Erwärmer« einzuwirken (siehe dazu die medizinischen Anwendungen des Qi Gong).

Ob man nun unter physiologischem Aspekt den »Dreifachen Erwärmer« oder unter einem spirituellen Blickwinkel die drei »Zinnoberfelder« betrachtet, die drei Ebenen entsprechen der Symbolik *Erde-Mensch-Himmel:*

– Dan Tian, unterhalb des Nabels, repräsentiert die Ebene der *Erde.*
– Die Ebene *Mensch* liegt auf der Höhe des Herzens.
– Die Ebene *Himmel* entspricht der Stirn.

Es gibt in den verschiedenen Schulen eine Reihe von Übungsfolgen mit Bewegungen des Körpers und speziell der Arme, Hände und Schultern, um diese drei Ebenen im Menschen zu bearbeiten, zu erwecken oder zu regulieren: seine Wurzel und seinen Ursprung *(Erde),* seine Manifestation *(Mensch),* seine Evolution und sein Streben *(Himmel).*

Zweifellos ist die repräsentativste und gleichzeitig auf subtile Weise wirksamste Übungsreihe das Tai Ji Quan, das in drei Sequenzen oder Formen unterteilt ist: Die erste entspricht der *Erde,* die zweite dem *Menschen,* die dritte dem *Himmel.* Das Tai Ji Quan arbeitet an der Erweckung dieser drei Ebenen, mehr unter dem physiologischen Gesichtspunkt – von daher rührt seine Anwendung in der Medizin und Eigentherapie – als unter dem spirituellen Aspekt der Transformation.

# Die zwölf Hauptleitbahnen

Die zwölf Leitbahnen sind symmetrisch angeordnet. Man nennt sie die Hauptleitbahnen, weil sie mit den zwölf wesentlichen Funktionen der inneren Hauptorgane verbunden sind. Ihre Aufgabe ist es, das Qi zu transportieren und die Organe mit Nahrung, hauptsächlich mit der nährenden Energie Yong Qi, zu versorgen. Für jede Funktion gibt es eine Leitbahn. Deshalb sind sechs Leitbahnen Yin und sechs Yang.

Diese Leitbahnen zirkulieren an der Oberfläche der Haut. Sie sind aber mit den Organen durch innere Leitbahnen verbunden. Sie vollführen eine Endlosschleife, laufen an den Armen herunter, um wieder aufzusteigen, bewegen sich im Rumpf nach unten bis zu den unteren Extremitäten und den Füßen, um dann wieder zum Unterleib und Rumpf aufzusteigen, wo eine zweite Schleife beginnt usw. Es ist üblich, mit der Lungen-Leitbahn zu beginnen, denn das ist das Organ, in dem die Zirkulation beginnt, wobei das Qi durch die Dynamik der Atmung in diese Schleife eintritt.

In der chinesischen Medizin ist die Kenntnis des Verlaufs der Leitbahnen sehr wichtig, um die Akupunkturpunkte zu lokalisieren und zu bearbeiten, aber auch, um Störungen entlang der Leitbahnen zu diagnostizieren.

Beim Qi-Gong-Training haben die Atmung und die mentale Führung des Qi die Aufgabe, Blockierungen zu lösen und die Durchlässigkeit dieser Kreisbahnen zu erhöhen, um so zu einer wirksamen Vorbeugung beizutragen.

## 1. Die Lungen-Leitbahn

Verlauf: Abbildung 26
Wenn die Lungen-Leitbahn am Daumen endet, schließt sich ihr die Dickdarm-Leitbahn, mit der Lunge durch das Element *Metall* verbunden, am Zeigefinger an und steigt wieder zum Kopf hoch. Diese Verbindung an der Fingerspitze wie auch an der Fußspitze entspricht der Lehre von den »Fünf Elementen«. Hier folgt der Leitbahn des Yin-Organs die Leitbahn des Yang-Eingeweides. Am Fuß ist es umgekehrt, einer Yang-Leitbahn folgt ihre Yin-Entsprechung.

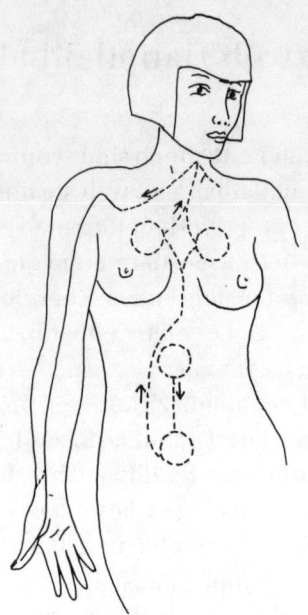

26 Die Lungen-Leitbahn

## 2. Die Dickdarm-Leitbahn

Verlauf: Abbildung 27
Diese Leitbahn folgt auf die Lungen-Leitbahn, die mit dem Dickdarm durch das Element *Metall* verbunden ist. Der Dickdarm-Leitbahn folgt in Höhe des Gesichts die Magen-Leitbahn.

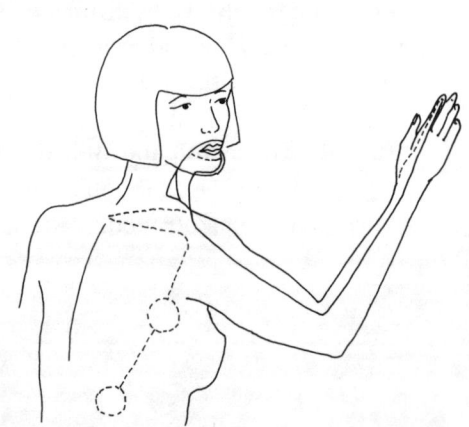

27 Die Dickdarm-Leitbahn

## 3. Die Magen-Leitbahn

Verlauf: Abbildung 28
Die Magen-Leitbahn endet am
Fuß und wird von der Milz-Leitbahn abgelöst, mit der der Magen durch das Element *Erde*
verbunden ist.

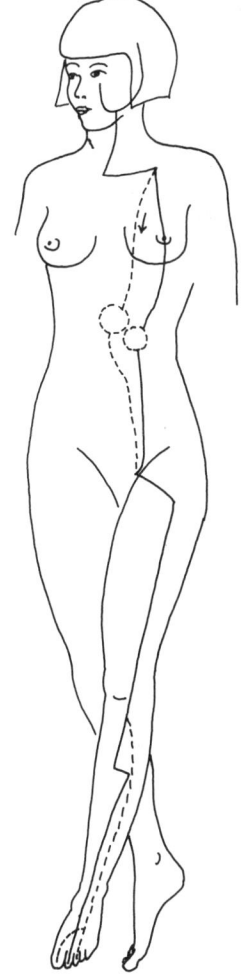

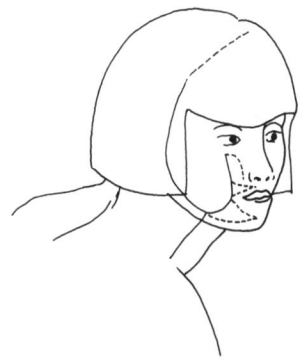

28  Die Magen-Leitbahn

### 4. Die Milz-Leitbahn

Verlauf: Abbildung 29
Die Milz-Leitbahn schließt an die des Magens an und ist mit ihm durch das Element *Erde* verbunden. Sie endet am Thorax und wird von der Herz-Leitbahn gefolgt.

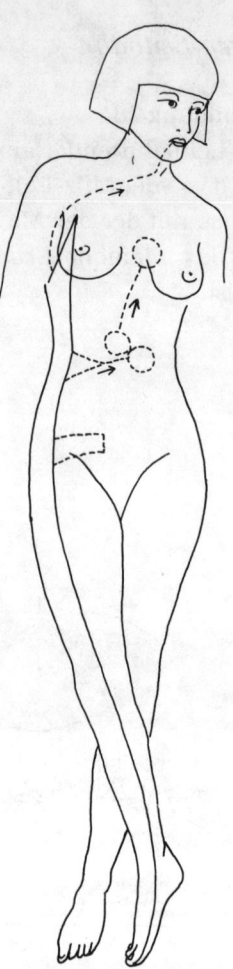

29 Die Milz-Leitbahn

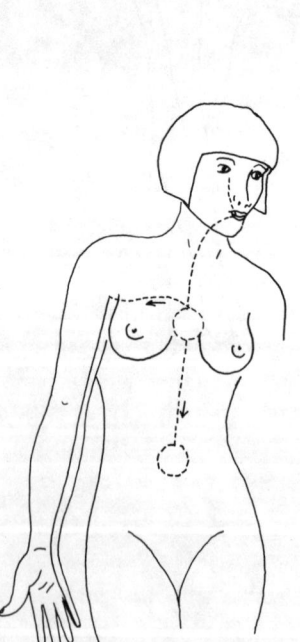

30 Die Herz-Leitbahn

### 5. Die Herz-Leitbahn

Verlauf: Abbildung 30
Die Herz-Leitbahn mündet im kleinen Finger. Auf sie folgt die Leitbahn des Dünndarms, der mit dem Herz durch das Element *Feuer* verbunden ist.

118

## 6. Die Dünndarm-Leitbahn

Verlauf: Abbildung 31
Die Dünndarm-Leitbahn folgt auf die Herz-Leitbahn. Beide Organe sind durch das Element *Feuer* verbunden. Der Meridian beginnt am kleinen Finger und erreicht am Gesicht die Blasen-Leitbahn.

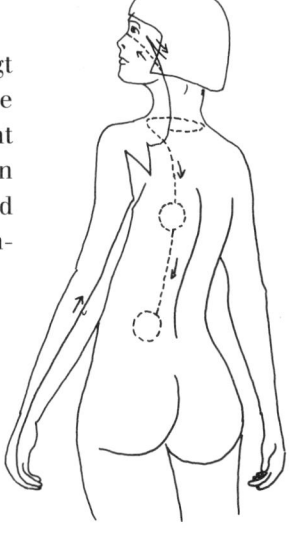

31 Die Dünndarm-Leitbahn

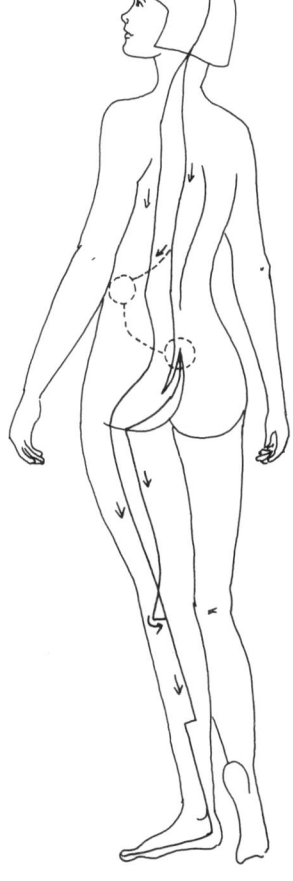

## 7. Die Blasen-Leitbahn

Verlauf: Abbildung 32
An die Blasen-Leitbahn schließt die Nieren-Leitbahn an, mit der sie durch das Element *Wasser* verbunden ist.

32 Die Blasen-Leitbahn

119

## 8. Die Nieren-Leitbahn

Verlauf: Abbildung 33
Die Nieren-Leitbahn ist mit der Blasen-Leitbahn durch das Element *Wasser* verbunden. Sie endet oben an der Brust, wo die Herzbeutel-Leitbahn an sie anschließt.

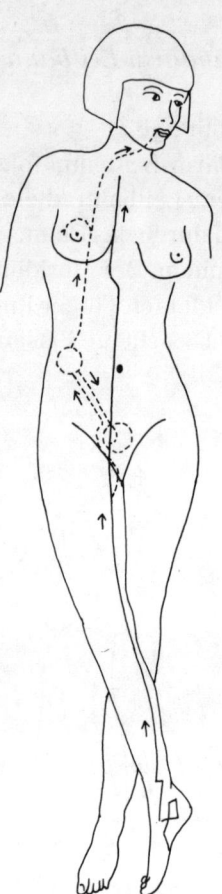

33 Die Nieren-Leitbahn

## 9. Die Herzbeutel-Leitbahn

Verlauf: Abbildung 34
Die Herzbeutel- oder Perikard-Leitbahn (Meister des Herzens) endet im Mittelfinger und tritt mit der Leitbahn des »Dreifachen Erwärmers« in Verbindung, mit der sie durch das Element *Feuer* verbunden ist.

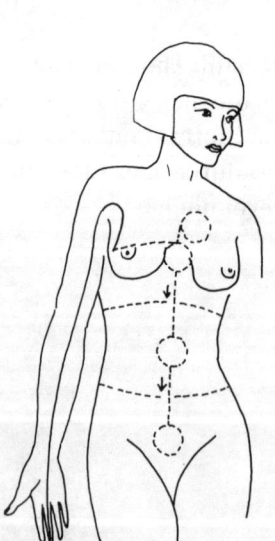

34 Die Herzbeutel-Leitbahn

120

## 10. Die »Dreifacher-Erwärmer«-Leitbahn

Verlauf: Abbildung 35
Die »Dreifacher-Erwärmer«-Leitbahn ist mit der Herzbeutel-Leitbahn im Element *Feuer* verbunden. Sie endet am Gesicht, wo die Gallenblasen-Leitbahn an sie anschließt.

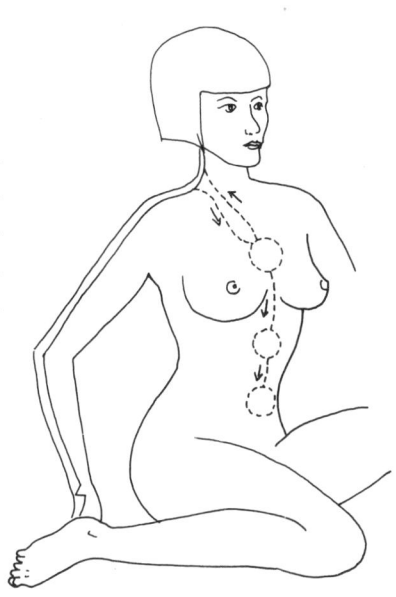

35 Die »Dreifacher-Erwärmer«-Leitbahn

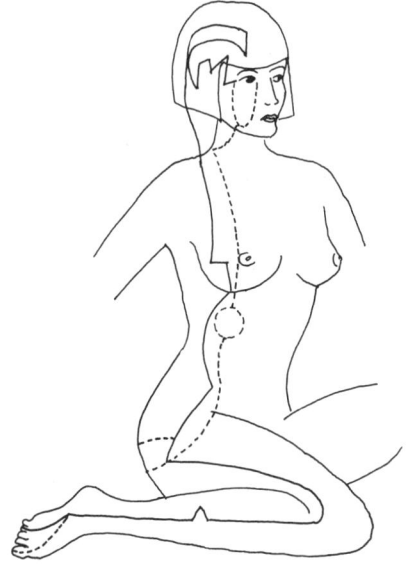

## 11. Die Gallenblasen-Leitbahn

Verlauf: Abbildung 36
Die Gallenblasen-Leitbahn ist mit der Leber-Leitbahn, die an sie in Höhe der Zehen anschließt, im Element *Holz* verbunden.

36 Die Gallenblasen-Leitbahn

## 12. Die Leber-Leitbahn

Verlauf: Abbildung 37
Die Leber-Leitbahn ist mit der
Gallenblasen-Leitbahn durch
das Element *Holz* verbunden.
Am Thorax trifft sie auf die
Lungen-Leitbahn, die auf sie
folgt, womit wieder eine neue
Schleife beginnt.

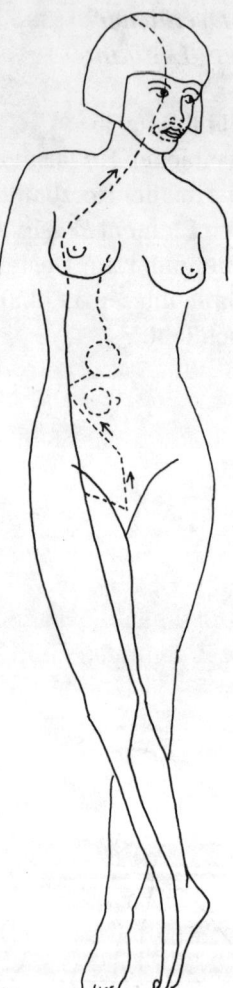

37 Die Leber-Leitbahn

122

# Die acht Sonderleitbahnen

Diese Leitbahnen werden »besonders« oder »eigentümlich« genannt, weil sie nicht an der normalen Zirkulation der zwölf Hauptleitbahnen teilhaben, die mit dem Aufbau des Körpers gemäß den »Fünf Elementen« und den »Sechs Energien« verbunden sind, und weil sie vor allem die nährende Energie zu den »Fünf Organen« und den »Sechs Eingeweiden« bringen.

Die Sonderleitbahnen transportieren vor allem die Energie Jing und leiten sie vorrangig zu jenen inneren Organen, die sich von den übrigen unterscheiden, nämlich das Gehirn, die Knochen, die Gallenblase, die Geschlechtsorgane und die Gefäße. Obwohl diese Organe zum Teil von den Leitbahnen und den »Fünf Organen« (Zang) abhängig sind, müssen sie wegen ihrer »edlen« und die inneren Drüsen betreffenden Funktion gesondert betrachtet werden, so daß ihnen ein eigener Leitbahnkreislauf zukommt.

Die Sonderleitbahnen stehen trotzdem in Beziehung zu den Hauptleitbahnen und haben, von ihnen abzweigend, auch die Funktion, Überschüssiges abzuleiten, wenn schädliche äußere Faktoren massiv in die Hauptleitbahnen eingedrungen sind.

Bei den Übungen des Qi Gong und des Tai Ji Quan haben diese Sonderleitbahnen eine große Bedeutung für die tiefgreifende Arbeit mit der Energie Jing und für die Meditation. Sie stellen im übrigen einen organisatorischen Aufbau des Körpers dar, der sich von dem der zwölf Leitbahnen unterscheidet und den Menschen dem Volumen nach in acht Richtungen räumlich unterteilt. Dieser Aufbau, der Zeit und Raum verbindet, ist nach einem Prinzip geordnet, das sich von dem, das wir bisher kennengelernt haben, unterscheidet, es aber ergänzt und sich mit ihm zur Deckung bringen läßt. Es ist das Prinzip der »Acht Winde« oder der acht Trigramme.

Nach dem Zeichensystem von Fu Hi, in dem das Yang durch eine fortlaufende — und das Yin durch eine unterbrochene - - Linie dargestellt wird, führt eine Betrachtung auf drei Ebenen zu einer Symbolform, die als Trigramm bezeichnet wird.

Der Himmel ist das absolute Yang und wird mit drei Yang-Linien wiedergegeben. Die Erde ist das absolute Yin und wird mit drei Yin-Linien dargestellt (Abb. 38).

Himmel

Erde

Zwischen diesen beiden Extremen gibt es acht mögliche Kombinationen, die acht Kodierungen von räumlichen und zeitlichen Transformationsprozessen darstellen, wenn man sie auf drei Ebenen betrachtet (Abb. 39). Diese acht Trigramme tragen die symbolischen Bezeichnungen Himmel, Erde, Donner, Wasser, Berg, Wind, Feuer und See.

Die Trigramme verbinden sich paarweise zu den vierundsechzig Hexagrammen, die die Basis des *I Ging* bilden (Abb. 40), die berühmteste der klassischen Schriften. Das *I Ging* hat die chinesische Kultur über Jahrtausende inspiriert und dient zur Weissagung sowie zur Meditation über das Erfassen der Erscheinungen oder des Schicksals jenseits subjektiver Wahrnehmung. Einige dieser Hexagramme werden im Qi Gong erwähnt. Es sind diejenigen, die die zwölf Stunden des Tages und zugleich die zwölf Etappen des »Kleinen Energiekreislaufs« bezeichnen.

Von Fu Hi stammt die erste Anordnung der Trigramme, die »Früherer Himmel« genannt wird. Die Anordnung des »Späteren Himmels« geht auf eine andere mythische Figur, den legendären König Wen, zurück. Zu dieser Zusammenstellung des »Späteren Himmels« sind die acht Sonderleitbahnen in Beziehung gesetzt worden (Abb. 41).

Diese Sonderleitbahnen werden bei der Akupunktur benutzt, um Yin und Yang, oben und unten, rechts und links, innen und außen wieder in ein subtiles Gleichgewicht zu bringen. Jede Sonderleitbahn hat eine eigene Funktion und eigene Kompetenzen. Zudem manifestiert sich das Ungleichgewicht einer jeden durch spezifische Symptome.

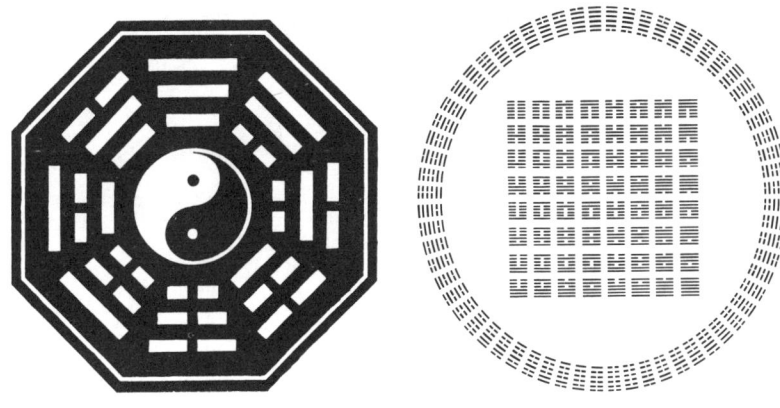

39 Die acht Trigramme

40 Die 64 Hexagramme des I Ging

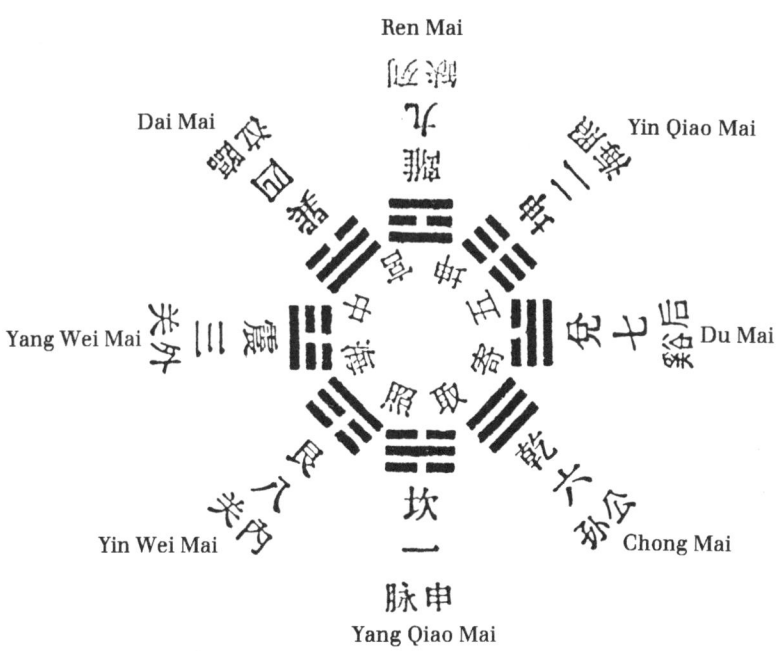

Ren Mai

Dai Mai

Yin Qiao Mai

Yang Wei Mai

Du Mai

Yin Wei Mai

Chong Mai

坎一

Yang Qiao Mai

41 Die acht Hexagramme und die acht Sonderleitbahnen

## 1. Die Du-Mai-Leitbahn

Zusammen mit dem Ren Mai unterteilt sie den Körper in Vorder- und Rückseite. Du Mai, der auf der Rückseite, also im Yang des Körpers zirkuliert, vereinigt alles Yang des Organismus, und alle Yang-Leitbahnen laufen bei ihm zusammen. Man nennt ihn auch Lenkergefäß (Abb. 42).

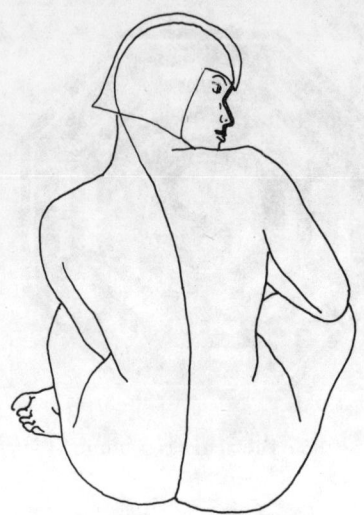

42 Die Du-Mai-Leitbahn

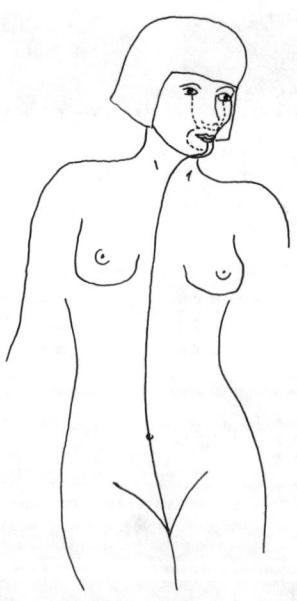

## 2. Die Ren-Mai-Leitbahn

Der Ren Mai (oder auch Dienergefäß genannt) zirkuliert auf der Vorderseite, also im Yin des Körpers, und vereinigt alle Yin-Leitbahnen (Abb. 43).

43 Die Ren-Mai-Leitbahn

### 3. Die Chong-Mai-Leitbahn

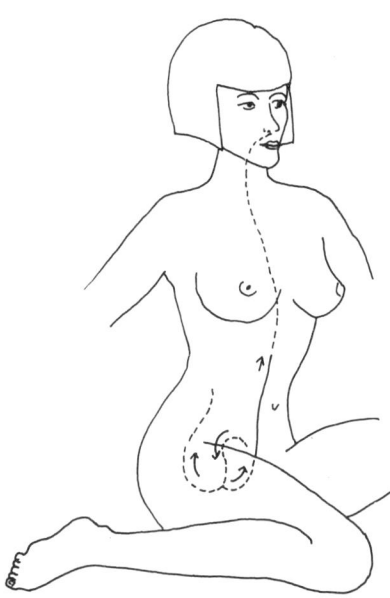

44 Die Chong-Mai-Leitbahn

Diese Leitbahn verläuft doppelt. Sie beginnt in der Leistengegend. Eine rechte und eine linke Abzweigung steigen im Unterleib und Thorax bis zum Kopf hoch und laufen dann in den Schenkeln bis zu den Füßen hinab (Abb. 44). Dieses Gefäß steht in Beziehung zu den Geschlechtsteilen, dem Menstruationsblut und zur Ausschüttung von männlichen und weiblichen Geschlechtshormonen und spielt bei der Schwangerschaft eine Rolle. Diese drei Leitbahnen Du Mai, Ren Mai und Chong Mai haben ihren Ausgangspunkt bei der Niere, wo sie das Jing Qi aufnehmen und es zirkulieren lassen. Eine gemeinsame Abzweigung geht von der Niere bis zum Damm. Sie sind, wie schon gesagt, bei den Qi-Gong-Übungen von Bedeutung. Du Mai und Ren Mai bilden den »Kleinen Energiekreislauf«. Chong Mai ist die tiefste und zentralste Bahn des Körpers und wird als letzte erweckt.

### 4. Die Dai-Mai-Leitbahn

45 Die Dai-Mai-Leitbahn

Dies ist das Gefäß, das um die Taille verläuft, von der Niere ausgehend und dabei die Blasen-Leitbahn kreuzend (Abb. 45). Wie ein Gürtel umschließt dieses Gefäß alle Leitbahnen.

## 5. Die Leitbahnen
## Yin und Yang Qiao Mai

Beide Leitbahnen verlaufen von den Knöcheln bis zu den inneren Augenwinkeln.

Die Yang-Qiao-Leitbahn beginnt an der äußeren Seite jedes Fußknöchels an der Leitbahn Yang des *Wassers,* der Blasen-Leitbahn. Sie steigt zum Auge hoch, wobei sie an der Körperseite entlang über die Schulter verläuft. Sie endet am Hinterkopf (Abb. 46).

Die Yin-Qiao-Leitbahn beginnt an der inneren Seite des Fußknöchels, an der Leitbahn Yin des *Wassers,* der Nieren-Leitbahn. Sie steigt zum Auge und verläuft über den Unterleib und die Brust (Abb. 47).

Yang und Yin Qiao stehen in Verbindung und halten sich im Gleichgewicht. Neben der Aufgabe, das Jing zu transportieren, regeln sie auch die Zirkulation der Körpersäfte und den Rhythmus von Schlafen und Wachen. Wenn sie gestört sind, treten Hautlähmungen oder krampfartige Lähmungen auf, Schlaflosigkeit oder Schlafsucht, Epilepsie, Unruhe oder Katalepsie, Trockenheit und Schmerzen in den Augen oder tränende Augen.

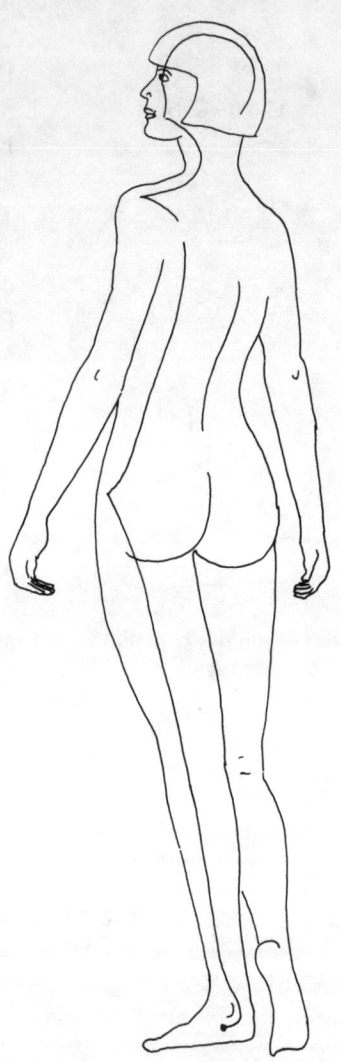

46 Die Leitbahn Yang Qiao Mai

128

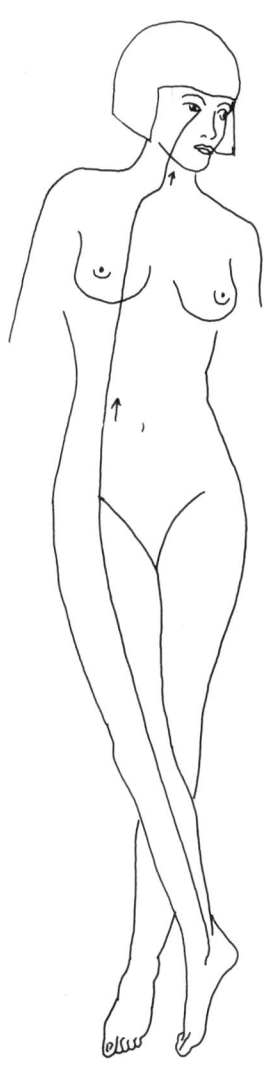

47 Die Leitbahn Yin Qiao Mai

Diese beiden Leitbahnen haben großen Einfluß auf die Gehirntätigkeit. Sie werden angeregt, wenn man bewußt langsam geht, mit Schwerpunkt auf den Fersen, oder wenn man das Gewicht auf verschiedene Partien des Fußgewölbes verlagert, wie es bei den Bewegungen des Tai Ji Quan, aber auch beim Qi Gong oder bei therapeutischen Gehübungen der Fall ist.

Dieses Training führt wahrscheinlich zu einer Stimulierung der Gehirntätigkeit, vor allem der Schlaf- und Wachzonen, um ein Gleichgewicht herzustellen. Gleichzeitig sind die Körperhaltung und damit die Raumwahrnehmung betroffen. Regelmäßiges Üben führt nach einiger Zeit zu der schwer in Worte zu fassenden Empfindung, bei gesteigerter Achtsamkeit, aber ohne innere Anspannung in Raum und Zeit seinen Platz gefunden zu haben.

Yin und Yang Qiao beeinflussen die Muskelkontraktion, wenn sie aktiviert werden. Einige Schüler berichten von unwillkürlichen Bewegungen, Zukkungen und Zittern während der Übungen. Das sind Anzeichen dafür, daß Yin und Yang Qiao offen sind und stimuliert werden.

## 6. Die Leitbahnen Yin und Yang Wei Mai

Yang Wei Mai ist eine Leitbahn, die alles Yang vereinigt und nach außen leitet. Sie beginnt an den Knöcheln, folgt der Außenseite des Rumpfes bis zum Hinterkopf und der Stirn (Abb. 48)

Sie hat die Aufgabe, die Oberfläche zu kontrollieren und den Körper gegen Beeinträchtigungen von außen zu schützen. Wenn sie angegriffen ist, sind die Anzeichen Hitze und Kälte, Fieber und Frösteln, die den Kampf zwischen dem schädlichen äußeren Faktor und der Abwehrenergie erkennen lassen.

Die Leitbahn Yin Wei Mai beginnt jeweils an der Wade, verläuft über die Innenschenkel, den Bauch und die Brust bis zur Kehle. Sie hängt mit dem Herzen und dem Innern des Organismus in der Tiefe des Unterleibs und des Rumpfes zusammen, wo das Yin herrscht, und stellt die Verbindung zwischen den unteren und oberen Yin-Leitbahnen her (Abb. 49).

Anzeichen für eine Störung sind vor allem Schmerzen in der Herzgegend und Krämpfe, Erbrechen und Schluckauf.

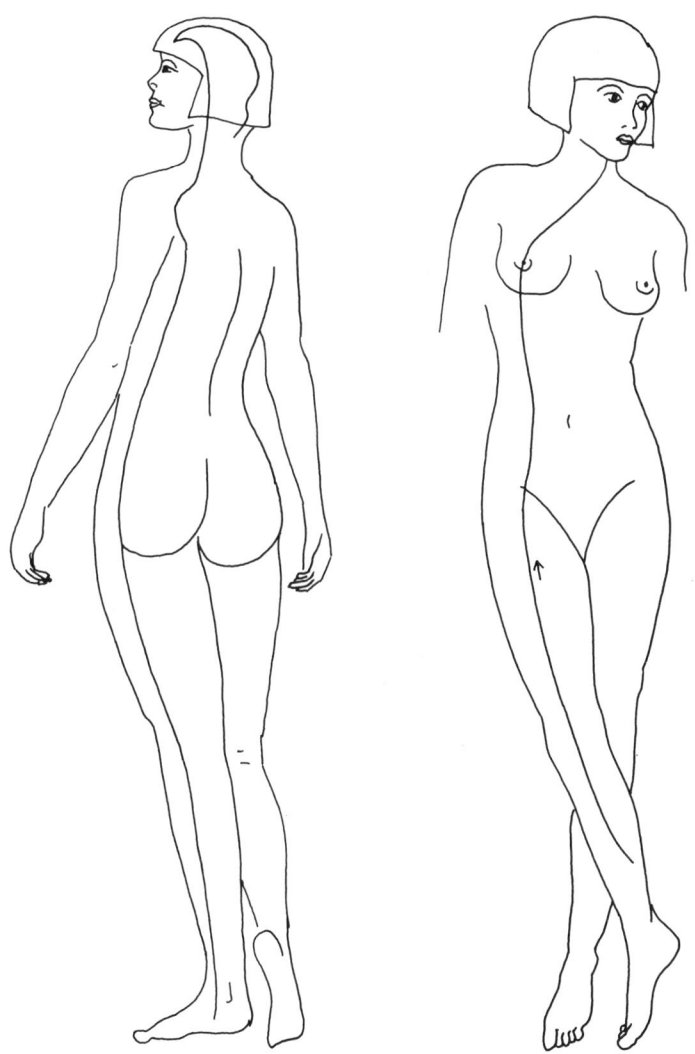

48 Die Leitbahn Yang Wei Mai    49 Die Leitbahn Yin Wei Mai

# Krankheitsursachen in der chinesischen Medizin

Da die chinesische Physiologie vor allem eine energetische Physiologie ist, ist auch der Krankheitsbegriff in der chinesischen Medizin und in der Akupunktur ein energetischer.

Der Organismus kann unter dem Einfluß von drei Faktoren auf zwei Arten, entweder äußerlich oder innerlich, aus dem Gleichgewicht geraten. Diese Faktoren sind klimatischer, die Nahrung betreffender oder psychischer Art.

## Die klimatischen Faktoren

Die Eigentümlichkeit der chinesischen Medizin besteht darin, daß sie klimatischen Einflüssen eine fundamentale Bedeutung beimißt, also der Kälte, der Wärme, dem »Feuer« (oder sengender Hitze), der Feuchtigkeit, dem Wind und der Trockenheit.

Diese Kräfte können schädlich sein, wenn sie das Abwehrsystem der Leitbahnen überraschend treffen, sei es durch einen heftigen Wetterumschwung, sei es durch eine spezielle Unfähigkeit des Körpers, sich einer dieser Einwirkungen anzupassen. Kälte dringt beispielsweise in die Leitbahnen ein und zirkuliert bis zu einem Punkt, wo sie stagniert, was zu einer Blockierung des Kreislaufs von Qi und dem Blut führt und Symptome wie Schmerzen oder Jucken hervorruft. Ein äußerer schädlicher Faktor kann ein Organ auch direkt angreifen. Bei großer Kälte zieht sich zum Beispiel die Lunge zusammen.

Je nachdem, ob der schädliche klimatische Faktor die Leitbahnen nur an der Oberfläche oder ein Organ direkt angreift, spricht man von einer äußerlichen oder einer innerlichen Krankheit. Es ist offensichtlich, daß der Zustand des Organismus dabei eine Rolle spielt. Je stärker das Qi ist und je besser es zirkuliert, desto widerstandsfähiger ist die betreffende Person.

Infektionskrankheiten, Befall durch Viren, Bakterien und Parasiten sowie Epidemien werden dieser Kategorie zugeordnet. Auch wenn diese Krankheiten durch Mikroben hervorgerufen worden sind, können die Auswirkungen auf das Qi entsprechend den Symptomen als Kälte, Wärme oder Feuchtigkeit klassifiziert werden. Darum treten auch die grippalen Infekte vor allem in der kalten Jahreszeit, im Herbst und Winter, auf. Im Westen nennt man das Erkältung, die sich im allgemeinen durch mäßiges Fieber, Husten und Müdigkeit bemerkbar macht. Aber an Infekten erkrankt man manchmal auch im Sommer, und diese werden dann durch die Hitze hervorgerufen. Die Krankheit verläuft heftiger, mit erhöhtem Fieber, geröteten Wangen, Durst und Kurzatmigkeit.

Die chinesische Medizin unterscheidet hier nach den unterschiedlichen Symptomen. Folglich ist die Behandlung nicht die gleiche: Die Nadeln werden an unterschiedlichen Punkten gesetzt, und die Heilpflanzen, die man zur Eindämmung der Infektion wählt, sind ganz andere.

Ziel des Qi Gong ist es, die Quantität des Qi, das in den Leitbahnen zirkuliert, zu erhöhen und seine Qualität zu verbessern. Eine günstige Wirkung auf die Gesundheit besteht in einer stärkeren Abwehrkraft gegenüber klimatischen Einwirkungen. Der Organismus ist dann gegen Hitze und Kälte widerstandsfähiger, und gleichzeitig wehrt er Infektionen besser ab.

### Die Ernährungseinflüsse

Die Quantität und Qualität der Nahrungsmittel hat Einfluß auf die nährende Energie Yong Qi, die die Leitbahnen und das Blut mit Nährstoffen versorgt. Eine zu reichhaltige Ernährung führt zu innerer Überfülle, eine unzureichende oder Mangelernährung zu Leere.

Aber auch unter einem qualitativen Gesichtspunkt haben jene fünf Geschmacksrichtungen, nach denen die Nahrungsmittel eingeteilt werden, nämlich sauer, bitter, süß, scharf und salzig, eine Wirkung auf das Funktionieren der Organe Leber, Herz, Milz, Lunge und Niere, je nach ihrer Entsprechung zu den »Fünf Elementen«. Eine zu stark gewürzte Nahrung beeinträchtigt zum Beispiel Lunge und Dickdarm, indem sie in deren Leitbahnen Überfülle erzeugt und ihre Organe dementsprechend ins Ungleichgewicht bringt.

Das Rezept, das sich daraus ableitet, heißt also, für eine ausgewogene und abwechslungsreiche Ernährung zu sorgen.

## Die psychischen Faktoren

Es sind die »Sieben Emotionen«, Wut, Freude, Schwermut, Trauer, Kummer, Furcht und Angst, die das Shen des Herzens und das Shen der Leber in Unordnung bringen.

Aber außerdem beeinflussen die Emotionen bestimmte Organe: Das Herz ist die Zielscheibe für die Freude und zu intensive Gefühle, die Leber für die Wut, die Milz für zuviel Schwermut, die Lunge für die Traurigkeit, die Niere für die Angst, entsprechend den fünf Shen und den Grundhaltungen.

## Alles ist miteinander verbunden

Alles ist verbunden. Das heißt, daß ein Mensch aufgrund seiner Konstitution bestimmte Emotionen mehr auslebt als ein anderer und eine unwillkürliche Vorliebe für ein bestimmtes Nahrungsmittel hegt, und die Gesamtheit dieses inneren Ungleichgewichts macht ihn für einen besonderen schädlichen klimatischen Faktor auf spezifische Weise anfällig. Um gesund zu bleiben oder um von einer Krankheit zu genesen, ist es also notwendig, seine Energie zu steigern, sie zu reinigen, sie in allen Leitbahnen zirkulieren zu lassen, um so Blockierungen aufzulösen.

In der Vorstellung kann man die Leitbahnen mit Röhren vergleichen, die zugleich durchlässig und geschmeidig gehalten sowie vergrößert werden müssen.

Die Ernährung soll gesund und maßvoll sein. Vorsicht bei Tabak, Alkohol und Kaffee: Diese drei Genußgifte können wie Drogen und sogar Medikamente verheerende Wirkungen auf die Durchlässigkeit der Leitbahnen oder die Qualität des Qi haben.

Emotionen schließlich müssen auf das richtige Maß gebracht werden, damit ihr Einfluß auf den Körper zumindest gering bleibt. Die Heiterkeit zu kultivieren, wird in der gesamten chinesischen Tradition als unmittelbare Gewähr für die Widerstandsfähigkeit des

Körpers gegen schädliche Klimaeinflüsse und Infektionen angesehen.

Die Befolgung dieser Ratschläge ist die Grundlage des Qi Gong, auf der der einzelne während der Übungen individuell aufbauen kann. Was Gong genannt wird, bezeichnet die Mühe und die Disziplin, die man sich auferlegt, um die Zirkulation des Qi herbeizuführen. Die drei Aspekte des Gong sind Vorstellungskraft, Atemkontrolle und Körperübungen. Die Autoren von *Chinese Qigongtherapy* schreiben dazu: »Wenn Störungen unserer Körperfunktionen in der Anfangsphase ihre Ursache in mangelnder, übertriebener, blockierter oder falscher Bewegung haben, was eine Reihe von Kettenreaktionen auslöst, dann ist es wahrscheinlich, daß eine zunehmende Mobilisierung, die zusammen mit bewußtem Atmen die vitalen Rhythmen und Zyklen begleitet und dabei konsolidiert, eine zutiefst heilende und regenerierende Wirkung hat.«

Alle Qi-Gong-Übungen basieren erstens auf einem Zustand völliger Entspannung und zweitens auf Visualisierungen, die von der Vorstellungskraft, den Energiekreisläufen oder vom Atem getragen werden. Beide Zustände haben zum Ziel, das Qi in den zwölf Hauptleitbahnen und in den acht Sonderleitbahnen kreisen zu lassen.

*Dritter Teil*

# Die Qi-Gong-
# Übungen

# Die Übungsarten

*Die verschiedenen Stile*

Das Qi-Gong-Training wird, wie wir im historischen Teil gesehen haben, nach dem harten und weichen Qi Gong, aber auch nach den verschiedenen Übungsformen unterteilt. Diese Einteilung ist wichtig, um ein Übungsprogramm ausgewogen zu gestalten. Dabei unterscheidet man das Yin Gong vom Ruan Gong.

### Yin Gong

Es handelt sich um eine Technik, die als hart, streng und angespannt bezeichnet wird. Sie bewirkt eine enorme Stärkung des Körpers, der Muskeln, Sehnen, Faszien und Knochen, aber auch der inneren Organe. Sie führt zu einer scheinbar übernatürlichen Widerstandskraft des Körpers gegenüber Stößen oder Verletzungen durch blanke Waffen und macht es möglich, Katalepsie oder außergewöhnliche Körperzustände herbeizuführen.

### Ruan Gong

Diese Technik wird als sanft und flexibel bezeichnet. Sie unterteilt sich wieder in zwei Richtungen.

- Dong Gong: eine dynamische Methode, die eine langsame Ausübung von harmonischen Bewegungen gestattet. Das Dong Gong stellt den größten Anteil bei den Übungen des inneren Stils und bei den therapeutischen Übungen.
- Jing Gong: eine statische Methode der Bewegungslosigkeit in sitzender, aufrechter oder liegender Haltung. Der Übende kann so die Konzentration verstärken und meditieren.

## Die Klassifikation der Übungen

Die Anhänger des Qi Gong teilen die Übungen nach drei Grundarten ein: das statische Qi Gong, das dynamische Qi Gong und das Qi Gong im Sitzen.

### Das statische Qi Gong

Diese Form wird bei völliger Bewegungslosigkeit im Stehen ausgeübt. Es handelt sich dabei um Jing Gong. Jedoch werden manchmal Bewegungen einbezogen: entweder spontane Bewegungen in der Grundhaltung oder kontrollierte Bewegungen, wie bei dem »Spiel der fünf Tiere«, das zugleich als statisches und dynamisches Qi Gong betrachtet wird, oder auch beim Tai Ji Qi Gong.

Das Qi Gong im Stehen gibt dem Schüler die Gelegenheit, in bewegungsloser Haltung oder indem er sich dabei leicht und natürlich bewegt, Konzentration zu üben: Konzentration auf die zwölf Leitbahnen des »Großen Energiekreislaufs«, auf die Leitbahnen Du Mai und Ren Mai des »Kleinen Energiekreislaufs«, und auf die acht Sonderleitbahnen oder einfacher auf das Dan Tian.

### Das dynamische Qi Gong

Der Definition nach umfaßt es alle Übungen mit Bewegungen, das heißt mit einfachen Figuren oder auch mit Bewegungsabfolgen wie der »Flug des Kranichs«, die »Wildgans«, Wu Dang Qui Gong, die »acht Seidenstücke«, Ba Duan Jin, Yi Jin Jing, aber auch Tai Ji Quan und in gewisser Weise die Gesamtheit der Kampfkünste.

Beim dynamischen Qi Gong kann man sowohl einfache Übungen für die Geschmeidigkeit und Lockerung der Gelenke wie auch solche zur Stärkung der Muskeln und Sehnen finden. Neben dieser rein physischen Ausrichtung umfaßt es auch das subtile Training der inneren Alchimie. Das Ziel der Bewegung ist dabei die Entwicklung und das Kreisenlassen des Qi, wobei das Tai Ji Quan das bekannteste und vollkommenste Beispiel darstellt.

Das Qi Gong im Sitzen

Es wird in verschiedenen Sitzhaltungen oder auch seltener im Liegen praktiziert. Eigentlich handelt es sich um Jing Gong mit der Konzentration auf die Atmung. Beispiele sind die »Atmung über das Dan Tian« oder mit der Konzentration auf einen Körperbereich sowie die Verfeinerung der Energie durch die Übung Jie Dan Tian Gong Zuo Gong oder mit der Konzentration auf ein Objekt oder ein Thema. Die Aufmerksamkeit kann auch den Leitbahnen gelten wie beim »Kleinen Energiekreislauf« (Shao Zhou Tian) oder der Visualisierung der Organe oder den »Sechs heilenden Lauten« oder der Leere.

*Die Massagen*

Sie stellen eine vierte Form der Praxis des Qi Gong dar.
Es handelt sich dabei entweder um eine allgemeine Massage, und in diesem Fall ist sie in das tägliche Training einbezogen. Wenn sie wirklich Teil der Übungssitzung ist, könnte man von einem dynamischen Qi Gong am Anfang und Ende der Übungszeit sprechen.
Die Massage kann jedoch auch einem speziellen Ziel dienen: als Massage für lange Lebensdauer oder zur Entmagnetisierung der Punkte. Auch andere Massagen zählen dazu, wie die der Leitbahnen oder der Akupunkturpunkte, die schon zu den Methoden Tui Na, Dao Yin (Do In) und Shiatsu gehören. In diesem Zusammenhang ist auch noch eine Reihe von therapeutischen Massagen zu nennen: Massagen gegen Schlaflosigkeit, Migräne und Bluthochdruck. Die speziellen Massagen können wahlweise in die Qi-Gong-Übung einbezogen werden.
Man sollte noch darauf hinweisen, daß das vorbereitende Energetisieren der Hände ebenso wie das Einstimmen des Geistes in einen Zustand der Ruhe und Leere, der Yi Shou genannt wird, geeignet sind, die Wirkungen jeder Massage zu verstärken.

## Der Aufbau einer Übungssitzung

Die Aufmerksamkeit sollte generell auf die Übungsart und auf drei wesentliche Punkte gerichtet sein: die Leitung der Energie durch die Vorstellungskraft, die Leitung der Energie durch die Atmung und die Leitung der Energie durch die Bewegung. Um wirklich wirkungsvoll arbeiten zu können, muß der Übende die traditionelle Bedeutung dieser dreifachen Aufmerksamkeit gut verstanden haben.

Der Übende sollte sich zudem um die Ausgewogenheit der Übungssitzungen bemühen, indem er sie im allgemeinen in drei Abschnitte unterteilt:

1. statisches Qi Gong im Stehen;
2. dynamische Übungen, in die Massagen einbezogen werden;
3. Übungen im Sitzen.

Die Beachtung dieses Übungsaufbaus sichert eine ausgewogene Praxis des Qi Gong. Die Reihenfolge ist nicht so entscheidend, denn jeder muß sie für sich selbst herausfinden. Es ist wichtig, sich diese Freiheit zu nehmen, damit man seine persönliche Form des Trainings entwickelt. Denkbar ist die Reihenfolge: statisch – dynamisch – sitzend oder statisch – sitzend – dynamisch oder dynamisch – statisch – sitzend usw. Die Abfolge variiert je nach Lehrer oder Persönlichkeit des Schülers.

Jede Sequenz kann gleich oder verschieden lang sein. Gleich lang, mit zehn Minuten für jede Sequenz, wenn man sich dreißig Minuten für jede Übungssitzung nimmt. Oder aber der statische Abschnitt kann kürzer sein als der dynamische, wenn man eine Sequenz des dynamischen Qi Gong oder des Tai Ji Quan durchführt, die zwanzig Minuten oder länger dauert.

Die Übungsdauer im Sitzen entspricht dem Ziel, das man sich gesetzt hat. Die Arbeit am Dan Tian kann fünf Minuten oder nach Belieben länger dauern. Aber an der Öffnung des »Kleinen Energiekreislaufs« zu arbeiten, braucht mehr Zeit, im Durchschnitt ein- bis zweimal am Tag fünfzehn bis dreißig Minuten, je nachdem, wieviel Zeit zur Verfügung steht und wie stark man motiviert ist.

# Die Grundprinzipien

## *Die Lenkung der Energie durch die Vorstellung (Dao Yin Xin)*

### Das Herz besänftigen

Xin bedeutet Herz, Dao Yin Lenkung. Der Qi-Gong-Praktizierende muß zur Entspannung des Körpers die Vorstellungskraft einsetzen, das Yi. Er wird sich dabei auf bestimmte Punkte konzentrieren, um diesen Zustand der Entspannung zu vertiefen, und die Vorstellung dazu benutzen, die Energie in den Leitbahnen zirkulieren zu lassen, oder er wird sich an ein äußeres Objekt oder an ein geistiges Bild halten.

Obwohl das Yi, die Vorstellung, in der Akupunktur der Milz untersteht, richtet sich diese geistige Aktivität an die psychische Kraft des Herzens.

Das Herz regiert das Bewußtsein. Gleichzeitig verfeinert es das Shen, das auf der Grundlage der fünf Shen der »Fünf Organe« hervorgebrachte psychische Prinzip. Aus diesem Grund vermag das Herz diese »Fünf Organe« zu regulieren und es ermöglicht ihnen, ihre normalen vitalen Funktionen aufrechtzuerhalten.

Die geistige Aktivität ist selbstverständlich mit der des Gehirns verbunden. Der Arzt Li Shi Zhen hat gesagt: »Das Gehirn ist der vollkommene Palast des Geistes.« Deutlich wird, daß die geistige Aktivität des Herzens und die des Gehirns ein und dieselbe Sache sind. Der Überlieferung zufolge war es deshalb wichtig, das Herz zu regulieren, womit gemeint war, in Unordnung geratene Gedanken wieder zu ordnen, sie zu besänftigen und sich zu beruhigen.

Auf der energetischen Ebene üben jedoch zwei wichtige Zentren eine Kontrolle auf diese Aktivität aus: das Zentrum in der Mitte der Brust und das Zentrum zwischen den Augenbrauen.

### Die Entspannung

Um das Herz zu regulieren und es bei der Beruhigung des Geistes zu unterstützen, muß man sich auf die Muskeln konzentrieren, um sie zu entspannen. Der geübte Schüler schafft das im Nu. Der

Anfänger muß alle Partien seines Körpers einzeln durchgehen und lockern.

Jake Fratkin lehrt eine Technik, die wir ebenfalls bei Mantak Chia gesehen haben und die sich »Inneres Lächeln« nennt. Diese Technik, von der weiter unten noch die Rede sein wird, ist sehr wirksam, um sich schnell in einen Zustand der körperlichen und geistigen Entspannung zu versetzen.

Dieses Bemühen um einen gleichermaßen entspannten Zustand der Muskeln und des Geistes entspricht der Praxis des indischen Hatha-Yoga und kann mit den daraus entwickelten westlichen Techniken, wie autogenes Training oder Entspannung nach Schultz und Sophrologie nach Caïcedo, verglichen werden.

Die Entspannung ist die Voraussetzung für den Erfolg der Übungen. Bei Bewegungen in der Stehhaltung werden die Muskeln lockerer sein und die Gesten harmonischer. Wenn sich der Körper in sitzender oder liegender Stellung befindet, kann die Entspannung noch tiefer gehen. Nach und nach wird man Geräusche nicht mehr unterscheiden oder eine Leere im Kopf spüren, wobei Gedanken auftauchen können, die aber nicht stören. Der Geist denkt, aber das Bewußtsein bleibt unbewegt. Das kann von der Empfindung, im Halbschlaf zu sein, begleitet werden. Oder aber der Körper scheint an Volumen gewonnen oder verloren zu haben; er erscheint schwer oder leicht. Andere Empfindungen wie Wärme im Unterbauch am Dan Tian oder das Gefühl des Fließens können auftreten, oder aber es kann ein Zittern durch den Körper gehen.

Keine dieser Empfindungen ist ein Grund zur Beunruhigung. Sie sind ein Ausdruck des Stadiums von Yi Shou, wobei Shou den Geist, das Bewußtsein, den Willen und Yi die Wachsamkeit, die Beherrschung bezeichnet. Der Ausdruck Yi Shou wird demnach mit kontrollierter Wille übersetzt.

Das *Qing Zuo Yao Jue,* der Klassiker des chinesischen Qi Gong, beschreibt sechzehn verschiedene Empfindungen. Jeder Mensch kann sie beim Üben mehr oder weniger spüren. Takahashi weist in seinem Buch *Qi Gong for health* auf Experimente hin, bei denen diese Zustände mit einem Elektroenzephalogramm erfaßt wurden, und die das Vorhandensein von Alpha-Wellen und das Aufkommen von Theta-Wellen zeigten.

Liu Guo Long, Gui Rong Qing, Li Guo Zhang, Physiologen des

Qi-Gong-Instituts in Peking, haben eine Studie über die Hirnströme, die an Personen im Qi-Gong-Zustand aufgezeichnet wurden, veröffentlicht. Eine ihrer Schlußfolgerungen lautet, daß der Zustand beim Qi Gong sich von dem während des Schlafes unterscheide, daß aber der Zustand beim Qi Gong eine sehr spezifische Verlangsamung der Wahrnehmungen bewirke.

Dieser Zustand der Ruhe und Gelassenheit muß also als Basis aller Übungen des entspannten oder langsamen Qi Gong (Nei Gong oder Nei Dan Qi Gong) entwickelt werden.

Der berühmte Meister des Tai Ji Quan, Way Sun Liao, legt großen Wert auf diesen Zustand der Entspannung, den er Shoong nennt und der für ein gutes Tai-Ji-Training absolut notwendig ist. Er zitiert die Bemerkung des großen Meisters Yang Chen Fu: »Wenn ihr nicht Shoong seid, selbst wenn euch nur ein bißchen am Shoong fehlt, befindet ihr euch nicht im Zustand von Shoong. Ihr seid in dem Zustand desjenigen, der Tai Ji verliert, und werdet besiegt werden.«

Dieser Zustand Yi Shou, der Entspannung, des Shoong, ist beim Qi Gong aus zwei Gründen wichtig.

Erstens, weil er es möglich macht, das Qi zu harmonisieren und eine große Menge von Qi zu erzeugen. Darum ist das Qi-Gong-Training erholsam, es erfrischt und reduziert nach und nach das Schlafbedürfnis. Es ist also nicht empfehlenswert, direkt vor dem Zubettgehen zu üben, weil es das Einschlafen hinauszögern kann.

Der zweite Grund ist der, daß er die Konzentration auf die Zirkulation des Qi erleichtert. Im Zustand der Entspannung wird das Betrachten des Shen, der Gedanken des Herzens, erleichtert und gleichzeitig wirkungsvoller. Es ist also das Stadium, das jeder Übung vorausgeht und für sie wesentlich ist. Man kann die Anfänger, die es eilig haben, zum Kern der Sache zu kommen, gar nicht oft genug darauf hinweisen, daß sie sich die Zeit nehmen müssen, sich durch eine umfassende Entspannung oder durch fünfzig normale Atemzüge vorzubereiten, wobei sie sich nur um die Empfindung des Atems kümmern sollten, der kommt und geht.

## Die Beobachtung der Atmung

Eine der geistigen Grundeinstellungen kann an jenem Geräusch geübt werden, das während des Ein- und Ausatmens entsteht. Diese Beobachtung kann von einer inneren, fast berauschenden Empfindung der Lungen, die sich blähen und erschlaffen, begleitet sein.

Um den Geist auf nur einen Punkt zu fixieren, wird der Übende bei geschlossenen Augen die Anzahl seiner Atemzüge visualisieren. Er atmet ein, während er von eins bis zehn oder noch weiter zählt, und wiederholt dasselbe beim Ausatmen.

Die Beobachtung der Atmung kann auch darin bestehen zu fühlen, wie die Luft durch die Nasenlöcher ein- und ausströmt. Diese Technik deckt sich übrigens mit der burmesischen Technik der Vipashana-Meditation, die in sitzender Haltung praktiziert wird.

## Die Beobachtung der Körperhaltung

Die Aufmerksamkeit richtet sich allgemein auf die Haltung, vor allem, wenn der Körper in Bewegung ist. Man wird sich der Position des Körpers im Raum bewußt, aber auch dessen, was außerhalb des Körpers ist, der Umgebung, die ihn umfängt. Der Witz besteht darin, die Bewegung der Luft, die vom Körper verursacht wird, wie etwas Flüssiges zu empfinden. Man sollte sich vorstellen, daß sich der Körper wie unter Wasser bewegt.

Zu dieser sehr feinen Empfindung kommt ein Bewußtsein des Raumes hinzu, nachdem der Körper zuvor genügend entspannt worden ist. Damit wird eine für das Qi Gong und das Tai Ji Quan sehr typische Empfindung ausgelöst: in einem anderen Zustand der Ruhe und Gelassenheit und eins mit der Außenwelt zu sein. Das ist ein sehr angenehmes Gefühl, vor allem wenn man draußen unter Bäumen oder nachts unter dem Sternenhimmel oder am Strand übt. Gleichzeitig bereitet diese innere Öffnung auf spezielle Übungen vor, mit denen die Energie der Naturelemente aufgenommen wird.

Die Aufmerksamkeit kann auch, statt frei zu fließen, an einen bestimmten Punkt des Körpers wandern und überprüfen, ob hier die richtige Haltung eingenommen wurde und dabei sanft Korrekturen vornehmen. Sechs Bereiche sind im allgemeinen Gegenstand dieser Überprüfung: das Dan Tian, der Rumpf, der Nacken, der Scheitelpunkt, die Taille und die Zunge.

*Das Dan Tian:* Dieser Bereich befindet sich im Inneren des Beckens oberhalb der Dammzone (man nennt ihn auch »Unteres Zinnoberfeld«; siehe auch Abb. 6). Bei jedem Einatmen sollte man die Aufmerksamkeit auf diese Region richten, die mit dem »Unteren Erwärmer« verbunden und die Wurzel des Atems ist. Sie stellt darüber hinaus das Zentrum dar, von dem aus sich die Übungen im Stehen und im Sitzen aufbauen.

Im Sitzen ist dieser Bereich der Ausgangspunkt, von dem aus sich die gerade Haltung des Körpers entwickelt. In aufrechter Stellung weitet sich das »Untere Zinnoberfeld« durch das Empfinden der Fußsohlen – der ganzen Sohle oder nur der Ferse oder der Zehenspitze – bis auf den Boden aus. Allgemein muß man beim Beugen in der Stehübung darauf achten, daß die Knie nicht über die Fußspitzen hinausragen.

*Der Rumpf:* Man muß das Gefühl haben, als sei der Rumpf an Fäden aufgehängt. Wenn diese Visualisierung das Empfinden leitet, führt das zu einer Verminderung der beiden Wirbelkrümmungen und zu einem Aufrichten des Rückgrats ohne Anspannung der Muskeln und Sehnen.

Gleichzeitig geht der Brustkorb leicht nach innen zurück und entspannt sich dabei. Der Schultergürtel und die Schultern lockern sich und leiten dabei jegliche Empfindung von Schwere oder Blockierung über die Arme zu den Händen. Unter den Achselhöhlen läßt man etwas Raum, um den Austritt der Energien des »Oberen Erwärmers« zu erleichtern – als ob man unter jeder Achselhöhle ein Ei halten würde.

Diese Vorbereitung mit Hilfe der Vorstellung ist ein auslösendes Moment für die Zirkulation von Du Mai und Ren Mai.

*Der Nacken:* Er stellt einen wichtigen Durchgangsbereich für das Qi dar (Sonderleitbahnen). Er muß entspannt sein und die Empfindung von Präsenz und Leere vermitteln. Bei den dynamischen Übungen, bei denen man den Kopf dreht, sollte man die Akupunkturpunkte, die sich an der Nackenwurzel befinden, entspannen. Bei bestimmten Übungen kann man diesen Bereich lockern, indem man mit den Zeigefingern auf den Nacken trommelt, nachdem man sich zuvor die Ohren mit den Handflächen zugehalten hat. Diese Übung heißt »Die himmlische Trommel schlagen« und wird weiter unten im Detail beschrieben.

*Der Scheitelpunkt des Kopfes (Baihui Du 20):* Das Gesicht entspannt sich zum Nacken hin. Der Nacken wird leer und die Aufmerksamkeit richtet sich auf den Punkt Baihui am Scheitel (Abb. 50). Dieser Punkt muß ganz genau bestimmt werden, was vielleicht eine leichte Bewegung des Kinns nach vorne erfordert. Der Kopf ist wie an einem Faden aufgehängt.

*Die Taille:* Die Bedeutung dieses Bereichs zeigt sich mit den ersten Atemzügen und später mit den ersten Schritten von frühester Kindheit an. Es ist ein Bereich, der die Energie des Nabels »geerbt« hat. Es ist der Bereich des Dai Mai, der von der Niere, der Gallenblase und dem Magen regiert wird. Er verbindet und hält als Angelpunkt die angeborenen und erworbenen Energien bei ihrer dynamischen Verteilung im Gleichgewicht; er entspricht damit dem Zwerchfell, das zwischen Energie und Blut ausgleicht.
Um die Taille zu entspannen, kann man sich einen weiten Energiekranz vorstellen, der diese Körperzone umspannt und das Atmen erleichtert. Die befreiende Wirkung auf das Becken, das Rückgrat und die Atmung tritt unmittelbar ein.

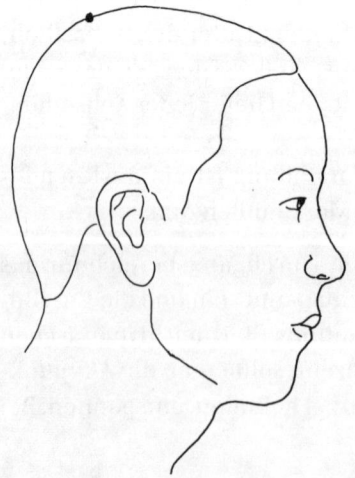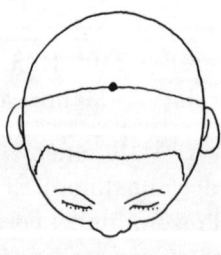

50  Der Scheitelpunkt (Baihui)

*Die Zunge:* Der Mund stellt einen Ort intensiver Aktivität und Umwandlung dar. Die Zunge ist mit dem Herzen durch das Element *Feuer* verbunden. Die Mundhöhle, der Gaumen und die Lippen sind durch das Element *Erde* mit der Milz verknüpft und die Zähne mit der Niere, sowie mit der Verbindung von Ren Mai, Du Mai und Chong Mai.

Man richtet seine Aufmerksamkeit auf die Zunge, deren Spitze den Gaumen hinter den oberen Schneidezähnen berühren soll. Diese Position begünstigt die Verbindung zwischen Ren Mai und Du Mai.

Die Beobachtung des Qi

Man stützt sich dabei am Anfang auf die Vorstellung, um sich über die Phänomene bewußt zu werden, die normalerweise außerhalb unseres Wahrnehmungsbereichs liegen. Entweder man visualisiert seine inneren Organe wie Leber, Niere, Herz usw. oder seine Leitbahnen, das System der zwölf Hauptleitbahnen, das System der acht Sonderleitbahnen oder den kleinen Kreislauf der beiden vorder- und rückwärtigen Leitbahnen Du Mai und Ren Mai.

Während man diese Meridiane visualisiert, stellt man sich gleichzeitig vor, daß sich das Qi bewegt, und man versucht, diese innere Bewegung als Wärme, als Fließen oder als leichten elektrischen Strom wahrzunehmen. Die Menschen des Altertums maßen der Kraft des Gedankens zur Erzeugung dieser Empfindungen große Bedeutung bei.

Das Gefühl einer zirkulierenden Energie wird anfangs allein aufgrund der Konzentration und Vorstellungskraft hervorgerufen, bis zu dem Tag, an dem das Phänomen von sich aus bewußt wird und sich nicht mehr von der Imagination unterscheidet. Man fühlt dann real und immer deutlicher, wie diese Energie zirkuliert.

Die Konzentration auf das Qi in den Leitbahnen eröffnet Entwicklungsschritte auf der spirituellen Ebene. Der berühmte Arzt Li Shi Zhen sagte: »Wenn der Geist auf die inneren Leitbahnen konzentriert ist, ist der Schüler in der Lage, sein wahres Ich zu betrachten.«

## Die Konzentration auf ein Objekt oder ein Thema

Es kann sich um ein allgemein sensorisch faßbares Thema handeln – Farbe, Ton, Form, Duft, Geschmack –, das von der Vorstellung evoziert wird und durch das sie subtile Impulse empfängt.

Beim therapeutischen Qi Gong ist die Auswahl des Gegenstandes von den funktionellen Störungen des Praktizierenden abhängig.

So sollen, Guo Lin und seinem Werk *Xin Qi Gong Liao Fa* (»Behandlung durch das neue Qi Gong«) zufolge, Patienten mit Bluthochdruck Gegenstände wählen, die dem Erdboden nahe sind (Gras, Blume, kleines Tier); Patienten mit niedrigem Blutdruck oder Astheniker sollen Gegenstände in größerer Höhe wählen (Zweige eines Baumes, Hügel); Patienten mit normalem Blutdruck können Objekte wählen, die sich in Höhe des Shanzhong (Ren 17), das heißt in Höhe der Augenbrauen befinden. Man vermeide melancholische Themen bei Leber- oder Lungenleiden, ebenso schreiende oder buntgemischte Farben oder ein dunkles Rot bei kardio-vaskulären Beschwerden. Im Prinzip werden Gegenstände aus der Natur gewählt, mit sanften, klaren oder abgetönten Farben.

Bei der Wahl des Themas gelten folgende allgemeine Regeln: Geeignet sind Objekte oder Vorgänge, die sich in räumlicher Nähe befinden, so daß die Phantasie und somit der Gedankenstrom nicht zu sehr angeregt werden. Das Thema soll einen Zustand der Ruhe bewirken und keine zu starke Erregung auslösen. Anfänger und Personen mit schlechter Gesundheit wählen ein Thema außerhalb des Körpers.

Der dynamische Gebrauch des Übungsthemas setzt folgendes voraus: Man sammelt zunächst die Vorstellungen zu einem gewählten Thema in der Weise, daß nebensächliche Gedanken ferngehalten werden. Dieser Vorgang wird Versammeln (Ju) genannt. Wenn diese Sammlung vollzogen ist, lockert man die Konzentration, um eine Fixierung zu vermeiden, was als Zerstreuen (San) bezeichnet wird. In der Praxis läßt man Sammlung und Zerstreuung abwechseln.

Ebenso fixiert man sich, wenn man ein Thema gewählt hat, nicht auf seinen Begriff, sondern man läßt sich nur von seinem Inhalt durchdringen: »festhalten, als ob man nicht festhalten würde.«

Schließlich heißt es, daß das Thema in so unaufdringlicher Weise präsent sein sollte, daß es manchmal so scheint, als ob es im Geist nicht vorhanden sei; was mit »haben, als ob man nicht hätte« bezeichnet wird.

Man muß also gleichzeitig die drei folgenden Fehlhaltungen vermeiden:

- fixieren,
- zugreifen,
- verfolgen.

Damit ist gemeint, daß das Thema vollkommen verinnerlicht werden muß, ohne es zum Gegenstand einer visuellen Fixierung zu machen. Wenn das heraufbeschworene Bild schwindet, soll man keinen erneuten Zugriff versuchen und es keinesfalls verfolgen; auf diese Weise taucht es ganz von selbst wieder auf.

### Die Konzentration auf die Wirkungen der Übungen

Die Aufmerksamkeit richtet sich auf die symbolische Kraft der Übungen, die ihnen ihr Erfinder verliehen und die die Tradition bis heute überliefert hat.

Das »Spiel der fünf Tiere« von Hua Tuo ist dafür beispielhaft. Bei dieser Art von Übung heißt es, daß die Bewegungen vom »Oberen Zinnoberfeld« aus, in Höhe des Kopfes, durchgeführt werden sollen. Die Vorstellung und vor allem das intuitive Erfassen der Besonderheit jedes der fünf Tiere spielen eine entscheidende Rolle nicht nur für eine korrekte Ausführung der Bewegungen, sondern vor allem bei der Wirkung des Qi, die der Praktizierende dabei körperlich spüren kann.

Das klassische Werk des Hua Tuo, aus dem Hu Yao Zheng zitiert, drückt es so aus: »Wenn man ein gewisses Niveau des Qi Gong erreicht hat, kann man spüren, wie es seinen Umlauf und Wiederbeginn vollzieht, als wenn es sich in einem geschlossenen Kreislauf bewegt.«

Shen ist das Denken. Man bezeichnet Shen auch als den tiefen Geist, den subtilen Geist, die eigentliche Natur. Wenn sich das Shen rührt, wird es zur Triebkraft. Das bedeutet, daß die Gedankenkraft die Aktivität des ganzen Körpers lenken kann. Das Leben beruht demnach auf der Energie der Imagination. So entspricht das heraufbeschworene Bild des Kranichs oder die Nachahmung seines Verhaltens dem *Feuer.* Dieses leere, luftige Feuer nährt das »Meer des Gehirns« (Nao Hai).

Bei der gedanklichen Vorstellung des Bären betrachtet man bei ihm das Innere als Yang (seine große Kraft) und das Äußere als Yin. Man konzentriert sich vor allem darauf, das Innere in Bewegung zu setzen und die äußere Ruhe sichtbar werden zu lassen, was eine Stimulierung der Niere bewirkt.

Bei der Übung des Tigers bedenkt man, daß dieses majestätische, mutige und grausame Raubtier innen Yin und außen Yang ist. Es ist außen hart (gespannt, zusammengezogen) und geschmeidig im Inneren. Die besondere Anspannung der Sehnen und der angestrengte Blick zeigen, daß seine Bewegungen dem Element *Holz* entsprechen.

Bei den Übungen kann man sich auf ihre positiven therapeutischen Wirkungen konzentrieren. Zum Beispiel kann man bei den »Acht Brokatstücken« während der Bogenhaltung die Atmung beobachten. Beim Qi Gong gegen Krebs lenkt man die Aufmerksamkeit auf die Zurückentwicklung des Tumors und auf das Wiedererlangen der Gesundheit.

Allgemeine Grundregeln für die Imagination beim Qi Gong in Bewegung

– Die Bewegungen während der Übungen müssen von dem Gedanken inspiriert sein, daß die Energie nicht gradlinig, sondern im Bogen verläuft. So ist auch die Bewegung des Körpers oder die der Glieder immer leicht gebogen und geschmeidig. Es ist jenes erste Prinzip »des Gerundeten«, das die Zirkulation der Energie und des Blutes fördert.
– Die Übungen dürfen nicht mit einer übermäßigen körperlichen und geistigen Anspannung durchgeführt werden. Die Bewegungen laufen ein bißchen wie im Halbschlaf ab, die Augen sind halb geschlossen. Das ist das zweite Prinzip, das »weit, entfernt«, aber auch »tief, ohne Gemütserregung« bedeutet.
– Alle Bewegungen oder Körperhaltungen werden ohne Unterbrechung, ohne Härte oder Steifheit geübt. Das ist das dritte Prinzip der »Geschmeidigkeit, Flexibilität«.

- Ebenso ist zu beachten, daß die untere Hälfte des Körpers, von der Taille abwärts, immer eine feste Haltung beibehält und sich anfühlen soll, als ob sie sieben Zehntel des Körpergewichts ausmachte. Die obere Hälfte des Körpers soll sich anfühlen, als sei sie von extremer Leichtigkeit.

- Schließlich wird man während der Bewegungen sehr aufmerksam auf den asymmetrischen Aspekt des energetischen Körpers achten, das heißt, daß man selbst bei Ruhestellungen, im Stehen zum Beispiel, eine gewisse Ungleichheit zwischen dem rechten und linken Bein aufrechterhält, damit immer ein dynamisches Element vorhanden ist. Umgekehrt wird man während des dynamischen Ablaufs jeder Übung versuchen, stets den Schwerpunkt des »Unteren Zinnoberfelds« und den Gleichgewichtspunkt des Du Mai, der das Rückgrat aufrecht hält, zu erspüren. Es muß »Unbeweglichkeit im Schoß der Bewegung« herrschen.

### Die Lenkung der Energie durch die Atmung (Dao Yin Xi)

Die Lunge und das Qi

Die Lunge assimiliert die reine Energie der Luft, Ta Qi. Sie empfängt durch die Milz die reine Energie der Nahrung, Gou Qi, und sie trägt zur Bildung des Qi und des Blutes sowie zur Erneuerung von Zong Qi, der ererbten Energie bei. Diese Energie beschleunigt das Qi und das Blut in den Leitbahnen und Gefäßen und hält die Atmung und das Herz in Gang. Das Ein- und Ausatmen bewirkt, daß das Qi in den zwölf Leitbahnen fließt. Erinnern wir uns, daß laut *Nei Jing* das Qi sich bei jedem Ein- und Ausatmen eine Handbreit in den Leitbahnen vorwärtsbewegt.

Das Einatmen ist Yang. Es ist mit Aktivität verknüpft und hat eine stärkende Wirkung auf den Sympathikus. Das Ausatmen ist Yin. Es ist mit Hemmung verbunden und setzt einen Verteilungseffekt in Gang, indem es den Parasympathikus stimuliert.

Diese Aspekte der westlichen und östlichen Physiologie weisen uns auf die Bedeutung der Atmung bei der Kontrolle des Qi und des Denkens hin. Umgekehrt wird durch einen erregten Geisteszustand die Atmung beschleunigt und das Qi in Unordnung gebracht.

Darum ist die Atemkontrolle untrennbar mit der Regulierung des Herzens verbunden.

Es gibt sechs Arten, die Atmung zu beeinflussen, um den Geist zu beruhigen: die Atemzüge zählen, den Atem anhalten, ihn beobachten, zu ihm zurückkehren, ihn reinigen, ihm folgen.

Über diese sechs Möglichkeiten hinaus ist es ratsam, auf natürliche Weise durch die Nase ein- und auszuatmen. Personen, deren Nasenfunktion beeinträchtigt ist, wie bei Rhinitis, einer Verkrümmung der Nasenscheidewand, bei Polypen oder Asthma, können durch den Mund atmen, ohne daß dadurch die Wirkung beeinträchtigt wird. Diese natürliche Atmung forciert weder den Rhythmus noch die Atemkapazität. Der Beweis für eine natürliche Atmung ist, daß sie von jemandem, der neben einem steht, nicht gehört wird.

Das Ein- und Ausatmen fließen also normal, und deshalb ist es möglich, auf ganz natürliche Weise zwischen den Atemzügen eine Pause einzulegen, ohne daß diese Pause zwanghaft oder gewollt wäre. Man sollte stets auf das Dan Tian achten.

Die Bauchatmung

Die meisten Atemtechniken beim Qi Gong erfordern, anders als beim Yoga, keine vollständige Atmung, die die Bauch-, Brustkorb- und Schulteratmung umfassen würde. Es ist, außer bei speziellen Übungen wie dem »Eisenhemd« davon abzuraten, sowohl in Bezug auf die Lungenkapazität als auch auf die Heftigkeit der Bewegungen beim Ein- und Ausatmen zu forcieren.

Die natürliche Atmung ist langsam, mit langen, leichten und tiefen Atemzügen, aber eine Bauchatmung. Man unterscheidet die normale Atmung und die paradoxe Atmung.

*Die normale Bauchatmung:* Das Einatmen wird von einem aktiven Zusammenziehen des Zwerchfells begleitet, das sich senkt und den Druck im Unterleib erhöht. Der Unterleib dehnt sich bei dieser Bewegung nach vorne, und die Aufmerksamkeit wird zur Mitte des Beckens auf das untere Dan Tian gerichtet. Durch die Bewegung scheint sich dieser Bereich mit Energie zu füllen. Es handelt sich hier offensichtlich nicht um Luft, sondern um subtile Energien, die

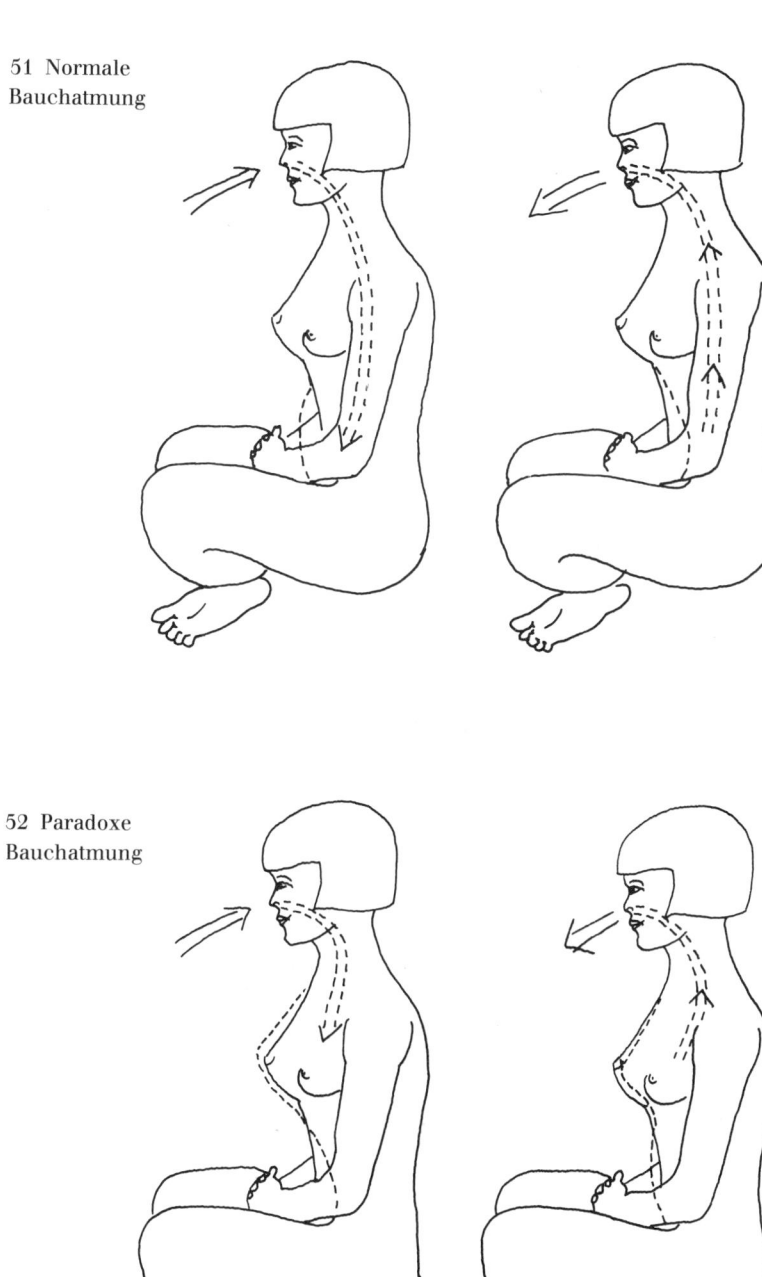

51 Normale
Bauchatmung

52 Paradoxe
Bauchatmung

aus der einströmenden Atemluft gezogen werden. Daher sind die Qualität der eingeatmeten Luft und der Zeitpunkt der Übung (der Morgen ist der günstigste Zeitpunkt) wichtig. Das Ausatmen wird von einem Zusammenziehen des Unterleibs begleitet (Abb. 51).

Es ist sehr wichtig, die Intervalle zwischen den Atembewegungen zu beachten. Tatsächlich finden die wichtigsten energetischen Austauschvorgänge in diesen Pausenzeiten statt, insbesondere im »Mittleren Erwärmer«.

Diese Atmung ist die Grundform der taoistischen Atmung und die Grundlage von entsprechenden Übungen oder Meditationen.

*Die paradoxe Bauchatmung:* Das Einatmen wird von einem Zusammenziehen und das Ausatmen von einer Entspannung des Unterleibs begleitet, als ob die Luft, statt auszuströmen, nach unten sinkt, um das Dan Tian zu füllen (Abb. 52).

Das ist das Grundmuster der buddhistischen Atmung, die man zum Beispiel bei der Technik des Zazen in Japan findet.


Die Koordination von Bewegung und Atmung

Bestimmte Bewegungen, zum Beispiel beim Tai Ji Quan, werden entweder stets vom Einatmen oder vom Ausatmen begleitet. Die Abwärtsbewegungen, Stoß- und Druckbewegungen sowie geschlossenen Bewegungen gehen mit dem Ausatmen einher.

Bewegungen, bei denen der Körper oder die Glieder zurückgezogen werden, Aufwärtsbewegungen, das Aufrichten und offene Bewegungen sind mit dem Einatmen verbunden.

Bei der Gehübung im medizinischen Qi Gong ist das Einatmen mit der offenen Position der Füße verbunden, das heißt, die Fersen berühren den Boden, und die Fußspitze zeigt nach oben. Es wird erst ausgeatmet, wenn die Fußspitze den Boden berührt, was der geschlossenen Position der Füße entspricht.


Die Koordination von Atmung und Konzentration

Um das Qi zirkulieren zu lassen, setzt man die Atmung als Konzentrationshilfe ein. Man stellt sich vor, daß man in den Körperbereich, auf den man seine Vorstellung, Yi, projiziert, um dem Qi zu folgen,

den Strom des Ausatmens schickt oder dort den Strom des Einatmens versammelt.

Es gibt eine mentale Technik, die »Atmung der vier Pforten«, die
darin besteht, daß man die Vorstellung entwickelt, durch die Handflächen und Fußsohlen zu atmen. Man folgt dabei den Leitbahnen,
von denen einige vom Rumpf zu den Endpunkten der Glieder
verlaufen und andere von dort kommen.

## Die Lenkung der Energie durch Bewegungen (Dao Yin Shen)

In der Einführung zu den Übungen des therapeutischen Qi Gong
geben Zhang Ming Wu und Sun Xing Yuan Ratschläge für Übungen
im Stehen, die sich sehr gut auf alle Qi-Gong-Übungen wie auch
auf das Tai Ji Quan anwenden lassen.

Nach ihrer Ansicht erfordert jede Übung oder Übungssequenz eine
Vorbereitung des Bewegungsablaufs, die folgendes umfaßt:

- die Ausgangsrichtung: Norden, Süden, Osten, Westen;
- die allgemeine Haltung des Körpers:
  die Lokalisierung des Schwerpunkts,
  die Stellung der Füße,
  die jeweiligen Belastungspunkte und ihr Wechsel,
  die Haltung der Knie,
  die Haltung der Arme und der Schultern;
- die Bewegung: Ob ihr Ausdruck nun fließend oder gestrafft ist,
  sie muß von jeder forcierten Muskelkontraktion frei sein.

Ziel dieser Vorbereitung ist es, die Gelenke und Sehnen zu lockern
und zu dehnen. In diesem Sinn sollen sich die Spannungen im
Nacken- und Schulterbereich zu den Armen hin verlagern. Die
Spannung der Schultern, der Ellenbogen und der Handgelenke
muß zu den Fingerspitzen fließen, bis man das Gefühl hat, die
Bewegung komme wie an Fäden gezogen zustande. Es ist also sehr
wichtig, während des Übungsablaufs die spontanen Bewegungen
der Finger zuzulassen, wodurch oft eine Wiederherstellung des
Gleichgewichts der Energien des Kopfes und des Brustkorbs möglich wird.

Es ist auch wichtig, die Wirkungen auf jene Bereiche des Rumpfes oder des Kopfes festzustellen, an denen die Hände in der Übung vorbeigeführt werden. Bei den Bewegungen der Hände und der Arme, die vom Körper wegführen, fördert man den energetischen Fluß nach außen. Bei Bewegungen, die zum Körper zeigen, und bei denen die Hände und Arme wieder zurückgeführt werden, fördert man das Sammeln der Energie.

Die Übungen sollen also, nach einem traditionellen Ausdruck, ablaufen »wie ein Seidenfaden, den man vom Kokon abwickelt«, indem man daran denkt, daß Leere und Fülle, Offenheit und Geschlossenheit, Festigkeit und Geschmeidigkeit sich abwechseln müssen.

- Leere und Fülle, die zum einen dem Wechsel des Schwerpunkts auf das rechte oder linke Bein, auf die Ferse oder die Fußspitze, zum anderem dem Wechsel der Bewegungen entsprechen, deren Dynamik von der linken zur rechten Hand überspringt, wenn die Bewegung nicht symmetrisch ist.
- Offenheit und Geschlossenheit, die sich auf den Winkel beziehen, den die Füße, einmal fast parallel, im anderen Fall in 90-Grad-Stellung, beschreiben. Ebenso wechseln bei der Bewegung der Arme und der Stellung des Körpers Offenheit und Geschlossenheit.
- Indem die Festigkeit niemals Anspannung bedeutet und die Geschmeidigkeit nie ohne gespannte Wachsamkeit ist, wechseln die beiden Prinzipien je nach Übung im Körper ab, und man muß lernen, sie in dynamischer Weise zu lokalisieren.

Qi Gong zu üben, ist ein bißchen wie zu tanzen beginnen: Man muß den Rhythmus und die natürlichen Bewegungen intuitiv wahrnehmen. Die Anfänger machen meist den Fehler, zu starr und angespannt zu sein. Man muß die Winkel abflachen, die Bewegungen runden. Die Vorstellung, daß man sich langsam in einer fließenden Umgebung bewegt, kann hilfreich sein. Aber man soll auch nicht schlaff sein. Wie beim Tai Ji Quan muß man sich vorstellen, daß ein Gegner angreifen könnte und daß Wachsamkeit notwendig ist, um einen Angriff abzuwehren.

Die spezifische Rolle der therapeutischen Übungen besteht hauptsächlich darin, zu stimulieren und das Yang des Körpers zu steigern. Als Beispiel wollen wir die Wirksamkeit der »Schritte, um die Energie der Niere zu stimulieren« analysieren. Die Übung ist Teil des therapeutischen Qi Gong, und wir werden bei der Behandlung von Bluthochdruck und Krebs später auf sie zurückkommen.

Es handelt sich dabei um eine sehr spezielle Gangart, bei der man sich vorwärtsbewegt, indem man zuerst die Ferse und dann den ganzen Fuß aufsetzt. Zuerst den Boden mit der Ferse zu berühren, hat zum Ziel, die Leitbahnen Yin Qiao und Yang Qiao so zu aktivieren, daß die Energie, die von der Yin-Leitbahn kommt, in die Yang-Leitbahn strömt und umgekehrt. Auf diese Weise werden die Leitbahnen gereinigt und das Yin und Yang ins Gleichgewicht gebracht.

Wenn man bei dieser Übung die Spitze des Fußes aufsetzt, besteht die Wirkung darin, die Energie der Leitbahnen der Leber und der Milz zu stärken. Die Ferse wird ebenfalls stimuliert und begünstigt die Zirkulation der Energie in den Leitbahnen der Niere und der Blase.

Gleichzeitig soll der Patient, wenn er seinen Fuß bewegt, seine Vorstellung auf die untere Körperpartie konzentrieren, um das unnatürliche Aufsteigen der Energie in der Lunge nach unten zu leiten. Die Koordination zwischen der oberen und der unteren Partie hat zum Ziel, den Überfluß der Energie des oberen Teils zu regulieren.

Wenn man die Übung in dieser Weise durchführt, hat man, indem man die Zirkulation in den Leitbahnen Yin und Yang Qiao in Gang setzt, das Yang der Niere, Leber und Milz stimuliert und gesteigert sowie das Yang der Lunge vermindert.

# Die Körperhaltungen

*Liegende Haltungen*

Erste liegende Haltung (Abb. 53)

– Der Körper ist in Rückenlage ausgestreckt.
– Die leicht gespreizten Füße fallen nach links und rechts.
– Die Arme liegen neben dem Körper.
– Die Hände liegen entspannt neben den Schenkeln; die Hand-
  flächen sind zum Boden oder zum Himmel gekehrt.

Zweite liegende Haltung (Abb. 54 a und b)

– Gleiche Lage wie vorher.
– Die Füße bleiben parallel.
– Die Arme sind angehoben, die Hände in Schulterbreite gespreizt,
  als ob sie einen Ball halten würden (wenn der Patient geschwächt ist, kann er seine Ellenbogen auf den Boden stützen,
  die Arme rechtwinklig zum Rumpf, die Unterarme senkrecht).

Dritte liegende Haltung (Abb. 55)

– Gleiche Lage wie vorher.
– Die Beine sind angewinkelt.
– Die Arme ruhen auf dem Boden, beide Unterarme sind erhoben,
  als ob sie einen Ball hielten.

Vierte liegende Haltung (Abb. 56)

– Man legt sich auf die rechte Seite, um das Herz und die Verdauung nicht zu behindern.
– Der Körper ist ausgestreckt, die Wirbelsäule gerade, das rechte
  Bein ausgestreckt.
– Der Kopf ruht auf einem Kissen, um eine durchgehende Linie
  von Nacken und Rücken zu gewährleisten. Der Kopf ist leicht
  nach vorne geneigt.

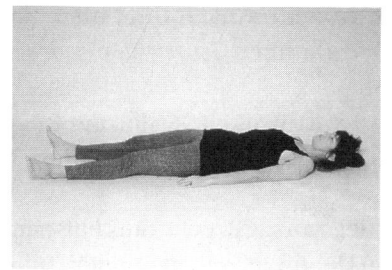

53

54 a

54 b

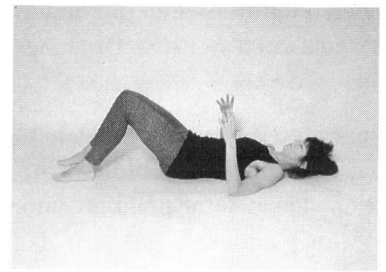

55

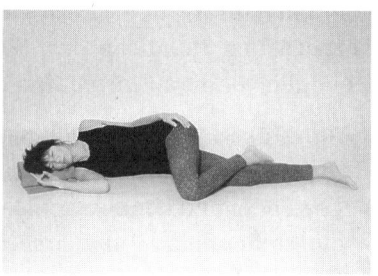

56

- Der rechte Arm ist angewinkelt, und die rechte Hand ruht auf dem Kissen. Der Daumen ist zwei bis drei Zentimeter vom Gesicht entfernt.
- Das linke Bein ist angewinkelt, so daß die Knie übereinander zu liegen kommen und der linke Fuß sich hinter dem rechten Knie befindet.
- Der linke Arm liegt ausgestreckt und entspannt auf der linken Körperseite. Die Handfläche liegt auf der Hüfte oder dem Oberschenkel.

Anwendung

Diese Haltungen werden auf dem Boden oder auf dem Bett durchgeführt, vorausgesetzt, daß es hart genug ist.

Die liegenden Haltungen dienen dazu, das Qi Gong der inneren Regulierung, Nei Yang Gong, zu trainieren. Sie sind die Grundlage für das Training, das 1947 in China von Liu Gui Shen auf der Grundlage der Lehre von Liu Du Zhou für die breite Öffentlichkeit ausgearbeitet wurde. Sie stellen eine Ausgangsbasis für Anfänger, aber auch für Kranke, ältere Menschen oder Menschen mit einem körperlichen Handicap dar. Sie werden auch bei den Qi-Gong-Übungen vor dem Einschlafen benutzt.

- Die erste Haltung hilft, einen entspannten Zustand zu erreichen.
- Die Positionen 2 und 3 werden bei Konzentrationsübungen angewendet und können bei Menschen, deren Beine gelähmt sind, die stehende Haltung ersetzen. Man wendet sie an, um das Einschlafen zu erleichtern und sich von Schlaflosigkeit zu heilen.
- Die vierte Stellung ist in den oben beschriebenen Fällen angezeigt. Sie dient aber auch nach dem Geschlechtsverkehr zur Rückführung der sexuellen Energie in den »Kleinen Energiekreislauf«.

Diese vier Stellungen machen es leicht, das Entspannen zu erlernen, und sie sind die Grundlage eines medizinischen Qi Gong, das Atmung, Autosuggestion und Konzentration verbindet.

- Die Atmung ist natürlich und langsam. Sie erfolgt durch die Nase.
- Die Autosuggestion beruht auf Formeln wie »Ich bin« beim Einatmen und »Immer ruhiger« (oder »entspannter« oder »gesünder«) beim Ausatmen, die innerlich ausgesprochen werden. Die Augen sind geschlossen, und die Worte können vor dem inneren Auge visualisiert werden. Die Formulierung der Affirmationen kann je nach Bedürfnis wechseln.
- Die Konzentration ist auf zwei Aspekte gerichtet:
  Konzentration auf das Aussenden des Qi bis zum Dan Tian während des Einatmens und beim Ausatmen ein Rückfluß vom Dan Tian durch die Nasenlöcher nach außen.
  Konzentration auf eines der vitalen Zentren, insbesondere im kurzen Moment der Atempause auf das Dan Tian.

Vorteile

Auch wenn diese Übungen sehr leicht durchzuführen sind, haben sie große Wirkung. Sie geben dem Kranken die Möglichkeit, selbst etwas zu tun.

Ich erinnere mich an eine Patientin, die vor einigen Jahren in meine Sprechstunde kam, weil sie unter einer Lärmphobie litt. Sie hatte sich in eine entlegene Ecke auf dem Land verkrochen, aber der geringste Lärm rundherum, beispielsweise von einem Flugzeug am Himmel, brachte sie durcheinander. Ich riet ihr zu einer Übung, die darin bestand, auf dem Rücken liegend den Satz »Ich bin immer weniger empfindlich gegen Geräusche« zu wiederholen. Nach zwei Wochen zeigten sich bei ihr beachtliche Heilerfolge.

Nachteile

Außer bei Menschen, die Hilfe brauchen oder außer in akuten Streßsituationen sollte sich das Qi-Gong-Training nicht auf einfache Autosuggestion beschränken, so nützlich sie auch ist, denn sein Potential der Verwandlung von Körper und Geist ist sehr viel größer. Ein ausschließliches Üben dieses Qi Gong wäre, außer in Fällen höherer Gewalt, eine bedauerliche Einschränkung der Möglichkeiten der Methode.

Das Nei Yang Gong stellt durch die Verbindung von Haltung, Atmung, Suggestion und Konzentration ein eigenständiges medizinisches Qi Gong dar. Die Stellungen können wechseln (liegend, stehend, sitzend oder in Bewegung), und die Atmung kann natürlich, forciert oder rhythmisch sein. Das medizinische Qi Gong ist Teil des therapeutischen Qi Gong. In diesem Buch wird eine von Zhang Ming Wu und Sun Xing Yuan vertretene Form noch ausführlich erörtert.

## Sitzhaltungen

Erste Sitzhaltung: »Auf einem Stuhl sitzend« (Abb. 57 und 58)

- Auf einem Stuhl sitzend, mit dem Gesäß hinten auf dem Stuhl, damit die Oberschenkel einen guten Halt haben, oder mit dem Gesäß auf der Stuhlkante. Die letztere Position ist vorzuziehen.
- Die Wirbelsäule wird gerade gehalten:
    die Lendenwirbel werden gestreckt, so daß sich das Kreuzbein aufrichtet;
    das Rückgrat wird ebenfalls leicht gestreckt;
    der Nacken wird gerade gehalten, und zu diesem Zweck wird der Kopf etwas nach vorne geneigt. Das Kinn und der Scheitel werden leicht zurückgenommen, als ob der Kopf an einem Haken aufgehängt wäre;
    um die richtige Haltung herauszufinden, lehnt man sich im Sitzen gegen eine Mauer und orientiert sich an dieser Ausrichtung.
- Die Unter- und Oberschenkel bilden einen rechten Winkel. Darauf muß sehr geachtet und die Höhe des Stuhls entsprechend ausgewählt werden.
- Die Füße ruhen fest auf dem Boden, in einem Abstand, der der Breite der Schultern entspricht.
- Schultern, Arme und Unterarme sind vollkommen entspannt.
- Die Hände ruhen auf den Oberschenkeln:
    entweder mit den Handflächen flach auf den Schenkeln (Abb. 59)
    oder mit den Handrücken auf den Schenkeln (Abb. 60)
    oder mit gekreuzten Daumen, wobei die rechte Hand unter der linken Hand zu liegen kommt (Abb. 61),

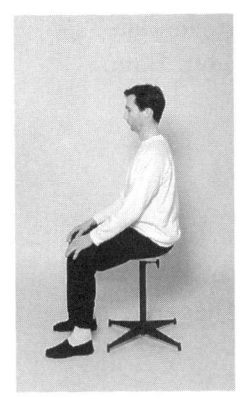 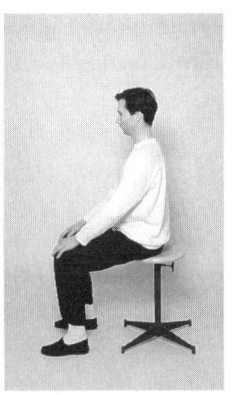 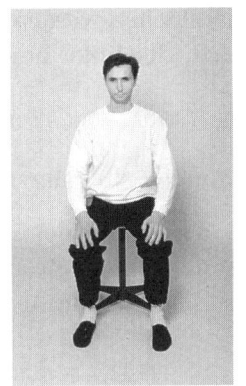 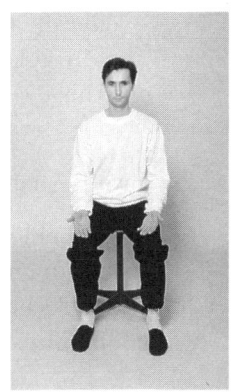

57          58          59          60

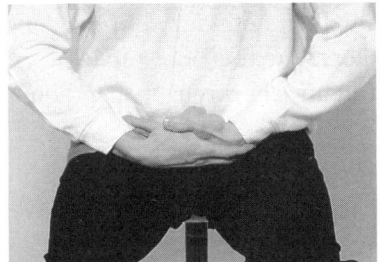 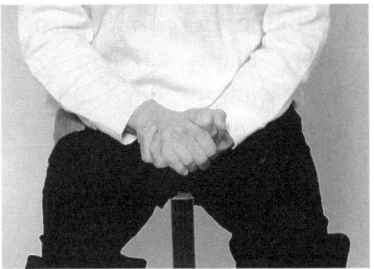

61          62

63          64          65

oder die Handflächen werden gegeneinander gekehrt, die Daumen gekreuzt, die linke liegt dann unter der rechten Hand (Abb. 62).

## Zweite Sitzhaltung: »Schneidersitz« (Abb. 63)

– Die Beine sind im Schneidersitz gekreuzt. Wenn nötig, kann ein Kissen unter dem Gesäß die aufrechte Haltung erleichtern.
– Die Wirbelsäule ist gerade, Arme und Hände liegen in der ersten Stellung.

## Dritte Sitzhaltung: »halber Lotossitz« (Abb. 64)

– Die Beine sind zum Yogasitz oder halben Lotossitz gekreuzt; der linke Fuß liegt auf dem rechten Oberschenkel oder umgekehrt. Auch während der Übung kann beim Überkreuzen der Beine gewechselt werden.

## Vierte Sitzhaltung: »Lotossitz« (Abb. 65)

– Die Beine sind zum Lotossitz gekreuzt, der linke Fuß ruht auf dem rechten Oberschenkel und der rechte Fuß auf dem linken Oberschenkel oder umgekehrt.

## Anwendung

Diese vier Sitzhaltungen wie auch die liegenden Stellungen werden einerseits bei den Übungen des Jing Gong und des Nei Yang Gong, andererseits bei den dynamisierenden Qi-Gong-Übungen sowie bei den Meditationsübungen benutzt.

Das Qi Gong zur Dynamisierung ähnelt einer bestimmten Form der Meditation, der des japanischen Zazen. Der Unterschied liegt darin, daß es mit einer normalen Bauchatmung und nicht mit der paradoxen wie im Zazen durchgeführt wird. Ein anderer wichtiger Unterschied besteht darin, daß man es auch auf einem Stuhl sitzend oder sogar im Stehen, in der Stellung »Den Baum umarmen« praktizieren kann.

Diese Sitzhaltungen sind gleichfalls die Grundlage für die innere Alchimie, Nei Dan, und für die taoistischen Meditationsübungen.

Während das Yoga und die indische Tradition auf dem perfekten oder halben Lotossitz bestehen, sind die Taoisten darauf weniger festgelegt und mehr um Entspannung bemüht. In China haben das Wohlbefinden und das Beachten natürlicher Regungen einen höheren Stellenwert. Mit zunehmendem Komfort und in dem Maße, wie die Benutzung von Stühlen und Sesseln zugenommen hat, wurde die sitzende Stellung auf dem Stuhl dem Sitzen auf dem Boden vorgezogen. Ausgehend von der Feststellung von Tsang Tseu: »Der Weise atmet durch die Füße«, ist darüber hinaus das Sitzen auf dem Stuhl von bestimmten Schulen bevorzugt worden, weil die Füße auf diese Weise in Kontakt mit der Erde sind und den Schüler mit seinen Wurzeln verbinden.

In China werden Varianten der Armhaltung in sitzender Stellung gelehrt, wie zum Beispiel die Unterarme ausgestreckt zu halten, die Hände parallel, die Finger gespreizt, als ob man einen Ball hielte, parallel in Höhe des Dan Tian oder in Höhe des Solarplexus oder in Brusthöhe oder über dem Kopf. Man verharrt bewegungslos in dieser Stellung, und die Atmung ist ruhig.

*Stehhaltungen*

Erste Stehhaltung: »Aufrecht in Ausgangsposition« (Abb. 66)

- Die Füße stehen zusammen, die Beine sind ohne Anspannung gestreckt.
- Die Wirbelsäule ist gerade wie bei der sitzenden Stellung, und vor allem ist das Kreuzbein nach unten, der Scheitel des Kopfes nach oben ausgerichtet.
- Man läßt die Körperschwere zum Dan Tian sinken, indem man den Oberkörper entspannt, ohne die Wirbelsäule zu beugen.
- Die Augen sind geschlossen oder halb geschlossen.
- Man sucht innerlich seinen Schwerpunkt, indem man bewußt die kleinen Schwingungen und die Verlagerungen des Körpergewichts über die Fußsohlen erspürt.
- Man sucht so den Zustand völliger Entspannung. Wenn man ihn

erreicht, beginnt sich Wärme im Dan Tian zu entwickeln. An diesem Punkt wird man sich der Dynamik der absoluten Bewegungslosigkeit und des Aufladens bewußt, das diese Stellung bewirkt.

Anwendung

Diese Stehhaltung eröffnet die »Acht Brokatstücke« und die Übungsfolge des Tai Ji Quan. Man benutzt sie für das Qi Gong der Dynamisierung und leitet dabei das Qi bis zum Dan Tian. Sie kann nützlich sein, wenn man sich aufladen und die Ermüdung, die beim Aufrechtstehen eintritt, vermeiden will.

Zweite Stehhaltung: »Den Baum umarmen« (Abb. 67 a, b, c und d)

- Aufrecht stehen, die Füße parallel und fest auf dem Boden, in einem Abstand, der der Schulterbreite entspricht. Man sagt, die Zehen betrachteten das Unendliche.
- Das Körpergewicht auf den Punkt verlagern, wo die Füße einen rechten Winkel zu den Schienbeinen bilden, ungefähr vier Zentimeter vor den Fersen.
- Die Knie beugen, bis sie sich in einer senkrechten Linie zu den Zehenspitzen befinden.
- Eine leichte Drehung der beiden Knie vollziehen, zuerst nach außen, dann nach innen, als ob man etwas auf- und zuschraubt. Dann wieder in die Anfangsstellung mit gebeugten Knien gehen.
- Die Hüften entspannen, indem man das Becken leicht nach unten verlagert.

All das führt zu einer Entspannung der unteren Gliedmaßen. Man fährt fort:

- Die unterste Partie des Unterleibs zusammenziehen, aber nicht gewaltsam, um sie zurückzunehmen.
- Die Gedanken auf den Anus richten. Er muß sanft angehoben werden, ohne Anstrengung.
- Die Taille lockern, indem man zuerst den Rücken streckt und dann ausatmet.

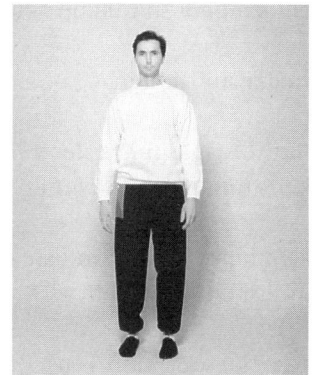

66

67 a

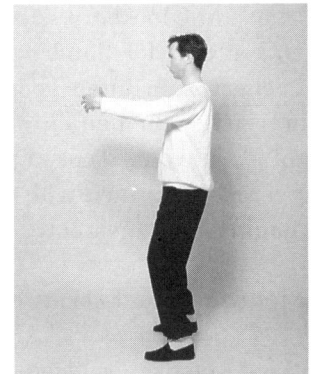

67 b

67 c

67 d

- Den Magen etwas einziehen und beide Ellenbogen nach außen drehen.
- Die Wirbelsäule wieder aufrichten.

All das ermöglicht eine Entspannung des Rumpfes. Dann nimmt man die Haltung ein, als umarme man einen Baum:

- Die Arme waagerecht ausstrecken und sie etwas runden.
- Die Schultern lockerlassen. Man stellt sich vor, die Arme würden herabfallen.
- Die Ellenbogen lockerlassen. Man muß das Gefühl haben, als hänge etwas an den Ellenbogen.
- Die Handgelenke lockern und die Finger hängen lassen.
- Die Unterarme lockerlassen. Die Spitze der Ellenbogen ist nach außen gedreht, der Handrücken zeigt nach vorne, die Handinnenfläche ist zum Rumpf gedreht, die Schultern fallen herab. Die Unterarme erscheinen einwärts gekrümmt, als ob man ein Ei darauf legen wollte. Diese Krümmung stellt den Baum dar, den man gerade umarmen will; der gerade gehaltene Rumpf ist an den Baumstamm »geklebt«.

All dies führt zu einer Lockerung der oberen Gliedmaßen. Es folgt:

- Den Kopf entspannen. Man muß das Gefühl haben, als ob der Kopf an einem Faden am Punkt Baihui (Du 20), dem Scheitelpunkt, aufgehängt sei.
- Das Kinn leicht zurücknehmen.
- Die Augenlider senken und dabei einen Spalt offen lassen, denn wenn die Augen völlig geschlossen sind, tritt Spannung auf.
- Entweder man blickt in die Weite, und der verschwommene Blick fixiert nichts,
- oder der Blick wird nach unten gerichtet, in zwei Meter Entfernung, ohne etwas zu fixieren.
- Die Lippen sanft schließen.
- Den oberen Gaumen hinter den oberen Schneidezähnen mit der Zunge berühren.

All dies ermöglicht eine Entspannung des Kopfes.

Die Lockerung der Taille ist der letzte und wichtigste Punkt, denn durch sie wird die Zirkulation der vitalen Energie zum Dan Tian ermöglicht.

Anwendung

Zhan Zhung Gong (»Den Baum umarmen«) ist eine von den Chinesen sehr geschätzte Übung, nicht nur bei ihrem persönlichen Training, sondern auch, um die Westler zu »erziehen« und ihre Motivation zu testen. Wer sich für Qi Gong interessiert, endet (oder beginnt) immer damit, daß er einen Lehrer trifft, der ihn diese für Anfänger unangenehme Stellung einnehmen läßt und sich dann für zehn Minuten, eine halbe oder ganze Stunde verdrückt. In Wirklichkeit muß dieses Training auf sehr vielen Schritten aufgebaut werden.

Die Körperhaltung hat zum Ziel, »das Herz und den Geist zu beruhigen«. Zwischen drei und fünf Minuten durchgehalten, ermöglicht sie es als eine Art Grundentspannung, mit größerer Leistungsfähigkeit an die Qi-Gong-Übungen zu gehen.

Die Stellung »Den Baum umarmen« kann als eigenständige Übung zwanzig bis dreißig Minuten lang durchgeführt werden. In dieser Form übt sie das Durchhaltevermögen, und die Atmung wird zum Dan Tian geleitet. Wenn diese Stellung mit der Atmung und dem Lenken des Qi in das Dan Tian verbunden wird, stellt sie die Form des Qi Gong der Dynamisierung im Stehen dar. Diese Form wird in China heutzutage benutzt, um Patienten zu kräftigen, die an chronischen Krankheiten mit einem Absinken der vitalen Energie leiden (siehe dazu den vierten Teil: Qi Gong in der Medizin).

Die Methode Wai Dan der inneren Alchimie wird von Mantak Chia gelehrt, der diese Stellung zur Ausbildung bei den Kampfkünsten und als Körperübung zur Kräftigung der Gesundheit einsetzt.

Die Schulung besteht darin, von einem Partner in die linke und die rechte Seite, von hinten in Höhe des Kreuzbeins, des elften Rückenwirbels, des siebten Halswirbels, am Hinterkopf und dann von vorne gestoßen zu werden. Der Schüler, der sich in der Stellung »Den Baum umarmen« befindet, muß diesen Stößen standhalten. Je perfekter die Stellung ist, desto mehr hält der Körper stand, und die Kraft des Stoßes wird abgeleitet und geht in den Boden.

Für die Gesundheit liegt der Nutzen in einer echten inneren Massage durch die Kontraktion der Faszien. Der Schüler atmet mit dem Unterleib, und atmet dann, nach einer verstärkten Ausatmung, stoßweise die Luft in kleinen Portionen durch die Nasenlöcher ein. Dabei zieht er jedesmal nacheinander den Damm zusammen, rechts, links, vorne, hinten, dann den Unterleib, den oberen Unterleib; dann mobilisiert er damit das Kreuzbein, den elften Rücken- und siebten Halswirbel, den Hinterkopf, den Scheitelpunkt des Kopfes. Dann hält er einen Moment lang die Luft an, bevor er ausatmet, ohne die Haltung zu lockern.

Diese Übung ist sehr belebend und stärkend und massiert tatsächlich die inneren Organe. Dennoch hat sie auch Nachteile: Die heftigen Stöße und Kontraktionen können, den Vertretern der sanften inneren Methode zufolge, das Qi blockieren. Diese ziehen eine leichte Kontraktion des Anus beim Einatmen und eine Konzentration am Dan Tian während des Ausatmens vor.

Die Stellung »Den Baum umarmen« kann schließlich angewandt werden, um die »Atmung durch die Knochen« zu praktizieren.

Dritte Stehhaltung (Abb. 68)

Es handelt sich um eine Abwandlung der zweiten Stellung.

– Die Füße stehen stets parallel und schulterbreit auseinander, die Knie sind gebeugt. Alle Konzentrationspunkte müssen überprüft werden.
– Nur die Haltung der Arme, die am Körper herunterhängen, wechselt. Die Arme und Unterarme werden leicht gerundet, und zwischen Körper und Achselhöhle bleibt etwas Raum, »als ob man unter jeder Achsel ein Ei trüge«. Dies geschieht, um das Prinzip des Abrundens der Bewegungen zu beachten, damit das Qi leichter zirkuliert.

Anwendung

Da diese Stellung leichter ausgeführt werden kann als die vorige, wird sie meist von Anfängern und älteren Personen gewählt.

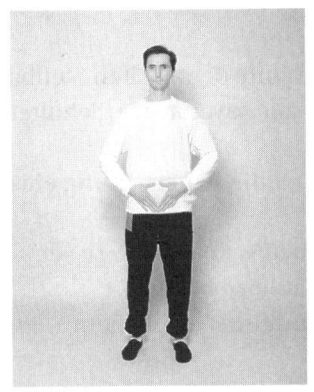

68

69 a

69 b

70

71

72

## Vierte Stehhaltung (Abb. 69 a und b)

Diese Stellung ist ebenfalls eine Variante der zweiten Stehhaltung.
- Die Füße stehen in anderthalb bis zweifacher Schulterbreite auseinander.
- Man knickt mit den Beinen ein, um die Reiterhaltung einzunehmen.
- Man muß sorgfältig darauf achten, das Kreuzbein zu senken, um die Wirbelsäule in eine gerade Linie zu bringen.
- Die Arme können Stellungen mit unterschiedlichem Schwierigkeitsgrad einnehmen:
  Erste Position: Hände in Höhe des Dan Tian (siehe Abb. 69 a), die Finger sind gespreizt. Man stellt sich einen Energieball zwischen den Armen und einen Energieball zwischen den Händen vor. Der Energieball zwischen den Armen steht für das Dan Tian. Oder man stellt sich einen dritten Energieball im Dan Tian vor.
  Zweite Position: Hände in Höhe des mittleren Dan Tian, dem Solarplexus.
  Dritte Position: Hände in Brusthöhe wie in der zweiten Stellung »Den Baum umarmen«.

## Fünfte Stehhaltung (Abb. 70)

- Gleiche Körperhaltung wie bei der vierten Stellung.
- Die Hände werden jedoch parallel zum Boden gehalten, die Handflächen erdwärts, nicht zu nah und nicht zu weit vom Körper entfernt.

## Anwendung

Diese Körper- und Armhaltung versetzt den Übenden in die Lage, bei den Kampftechniken und beim Heilen das Qi auszustoßen. Die Schule von Hsing I benutzt diese Position, um die Kraft beim Kampf zu steigern. Wenn der Schüler diese Position einmal beherrscht, was bedeutet, daß er die Fähigkeit hat, sie am Tag eine halbe oder ganze Stunde durchgehend beizubehalten, kann er zur folgenden Stellung, der schwierigsten, übergehen. Sie besteht darin, eine Sitzhaltung einzunehmen, die Schenkel rechtwinklig zu den Beinen, bei gerade gehaltenem Körper (Abb. 71).

Wie man sich aus den Stehhaltungen löst (Abb. 72)

Welche Stehhaltung man auch immer eingenommen und einige Minuten lang praktiziert hat, man darf nicht abrupt damit aufhören und sich wieder aufrichten, sondern muß folgendermaßen vorgehen:

- Die Füße enger stellen, ohne daß sie sich ganz berühren, und dabei die Knie gebeugt halten.
- Die linke Hand zum Dan Tian zurückführen, und die rechte Hand auf die linke legen. Der Punkt Laogong (Pe. 8), der Mittelpunkt der Handfläche, soll auf dem Dan Tian liegen, und der Laogong der rechten Hand muß über dem Laogong der linken Hand plaziert werden.
- Frauen müssen die Hände andersherum halten: die rechte Hand auf dem Dan Tian und die linke Hand auf der rechten.
- Mindestens eine Minute oder sechs Atemzüge lang in dieser Position bleiben, bevor man sich langsam aufrichtet. Das Aufrichten geschieht nach einer Ausatmung. Nicht eher einatmen, bis das Aufrichten beendet und der Körper wieder ganz gerade ist und die Knie gestreckt sind.
- Wenn man will, kann man die Beine ausschütteln, um sie zu entspannen.


Wichtige Anmerkungen zu den Stehhaltungen

Die Stellungen 1, 2, 3 und 4 dienen gleichermaßen dazu, den Körper abzuhärten und ihn zu kräftigen, indem das fundamentale Qi des Organismus entwickelt wird. Wenn sie im Freien durchgeführt werden, dienen sie auch dazu, Energien aus der Natur aufzunehmen. Aus diesem Grund kommt dem statischen Qi Gong oder dem Qi Gong im Stehen in der Gesamtheit der Übungen große Bedeutung zu.

Die Heilbehandlungen in China schließen oft diese stehenden Positionen ein, zum Teil als Spezialübung für Kranke, um allmählich zu einer Trainingszeit von einer Stunde am Tag zu kommen. Wirkungen zeigen sich nach zwei Wochen und fallen nach dreimonatiger Übung deutlich auf, insbesondere, was die allgemeine Vitalität der Patienten und die Abwehrkraft betrifft, die durch diese

Stellungen weitgehend stimuliert wird (siehe dazu den vierten Teil: Qi Gong in der Medizin). Das liefert den Beweis für die Wirksamkeit dieser Übungen bei der Erhöhung des Zhen Qi, des wahren Qi. Diese Wirkungskraft, die die Schüler des Taoismus, Mönche und Laien, schon seit langem kennen, wird bei den Kampfkünsten oder in der Meditation angewandt.

Der Leser sollte folgende alte taoistische Weisheit im Gedächtnis bewahren: »Die stehenden Stellungen zu üben, ist wie Kräuter für die innere Alchimie zu sammeln.« Das heißt, daß diese Energie, die man kultiviert, die Grundlage für die taoistische Meditationspraxis oder das Tai Ji Quan des Hsing I ist.

Man sollte bei den Übungen stets diesen Spruch beherzigen und im Durchschnitt so üben, daß man die Zeit im Stehen nach und nach von drei auf fünf Minuten erhöht, bis zu fünfzehn Minuten, dann dreißig und schließlich sechzig Minuten. Pro Woche, wenn nicht sogar pro Monat, sollte man nicht mehr als um eine Minute erhöhen. Fünf bis zehn Minuten sind ein angemessener Mittelwert für jemanden mit wenig Zeit. Der Gewinn an Energie lohnt jedoch den Einsatz.

Während der Stehhaltung sollte der Geist ruhig »wie eine weiße Wand« bleiben und gelassen und fröhlich sein. Gesicht und Augen können ein Lächeln andeuten. Man muß jeden vorherrschenden Gedanken, Kummer oder alle Pläne aus dem Geist verbannen. Selbstverständlich tauchen Vorstellungen auf; man soll sie vorbeiziehen lassen, ohne sie zu unterdrücken. Sobald man sich zeitweise von einem Gedanken ablenken läßt, kehrt man wieder zur Ruhe des Geistes und zur Konzentration auf die Haltung zurück. Ich vergleiche diese Übung gerne mit dem Zazen; beide sind sich im Prinzip sehr nahe.

Nach der Überprüfung der verschiedenen Punkte sollte bei der Stehhaltung das Yi (die Konzentration) auf das Dan Tian oder auch auf den Punkt Yongguan (Ni.1) auf der Fußsohle gerichtet sein. Wenn die Stellung längere Zeit beibehalten wird, kann ein Wärmegefühl im Dan Tian oder auch im ganzen Körper spürbar werden. Das ist ein ausgezeichnetes Anzeichen dafür, daß der Körpertonus erhöht ist. Man kann diese Stellung auch nutzen, um den »Kleinen Energiekreislauf« zu praktizieren, der weiter unten beschrieben wird.

Diese Stehhaltungen führen unserer Meinung nach zu guten Ergebnissen bei der Behandlung von Depressionen, wenn diese mit Energieschwäche, Erschöpfung und Mutlosigkeit verbunden sind, was man auch Anergie oder Psychasthenie nennt.

Bei den Stehhaltungen tritt eventuell auch das Bedürfnis nach Bewegung auf: Der Körper ergreift von sich aus die Initiative, um sich zu strecken, bestimmte Haltungen einzunehmen, sich zu schütteln, zu zittern oder zu schaukeln. Es sind natürliche Impulse, und man kann sie geschehen lassen. Man tritt damit in das spontane Qi Gong ein. Allgemein bedeuten diese Bewegungen, daß die Energie Blockaden löst und durchzufließen versucht. Damit zeigt sich also eine heilende Wirkung der Energie. Nach einiger Zeit des Übens nehmen diese Phänomene ab oder verschwinden ganz. Bestimmte Schulen empfehlen, solche spontanen Bewegungen anzureizen, um die Energie freizusetzen und sie zum Zirkulieren zu bringen. Bei dieser Art von Übungen ist jedoch Vorsicht geboten, denn bei einem Übermaß von Bewegungsimpulsen kann das Gegenteil eintreten, und das Qi wird beeinträchtigt und das Gleichgewicht gestört.

In Artikeln, die in chinesischen Zeitschriften erschienen sind, wird die Frage gestellt: »Ist das spontane Qi Gong wirklich spontan?« Der Hintergrund dabei ist die Vorstellung, daß der Übende nie das Gefühl haben sollte, die Beherrschung über seinen Körper völlig zu verlieren, und daß er die Bewegungen unter Kontrolle haben sollte, sei es nun sofort oder nach einer gewissen Zeit. Es besteht jedoch keinerlei Gefahr, wenn man bei der Stehhaltung auf die fortschreitende Entwicklung und die natürliche Sprache des Körpers achtet.

So schwierig sie dem Laien oder Anfänger zunächst auch erscheinen mögen, diese Stellungen werden in der Praxis nach und nach als sehr angenehm und wohltuend empfunden. Man muß dann der Versuchung widerstehen, sich ihnen ausschließlich zu widmen. Statt dessen sollte man sie in ausgewogener Verbindung mit dem Qi Gong der Bewegung oder dem Tai Ji Quan und der Meditation üben.

Stehhaltungen im entspannten Zustand (Abb. 73, 74, 75):

Bestimmte Stellungen sind geeignet, um das Lockerlassen im Stehen, die Entspannung und die Übungen der Gelassenheit zu praktizieren.

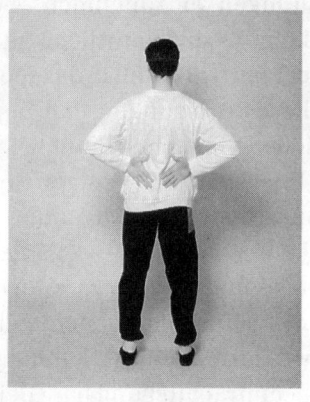 

73                        74

75

# Die Atmung

*Die »Atmung über das Dan Tian«*

Positionen

Man kann zwischen folgenden Positionen wählen:
- auf dem Rücken liegend,
- auf der Seite liegend,
- auf einem Stuhl oder auf dem Boden sitzend,
- stehend.

Die geeignetste Position ist das Sitzen auf der Kante eines Stuhls. Aber es ist besser, in allen Positionen zu trainieren.

Lokalisation des Dan Tian

Das Dan Tian liegt vier Zentimeter unterhalb des Nabels, auf der Mittellinie des Körpers. Es entspricht dem Punkt Qihai (Ren 6) in der Akupunktur oder dem Hara der Japaner. Um es besser lokalisieren zu können, legt man die Daumenspitze auf den Nabel und die anderen Finger flach auf den Unterbauch. Im allgemeinen liegt das Dan Tian im Winkel zwischen Daumen und Zeigefinger (Abb. 76). Der exakte Punkt befindet sich nicht auf der Haut, sondern drei oder vier Zentimeter tief im Inneren des Körpers. Manche machen ihn im vorderen Drittel der Entfernung Bauch – Wirbelsäule fest, andere im hinteren Drittel (Abb. 77). Am besten ist es, selbst seinen Schwerpunkt zu erfühlen und ihn im Geiste auszumachen.

Atmung

Anfangs atmet man normal, ohne daran zu denken, den Atemrhythmus in irgendeiner Weise abzuwandeln.
- Beim Einatmen stellt man sich den Atem vor, das Qi der Luft, das durch die Nasenlöcher einströmt, durch den Brustkorb fließt, dann im Bauch hinabsteigt und das Dan Tian füllt.
- Beim Ausatmen fließt dieses Qi in umgekehrter Richtung und strömt durch die Nasenlöcher aus.

– Man wendet die normale Bauchatmung an: Beim Einatmen dehnt sich der Unterbauch aus. Das muß in der Weise geschehen, daß der Brustkorb sich nicht weitet. Beim Ausatmen zieht sich der Unterbauch zusammen (vergleiche Abb. 51).

## Konzentration

Man richtet seine ganze Aufmerksamkeit auf den Bereich des Dan Tian. Der übrige Körper entspannt sich vollkommen; der Geist ist ruhig. Man kann zur Unterstützung eine leuchtende Energiekugel von der Größe einer Nuß oder eines Tischtennisballs im Dan Tian visualisieren.

## Anwendung

Es ist wichtig, das Qi-Gong-Training einige Wochen oder Monate lang mit dieser einfachen Atmung zu beginnen, bis man »etwas«, das Vorhandensein der Energie, die Wärme, eine Bewegung im Dan Tian spürt.
In dem Maß, wie die Empfindung deutlicher wird, sollte diese Atmung auf natürliche Art, ohne Anstrengung und Verbissenheit, bei allen Übungen, sei es im Stehen, Sitzen oder Liegen, angewandt werden.

## Für Fortgeschrittene

Im nächsten Schritt verlängert man nach und nach die Phasen des Ein- und Ausatmens, um die Atemzüge länger und vollständiger zu machen.
Anschließend kann man üben, die Atmung umzukehren, indem man den Bauch beim Einatmen einzieht und durch die unteren Rippen atmet. Beim Ausatmen dehnt man den Bauch nach unten aus, indem man auf das Zwerchfell drückt (vergleiche Abb. 52). Das nennt man die paradoxe Atmung.
Bei der paradoxen Atmung kann man auch trainieren, den Atem nach dem Einatmen für einige Sekunden, bis hin zu einer Minute, anzuhalten. Darauf soll langsames, normales Ausatmen folgen.
Ob man nun normal oder paradox atmet, diese »Atmung über das

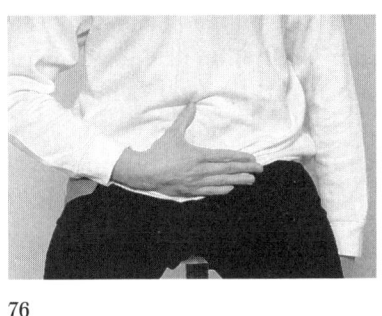

76

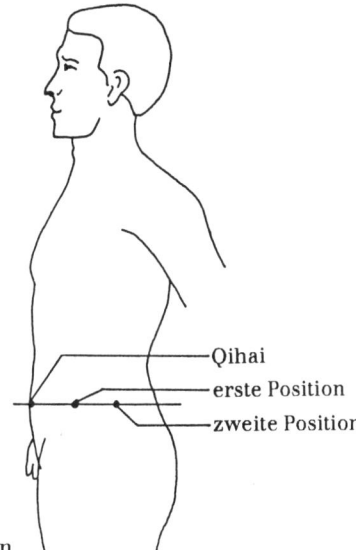

Qihai

erste Position

zweite Position

77  Lokalisierung des Dan Tian

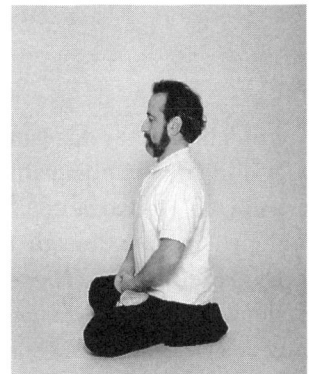

78 a                                    78 b

Dan Tian« soll während der Qi-Gong-Übungen beibehalten werden. Wenn sie als Selbstzweck bei der Meditation praktiziert wird, trägt sie die Bezeichnung »Das Lebensprinzip nähren«, und die Wärme, die man aufsteigen fühlt, nennt man »Das Feuer entfachen«.

Wenn diese Technik im halben Lotossitz angewandt wird – das Kinn leicht zurückgenommen, der Kopf »aufgehängt«, die rechte Hand auf der linken und die Daumen zusammengelegt, die Zunge am Gaumen –, kommt sie der Haltung und der Atmung des Zazen gleich (Abb. 78 a und b).

Das Zazen wird von den japanischen Zen-Mönchen geübt und als Grundlage für die Praxis der japanischen Kampfkünste empfohlen. Während des Zazen sind die Augen halb geschlossen und blicken auf einen Punkt in einem Meter Entfernung. Die ganze Konzentration soll sich auf die Überprüfung der Körperhaltung und die Lage der Daumen, des Kinns, der Zunge und auf die richtige Durchführung der Atmung richten. Eine in Taiwan herausgegebene Enzyklopädie des Qi Gong in zweiundzwanzig Bänden enthält eine Beschreibung des Zazen.

Wirkung

Diese Atemtechnik über das Dan Tian ist heute auf den modernen Namen Qi Gong der Vitalisierung oder der Dynamisierung getauft worden. Am Dan Tian arbeiten heißt in der Tat, das Yuan-Jing, die ursprüngliche, ererbte Energie des »Früheren Himmels« zu beeinflussen. Es bedeutet, das Nieren-Yang, den Punkt Mingmen, zu stärken, denn das Nieren-Yang ist die Grundlage des ursprünglichen Yang des Organismus. Darum wird die Übung als sehr kräftigend angesehen.

Ein gekräftigter Mingmen kann Symptome des »Feuers des Mingmen« hervorrufen, was jeder Akupunkteur oder jemand, der Erfahrung hat, von sich kennt: Erregung und Zittern des ganzen Körpers nach der Übung, Nervosität und Schlafstörungen mit Schwierigkeiten beim Einschlafen und sehr frühem Aufwachen, Hitze im Bauch, sogar Magenkrämpfe und plötzlicher Appetit. Es heißt, daß Mingmen den Magen erwärme, und man muß wissen, daß von den Hormonen der Nebenniere das Adrenalin den Blutzucker erhöht und das Kortisol die Absonderung der Magensäure anregt.

Solche Effekte können zu Beginn der Qi-Gong-Übungen auftreten, wenn man keine Vorsichtsmaßnahmen ergreift. Aber alles kommt mit Hilfe einiger Kunstgriffe schnell in Ordnung. Es gibt nur wenige anfängliche Stolpersteine, die man aber überwindet, wenn man die Spielregeln beachtet. Von diesem Moment an gewinnt man alle Vorteile: Vitalität, Widerstandskraft gegen Verschleiß, Verlangsamung des Alterungsprozesses, ohne daß Nebenwirkungen auftreten.

Es gibt einen »Trick«, um die Empfindung am Dan Tian unmittelbar zu verstärken, wie auch eine weitere Übung, um die angesammelte Energie sofort zu harmonisieren und zu verteilen, damit die oben erwähnten Unannehmlichkeiten nicht auftreten. Diese beiden Techniken beziehen sich auf das »Himmelswasser« und die »Verteilung der Energie«. Die Lage der Zunge ist ebenfalls wichtig für die Atempraxis im Qi Gong.

## Der Speichel – das »Himmelswasser«

Die Taoisten erkannten, wie wirksam der Speichel ist. Man denke an den tierischen Reflex des Wundenleckens und das Sichputzen der Katze. Man kann auch beim Menschen diese Heilkraft wachrufen. In der Bibel heißt es, daß Christus, indem er seinen Speichel auf die Wunden von Kranken auftrug, sie durch ein Wunder heilte. Die Taoisten hatten die Gewohnheit, in die Hände zu spucken, bevor sie sie rieben und mit der Selbstmassage des Gesichts und der Leitbahnen begannen, die weiter unten im Kapitel über die Massagen beschrieben ist. Diese Praxis ist heute in Vergessenheit geraten. Umgekehrt kann der Speichel auch negativen Zwecken dienen. Um jemanden zu beleidigen, spuckt man ihm ins Gesicht, und um etwas zu behexen, spuckt man auf den Boden.

Die chinesische Physiologie, die, wie wir gesehen haben, zwei Sorten von Speichel unterscheidet, liefert dafür die Erklärung. Der feste Speichel, der von der Niere ausgeschieden wird und das Jing enthält, das normalerweise in der Niere gespeichert ist, ist voller vitaler Essenz des Individuums, also voller Kraft. So warnten die Taoisten davor, unüberlegt zu spucken, denn »zu oft spucken führt zu einem Verlust an Lebensessenz«.

Die traditionellen Akupunkteure hatten auch die Angewohnheit, die Nadeln in den Mund zu nehmen und sie einzuspeicheln, bevor sie sie in die Haut ihrer Patienten stachen; das war zu einer Zeit, als die Mikroben und besonders die Viren noch nicht so sehr entwickelt waren. Heutzutage gibt sich der Akupunkteur damit zufrieden – und der Patient auch –, die Nadeln aus dem Sterilisator zu nehmen.

Das im Speichel enthaltene Jing, also die Yin- oder Yang-Essenz der Frau oder des Mannes, wird beim Küssen ausgetauscht, besonders in dem Augenblick, wo er verstärkt fließt, das heißt während des Geschlechtsaktes und vor allem im Moment des Orgasmus.

Bei der Übung des »Himmelswassers« wird das Jing des festen Speichels, Hua, benutzt, um das Dan Tian vorzubereiten. Das Jing wird aus der Niere gezogen und schließlich dem Dan Tian zugeführt, um es mit der aus der Atmung aufgenommenen Essenz der Luft anzureichern. Die Zunge wird »Knospe des Herzens« genannt und ist mit diesem Organ verbunden. Ihr Symbol ist der Drache. Darum lautet eine andere Bezeichnung für das »Himmelswasser« auch »Der Drache wühlt das Meer auf«.

Technik

- Man beginnt damit, die Zunge um das Zahnfleisch und die Zähne kreisen zu lassen, neunmal in einer, dann neunmal in anderer Richtung.
- Dann die Zunge innen an den Zähnen entlang neunmal in beiden Richtungen kreisen lassen.
- Einspeicheln, während man die Zunge bewegt, so als ob man gleich ausspucken wollte.
- Den ganzen Speichel im Mund behalten, ihn in drei gleiche Teile teilen, die man nacheinander hinunterschluckt. Man konzentriert sich dabei auf das Absinken zum Dan Tian, um in diesem Bereich Qi zu sammeln.
- Man kann diesen Vorgang unterstützen, indem man dazu Licht visualisiert; der Speichel wird gleichzeitig mit dem Licht hinuntergeschluckt.

184

## Anwendung

Die Atemübungen im Qi Gong sollen immer mit dem »Himmels-wasser« beginnen, um das Dan Tian zu aktivieren.

Morgens, wenn man nüchtern ist, sollte man mit dem »Himmels-wasser« beginnen, um die Schleimhäute der Speiseröhre zu säu-bern und zu reinigen. Es ist empfehlenswert, vorher den Mund mit Salzwasser zu spülen. Das Salz entspricht der Geschmacksrichtung der Niere und dem Element *Wasser*. Das Salzige stimuliert die Aktivität der Niere und die Sekretion jenes dichten Speichels im Mund.

## Anmerkung

Zu Beginn der Übung des »Himmelswassers«, insbesondere im nüchternen Zustand, kann man Übelkeit verspüren, die von den Reflexzonen des Zahnfleischs herrührt, vor allem wenn es in kei-nem guten Zustand ist. Diese Erscheinung legt sich dann schnell. Am Anfang kann es auch eine Zeitlang passieren, daß der Speichel fester und klebriger ist; man bemerkt es beim Sprechen. Auch dieses Phänomen verschwindet bald.

## *Abschlußübung: Die Verteilung der Energie*

Um das Phänomen der Erregbarkeit beim Qi Gong zu vermeiden, sollte jedes Qi-Gong-Training mit einer Abschlußübung enden.

Man läßt dabei in Gedanken das Qi im Dan Tian 36mal im Uhrzei-gersinn, anschließend 24mal in entgegengesetzter Richtung krei-sen. Dann massiert man das Dan Tian und klopft die Nieren und das Dan Tian leicht mit den Fäusten. Es folgt, wenn möglich, die allgemeine Schlußmassage des Qi Gong. Die Richtung der Visuali-sierung ist bei der Frau umgekehrt: 36mal entgegen und 24mal im Uhrzeigersinn. Der Uhrzeigersinn wird bestimmt, als stünde man sich selbst gegenüber und läse eine Uhr, die an den Bauch geklebt ist (Abb. 79).

Das Qi Gong ist ein Weg des Gleichgewichts. Man entwickelt die Energie Yang, wandelt sie um und verteilt sie, um den Körper zu

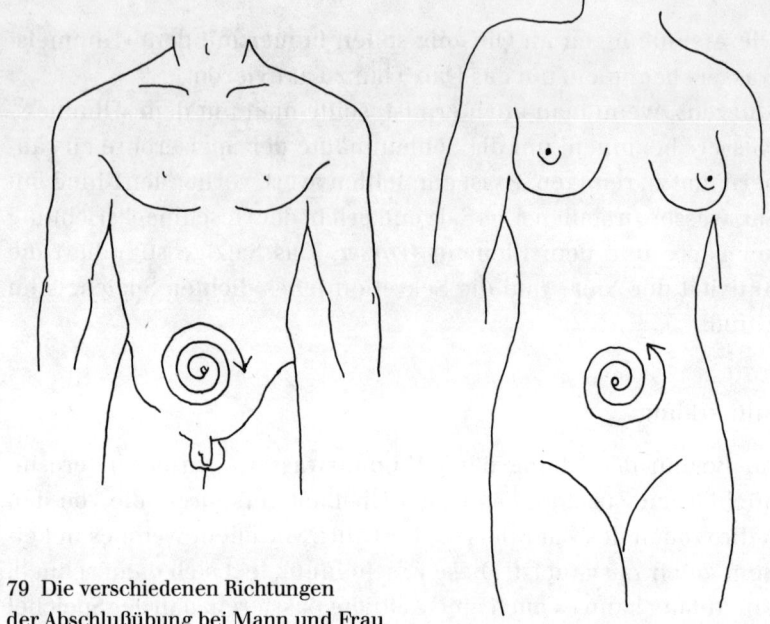

79  Die verschiedenen Richtungen
der Abschlußübung bei Mann und Frau

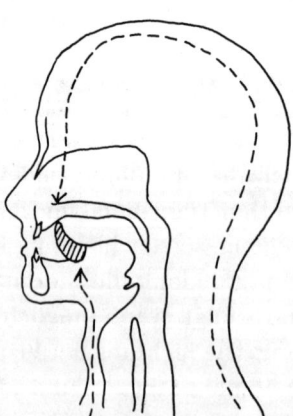

80  »Die Brücke bauen« (Da Chiao)

nähren. So ist auch die Verteilung der Energie ebenso wichtig wie die Entwicklung dieser Energie selbst. Wenn diese Phase vernachlässigt wird, ist man vor Nebenwirkungen nicht sicher und verliert sogar den durch die Übung erworbenen Nutzen.

## Die Position der Zunge

Bei den Qi-Gong-Übungen ist die Position der Zunge die gleiche wie beim Zazen: Die Zungenspitze soll den Gaumen berühren.

Diese Stellung wird Da Chiao genannt, was »Die Brücke bauen« bedeutet. Die Brücke wird zwischen den beiden Leitbahnen Du Mai und Ren Mai geschlagen (Abb. 80). Die Du-Mai-Leitbahn endet am Akupunkturpunkt Renzhong (Du 26) auf der Haut, wo sie an den Punkten Duiduan (Du 27) und Yinjiao (Du 28) in das Zahnfleisch übergeht. Die Zunge befindet sich also hinter diesen Punkten, hinter den oberen Schneidezähnen. Die Ren-Mai-Leitbahn endet am Punkt Chengjiang (Ren 24), der sich an der Kinnspalte befindet, und läuft in Kehle, Mund und Zunge aus (Abb. 81).

Die Verbindung zwischen Du Mai und Ren Mai wird durch die Zunge hergestellt, wenn sie in Kontakt mit dem »himmlischen Gewölbe« des Gaumens tritt. Als eine Art kleines Energiezentrum oder Chakra, durch eine Nebenleitbahn mit dem Scheitelpunkt und der Epiphyse verbunden, wird dieses Gewölbe des Gaumens von den Taoisten Tian Chi genannt, was »Himmelsteich« bedeutet.

Die Punkte Renzhong (Du 26) und Chengjiang (Du 24) sind in der Akupunktur sehr wichtig. Der Punkt Renzhong ist bei den meisten psychiatrischen Krankheiten indiziert. Er trägt den Beinamen »Zentrum des Menschen« und wird bei der Behandlung von Formen des Wahnsinns der »hundert vermischten Krankheiten« einbezogen. Auch werden Renzhong und Chengjiang bei der Akupunktur benutzt, um Verschiebungen der Wirbel, egal in welcher Höhe, zu richten. Die Vorstellung beim Stechen dieser Punkte ist die, daß man die Verbindung herstellt zwischen dem Yang des Organismus, das von Du Mai an die Rückseite des Körpers und dem Yin, das von Ren Mai an die Vorderseite transportiert wird. Es handelt sich also damit um eine allgemeine osteopathische Korrektur.

Indem man die Verbindung zwischen Du Mai und Ren Mai herstellt,

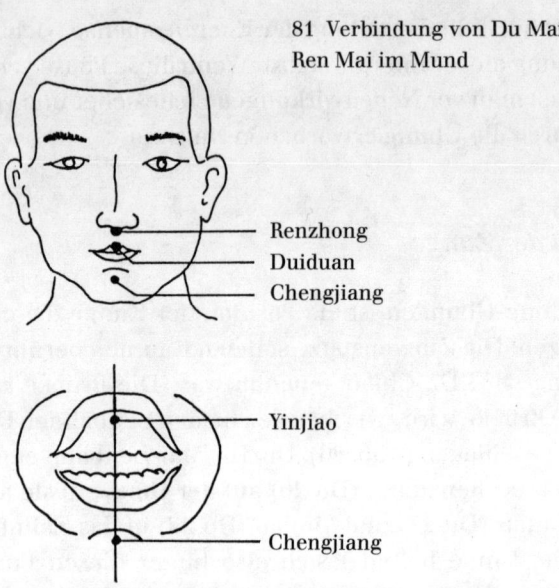

81 Verbindung von Du Mai und Ren Mai im Mund

Renzhong
Duiduan
Chengjiang

Yinjiao

Chengjiang

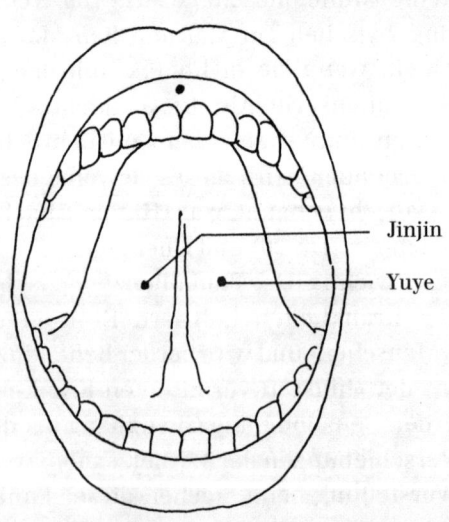

Jinjin
Yuye

82 Die Punkte Jinjin und Yuye unter der Zunge

harmonisiert man die Zirkulation der Körpersäfte und auch die des Qi, des Yin und Yang des Organismus, die in diese beiden großen Ströme einfließen.

Noch zwei weitere Punkte werden stimuliert, wenn die Zunge in dieser Weise am Gaumen liegt und das Zungenband etwas angespannt wird. Diese Punkte liegen auf beiden Seiten des Gebisses und werden in der Akupunktur auch heute noch Jinjin, »Goldspeichel«, und Yuye, »Flüssige Jade«, genannt. Diese Begriffe beziehen sich allem Anschein nach auf die taoistische Alchimie. Die Jade ist in der taoistischen Physiologie und Akupunktur das Synonym für Jing (Abb. 82). Die taoistische Technik des »Himmelswassers« wird im übrigen »Saft aus Jade« genannt, wenn der Speichel hinuntergeschluckt und zum »Unteren Zinnoberfeld« geleitet wird. Bei einigen Meditationstechniken bezeichnet man den Speichel auch als »Jadeflüssigkeit«.

Die Zunge in die Stellung Da Chiao bringen, um die Brücke zu bauen, ist eine sanfte Art im taoistischen Stil, die einem brutaleren Verfahren, das von einigen Schülern des indischen Hatha-Yoga angewandt wird, in der Zielsetzung gleicht. Im Buch von Théos Bernard, *Hatha-Yoga,* wird die Technik der Durchtrennung des Zungenbands beschrieben. Über Wochen, was nötig ist, um sich nicht ernsthaft zu verletzen, soll der Yogi mit Hilfe eines Aloedorns das Zungenband nach und nach zerschneiden, bis die Zunge eine große Beweglichkeit erreicht und die Öffnung der Speiseröhre verschließen und so die Schluckbewegungen kontrollieren kann.

Das *Hatha Yoga Pradipika,* ein Klassiker des Yoga, bringt diese Technik, die Khecari Mudra genannt wird – wörtlich »Was sich im Raum bewegt« – in Verbindung mit dem Energiezentrum des Herzens, Anahata-Chakra, das den Raum regiert. Khecari wird auch »Chakra des Himmels« genannt und kann mit dem Xuanying der Taoisten gleichgesetzt werden, der sich hinter dem Gaumenzäpfchen befindet. Wenn man die Zunge an den Gaumen legt, ist dieser Punkt, dem taoistischen Meister Zhao Bi Chen zufolge, automatisch »offen«.

Auch die taoistische Praxis der »Wiederkehr der wahren Essenz« kann mit der indischen Yoga-Technik verglichen werden, die wie folgt beschrieben wird: »Dem Yogi, dessen Zunge so nach oben gebogen ist, gelingt es, wenn er in dieser Position bleibt, das Soma

(Mondnektar, Elixir der Unsterblichkeit) zu trinken. Er, der so den Nektar auffängt, der Tropfen für Tropfen fällt, vom Kopf bis zu dem Lotus mit sechzehn Blütenblättern, Anahata, ist von allen Krankheiten befreit und lebt sehr lange.«

Dieser »Nektar« ist mit dem »Elixir der Unsterblichkeit« oder dem »Saft aus Jade« der Taoisten vergleichbar. Fraglich ist, welche Kultur die andere beeinflußt hat, und die Historiker haben zweifellos eine Antwort darauf parat. Was aber bei den Atemtechniken beider Kulturen wichtig ist, ist die Kontrolle der Schluckbewegungen. Bei der Embryonalatmung, von der später die Rede sein wird, füllt der Schüler den Mund mit Speichel und schluckt ihn in äußerst sparsamen Dosen hinunter.

In der täglichen Praxis des Qi Gong wird empfohlen, beim Atemvorgang den Speichel nur am Schluß des Einatmens hinunterzuschlucken.


Technik

- Mit der Zungenspitze den oberen Bereich des Zahnfleischs, an der Verbindung von oberen Schneidezähnen und Gaumen, berühren.

- Es gibt auch noch andere Positionen der Zunge: am Scheitelpunkt des Gaumens oder am vorderen Gaumen. Außer bei speziellen Techniken soll man die Zunge nicht zwanghaft vorne halten und sich dabei abmühen. Der Punkt soll im Gegenteil auf natürliche Weise herausgefunden werden. Mantak Chia rät, seinen Punkt zu finden, indem man den Bereich vor dem Scheitelpunkt des Gaumens abtastet, vorne, hinten, rechts und links, bis man eine bequeme Stellung gefunden hat. Der erreichte Punkt heißt Tian Qi, »Himmelsteich«, oder auch Lung Chuan, »Drache des Frühlings«.

- Die Zunge während der Qi-Gong-Übungen so oft wie möglich in diese Position bringen, aber sie unbedingt während der Atemübungen einhalten.

- So selten wie möglich Schluckbewegungen machen und vorzugsweise am Schluß des Einatmens schlucken.

Anmerkung

Natürlich bleiben und sich nicht krampfhaft an die Technik klammern. Alles kommt mit der Übung von allein. Zu Beginn ermüdet die Zunge schnell. Aber der Muskel gewöhnt sich daran, und später ertappt man sich oft dabei, wie alle, die Qi Gong schon eine Zeitlang praktizieren, daß man die Zunge auch außerhalb der Übungen, im täglichen Leben, in dieser Position hält.

## Die »verdichtete Atmung durch die sechs Pforten«

Diese Atemübung betrifft auch die Körperbewegungen. Es ist eine Grundübung, die die Übung der »Atmung über das Dan Tian« weiterführt. In der letzteren bestand eine Verbindung des Dan Tian zum Lufthauch, der durch die Nase eingeatmet und als äußeres Qi gefühlt wurde. Hier wird nun das äußere Qi nicht nur aus der Atemluft, sondern auch mit der ganzen Körperoberfläche und über die Handteller und Fußsohlen aus der Umgebung aufgenommen. Gleichzeitig ist es möglich, das Dan Tian mit dem Damm, einem wichtigen Energiezentrum, und ebenso mit den vier Gliedmaßen zu verbinden. Das ist der Ausgangspunkt, um sich die Zirkulation des Qi in den Armen und Beinen bewußtzumachen, die zum Dan Tian hin verläuft und von ihm ausgeht. Die hier gezeigte Übung hat Jake Fratkin auf der Grundlage der Lehre mehrerer Meister zusammengestellt. Auch Wai Sun Liao gibt eine Beschreibung der »Verdichteten Atmung« in seinem Buch *Tai Ji Classics,* aber seine Übung schließt zusätzlich die »Atmung durch die Knochen« ein.

Technik

Vorbereitung: Man übt stehend oder im Sitzen. Beim morgendlichen Training ist die Stehhaltung vorzuziehen.

– Man beginnt stets mit dem »Himmelswasser«. Darauf folgt:
– Bauchatmung in der paradoxen Weise, das heißt, einatmen und dabei etwas den Bauch einziehen, ausatmen und ihn dabei sanft lockerlassen. Für einen Beobachter sind diese Bewegungen kaum wahrnehmbar.

- Die Atmung ist ruhig, langsam und natürlich. Man darf keine Atemgeräusche hören.
- Bewegung des Körpers:
Im Sitzen begnügt man sich damit, die Hände auf die Schenkel zu legen, die Handflächen nach oben gerichtet, und sich sonst nicht zu bewegen.
Im Stehen sind die Füße schulterbreit auseinandergestellt und die Knie leicht gebeugt. Mit einer harmonischen Bewegung des Körpers und der Arme erhebt man sich beim Einatmen leicht, streckt dabei etwas die Knie und bewegt die offenen Hände zum Dan Tian hin. Beim Ausatmen beugt man wieder die Knie, und der Körper sinkt etwas hinunter; man spreizt dabei leicht die Arme vom Körper ab, ungefähr ein bis zwei Handbreit.
Wieder zum Einatmen zurückkehren, die Winkel abrunden (Abb. 83 a und b).
- Wenn sie sich einander nähern, sind die Hände gegeneinander gerichtet, bis sie sich, genau vor dem Dan Tian, fast berühren. Wenn sie auseinandergehen, sind die Handrücken gegeneinander gerichtet. Der Übergang ist gerundet, sanft und harmonisch. Die Hände sind entspannt und frei, als ob man langsam in der Luft schwimmt.
- Der Körper ist ganz entspannt. Man ist in seine Übung versunken.
- Man konzentriert sich gleichzeitig auf die Luft, die sich im Dan Tian ansammelt, und auf das Gefühl in den Händen, das leichte Streifen der Luft, die Erwärmung und das Prickeln.

Die »Zwei Pforten« (Abb. 84)

Indem man die vorhergehende Konzentration beibehält, fügt man noch die Konzentration auf das Qi in den »Zwei Pforten« hinzu.

- Beim Einatmen stellt man sich vor, daß die Luft und das Qi gleichzeitig durch die Nase und den Anus einströmen, um zum Dan Tian zu fließen. Beim Ausatmen fließen sie auf dem gleichen Weg in umgekehrter Richtung wieder hinaus.
- Um das Phänomen zu intensivieren, zieht man den Damm zusammen, man hebt den Anus während des Einatmens leicht an und entspannt ihn während des Ausatmens.

83 a  83 b

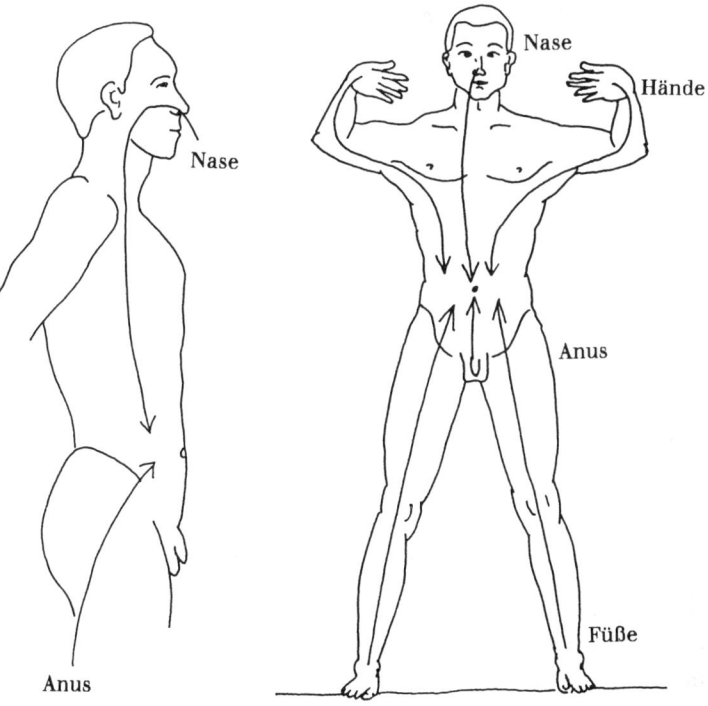

Nase

Nase

Hände

Anus

Anus

Füße

84 Die »Zwei Pforten«  85 Die »Sechs Pforten«

Die »Sechs Pforten« (Abb. 85)

Erst wenn man mit den »Zwei Pforten« vertraut ist, nimmt man die vier folgenden hinzu: die Handflächen und die Fußsohlen.

– Beim Einatmen stellt man sich vor, daß das Qi durch die Handflächen und die Fußsohlen einströmt, durch die Glieder und dann durch den Rumpf fließt und das Dan Tian erreicht.
– Beim Ausatmen nimmt das Qi den umgekehrten Weg.
– Man übt die »Sechs Pforten« gleichzeitig.


Anwendung

Diese Atemtechnik findet dreifach Anwendung: beim Qi Gong, bei den Kampfkünsten und in der Medizin.

Im Qi Gong dient die »Verdichtete Atmung« dazu, die Dynamisierung der Atmung über das Dan Tian zu verstärken und sich die Zirkulation des Qi in den Gliedern bewußt zu machen. Sie verstärkt das Qi, das in den Leitbahnen, aber auch im ganzen Körper, in den Muskeln oder der Haut zirkuliert. Die »Verdichtete Atmung« lädt die Hände mit Energie auf, und das ist eine hervorragende und unerläßliche Vorbereitung für die Selbstmassagen der Techniken für langes Leben oder für die Selbstmassagen zu Heilzwecken. Diese relativ einfache Übung kann zweimal am Tag oder sogar öfter durchgeführt werden.

Bei den Kampfkünsten ist die »Verdichtete Atmung« eine der Grundübungen, um das Qi vom Dan Tian aus in den Gliedern zirkulieren zu lassen. Das Qi kehrt bei Bewegungen des Zurückweichens und der Abwehr zum Dan Tian zurück. Beim Angriff fließt es vom Dan Tian nach außen in die Gliedmaßen. Das ist die erste Stufe des Nei Dan, die später dazu führt, das Qi in die Gliedmaßen zu projizieren, wenn man Schläge austeilt, und es nach außen auf den Gegner zu projizieren, ohne zuzuschlagen oder um das Qi des Gegners zu absorbieren.

In der Medizin ist diese Atmung der Ausgangspunkt des Wai Qi, der Emission des Qi durch die Hände, um zu heilen. Wer sein Gesicht oder Augen und Bauch massiert hat, ohne vorher diese Atmung gemacht zu haben, und dann direkt nach einer Atemübung massiert, kann selbst den Unterschied spüren. Beharrliches, regelmäßiges Training führt zu einer immer größeren Wirksamkeit und Heilkraft, indem es die Mobilisierung des Qi und seine Verlagerung nach außen verstärkt.

### Anmerkungen zu den Atemtechniken des Qi Gong

Viele Chinesen weisen heute darauf hin, wie wichtig es ist, das Qi Gong zu praktizieren, um die Kunst der Akupunktur auszuüben. Wenn man einen Kranken mit Nadeln behandelt, kommt die Energie, die man in die Nadel überträgt, aus dem Dan Tian. In den Krankenhäusern von Peking und Shanghai weist man bei den Lehrgängen für Westler immer wieder auf die richtige Stellung des Handgelenks hin, das locker und gerade sein muß, damit die Energie nicht blockiert wird, sondern in die Hand und die Nadel übergeht. Je mehr der Akupunkteur sein Dan Tian aktiviert und sein Qi in Gang setzen kann, desto wirksamer wird er in seiner therapeutischen Arbeit sein. Im übrigen ist die »Verdichtete Atmung durch die sechs Pforten«, die leicht durchzuführen ist, keinen Platz beansprucht und zwischen zwei Patienten im Behandlungszimmer praktiziert werden kann, für den Therapeuten sehr nützlich, um sich aufzuladen und damit seine Heilfähigkeit wieder herzustellen. Die Akupunktur ist eine Form des Qi Gong. Ich glaube, es ist sehr wichtig zu begreifen, was das bedeutet. Was will man denn erreichen, wenn man einen Kranken mit Nadeln behandelt? Man versucht, das Qi des Patienten zu mobilisieren, es ins Gleichgewicht zu bringen, es umzuleiten, es auf- oder absteigen zu lassen, es zu stärken oder zu verteilen. Dieses Qi kreist im Körper, aber der Kranke ist sich dessen nicht bewußt; er kann also von sich aus nichts tun. Man muß ihm helfen. Im Normalfall bewegt der Akupunkteur, nachdem er die Punkte gewählt und die Nadeln gesetzt hat, sie leicht, bis der Patient sie spürt und ein besonderes Gefühl signalisiert, das Te Qi genannt wird oder »Gefühl, das vom Qi verbreitet wird«. Es zeigt an, daß das Qi auf die gewünschte Art mobilisiert wurde. In Wirklichkeit übt man Qi Gong an Stelle des Kranken und veranlaßt dabei das Qi, sich in eine bestimmte Richtung zu bewegen, oder anzusteigen, oder sich zu vermindern – je nach medizinischer Diagnose.

Die Energetisierung der Hände durch das Qi Gong ist logischerwei-se auch bei den Massagen und der Krankengymnastik von Nutzen, vor allem wenn sie an den Leitbahnen und den Akupunkturpunkten praktiziert werden wie bei den japanischen Techniken des Shiatsu, Do-In oder den chinesischen Techniken des Dao Yin und Tui Na. In China wird das selbstverständlich berücksichtigt.

Bei der chinesischen Massage ist das Qi Gong nicht nur nützlich, damit die Handflächen während der Massage vitalisiert sind, son-dern auch, um das Qi durch die Finger auf die Akupunkturpunkte zu übertragen.

Während eines meiner Treffen mit Yang Jwing Ming bat ich um einige technische Erklärungen zum »Verborgenen Schwert des Übertragens von Qi«, das er in seinem Buch mit einer Haltung der Hand darstellt, bei der Zeige- und Mittelfinger ausgestreckt sind und Daumen und Ringfinger sich berühren. Diese Handhaltung ähnelt der von Li Hu Sheng, wenn er die Anästhesie bei chirurgi-schen Eingriffen durchführt.

Man sollte eine Kerze aufstellen und sich vergewissern, daß im Raum kein Luftzug herrscht. Man streckt die Hand in einigen Zentimetern Entfernung von der Flamme aus und trainiert, das Qi vom Dan Tian aus durch die Finger auszusenden, um ein Aufflak-kern der Kerze zu erreichen. Der kostbare Rat von Yang Jwing Ming lautet, das Qi beim Erreichen des Ziels und nicht bei seinem Heraustreten aus den Fingerspitzen zu visualisieren. Hiermit be-ginnt das Training des Wai Qi. Das Qi übertragen, um zu heilen, ist eine Technik, in der es Ma Chun und andere Chinesen aus der Volksrepublik zur Meisterschaft gebracht haben.

Der Leser wird verstehen, daß die Wirkungen erst nach Jahren geduldigen Bemühens und vor allem durch eine Kräftigung und Dynamisierung des Dan Tian erreicht werden. Das zentrale Ener-giefeld muß aufgeladen werden. Man kann eben nicht mit einer 9-Volt-Batterie ein ganzes Haus beleuchten. Die Wirkung des ab-gegebenen Qi entspricht dem allgemeinen Energieniveau im Dan Tian. Darum beginnt das Buch von Ma Chun mit den Techniken zur Entwicklung des »Zinnoberfeldes« (Dan Tian). Im übrigen haben die Anhänger des Wai Qi damit begonnen, die Methode auch für die Praxis der Osteopathie nutzbar zu machen.

Neben den äußerlichen, therapeutischen und kampftechnischen

Anwendungen stellen die Atemtechniken des Qi Gong bereits die Vorstufe zur Meditation dar. Eine von ihnen zählt, wie wir gesehen haben, zu den Grundpfeilern der Schule des Zen-Buddhismus. Im klassischen Qi Gong bereiten diese Atemtechniken auf den »Kleinen Energiekreislauf« vor, eine der wichtigsten Übungen der inneren Alchimie des Nei Dan Qi Gong, deren Anwendungsmöglichkeiten zugleich physischer, kampftechnischer, medizinischer und spiritueller Natur sind. Was den letzten Punkt betrifft, so ist der »Kleine Energiekreislauf«, der weiter unten behandelt wird, die Vorstufe der berühmten Embryonalatmung aus der taoistischen Meditation.

Die Atemtechniken des Qi Gong können einerseits auch ohne spirituelles Ziel mit der rein physischen Zielsetzung der Vitalisierung und der Verbesserung der Gesundheit betrieben werden, andererseits werden die Meditationstechniken selbst manchmal außerhalb ihres religiösen und philosophischen Zusammenhangs praktiziert, wie das Zazen des japanischen Mahayana-Buddhismus, das vor einigen Jahren von Meister Deshimaru christlichen Mönchen gelehrt wurde.

# Übungen

## *Übung zur Öffnung der Gelenke*

Es handelt sich um eine klassische Lockerungsübung, die als vorbereitende Erwärmung vor dem Tai-Ji-Quan-Training durchgeführt wird.

### Technik

Die Bewegungen werden langsam, aber nicht zu langsam, sowie mit Festigkeit, Geschmeidigkeit und mit Konzentration ausgeführt.

### 1. Ausgangsstellung

- Aufrecht stehen. Die Füße sind parallel und schulterbreit auseinandergestellt.
- Die Knie sind leicht gebeugt.
- Das Becken wird leicht zurückgenommen (das Kreuzbein in vertikale Position bringen).
- Den Kopf gerade halten, die Ohren bilden eine Senkrechte zu Schultern und Hüften.
- Das Körpergewicht ist gleichmäßig auf beide Füße, die fest auf dem Boden stehen, verteilt (Abb. 86).

### 2. Öffnung der Nackenmuskeln

Die Muskeln müssen gründlich entspannt sein, und man beginnt, den Hals »rundum auszuleuchten«. Die Zunge soll den Gaumen berühren. Das Kinn ist leicht zurückgenommen. Man sollte sehr sanfte Bewegungen machen und nichts forcieren.
- Vorwärts- und Rückwärtsbewegung des Kopfes
  Man atmet ein, während man den Kopf nach vorne neigt.
  Man atmet aus, während man zur Mitte zurückkehrt.
  Man atmet ein, während man den Kopf nach hinten neigt.
  Drei- bis fünfmal in beide Richtungen wiederholen (Abb. 87 a und b).

198

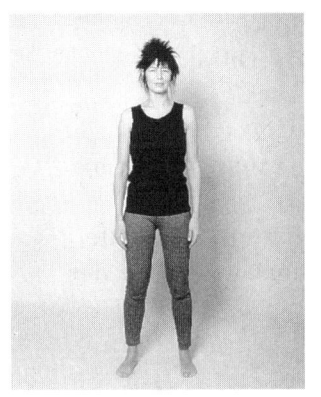

86

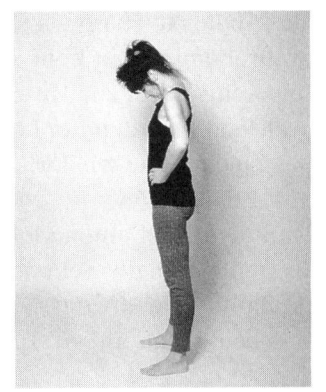

87 a

87 b

88 a

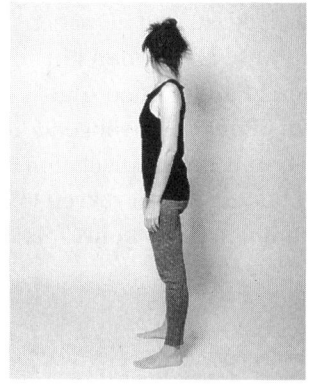

88 b

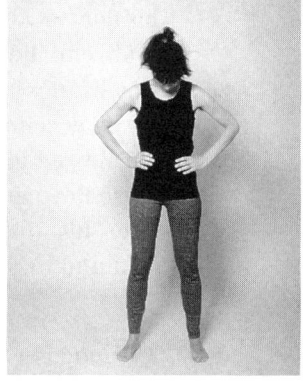

89 a

89 b

89 c

89 d

– Drehbewegung des Kopfes nach rechts und links

Man atmet ein, während man den Kopf nach rechts dreht.

Man atmet aus und kehrt dabei zur Mitte zurück.

Man atmet ein, während man den Kopf nach links dreht.

Drei- bis fünfmal zu jeder Seite wiederholen (Abb. 88 a und b).

– Kreisende Bewegung des Kopfes

Man beschreibt mit dem Kopf einen kleinen Kreis. Den Mittelpunkt des Kreises stellt dabei der Scheitelpunkt des Kopfes, der Akupunkturpunkt Baihui (Du 20), dar.

Drei- bis fünfmal in beide Richtungen wiederholen (Abb. 89 a, b, c, d).

– Drehbewegung nach vorne und hinten (»Schildkröte«)

Man nimmt das Kinn zurück und streckt den Kopf nach hinten, bis der Nacken gerade ist, und neigt den Kopf leicht nach hinten. Während dieser Phase atmet man ein.

Das Kinn wird leicht angehoben und so weit wie möglich nach vorne geschoben. Man atmet während dieser Phase aus.

Die Bewegung ist rund, harmonisch und langsam, aber man muß diese Bewegung bis zur Schmerzgrenze führen.

Drei- bis fünfmal üben, dann kehrt man die Richtung um (Abb. 90 a und b).


3. Öffnung der Schultern

Die Schultern sollen entspannt sein, in »tiefer« Stellung.

– Kraulen auf dem Rücken

Ein Arm macht mit durchgedrücktem Ellenbogen eine Aufwärtsbewegung nach vorne, wird über den Kopf bis nach hinten geführt und kehrt wieder in seine Ausgangsstellung zurück.

Der andere Arm macht im Wechsel die gleiche Bewegung.

Diese Bewegung wird von einer leichten Drehung des Körpers begleitet.

Fünf- bis zehnmal mit jedem Arm üben (Abb. 91 a und b).

– Kraulen auf dem Bauch

Die gleiche Bewegung, aber in umgekehrter Richtung, nach vorne wiederholen.

Fünf- bis zehnmal üben.

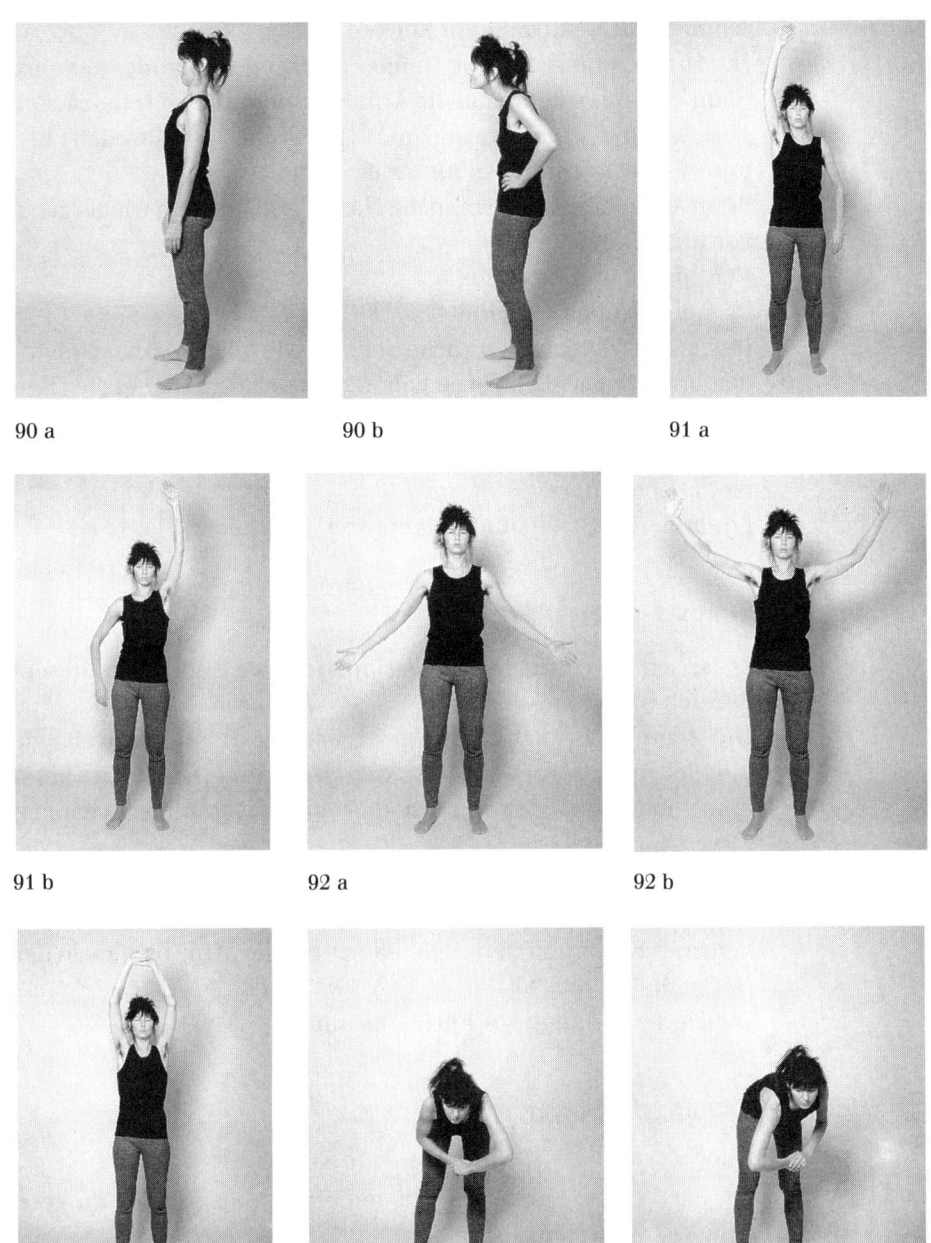

90 a      90 b      91 a

91 b      92 a      92 b

92 c      93 a      93 b

– Schmetterlingsstil auf dem Rücken
  Die Hände sind unten, die Handrücken gegeneinander gekehrt.
  Beim Einatmen hebt man die Arme, immer mit den Handrücken
  gegeneinander, nach vorne hoch. Dann führt man sie nach oben
  und so weit wie möglich hinter den Kopf.
  Beim Ausatmen spreizt man die Hände und führt sie wieder nach
  vorne hinunter.
  Fünfmal üben (Abb. 92 a, b, c).
– Drehbewegung der Schultern
  Der Kopf ist leicht nach vorne geneigt, die obere Wirbelsäule ist
  ebenfalls etwas nach vorne gebeugt, die Arme hängen, die Dau-
  men sind ineinander verschränkt.
  Man rollt die Schultern nach vorne,
  dann nach hinten.
  Fünfmal in jede Richtung üben (Abb. 93 a und b).


4. Öffnung der Handgelenke

– Es ist sehr wichtig, daß die Zirkulation der Energie in diesem
  Bereich nicht blockiert ist.
  Die Arme sind nach vorne gestreckt, die Hände so weit wie
  möglich mit gespreizten Fingern nach vorne gerichtet; die Hand-
  teller und die Finger werden sehr stark nach hinten gebogen
  (Abb. 94 a und b).
  Man bleibt einige Sekunden in dieser Position.
  Dann dreht man die Hände nach außen und macht eine Bewe-
  gung des Einsammelns mit den Fingern. Die Arme bleiben in der
  Horizontale (Abb. 95 a, b, c).
  Die Drehbewegung wird drei- bis fünfmal wiederholt.


5. Öffnung der Finger

– Kneten
  Mit nach vorne gestreckten Armen macht man mit den Fingern
  eine Knetbewegung.
– Winken
  Zur Entspannung der Finger und Handgelenke macht man
  schnelle Bewegungen, einem Abschiedswinken von Kindern

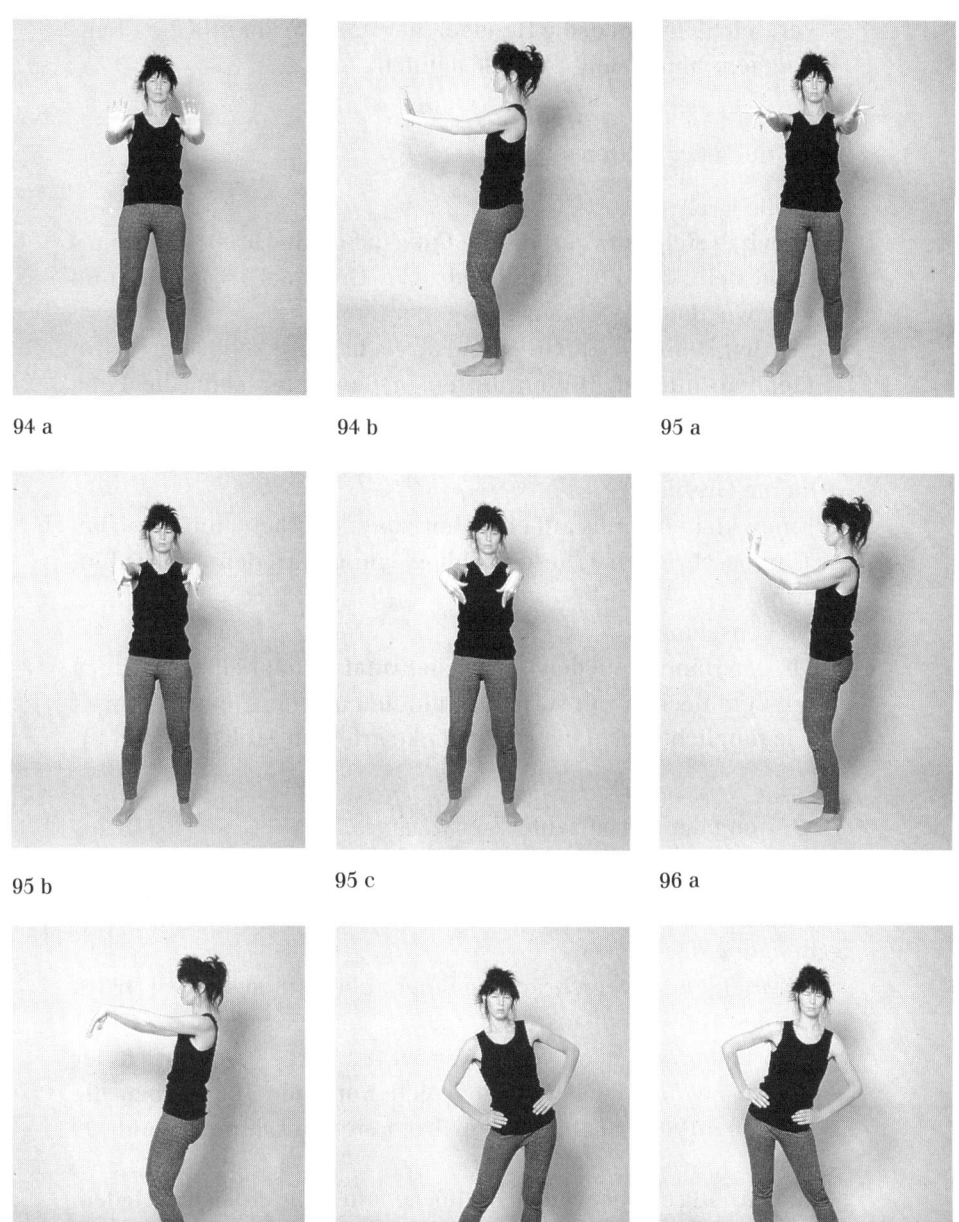

94 a

94 b

95 a

95 b

95 c

96 a

96 b

97 a

97 b

vergleichbar, wobei die Handgelenke ganz locker und die Ellenbogen gerundet sind (Abb. 96 a und b).


### 6. Öffnung der Hüften

– Große Drehung
  Man hält sich ganz gerade, die Füße in Schulterbreite auseinandergestellt, die Knie durchgedrückt. Der Kopf ist gerade und unbeweglich, das Kinn zurückgenommen.
  Mit den Hüften wird ein großer Kreis beschrieben, so groß wie möglich; nur die Hüften dürfen in Bewegung sein, die Füße bleiben fest auf dem Boden.
  Fünfmal in jede Richtung üben (Abb. 97 a und b).
– Kleine Drehung
  Einen kleinen Kreis auf einer horizontalen Ebene mit dem Dan Tian beschreiben. (Diese Drehbewegung führt dem Uterus Blut zu.)
– Beckenschaukel
  Mit den Händen auf den Hüften mehrmals Schaukelbewegungen mit dem Becken von vorne nach hinten machen, jeweils so weit wie möglich, wobei die Hüftgelenke arbeiten (Abb. 98 a und b).


### 7. Öffnung der Wirbelsäule

Die Wirbelsäule, der »Baum des Lebens« der Inder, muß »frei atmen«, also bewegt man sie in alle Richtungen.
– Beugung nach vorne
  Die ineinander verschränkten Finger üben einen starken Druck auf den Hinterkopf aus.
  Man beugt sich nach vorne, Wirbel für Wirbel. Der Druck der Hände zwingt nach und nach den Kopf, die Halswirbel, die Rückenwirbel und die Lendenwirbel, sich zu krümmen (Abb. 99 a, b, c)
  Gleichzeitig entspannt man die Rückenmuskeln, die sich mit jedem Wirbel dehnen, und geht so weit hinunter, wie es einem möglich ist; am besten jedoch so weit, daß der Kopf in Höhe der Knie ist. Man muß für einen Moment in der tiefsten Position verharren (Abb. 99 d).

98 a

98 b

99 a

99 b

99 c

99 d

99 e

100 a

100 b

Man geht ganz langsam wieder hoch und entrollt die Wirbel einzeln nacheinander (Abb. 99 e).

Man wiederholt die Übung ein- bis zweimal, aber wenn man an eine schmerzhafte Stelle kommt, bleibt man an diesem Punkt und verstärkt den Druck auf den Kopf. Dabei entspannt man diesen schmerzenden Bereich in Gedanken noch mehr.

In dieser Weise geht man nach unten, wenn nötig in mehreren Stufen. Das Hinabsinken vollzieht sich sehr langsam.

Beim Wiederhochkommen, immer noch ganz langsam, verharrt man wieder bei der schmerzenden Stelle.

In der Vorstellung die Wirbelsäule mit Licht umhüllen.

– Beugung nach hinten

Wenn man wieder in aufrechter Position ist, nach dem zweiten oder dritten Mal, streckt man die Arme hoch über den Kopf, dann nach hinten. Man führt die Hände anschließend wieder zu den Hüften und streckt sich mit vorgerecktem Kinn für einige Sekunden nach hinten (Abb. 100 a und b).

– Rumpfdrehung

Der Hals muß nach oben gereckt sein, bevor man die Drehung beginnt.

Man streckt die Wirbelsäule und macht sie rund und dreht den Kopf nach einer Seite. Man blickt über die Schulter.

Man wartet einige Sekunden, dann

dreht man die Hüften, um die Bewegung zu verstärken und versucht, wobei die Wirbelsäule immer gerundet bleibt, über seine Schulter auf die Ferse der anderen Körperseite zu blicken. Man wiederholt die Bewegung nach der anderen Seite.

Man kann diese Übung auch durchführen, ohne in der äußersten Position zu verharren (Abb. 101 a und b).


8. Öffnung der Knie

– Drehbewegung

Die Füße stehen nebeneinander, die Knie sind gebeugt, die Hände liegen auf den Knien.

Man macht mit den Knien fünf Kreisbewegungen in einer Richtung,

dann fünf in der anderen Richtung (Abb. 102 a, b, c, d).

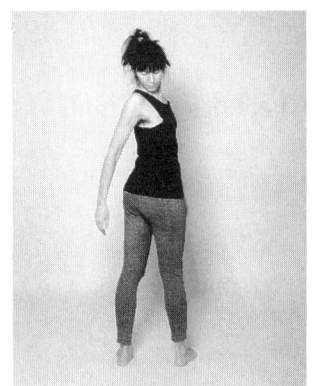

101 a

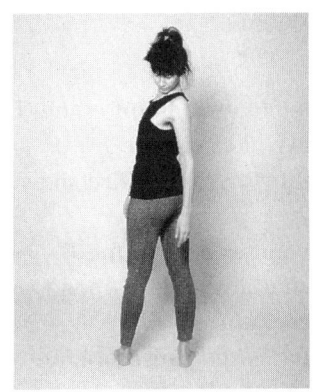

101 b

102 a

102 b

102 c

102 d

103 a

103 b

9. Öffnung der Knöchel

– Drehbewegung
Man hält das Gleichgewicht auf einem Fuß, hebt das Knie und
hält es in einem Winkel von 90 Grad.
Mit einem Fuß führt man fünf Kreisbewegungen in einer Rich-
tung aus,
dann fünf in der anderen Richtung.
Dasselbe mit dem anderen Fuß üben (Abb. 103 a und b).
– Beugung und Streckung
Die gleiche Ausgangsstellung einnehmen.
Man führt fünf bis zehn Beuge- und Streckbewegungen mit dem
Fuß aus.
Dasselbe mit dem anderen Fuß üben (Abb. 104 a und b).

10. Öffnung der Zehen

– Zusammenziehen
Die Füße stehen nebeneinander oder leicht gespreizt.
Die Zehen mehrmals hintereinander krümmen und entspannen
(Abb. 105 a und b).
Man kann sie auch fächerartig heben und senken (Abb. 106 a
und b).

Anwendung

Die »Übung zur Öffnung der Gelenke« ist eine vorbereitende Folge
von Lockerungsübungen vor dem reinen Qi Gong. Man kann sie
morgens beim Aufstehen, direkt nach dem »Himmelswasser« und
der »Allgemeinen Massage« machen. Wenn man sie mit Konzentration durchführt und dabei Licht in den entsprechenden Gelen-
ken visualisiert, ist es eine Methode, geistige Ruhe zu erlangen.
Diese Übung kann jeder praktizieren, aber sie ist speziell für ältere
Menschen geeignet, da sie keine Schwierigkeiten oder Risiken
birgt. Man kann auch im Laufe des Tages jederzeit eine Übung
auswählen und sie ein oder mehrere Male durchführen, um ein
erkranktes Gelenk geschmeidig zu machen und ihm Qi zuzuführen, wie zum Beispiel das Behandeln der Handgelenke bei
Rheuma.

 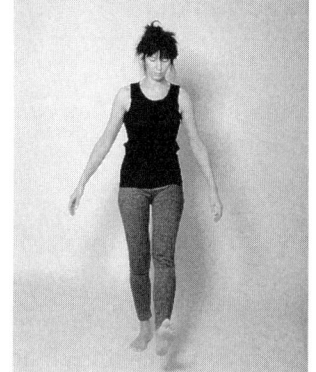

104 a                    104 b

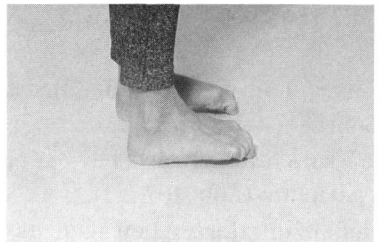 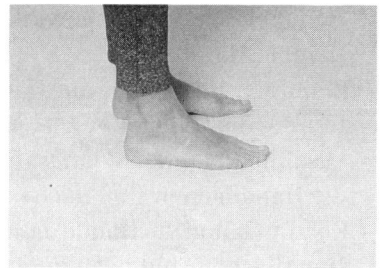

105 a                    105 b

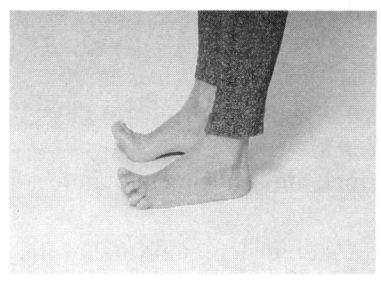 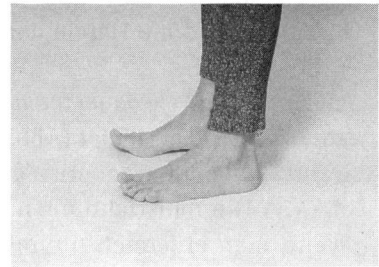

106 a                    106 b

## Kosmische Atmung

Es ist eine klassische Bewegungsfolge, die die »Verdichtete Atmung« fortführt.

Technik

– Aufrecht stehen.
– Zuerst mit der »Verdichteten Atmung« beginnen, dann
– einatmen und dabei die Hände vom Dan Tian weg auf die Höhe des Herzens bringen (Abb. 107 a und b).
– Ausatmen und die Hände dabei parallel nach vorne stoßen. Die Handgelenke sind angewinkelt, die Handteller nach vorne gerichtet (Abb. 107 c).
– Einatmen und dabei die Hände wieder in die Höhe der Brust führen, die Handteller zeigen zur Brust (Abb. 107 d).
– Ausatmen und dabei langsam die Arme himmelwärts bewegen; die Handflächen sind nach oben gerichtet (Abb. 107 e, f).
– Einatmen und die Hände dabei wieder zum Herzen bewegen, die Handflächen sind nach unten gerichtet (Abb. 107 g, h).
– Ausatmen und die Arme dabei nach beiden Seiten ausstrecken; die Handgelenke sind angewinkelt (Abb. 107 i, j).
– Einatmen und die Hände dabei wieder zur Brust zurückführen (Abb. 107 k, l).
– Ausatmen und sie dabei nach unten sinken lassen; die Handteller sind zur Erde gerichtet (Abb. 107 m).
– Dann stößt man, wenn man ausatmet, die Arme nacheinander in die vier Himmelsrichtungen.
– Wenn man einatmet, nimmt man sie zurück, zieht dabei den Anus zusammen und denkt daran, die aus allen vier Richtungen des Kosmos aufgenommene Energie im Dan Tian zu konzentrieren.

107 a

107 b

107 c

107 d

107 e

107 f

107 g

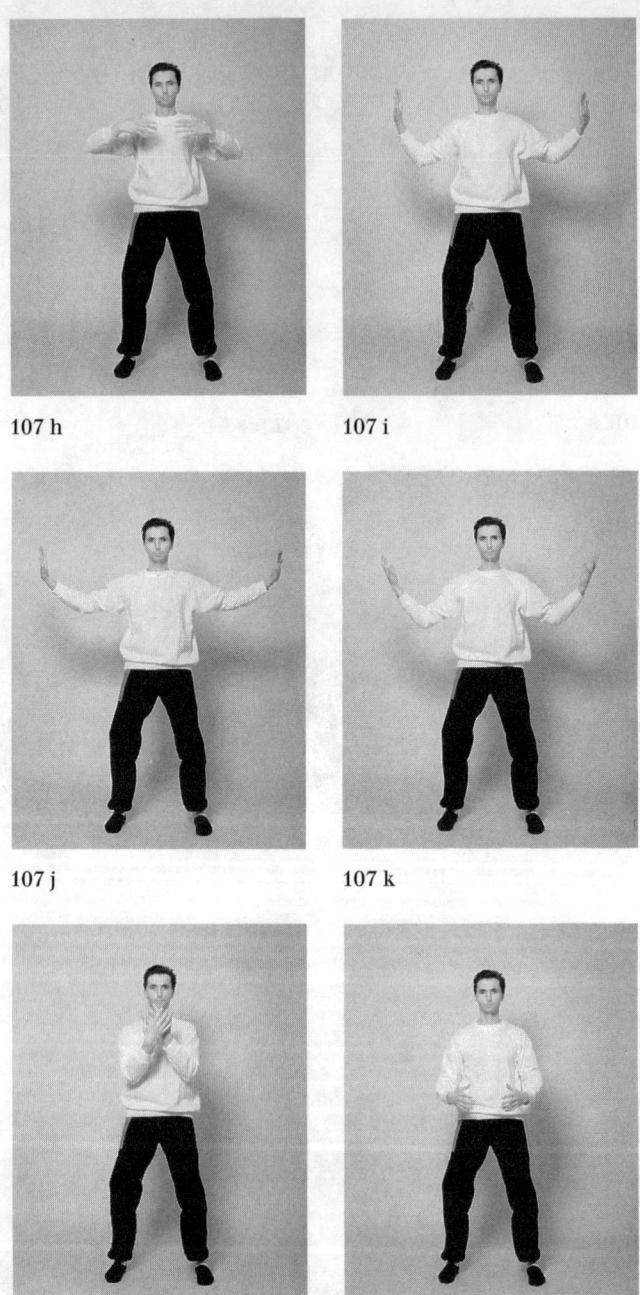

107 h

107 i

107 j

107 k

107 l

107 m

## Anwendung

Der Charakter dieser Übung entspricht dem Tai Ji Quan. Die Bewegungen sind langsam, geschmeidig, gerundet; es darf keine Härte, weder in den Schultern noch im Rumpf, in den Hüften, in den Beinen oder Knien sein.

Die Energie der vier Himmelsrichtungen aufnehmen heißt, sie zugleich während der Bewegungen zu spüren, besonders im Bereich der Hände und Arme, die scheinbar in der Luft schwimmen.

Diese Übung dient dazu, den Geist zu beruhigen. Man kann sie nach einer Streßsituation anwenden, um sich zu entspannen und leer zu machen.

Sie ist eine Vorbereitung auf die »Acht Brokatstücke« oder auf die Übung »Symbol des Tai Ji«.

## *Das Symbol des Tai Ji*

Es handelt sich um einen Bewegungsablauf, der auf die Übungen des Tai Ji Quan im Chen-Stil vorbereitet.

### Technik

- Aufrechte Stellung, normale Atmung über das Dan Tian.
- In der Luft beschreibt man vor dem Körper mit einem Arm die Bewegung, die das Symbol des Tai Ji darstellt.
- Wenn ein Arm die Bewegung beendet hat, beginnt der andere. Beide Bewegungen müssen sich harmonisch verbinden (Abb. 108 a, b, c, d, e, f).

### Anwendung

Die Übung schult die Koordination der Arme mit dem Ausstoßen des Qi vom Dan Tian aus. Schnell ausgeführt, ist es eine Bewegung der Abwehr, der eine Angriffsbewegung folgen kann.

Das Tai Ji ist ein Symbol des binären Prinzips Yin – Yang. Das Yin und das Yang des Körpers sind von der chinesischen Physiologie und Akupunktur studiert worden. Aber in der Bewegung des Körpers materialisieren sich das Yin und Yang durch den Gegensatz der Auf- und Abwärtsbewegungen, der Verlagerung nach links und rechts, nach vorne und hinten, durch Beugen und Strecken, durch gerundete und gestreckte Haltungen. Auf dieser Theorie und auf den konkreten Schrittfolgen bei den Übungsreihen basiert das Tai Ji Quan, das »Boxen des großen Dachfirsts«.

108 a

108 b

108 c

108 d

108 e

108 f

*Die »Acht Seidenstücke«*


Jake Fratkin hat diese Übung von Domingo Tiu gelernt, einem
Meister des Tai Ji Quan und Qi Gong, der ursprünglich Schüler von
Meister Way Sun Liao gewesen ist.

Die »Acht Seidenstücke« sind eine der verschiedenen Formen des
Ba Duan Jin, der »Acht Brokatstücke«, deren Ursprung auf General
Yen Fei aus der Sung-Dynastie zurückgeht. Er hat sie zusammengestellt und dabei die zwölf Yi Jin Jing des Bodhidharma
vereinfacht (vergleiche den historischen Teil). Der Ursprung könnte deshalb taoistisch sein. Wie dem auch sei, die Taoisten eigneten
sich diese Bewegungsabläufe sehr früh an, um daraus die Grundlage des Nei Dan Qi Gong zu machen.


Technik

– Ausgangsposition
  Aufrecht stehen.
  Die Füße sind schulterbreit auseinandergestellt.
  Die Arme hängen längs des Körpers (Abb. 109).
– Aufwärtsbewegung der Arme
  Beim Einatmen heben sich beide Arme langsam, die parallelen
  Handgelenke bleiben entspannt, die Hände hängen bis zur Brust-
  höhe herab (Abb. 110 a).
  Ab Brusthöhe werden die Hände aufgerichtet und die Arme über
  den Kopf gehoben. Die Finger zeigen nach oben, und gleichzeitig
  stellt man sich auf die Fußspitzen, um die größtmögliche Höhe
  zu erreichen (Abb. 110 b).
– Abwärtsbewegung der Arme
  Beim Ausatmen beginnt man mit der Abwärtsbewegung der nach
  vorne gerichteten Arme. Die Hände gehen senkrecht nach unten,
  als wenn sie über eine glatte Oberfläche glitten; das nennt sich
  »Glätten des Seidenvorhangs« (Abb. 111 a).
  Wenn die Arme in der Horizontale sind, in Brusthöhe, geht man
  allmählich von den Zehenspitzen herunter und senkt auch die
  Hände bis zu den Schenkeln, dabei beugt man leicht die Knie
  (Abb. 111 b, c).

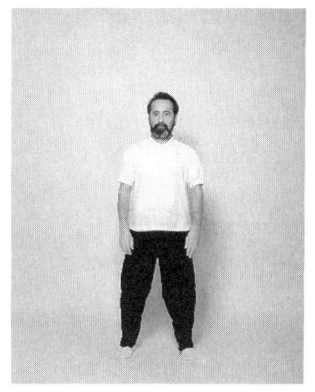

109

110 a

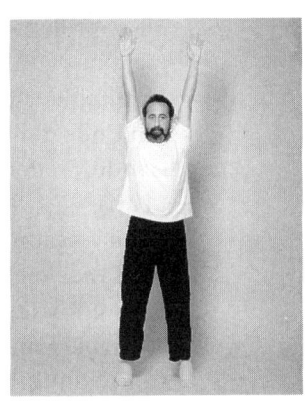

110 b

111 a

111 b

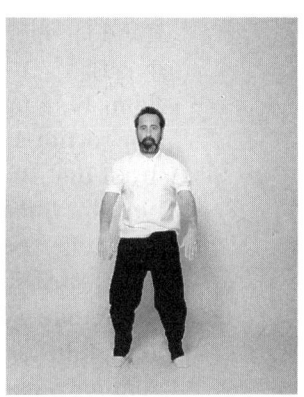

111 c

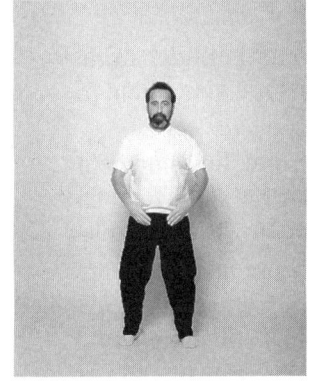

112 a

112 b

112 c

Man wiederholt die Auf- und Abwärtsbewegung fünf- bis zehnmal.

– Auseinanderführen der Hände

Am Ende der letzten Abwärtsbewegung der Arme führt man die Hände wieder in Taillenhöhe zurück und atmet dabei ein (Abb. 112 a).

Beim Ausatmen führt man die linke Handfläche um die Taille, die dabei leicht gestreift wird, nach hinten und dann am Kreuzbein entlang, wobei die Hand gedreht wird, als ob man das Kreuzbein mit dem Handrücken streicheln wollte.

Gleichzeitig hebt man die rechte Hand und berührt mit dem Handteller leicht den Rippenbogen. Von dort aus beginnt man, die Hand herumzudrehen, während man den Arm streckt. Die Hand ist oberhalb des Kopfes leicht abgewinkelt (Abb. 112 b, c, d, e, f).

Beim Einatmen folgt die Bewegung in umgekehrter Richtung: Der rechte Arm wird abwärts geführt, die Handfläche wird gedreht und streift das Gesicht, den Hals, die Brust bis zur Taille hin; die linke Hand wird wieder bis zur Taille gehoben, der Handteller gedreht, wobei er die Taille streift und wieder zum Nabel zurückkommt (Abb. 112 g).

Die Hände werden in Höhe des Nabels gekreuzt und auseinandergeführt, wobei die Seiten gewechselt werden. Die linke Hand geht nach oben, während die rechte abwärts bewegt wird (Abb. 112 h, i, j, k, l).

Fünf- bis zehnmal zu jeder Seite üben.

– Drehung des Oberkörpers

In dem Moment, wo sich die Hände vor dem Nabel befinden (Abb. 113 a), stellt man die Füße etwas auseinander und geht leicht in die Knie, um die Reiterstellung einzunehmen.

Der linke Arm wird etwas mehr angewinkelt, und die Hand hebt sich bis in Höhe des Solarplexus, während der rechte Arm nach links geht und im Winkel von 45 Grad in Bezug zur Körperachse ausgestreckt wird. Der Blick folgt der Bewegung der Hand; die Hand ist erhoben (Abb. 113 b, c).

Dann winkelt sich dieser rechte Arm auf natürliche Art an, und der linke wird nach rechts gestreckt, wobei ihm der Blick folgt (Abb. 113 d, e).

218

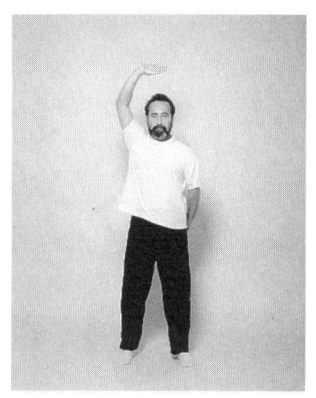

112 d

112 e

112 f

112 g

112 h

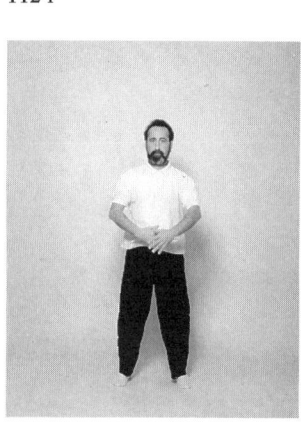

112 i

112 j

112 k

112 l

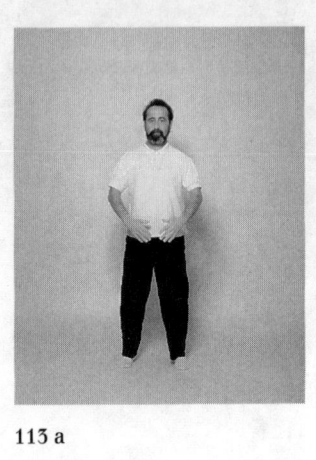

113 a

113 b

113 c

113 d

113 e

114 a

114 b

114 c

114 d

Wenn man den Arm zurückzieht, atmet man ein. Auf halbem Wege, wenn man sich auf den anderen Arm, der gestreckt wird, zu konzentrieren beginnt und ihm mit dem Blick folgt, atmet man aus.

Fünf- bis zehnmal zu jeder Seite üben.

- Drehung des Oberkörpers in die gegenüberliegende Richtung

Im Anschluß daran vollzieht man eine größere Drehung des Rumpfes. Der rechte Arm nimmt statt des 45-Grad-Winkels in Bezug auf die Körperachse einen Winkel von 135 Grad ein (Abb. 114 a, b).

Der Kopf wird noch etwas mehr gedreht, so daß das Kinn oberhalb der linken Schulter ist. Statt der ausgestreckten Hand zu folgen, folgt der Blick der entgegengesetzten Winkelachse.

Man kommt langsam wieder zurück, winkelt dabei den rechten Arm an und wechselt die Seite (Abb. 114 c, d).

Die Atmung entspricht der vorigen Bewegungsfolge.

Fünf- bis zehnmal wiederholen.

- Himmel und Erde mischen

Am Ende einer Drehung mit dem Gesicht wieder nach vorne kommen, dabei die Arme zum Körper sinken lassen, wobei man langsam die Füße wieder eng stellt (Abb. 115 a, b, c).

Beim Einatmen streckt man die Arme nach beiden Seiten aus und hebt sie dann über den Kopf hoch (Abb. 116 a, b).

Beim Ausatmen die rechte Hand über die linke legen und die Arme herunterlassen. Die Handteller sind nach unten gerichtet, als ob man etwas in den Boden rammen wollte. Man geht so weit wie möglich nach unten, möglichst ohne die Knie zu beugen. Das ist die Bewegungsfolge »Den Pfahl in die Erde rammen« (Abb. 116 c, d).

Beim Einatmen die Hände wieder bis zur Brust heben, die linke über der rechten. Die Handteller sind nach oben gerichtet (Abb. 116 e, f).

Beim Ausatmen, die Hände bleiben in der gleichen Stellung, die Handteller himmelwärts drehen und die Arme hoch über den Kopf strecken. Das ist die Bewegungsfolge »Wieder auf die Erde steigen« (Abb. 116 g, h).

Beim Einatmen die Hände erneut in Brusthöhe sinken lassen und dabei die Handteller zum Boden drehen.

115 a

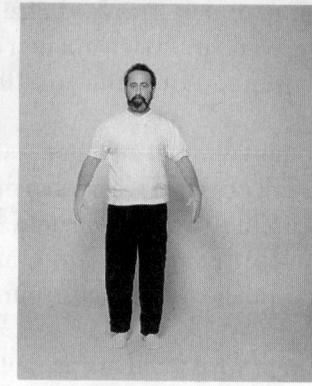

115 b

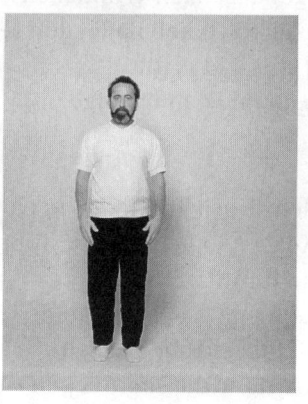

115 c

116 a

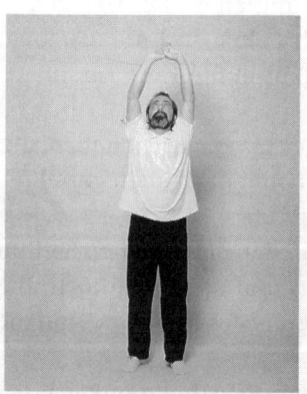

116 b

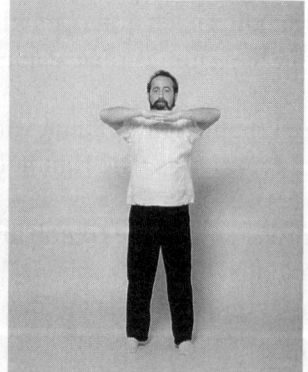

116 c

116 d

116 e

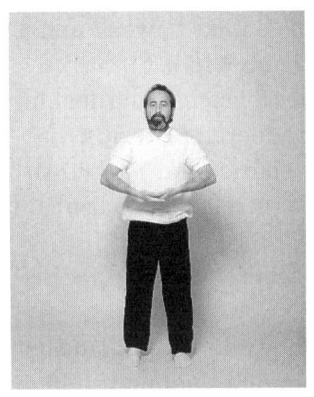

116 f

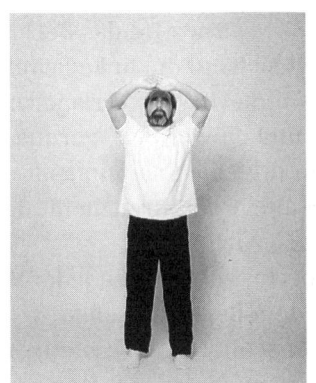

116 g

116 h

Beim Ausatmen wieder bis zum Boden hinuntergehen.

Die Auf- und Abwärtsbewegungen fünf- bis zehnmal üben.

– Einen Hund nachahmen

Die vorige Bewegung mit den Armen oberhalb des Kopfes beenden.

Im Anschluß daran die Arme nach vorne sinken lassen und sie kreuzen. Dabei atmet man aus und stellt die Füße weit auseinander, etwas mehr als schulterbreit (Abb. 117 a, b).

In die Knie gehen, die Schenkel fast in der Horizontale halten, das Gesäß vorstrecken, ohne in den Hüften einzuknicken, und die linke Hand auf das rechte Knie und die rechte Hand auf das linke Knie legen (Abb. 118 a).

Ohne das Gewicht des Körpers, das auf beide Beine verteilt ist, zu verlagern, wird das Becken nach links bewegt, und der Kopf neigt sich auf die linke Schulter (Abb. 118 b, c).

Man atmet bei der Verlagerung des Beckens nach der einen Seite ein und bei der Verlagerung zur anderen Seite aus.

Man muß die Spannungspunkte spüren: die Nackenwirbel und vor allem das Kreuzbein, das das Kreuzbein-Darmbeingelenk beansprucht.

Fünf- bis zehnmal zu jeder Seite üben.

– Mit dem Bogen schießen

Im Anschluß an ein Einatmen richtet man sich auf und hebt dabei die Arme über die Seiten bis über den Kopf und stellt die Füße wieder in Schulterbreite zusammen (Abb. 119 a, b).

Beim Ausatmen gehen dann die Arme herunter, und man stellt dabei das rechte Bein zur Seite und dreht den Rumpf, um zur rechten Seite zu blicken. Gleichzeitig beugt man das rechte Bein, um das Gewicht darauf zu verlagern. Mit den Armen simuliert man das Tragen eines Bogens: Der rechte Unterarm ist senkrecht und hält den Bogen; der linke Unterarm ist in der Horizontale, der Ellenbogen angehoben, und hält die Sehne (Abb. 120 a).

Beim Einatmen wird das Gewicht des Körpers auf das linke Bein verlagert und dabei der linke Arm in die Horizontale gebracht, bis er nach links ausgestreckt ist (Abb. 120 b).

Beim Ausatmen den rechten Arm in einem Kreisbogen herunterbewegen, um ihn gebeugt wieder in Höhe der linken Hand zu

117 a

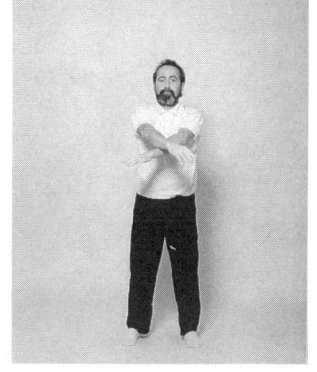

117 b

118 a

118 b

118 c

118 d

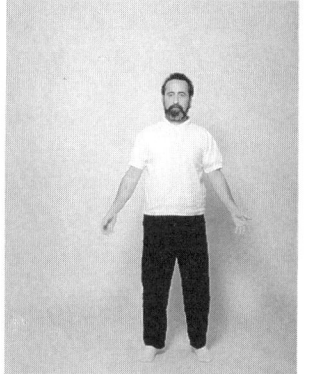

119 a

119 b

120 a

120 b

120 c

120 d

120 e

121 a

121 b

121 c

121 d

führen. Dabei den Bogen zur anderen Seite spannen (Abb. 120 c, d, e).

Fünf- bis zehnmal zu jeder Seite üben.

– Mit den Fersen aufstampfen

Im Anschluß daran die Beine zusammenstellen. Der Rumpf ist in normaler Position, die Arme hängen längs des Körpers (Abb. 121 a, b).

Man hält sich aufrecht, ziemlich gerade, aber ohne dabei starr zu sein.

Dreimal mit den Hacken wippen (Abb. 121 c, d).

Spüren, wie die Vibration den ganzen Körper, der dabei geschmeidig bleibt, erschüttert.


## Anwendung

Die »Acht Seidenstücke« stellen eine wirkungsvolle Übung dar, die den Körper durch die Zirkulation des Qi geschmeidig macht und ihn kräftigt. Sie bezieht die acht Himmelsrichtungen und das Oben und Unten ein, den Zenit und den Nadir. Die acht Himmelsrichtungen sind mit den acht Trigrammen und auf diese Weise mit der Tradition des Yi Jing verbunden. Auf der körperlichen Ebene stehen die acht Trigramme in Verbindung mit den acht Sonderleitbahnen. Aber die »Acht Seidenstücke« aktivieren auch die Leitbahnen paarweise: Tai Yang, Shao Yin, Shao Yang, Jue Yin, Yang Ming, Tai Yin. Um daraus den größtmöglichen Nutzen zu ziehen, wird empfohlen, diese Übung nach der »Atmung über das Dan Tian« oder auch nach der »Verdichteten Atmung der sechs Pforten« zu machen.

Es ist möglich, wenn man diese Übungsfolge beherrscht, die »Verdichtete Atmung der sechs Pforten« während der Bewegungen zu praktizieren. Je ruhiger der Geist ist und je mehr er von der Zirkulation des Qi absorbiert wird, desto wirksamer ist die Übung auf einer subtilen Ebene.

Wenn man die »Acht Seidenstücke« richtig durchführt, spürt man zum Ende der Übung eine Veränderung in sich. Es ist etwas Tiefgehendes mit der Energie passiert. Man könnte sagen, daß es im Kopf und im Körper eine kleine Revolution gegeben hat, daß man aufgeräumt hat und nun alles sauber, in Ordnung und an seinem Platz ist. Das ist ein köstliches Gefühl.

Es gibt Varianten zu den »Acht Seidenstücke«. Sie sind im allgemeinen bekannter und werden häufiger praktiziert: eine Form in aufrechter Stellung und eine andere im Sitzen. Die Beschreibung der »Acht Brokatstücke« des Ba Duan Jin, die folgt, wird die Wirkungen einiger Bewegungsabläufe der »Acht Seidenstücke« etwas mehr erhellen.

### Die »Acht Brokatstücke« (Ba Duan Jin)

Diese Variante ist noch bekannter als die »Acht Seidenstücke«. Man nennt sie auch die »Acht Schätze«. Es ist eine klassische taoistische Übungsreihe, die in China seit Jahrhunderten sehr beliebt ist. Sie kommt in vielem den traditionellen Methoden des Dao Yin nahe. Ba Duan bedeutet »acht Übungen«, und Jin heißt »wertvolles Gewebe«, was auf den subtilen Charakter der Übung hindeutet.

Sowohl in China als auch in Amerika wird diese Übung heute allgemein in zahlreichen Tai-Ji-Quan-Kursen vor dem eigentlichen Training praktiziert.

Als sehr bekannte Übung wird sie in verschiedenen populären Qi-Gong-Büchern verkürzt wiedergegeben. Aber es ist ihr auch eine ausführliche, in Hongkong erschienene Darstellung gewidmet, die verschiedene Varianten dieser Übungsserie, sowohl in aufrechter als auch in sitzender Stellung, aufzählt.

Im folgenden wird nur die Form im Stehen beschrieben. Die sitzende Form scheint den sehr traditionellen Nei-Dan-Stil der Taoisten bewahrt zu haben, bei dem man das »Himmelswasser« und bestimmte Visualisierungen, die auch in diesem Buch beschrieben werden, wiederfindet. Zum Studium der sitzenden Form ziehe man die Werke über das Wu Shu, *Wonders of Qi Gong. Pa Tuan Chin* und das Buch von Yang Jwing Ming, *Ba Duan Jin,* heran.

Ausgangsposition (Abb. 122)

– Man steht aufrecht, die Füße parallel in Schulterbreite auseinandergestellt. Die Knie sind nicht gebeugt, die Arme hängen längs des Körpers, die Zungenspitze liegt am Gaumen.

- Ruhig durch die Nase atmen, geradeaus blicken und alle Gelenke entspannen.
- Einen Moment lang auf diese Weise konzentriert bleiben, um das Shen im »Oberen Erwärmer« und das Qi im Dan Tian zu konzentrieren.

Erstes Brokatstück: »Den Himmel mit verschränkten Fingern stützen reguliert den ›Dreifachen Erwärmer‹ und alle Organe« (Abb. 123 a und b)

- Die Arme zu den Seiten ausstrecken und langsam über den Kopf heben. Die Finger verschränken, die Handteller werden nach oben gedreht, als ob sie den Himmel stützen würden. Gleichzeitig auf die Fußspitzen kommen.
- Zur Ausgangsposition zurückkehren und die Füße wieder fest auf den Boden stellen, die Hände auseinanderführen und die Arme sinken lassen.
- Während der Aufwärtsbewegung einatmen; ausatmen während der Abwärtsbewegung.
- Man führt diese Übung mehrere Male durch. Man kann sie bis zu 24mal wiederholen. So oft werden auch die anderen Übungen wiederholt.

Varianten

- Eine Variante besteht darin, sich nach hinten zu neigen, während man auf den Fußspitzen steht;
- eine andere darin, in dieser Position den Körper leicht nach links und rechts zu balancieren.

Anwendung

Diese Bewegung reguliert den »Dreifachen Erwärmer« durch das Strecken des ganzen Körpers, während man sich auf die Zehenspitzen erhebt. Wenn man wieder heruntergeht, aktiviert die Entspannung der Rücken- und Schultermuskeln die Zirkulation der Energie und reguliert die drei »Zinnoberfelder«. Man sollte während der Übung an dieses subtile energetische Wirken denken.

Gleichzeitig dehnt diese Bewegung den Brustkorb, befreit die Lunge und bekämpft die Müdigkeit. Aufgrund der Dehnung des Rückenbereichs bekämpft sie Schmerzen und Verspannungen im Rücken und korrigiert die Wirbelsäule.


Zweites Brokatstück: »Mit dem Bogen nach beiden Seiten schießen, als ob man auf einen Adler zielt« (Abb. 124)

- Aus der Ausgangsposition heraus den rechten Fuß zur Seite stellen und in die Knie gehen, um die Reiterstellung einzunehmen. Der Körper ist gerade, das Kreuzbein senkrecht.
- Man hebt die Arme von vorne wieder langsam an und kreuzt sie in Brusthöhe, der rechte Arm vor dem linken, die linke Hand auf der Brustwarze.
- Während man den Rumpf zur linken Seite dreht,
- hält man den linken Arm, als ob man am unteren Ende des Arms einen Bogen tragen würde. Der Zeigefinger ist ausgestreckt, die übrigen Finger sind einwärts gebogen und entspannt.
- Den Kopf nach links drehen, um auf das Ziel zu blicken, »als ob man auf einen Adler zielt«.
- Gleichzeitig ist die rechte Faust geschlossen, als ob sie die Sehne halten würde, und wird zur rechten Schulter zurückbewegt. Der Ellenbogen ist in der Horizontale und nach hinten gerichtet.
- Wieder zum Mittelpunkt zurückkehren. Die Arme sind gekreuzt, diesmal ist der linke Arm vor dem rechten.
- Den Bewegungsablauf zur anderen Seite wiederholen und anschließend das Ganze mehrere Male wiederholen (bis zu 24mal).
- Beim »Bogenschießen« atmet man ein; wenn man die Stellung lockert, atmet man aus.


Anwendung

Dieser Bewegungsablauf hat zwei Effekte:
- Er verbessert die Atmung und die Kreislauffunktionen; durch die Bewegung der Arme und den gestreckten Zeigefinger werden die Leitbahnen der Lunge und des Dickdarms gestärkt.
- Im übrigen kräftigt er das Qi der Niere durch die Drehbewegungen der Taille. Diese Bewegung stärkt die Sonderleitbahn

122           123 a           123 b

124           125 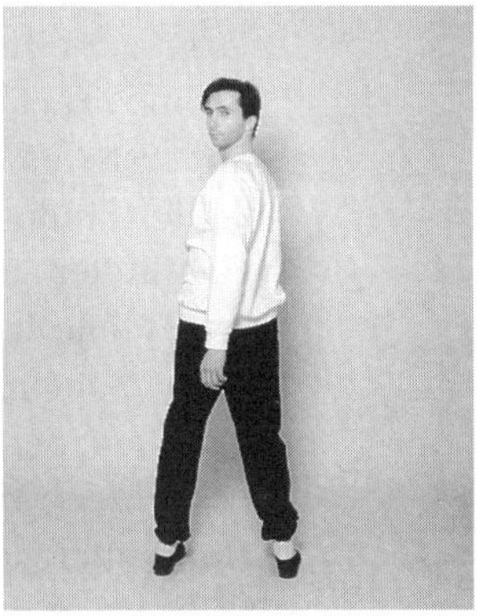          126

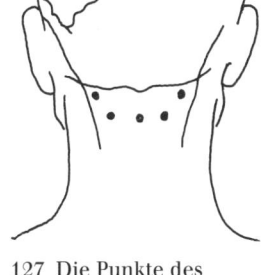

127  Die Punkte des
»Fensters zum Himmel«

128

Dai Mai, die über den Punkt Mingmen verläuft (Abb. 59). Dai Mai ist wie ein Band, das alle anderen Leitbahnen umschließt wie die Schnur ein Bündel. Darum stimuliert diese Übung die gesamte Energie des Körpers.

Um aus dieser Übung den größtmöglichen Nutzen zu ziehen, muß man in der Reiterstellung sehr tief hinuntergehen, seine Haltung gut stabilisieren und sich im Geist auf den Akt des Bogenschießens konzentrieren. Das Qi wird dann um so besser in den Schultern und Armen zirkulieren.

Drittes Brokatstück: »Nur einen Arm heben reguliert die Milz und den Magen« (Abb. 125)

- Aus der Stellung des Bogenschießens wieder in die Ausgangsposition zurückkehren, die Füße parallel in Schulterbreite auseinanderstellen. Die Arme hängen längs des Körpers.
- Beide Hände langsam parallel in Höhe des Magens führen; die Handteller sind einander zugekehrt.
- Die Hände in verschiedene Richtungen bewegen (wie bei den »Acht Seidenstücken«). Die rechte Hand wird über den Kopf gehoben, der Handteller nach oben gerichtet; die Finger zeigen nach links. Währenddessen geht die linke Hand hinunter, der Handteller zeigt nach unten, und der Arm wird gestreckt.
- Mehrere Male wiederholen (bis zu 24mal) und dabei den Arm wechseln.
- Man muß das Gefühl haben, als ob die Hände etwas wegschieben würden, das Widerstand leistet, aber man darf die Muskeln nicht übermäßig anspannen.
- Während man den Arm vom Magen aus nach oben hebt, atmet man ein; wenn man bis zum Magen hinuntergeht, atmet man aus. Die Hände kreuzen sich immer in Höhe des Magens, die Handflächen sind parallel und einander zugekehrt.

Anwendung

Mit dem Anheben der Arme werden die großen Muskelstränge des Unterleibs angespannt, sowohl auf der rechten als auch auf der linken Seite. Auf- und Abwärtsbewegungen begünstigen die Zirkulation des Qi der Milz, das aufsteigenden Charakter hat, und des Magens, dessen Qualität im Absteigen besteht, und auch der Leber, die beide unterstützt (vergleiche dazu die Physiologie der Organe). Diese Bewegung reguliert also die Energie des Magens, der Milz und der Leber.

Viertes Brokatstück: »Nach hinten blicken beugt den fünf Schwächen und den sieben Verwundungen vor« (Abb. 126)

– Aus der vorigen Haltung kehrt man in die Ausgangsstellung zurück. Entweder sind die Füße parallel in Schulterbreite auseinandergestellt oder die Fersen ruhen direkt nebeneinander und die Füße sind rechtwinklig ausgestellt.
– Ohne die Taille und die Brust einzubeziehen und die Halsmuskeln übermäßig anzuspannen, dreht man den Kopf so weit wie möglich, um nach hinten zu schauen.
– Beim Drehen des Kopfes atmet man ein, und wenn man in die Ausgangsposition zurückkehrt, atmet man aus.
– Das gleiche übt man zur anderen Seite.
– Man wiederholt die Bewegung mehrere Male. Da sie kurz ist, kann man ebensoviele Male eine der Varianten anschließen.

Varianten

– Eine der zahlreichen Varianten besteht darin, sich vollkommen zu drehen und die Schulter in die Richtung zu wenden, in die man blickt, und die entgegengesetzte Seite passiv zu lassen (Schulter und Taille).
– Eine andere Variante bringt die Hände ins Spiel, die in die Hüften gestemmt werden.

Anwendung

Die fünf Schwächen beziehen sich auf Krankheiten der »Fünf Organe« (Leber, Herz, Milz, Lunge und Niere). Die sieben Verwundungen beziehen sich auf die Emotionen Freude, Wut, Schwermut, Trauer, Kummer, Angst und Furcht, deren Zielscheibe vor allem die Leber und das Hun sowie das Herz und das Shen sind. Und auf sie reagieren die »Fünf Organe« mit psychosomatischen Störungen und verschiedenen Verkrampfungen.

Den Ruf, den diese Übung genießt, verdankt sie zweifellos der Regulierung des Nackenbereichs und des Zerebralbulbus, in dem sich die Kommandozentren des sympathischen und des parasympathischen neurovegetativen Systems befinden. In diesem Sinn hat diese Übung ihre Entsprechung in der der »Schildkröte«, wo der Hals von vorne nach hinten bewegt wird, und die eine Übung für ein langes Leben ist (siehe das Kapitel zur »Allgemeinen Massage« weiter unten).

Auf der energetischen Ebene werden reguliert: die Punkte Dazhui (Du 14), wo die Yang-Leitbahnen zusammenströmen, Fengchi (Gb. 20), Tianzhu (Bl. 10) und Fengfu (Du 16), die Durchgangspunkte der Sonderleitbahnen Du Mai, Yang Qiao Mai und Yang Wei Mai sowie bestimmte Punkte des »Fensters zum Himmel« (Abb. 127).

Diese Übung kräftigt die Halsmuskulatur, beugt Erkrankungen der Halswirbel vor und stärkt die Augenmuskeln aufgrund der Tatsache, daß die Augen stark bewegt werden, um nach hinten zu blicken.

Sie hat auch die Wirkung, die Zirkulation im Gehirn zu verstärken, indem sie die Zirkulation in der Halsschlagader und vor allem die vertebral-basale Zirkulation erhöht. Es ist eine wohltuende Übung für Patienten mit erhöhtem Blutdruck, die vom Schlaganfall bedroht sind oder an den Folgen eines Gehirnschlags leiden.

Um optimal zu wirken, muß diese Übung langsam und im Zustand des Yi Shou durchgeführt werden.


Fünftes Brokatstück: »Den Kopf pendeln lassen und das Gesäß hin- und herbewegen treibt die Hitze des Herzens aus« (Abb. 128)

– Aus der Ausgangsposition heraus stellt man den linken Fuß seitwärts und geht in die Reiterstellung.

– Die Hände auf die Oberschenkel legen, die Daumen nach hinten, die vier übrigen Finger zur Innenseite der Schenkel gerichtet.

– Den Kopf senken, den Rumpf nach vorne beugen und ihn in einem Kreisbogen nach links sinken lassen. Den Oberkörper, am Kopf beginnend, bis zur äußersten Grenze strecken.

- Das Gesäß herausstrecken und dabei die Streckung des rechten Schenkels und des rechten Beins nutzen.
- Zusammen mit der Bewegung des Rumpfes die Hände leicht bewegen.
- Kopf, Rumpf und rechtes Bein bilden eine Linie.
- Diese Stellung drei Sekunden beibehalten.
- Zur Mitte zurückkehren und die Bewegung zur anderen Seite ausführen.
- Man atmet während der Rumpfbeugung ein und atmet aus, wenn man wieder zurückgeht.
- Mehrere Male wiederholen.

Anwendung

Diese Übung wird »Das Herz vom Feuer befreien« genannt, was bedeutet, durch Streß und körperliche Überanstrengung verursachte Spannungen des Nervensystems zu lösen, die durch einfaches Ausruhen nicht immer sofort zu beseitigen sind, und die durch Überernährung, zu stark gewürzte Speisen oder zuviel Alkohol erzeugte Hitze zu beseitigen.

Die Vorstellung dabei ist, daß die Lunge das »Feuer des Herzens« wieder aufnimmt, denn wenn das Herz bei der Lunge eingreift (die Wandlungsphasen der »Fünf Elemente«), ist die Lunge in der Lage, das Herz zu kontrollieren, das Übermaß an Hitze aufzunehmen und zirkulieren zu lassen.

Die Arme mit den Händen auf den Schenkeln auszustrecken hat die Wirkung, auf passive Weise die Lunge zu mobilisieren, um das Feuer zu absorbieren. Die Bewegung und die Atmung setzen die Lunge in Gang.

Sechstes Brokatstück: »Das Berühren der Füße mit beiden Händen kräftigt die Niere und die Taille« (Abb. 129)

- Ausgangsposition, die Füße werden parallel in Schulterbreite auseinandergestellt.
- Die Arme über den Kopf heben, entweder vorne über den Körper oder über die Seiten; die Handteller sind einander zugekehrt.
- Die Arme in einem sehr großen Bogen hinunterführen, die Hän-

de umgreifen von unten die Zehen. Die Knie müssen durchgedrückt bleiben, und der Kopf wird leicht angehoben, er darf nicht herunterhängen.

- Man atmet ein, wenn man die Arme hochhebt, und atmet aus, wenn man sie senkt.
- Wenn man die Arme über den Kopf hebt, konzentriert man sich auf den Punkt Mingmen.
- Die Übung nicht zu häufig wiederholen. Im Fall der Serie von 24 Wiederholungen sollte man diese Übung nicht mehr als 15mal durchführen.

Anwendung

Die Übung spannt die Muskeln im Taillen- und Kreuzbereich an, stärkt die gürtelartige Leitbahn Dai Mai und die Niere. Sie beugt Hexenschuß vor und verbessert die Nieren- und Nebennierenfunktion. Der Wechsel von Zusammenziehen und Entspannen der Lendenmuskeln massiert die Niere und läßt die Energie zirkulieren.
Diese Übung verstärkt die ursprüngliche Energie Yuan Qi und die essentielle Energie Jing (Yuan-Jing), die im Mingmen und in der Niere sitzen.
Patienten mit Bluthochdruck oder mit Arteriosklerose müssen darauf achten, den Kopf gut zu heben, wenn sie sich hinunterbeugen. Sie sollten die Übung nicht zu oft wiederholen.

Siebtes Brokatstück: »Geballte Fäuste und flammender Blick erhöhen die Muskelkraft« (Abb. 130)

- Aus der Ausgangsposition heraus die Reiterstellung einnehmen. Die Zehen krallen sich am Boden fest, die Ellenbogen sind angewinkelt, die Fäuste fest gegen die Taille gepreßt. Die Handrücken zeigen nach unten.
- Man blickt geradeaus, die Augen weit geöffnet, fast aus den Höhlen tretend. Man blickt feurig, flammend, energisch oder sogar wütend wie ein Tiger beim Angriff.
- Man vollzieht die gleichen Bewegungen wie im zweiten Brokatstück, »Mit dem Bogen schießen«, streckt dabei aber die linke Faust aus, während sich die rechte kraftvoll ballt. Man dreht sich

129 130

zur rechten Seite, um die gleiche Bewegung rechts zu machen (der Faustrücken wird während der Bewegung herumgedreht und zeigt nach oben).

- Man atmet während der Streckung aus, und während man in die Anfangsposition zurückkehrt, atmet man ein.
- Mehrere Male wiederholen.

Anwendung

Diese Übung stimuliert die Gehirnrinde, das autonome Nervensystem. Indem sie auf die Augen und Muskeln wirkt, beeinflußt sie das Qi der Leber, »ermuntert das Yang und entfaltet das Yin«. Die vorletzte Sequenz trainiert die Muskeln. Sie reguliert die ganze Energie, die in den vorangehenden Schritten erarbeitet wurde, indem sie die Energie an die Oberfläche leitet (Muskeln), und sie macht es zugleich möglich, daß die Energie der Muskeln selbst, Li Qi, verstärkt wird.

Achtes Brokatstück: »Den Rücken in Vibration versetzen läßt die sieben Unordnungen und die hundert Krankheiten verschwinden« (Abb. 131)

- Ausgangsposition. Die Arme hängen längs des Körpers.
- Beine, Rumpf und Kopf sind gerade und bilden eine Linie.
- Sich auf die Fußspitzen erheben und dabei den Scheitel nach

oben stoßen, als ob man mit dem Kopf ein Gewicht heben wollte, ihn dabei gerade und in einer Linie mit dem Hals halten.
– Zwei bis drei Sekunden so bleiben, dann wieder heruntergehen.
– Bei der Aufwärtsbewegung einatmen, beim Heruntergehen ausatmen.
– Mehrere Male wiederholen.

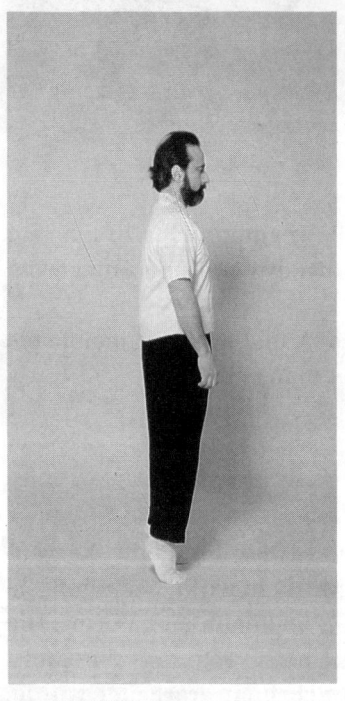

131

Anwendung

Diese Übung läßt den Körper und die Wirbelsäule vibrieren und gibt der Übungsreihe den letzten Schliff. Die Energie wird im ganzen Körper, in den »Fünf Organen« und den »Sechs Eingeweiden« über die sechs großen Leitbahnen Tai Yang, Shao Yang, Yang Ming, Tai Yin, Shao Yin und Jue Yin verteilt. Die sechs unteren Leitbahnen werden mobilisiert, wenn man sich auf die Fußspitzen erhebt und wieder mit den Fersen aufsetzt; die sechs oberen, die mit ihnen verbunden sind, werden mobilisiert, wenn man den Kopf streckt. Die Leitbahnen werden wie ein Gummiband oder wie eine Ziehharmonika auseinander- und zusammengezogen.

238

## Das »Spiel der fünf Tiere« (Wu Qing Xi)

Das »Spiel der fünf Tiere«, das auf den berühmten Arzt des Altertums, Hua Tuo, zurückgeht, ist eine traditionelle Übung, die in China, wo man dazu eine beachtliche Anzahl von Varianten kennt, sehr geschätzt wird.

Das »Spiel der fünf Tiere« wird als eine Kombination des statischen und dynamischen Qi Gong angesehen. Diese Übungen wirken gleichzeitig auf die Geschmeidigkeit, die Ausdauer, die Konzentration und vor allem auf die Einfühlungsgabe. Der Schüler muß sich mit dem Qi des Tieres identifizieren, das heißt mit dem, was es freisetzt. Auf diese Weise zeigt die Übung eine doppelte Wirkung, einmal durch die körperliche Bewegung und dann durch das Wesen des Tieres, das man zu imitieren versucht.

| *Elemente* | Holz | Feuer | Erde | Metall | Wasser |
|---|---|---|---|---|---|
| *Tiere* | Tiger | Drache oder Schlange | Bär | Kranich oder Storch oder Adler | Affe |

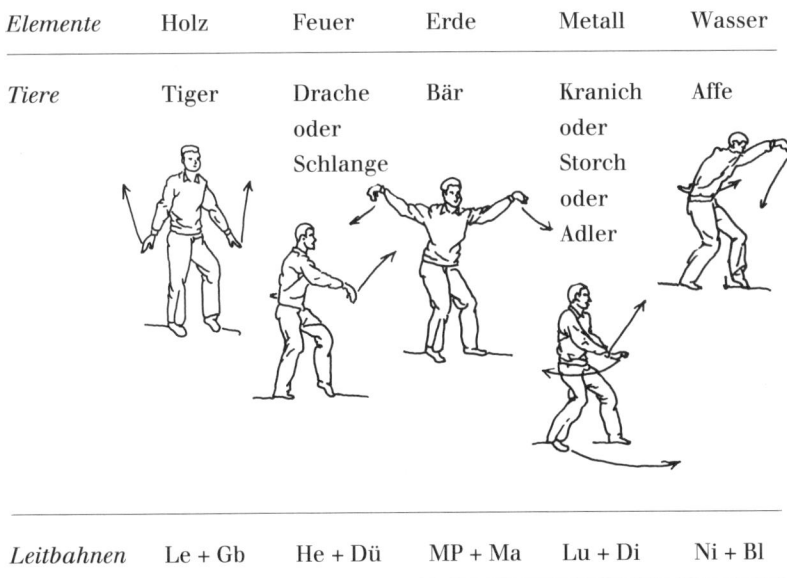

| *Leitbahnen* | Le + Gb | He + Dü | MP + Ma | Lu + Di | Ni + Bl |
|---|---|---|---|---|---|

Tabelle 2

Bl = Blase; Di = Dickdarm; Dü = Dünndarm; Gb = Gallenblase; He = Herz; Le = Leber; Lu = Lunge; Ma = Magen; MP = Milz-Pankreas; Ni = Niere

Traditionellerweise handelt es sich dabei um Tiger, Bär, Affe, Vogel und Schlange. Aber es gibt auch Variationen bei der Auswahl der Tiere. Manchmal wird die Schlange durch den Drachen ersetzt. Der Vogel wird am häufigsten mit dem Kranich gleichgesetzt, manchmal aber auch mit dem Adler oder dem Storch. Außerdem gibt es eine Entsprechung dieser fünf Tiere mit den »Fünf Elementen« und folglich mit den Leitbahnen der Akupunktur. Diese Zuordnung stimmt bei den verschiedenen Schulen nicht immer überein. Wir stellen hier die am meisten verbreitete dar (Tabelle 2).

Unter den Varianten des »Spiels der fünf Tiere« haben wir die aus der Schule des Nordens ausgewählt.

Der Tiger (Abb. 132 a, b, c, d, e, f, g)

- Aufrecht stehen. Die Füße sind nebeneinander gestellt, die Knie gebeugt, sie dürfen die Fußspitzen nicht überragen.
- Man hebt den rechten Fuß vom Boden und bewegt ihn etwa einen halben Schritt nach vorne, in der Art, daß die Ferse über die linke Fußspitze hinausragt. Dann, der Fuß hängt dabei parallel zum Boden, beschreibt man einen Kreisbogen und setzt den Fuß ungefähr in Schulterbreite auf.
- Gleichzeitig hebt man die gebeugten Arme hoch, ohne die Höhe der Augenbrauen zu überschreiten. Die Handgelenke sind angewinkelt, die Hände hängen nach unten, die Finger bewegen sich frei. Hände und Unterarme werden im letzten Moment aufgerichtet und senken sich, wenn man den Fuß aufsetzt.
- Man führt die gleiche Bewegung zur linken Seite aus.
- Man stellt sich dabei einen Energieball vor, den man leicht in den Händen hält und nach vorne stößt und wieder zurückzieht. Nach und nach hat man die Empfindung von Wärme in den Armen und dann im ganzen Körper.
- In dieser rhythmischen Gangart bewegt man sich weiter nach vorne; die Anzahl der Vorwärtsbewegungen hängt vom Training ab.

Anwendung

Behandlung von Lungenleiden wie Asthma und Emphysem und Arthritis in der Schulter.

132 a

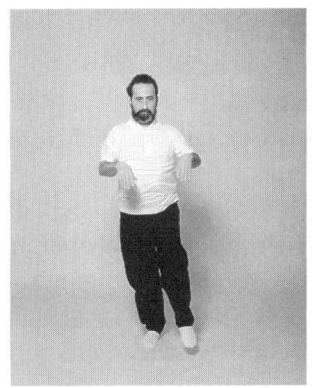

132 b

132 c

132 d

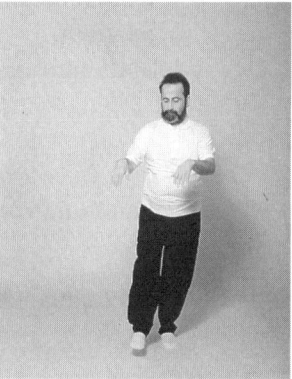

132 e

132 f

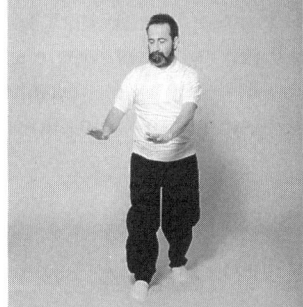

132 g

Der Bär (Abb. 133 a, b, c, d, e, f)

– Aufrecht stehen. Die Füße sind in Schulterbreite auseinandergestellt.
– Man bewegt den Fuß in der gleichen Weise wie vorher nach vorne.
– Man hebt die Arme hoch, die Ellenbogen in der Horizontale, die Fäuste geschlossen, aber nicht geballt. Es besteht die ganze Zeit ein nicht sichtbarer Hohlraum zwischen Daumen und Zeigefinger. Die beiden Fäuste sind einander zugekehrt, und man muß sich der zwischen beiden Händen befindlichen Energie bewußt sein.
– Genau in dem Moment, wo man den Fuß aufsetzt, dreht man die Hüften in einer kurzen Bewegung, die den Körper und den Kopf mitzieht.
– Dann führt man die Bewegung zur anderen Seite durch.

Anwendung

Behandlung von Verdauungsproblemen und Ischias.

Die Schlange (Abb. 134 a, b, c)

– Die Vorwärtsbewegung geschieht in kleinen Schritten ausschließlich nach links.
– Das linke Bein geht nach vorne, das rechte folgt ihm.
– Die Fäuste sind in der gleichen Stellung wie vorher.
– Die Fäuste nähern sich einander, während man auch die Füße näher zusammenbringt, und man führt sie auseinander, wenn der linke Fuß nach vorne geht.
– Man wiederholt die Bewegung zur anderen Seite und macht auf der rechten Seite nur kleine Schritte.

Anwendung

Macht die Wirbelsäule biegsam und stärkt die Bauchspeicheldrüse.

133 a

133 b

133 c

133 d

133 e

133 f

134 a

134 b

134 c

Der Affe (Abb. 135, a, b)

– Aufrecht stehen. Die Füße werden in Schulterbreite auseinandergestellt.
– Der rechte Fuß ist nach vorne gestellt, das Knie gebeugt. Die Ferse wird nicht aufgesetzt, der Unterschenkel steht senkrecht zum Boden.
– Gleichzeitig wird der rechte Arm ohne Anspannung nach vorne gestreckt. Die Finger werden schnabelartig zusammengekrümmt, die Fingerspitzen weisen auf einen Punkt oberhalb des Knies.
– Das linke Bein wird angehoben, gebeugt und trägt siebzig Prozent des Körpergewichts. Die Ferse ist auf dem Boden.
– Der linke Arm wird angehoben, der Ellenbogen ist gespreizt und in Schulterhöhe, nahe am Ohr. Die Finger sind schnabelartig gekrümmt.
– Man stellt den linken Fuß vor, um die Position zu wechseln. Nicht vergessen, auch die Stellung der Arme zu wechseln, und darauf achten, gebeugt zu bleiben und den Körper nicht aufzurichten.
– Wie ein Affe neugierig, unruhig und wachsam blicken.


Anwendung

Behandlung von Arthose des Rückgrats im Nacken-, Rücken- und Kreuzbereich sowie Weitsichtigkeit und Sehstörungen.


Der Kranich (Abb. 136 a, b)

– Die gleiche Vorwärtsbewegung der Füße wie beim »Tiger« und beim »Bären«.
– Beide Arme anheben und das Auffliegen des Kranichs imitieren, dabei wird das rechte Bein vorwärtsbewegt. Die Arme in dem Moment abwärts bewegen, wo man den Fuß aufsetzt.
– Dann die Arme wieder hochheben, während man das rechte Bein nach vorne bewegt.


Anwendung

Behandlung von Bluthochdruck und kardiovaskulären Krankheiten.

135 a                           135 b

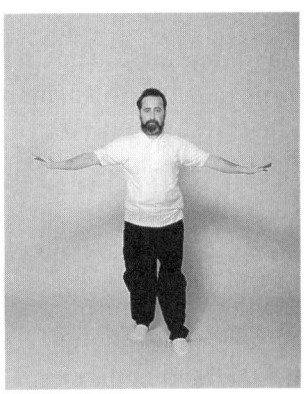

136 a                           136 b

Anmerkungen zum Wu Qing Xi

– Die Bewegungen müssen mit Leichtigkeit und spielerisch ausgeführt werden, wie bei einem Kind, das sich gerade vergnügt
  beschäftigt.
– Die Empfindung von Wärme nicht krampfhaft suchen; sie kommt
  von allein.
– Wenn man die Bewegungen sicher beherrscht, kann man sie
  auch rückwärts machen.
– Man kann an jedem Tier ein oder zwei Minuten oder auch länger
  arbeiten.

*Die »Tiere des langen Lebens«*

Man darf die »Fünf Tiere« nicht mit den Stellungen der »Tiere des langen Lebens« verwechseln. Diese sind die »Schildkröte«, der »Kranich« und der »Hirsch«.

Die Taoisten des Altertums hatten aus ihren Beobachtungen geschlossen, daß sie zu den Tieren gehören, die am längsten leben. Um das eigene Leben zu verlängern und die entsprechende Fähigkeit zu erwerben, arbeiteten sie die folgenden Übungen aus, die das Verhalten dieser drei Tiere imitieren.

### Die Schildkröte

Es ist ein Bewegungsablauf, der sich auf den Hals konzentriert, der nach vorne und dann nach hinten geschoben wird, wobei das Kinn ein großes Oval beschreibt (wie bereits weiter oben ausgeführt, vergleiche Abb. 90 a, b).

### Der Kranich

Diese Übung wird mit Bauchatmung in liegender oder sitzender Stellung ausgeführt.
– Beim Einatmen bläht man ganz allmählich den Bauch auf, wie um einen Ballon zu bilden.

137          138

– Beim Ausatmen zieht man den Bauch so weit wie möglich ein.
– Es geht darum, zu einem sehr langsamen Atemrhythmus zu finden.

Der Hirsch

Er wird bei den Übungen des sexuellen Kung-Fu-Trainings angewandt. Es gibt Abwandlungen, aber auch dabei ist das Ziel stets, das Dan Tian und die sexuelle Energie zu stärken. Eine Variation besteht darin, aufrecht zu stehen, wobei siebzig Prozent des Körpergewichts auf dem hinteren Bein ruhen. Das andere Bein wird leicht seitlich um einen Schritt ausgestellt, der jedesmal der Breite der Schultern entspricht. Die Fußspitze des vorderen Beins bildet einen 45-Grad-Winkel. Der Rumpf wird gedreht, um dieser Achse zu folgen, und die angewinkelten Arme werden leicht nach vorne bewegt; die Hände sind einander zugekehrt. Die kaum merkliche, kaum sichtbare Bewegung wird vom Steißbein in vertikalen Kreisen ausgeführt, die den kurzen Schwanz des Hirschs darstellen. Die Hände folgen unmerklich der gleichen Bewegung.

Auch andere Übungen werden mit den Namen von Tieren bezeichnet und einzeln als Haltungen des statischen Qi Gong beim harten oder weichen Qi Gong durchgeführt. Beispiele sind der »Drachen« (Abb. 137), der »Tiger« (Abb. 138), die »Schildkröte« (Abb. 139) und der »Phönix« (Abb. 140).

139          140

*Streckübungen*

Die unkomplizierten Streckübungen kann man separat oder im Anschluß an die »Öffnung der Gelenke« durchführen. Es handelt sich um eine Mischung von Streckübungen, wie man sie auch bei der davon beeinflußten schwedischen Gymnastik findet sowie von Haltungen des Yoga, das seinerseits das Qi Gong inspiriert hat.

Die Bewegungen werden langsam und mit Konzentration, in einem Zustand geistiger Ruhe ausgeführt. Die Aufmerksamkeit ist auf die Atmung gerichtet.

Die Haltung wird kurze Zeit beibehalten, fünfzehn bis dreißig Sekunden, und drei- bis fünfmal wiederholt.

- Streckung nach vorne (Abb. 141 a, b)
- Streckung nach hinten (Abb. 142 a, b)
- Streckung zur Seite (Abb. 143 a, b)

Diese drei Bewegungen sind nicht nötig, wenn diese Übungen nach der »Öffnung der Gelenke« durchgeführt werden, weil sie darin enthalten sind.

- Drehung im Liegen (Abb. 144)
- Die Schlange (Abb. 145)
- Der Bogen (Abb. 146)
- Die Zange im Sitzen (Abb. 147 a, b)
- Die Zange mit einem Bein (Abb. 148)
- Die Kerze (Abb. 149 a, b)
- Das Krokodil (Abb. 150)

Anwendung

Die Wirkungen dieser Übungen, besonders die der Yoga-Haltungen, verbinden das physische Strecken mit den subtilen Wohltaten der Asanas.

Im Altertum hat das Yoga das Qi Gong beeinflußt, und auch heute sind die Chinesen diesen Techniken gegenüber aufgeschlossen, wie die moderne Zeitschrift *Qi Gong Magazine* zeigt, die im April 1984 das »Sonnengebet« veröffentlicht hat.

141 a                     141 b

142 a                     142 b

Umgekehrt werden die Inder heute von der chinesischen Kultur
beeinflußt und zeigen sich ihr gegenüber aufgeschlossen, und viele
Inder praktizieren das Tai Ji Quan.

Die chinesische Physiologie und die Übungen im chinesischen Stil
haben in der Geschichte oft zu Neuerungen in der Praxis des Yoga
angeregt. Das ist der Fall bei einer bedeutenden Richtung französischen Ursprungs, die wir Lucien Ferrer verdanken, und die von
Roger Clerc fortgesetzt wurde. Sein Buch, *Grundlagen des Yoga der
Energie,* verdient Aufmerksamkeit.

143 a

143 b

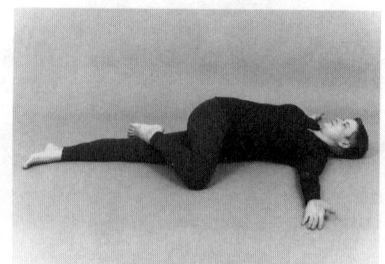

144

145

146

147 a

147 b                          148

149 a                          149 b

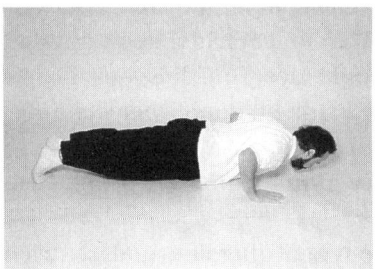

150

*Der »Große Energiekreislauf«*

Der »Große Energiekreislauf«, Dai Shou Dian, ist eine Übung für die Atmung und die Konzentration auf den Verlauf der Leitbahnen. Die Übung wird im Stehen ausgeführt, der Körper ist entspannt.

Technik

– Aufrecht stehen. Der Körper hält sich gerade, die Knie sind leicht gebeugt. Das Becken ist zurückgenommen.
– Zuerst die Übung des »Himmelswassers« durchführen.
– Dann die Zunge gegen den Gaumen legen und während der ganzen Übung auf natürliche und geräuschlose Weise atmen, ohne sich anzustrengen.
– Sich auf den Erdmittelpunkt konzentrieren.
– Vom Erdmittelpunkt aus durch die Fußsohlen einatmen und die Energie über die Innenseite der Beine bis zum Herzen steigen lassen (Abb. 151).
– Vom Herzen aus über die Innenseite der Arme bis zu den Fingerspitzen ausatmen.
– Von den Fingerspitzen aus bis zum Scheitelpunkt des Kopfes einatmen und dabei über die Außenseite der Arme und die Rückseite von Hals und Schädel gehen (Abb. 152).
– Vom Scheitelpunkt des Schädels aus über die Rückseite des Halses und der Flanken, dann über die äußere Hinterseite der Beine bis zu den Füßen ausatmen.
– Diese meditative Atmung mehrere Male wiederholen.

Man folgt also dem zentrifugalen und zentripetalen Umlauf der Hauptmeridiane: Man atmet entlang der drei Yin-Leitbahnen der Beine bis hin zum Herzen ein und entlang der drei Yin-Leitbahnen der Arme bis zu den Fingerspitzen aus. Man atmet entlang der drei Yang-Leitbahnen der Arme bis zum Baihui (Du 20), dem Scheitelpunkt des Kopfes, ein und entlang der drei Yang-Leitbahnen der Beine bis zu den Zehenspitzen aus. Man spürt die Energie durch die Beine und Arme zirkulieren.

Während dieser Meditation muß man so entspannt sein, als ob der

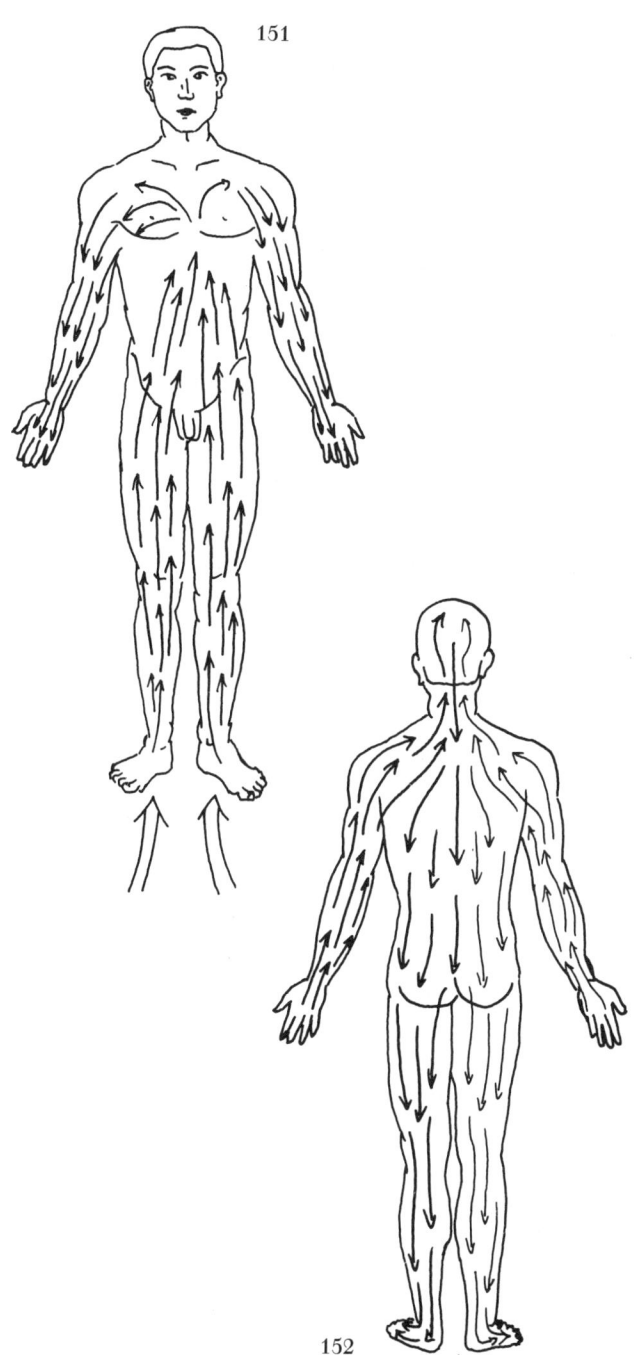

151

152

Körper im Raum schwimmen würde. Man kann entweder völlig bewegungslos bleiben oder diese Zirkulation durch leichte Bewegungen der Arme begleiten, als ob man die Energie leiten wollte, obwohl es die Vorstellung ist, die die Energie in dieser Übung leitet: »Wo der Geist hingeht, geht das Qi hin.«

Variante, die den Verlauf jeder Leitbahn benutzt

- In der gleichen Stellung leitet man in der Vorstellung das Qi in die Schleife der zwölf Leitbahnen. Man beginnt immer mit der Leitbahn der Lunge, der ersten des Kreislaufs.
- Männer beginnen mit der linken Seite und gehen dann zur rechten. Bei Frauen ist es umgekehrt.
- Man folgt annäherungsweise den Leitbahnen, ohne zu sehr auf Einzelheiten zu achten. Die Abbildungen 26 bis 37 im zweiten Teil dieses Buches (Seite 116 ff.) geben die nötigen Anhaltspunkte.
- Mit der Übung des »Himmelswassers« beginnen.
- Einatmen vom Dan Tian bis zum ersten Punkt der Lungen-Leitbahn.
- Ausatmen über die Lungen-Leitbahn.
- Einatmen über die Dickdarm-Leitbahn.
- Ausatmen über die Magen-Leitbahn.
- Einatmen über die Milz-Leitbahn.
- Ausatmen über die Herz-Leitbahn.
- Einatmen über die Dünndarm-Leitbahn.
- Ausatmen über die Blasen-Leitbahn.
- Einatmen über die Nieren-Leitbahn.
- Ausatmen über die Perikard- oder Herzbeutel-Leitbahn.
- Einatmen über die »Dreifacher-Erwärmer«-Leitbahn.
- Ausatmen über die Gallenblasen-Leitbahn.
- Einatmen über die Leber-Leitbahn.
- Ausatmen über die Lungen-Leitbahn usw.
- Zwei- bis dreimal zu jeder Seite wiederholen.
- Wenn man die Energie gut in den Leitbahnen zirkulieren fühlt, kann man gleichzeitig auf beiden Seiten üben.

## Anwendung

Für die Gesundheit ist diese Übung offensichtlich von großer Bedeutung.

Das Ziel besteht darin, Atmung, Ruhe und bewußte Konzentration zu kombinieren, um die Energiebahnen freizumachen. Tatsächlich sind, je öfter die Übung wiederholt und je mehr das Qi gespürt wird, die Auswirkungen um so stärker. Die Übung gleicht ein bißchen einer Pfeifenreinigung oder dem Durchputzen. Es findet eine Säuberung der zwölf Leitbahnen, eine Befreiung von Verunreinigungen statt; das heißt, daß dort, wo das Qi stagniert, die Sperren durchbrochen und von dem Qi, das in die Akupunkturkanäle fließt, aufgelöst werden.

In Wirklichkeit ist es eine komplette Akupunkturbehandlung, die man sich damit gönnt. Wenn sie kontinuierlich wiederholt wird, zeigt sie schließlich Wirkung. Der chinesischen Medizin zufolge ist der Körper dann bei guter Gesundheit, wenn das Qi normal in den Leitbahnen zirkuliert.

Der »Große Energiekreislauf« kann auch als therapeutische Übung eingesetzt werden, wenn man an Funktionsstörungen wie einer Kolitis, einem Magengeschwür, einer schwachen Blase oder an Migräneanfällen leidet.

Aber die Übung bringt noch sehr viel mehr, weil sie sich nicht darauf beschränkt, die Kanäle freizumachen und das zirkulierende Qi zu reinigen. Man muß sich klarmachen, daß es bei entsprechender Ausdauer so ist, als ob der Durchmesser dieser Kanäle vergrößert wird. Anders gesagt, das Qi kann leichter zirkulieren, wodurch eine größere Fülle entsteht. Das Endergebnis beschränkt sich nicht nur darauf, daß man gesund wird, sondern daß man große Widerstandskraft entwickelt.

Der Beweis wird durch die Kampfkünste erbracht. Tatsächlich ist der »Große Energiekreislauf« neben dem »Kleinen Energiekreislauf« eine Grundübung des Nei Dan. Das Ziel ist, einen durchgehenden Energiefluß in den Gliedern herbeiführen zu können, um die Kraft und Schnelligkeit eines Angriffs zu vervielfachen oder um das Qi nach außen zu projizieren. Der »Große Energiekreislauf« entwickelt also physische Fähigkeiten jenseits der üblichen Grenzen. Man kann daraus leicht auf das schließen, wovon die chinesische Kultur schon immer überzeugt war: Die Praxis der Kampfkünste stellt eine eigenständige Kunst der Gesundheit dar. Und auch wenn der Schüler das Nei Dan nicht bewußt praktiziert, tritt die Wirkung auf eine natürliche Weise ein. Allein die Bewegungen, die mit dem Atem verbunden werden, wie beim Tai Ji Quan, wenn auch weniger intensiv, fördern die Gesundheit, was der Westen gerade erst zu entdecken beginnt.

## Qi-Gong-Aerobic

Wie das Stretching ist auch das Qi-Gong-Aerobic eine moderne Adaption der Methode. Das Ziel besteht darin, ein Training für Herz und Muskeln anzubieten, das mit Leistungssport und Gymnastik vergleichbar ist. Man kann es Menschen, die viel sitzen und keinen Sport treiben, nur empfehlen, aber es ist unnötig, wenn man neben dem Qi Gong noch eine Sportart oder das Tanzen betreibt.
Man macht große, sehr schnelle Bewegungen, atmet dabei durch die Nase ein und stößt den Atem durch den Mund aus.

– Die Arme in großen Kreisbögen nach vorne bewegen.
– Man tut so, als ob man Hanteln bis in Brusthöhe hebt oder
– als ob man an einem Seil zieht und ein schweres Gewicht heranholt oder
– als ob man Wände auseinanderstemmt.
– Man beugt sich nieder und richtet sich wieder auf.
– Die Arme sind ausgebreitet, der Körper ist gebeugt, und man dreht den Rumpf in der Taille.

Die Bewegungen müssen mit dem Gefühl durchgeführt werden, als ob man Gewichte heben oder sich gegen Widerstände stemmen würde.
Dieses Qi Gong kann von den nicht so Kräftigen oder von denjenigen, die keinen Sport lieben, betrieben werden. Sportliche Menschen können es vernachlässigen.

## Das spontane Qi Gong

Die Übung besteht darin, den Körper zu schütteln, ihn sich bewegen und Haltungen einnehmen zu lassen, ohne ihn zu kontrollieren. Man folgt vielmehr der Intuition des Körpers.

Das spontane Qi Gong ist mit den freien Asanas, die Muktananda lehrt, vergleichbar. Diese Übungen sind nach Japan gelangt und haben dort eine Technik wie die »Regenerierende Bewegung« von Itsuo Suda hervorgebracht. Man kann sie auch in bearbeiteter und umgewandelter Form in den vom Osten inspirierten westlichen Techniken wie der Sophrologie, der Eutonie und der Feldenkrais-Methode ahnen.

Das spontane Qi Gong erlaubt, der Intuition des Körpers und den Emotionen zu folgen. Aber man sollte die Fallstricke des Abgleitens in Hysterie oder jeder künstlich konstruierten individuellen Note zu vermeiden wissen, die zur Komplikation statt zur Vereinfachung führen würden.

Das spontane Qi Gong stellt in China keineswegs eine verbreitete, traditionelle Richtung dar, aber es bietet interessante Möglichkeiten, um die Leistungen von Sportlern oder Tänzern zu erhöhen.

## Schlußfolgerungen

Es gibt zahllose Übungen des Qi Gong. Wir haben uns bemüht, in diesem Kapitel die klassischen und die, die ein Grundtraining bilden und für die tägliche Praxis in Frage kommen, vorzustellen. Man sagt, daß es so viele Qi-Gong-Formen wie Individuen gebe. »Äußere« Übungsreihen existieren in großer Zahl, und es werden in China immerzu neue entwickelt. Die »inneren« Übungsfolgen sind ebenfalls sehr zahlreich, es existieren buddhistische und taoistische mit speziellen Trainingsformen. Darunter sind einige, die stets geheimgehalten werden und andere, die für immer verschwunden sind und deren Geheimnis verlorengegangen ist.

Ein Leben würde nicht ausreichen, um alle Übungen des Qi Gong zu erlernen. Man schätzt, daß es bis zu 18 000 unterschiedliche Techniken des Qi Gong in China gibt.

Worin liegt der wesentliche Grund für diese Vielfalt?

Er liegt darin, daß das Qi Gong zur Freiheit inspiriert. Jeder erlernt auf persönliche Weise die Übungen, trifft seine Auswahl, findet nach und nach seinen eigenen Stil und trägt durch seine Praxis zu Abwandlungen bei, denn durch das eigenständige Üben erfaßt er die Sache besser als nur durch den Unterricht.

Die Mehrheit der Anhänger stimmt auch darin überein, daß es zwei Stolpersteine gibt, die man vermeiden sollte: zum einen, daß man bei einigen Grundübungen bleibt und nicht versucht, darüber hinauszukommen, und zum anderen, daß man unaufhörlich neue Übungen zu erlernen versucht, ohne etwas zu vertiefen.

# Die Massagen

Selbstmassage ist eine ungenaue Übersetzung der Begriffe Dao Yin oder An Mo.

Manche Selbstmassagen sind integraler Bestandteil des Qi Gong und werden täglich angewendet, andere gehören in den therapeutischen Bereich und werden bei der Behandlung von Krankheiten oder Krankheitssymptomen angewandt.

## Allgemeine Massage

Diese Massage ist sehr bekannt und wird in vielen Schulen gelehrt. Jede Massage soll nur kurze Zeit, ungefähr zehn Sekunden lang, betrieben werden. Das Gegeneinanderreiben der Hände hängt von ihrer Temperatur und von dem Gefühl ab, daß das Qi die Hände erreicht hat.

### Technik

- Die Hände gegeneinanderreiben, um sie zu erwärmen und die Energie dorthin zu leiten (Abb. 153).
- Reibende Massage des Gesichts. Die Hände streichen in einer leichten Berührung schnell über das Gesicht. Die Haut gut erwärmen (Abb. 154).
- Erneut die Hände erwärmen.
- Stirnmassage: Die Hände streichen nacheinander schnell über die Stirn und üben dabei Druck aus (Abb. 155 a, b).
- Massage des Mundes: wie oben (Abb. 156 a, b).
- Öfter daran denken, die Hände wieder für einige Sekunden zu reiben.
- Massage der Kopfhaut: Man reibt sie mit kleinen, ruckweisen Bewegungen der Fingerspitzen von der Stirn bis zum Nacken und drückt dabei stark auf (Abb. 157).
- Augenmassage: Von der Nasenwurzel bis zu den Haarwurzeln,

153                              154

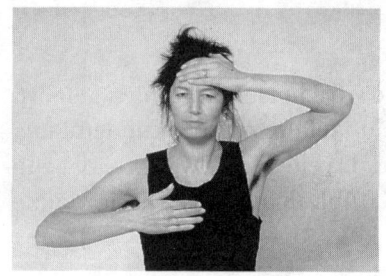

155 a                            155 b

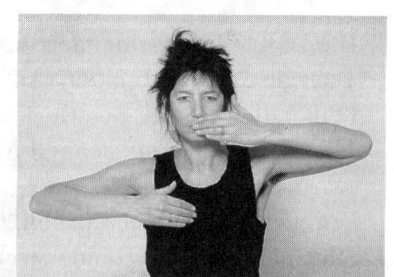

156 a                            156 b

157

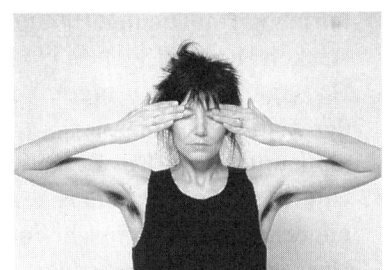

158

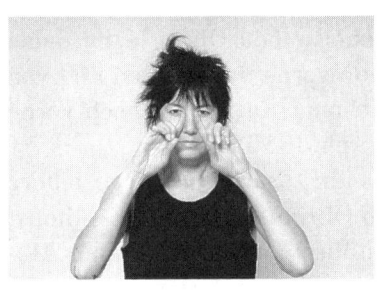

159

160

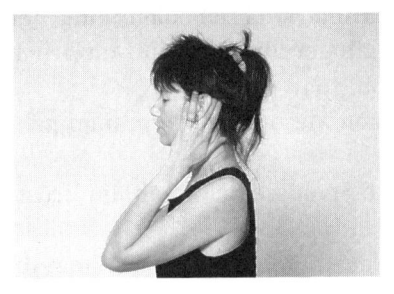

161

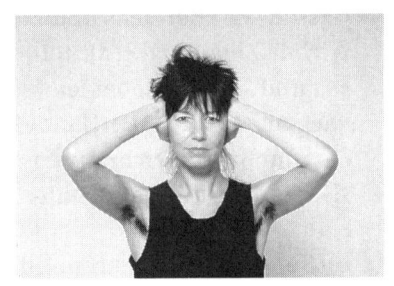

162 a

162 b

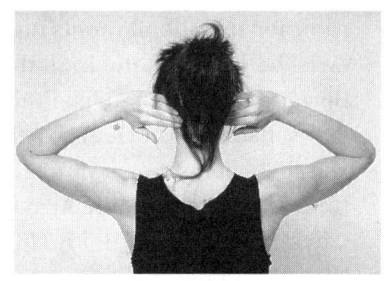

163

horizontal, mit beiden Händen gleichzeitig, energisch, aber ohne starken Druck streichen (Abb. 158).

- Massage der Nasenflügel: Von oben nach unten, mit der Kante der Zeigefinger massieren (Abb. 159).
- Lippenmassage: Ein Zeigefinger wird waagerecht oben an die Oberlippe und der andere unter die Unterlippe gelegt. Man reibt energisch und vertauscht dann die Finger (Abb. 160).
- Massage des Bereichs vor und hinter den Ohren: Jedes Ohr zwischen Ring- und Mittelfinger fassen und kräftig reiben (Abb. 161).
- Massage der Ohren: Die Handflächen auf die Ohren legen, dabei stärkeren Druck ausüben und von vorne nach hinten und von hinten nach vorne reiben. Wenn man von hinten nach vorne kommt, soll das Ohr abknicken (Abb. 162 a).
- Massage der Ohrmuschel: Man kann zusätzlich eine gezieltere Massage des ganzen Ohres, also Ohrmuschel, Helix, Anthelix, Fossula und Ohrläppchen durchführen, indem man einen Moment bei den sensiblen Zonen verweilt und starken Druck ausübt (Abb. 162 b).
- Massage des Bereichs unter dem Hinterkopf zu beiden Seiten der Wirbel: Zeigefinger, Mittel-, Ringfinger üben gemeinsam Druck aus und kreisen dabei leicht (Abb. 163).
- Nackenmassage: Die Hände liegen auf dem Nacken, man geht bis zum Brustkorb hinunter.
- Massage des Bereichs unter dem Schlüsselbein, nah am Brustbein:
  1. Die Arme sind gekreuzt, die Finger eng zusammen. Man reibt diesen Bereich kräftig mit den Fingern (Abb. 164).
  2. Man nimmt die Arme auseinander, legt die Finger spitz zusammen und klopft rechts mit der linken Hand leicht den Bereich zwischen Schlüsselbein und Brustbein, während die rechte den Bereich unter der Achselhöhle abklopft (zwei Handbreit unter der Achselhöhle). Dann wechselt man die Richtung (Abb. 165).
- Massage der Arme: Man geht mit der rechten Hand an der Innenseite des linken Arms hinunter und an der Außenseite wieder hoch, also in der Richtung der Leitbahnen. Die Bewegung ist rasch und kräftig. Dann wechselt man die Seiten (Abb. 166, 167).

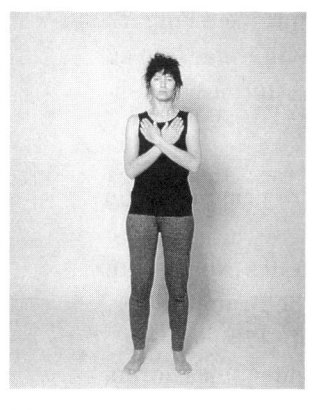

164

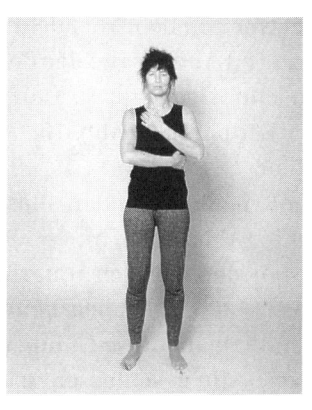

165

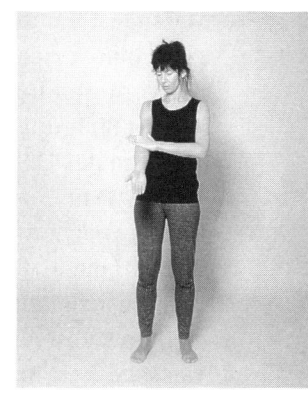

166

167

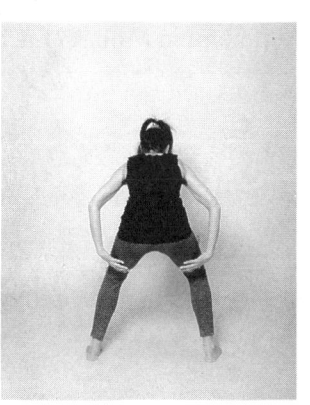

168 a

168 b

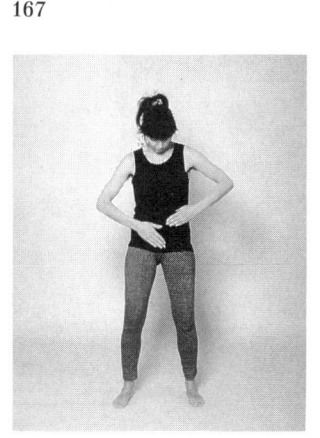

169 a

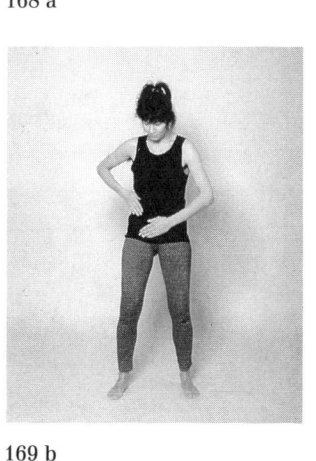

169 b

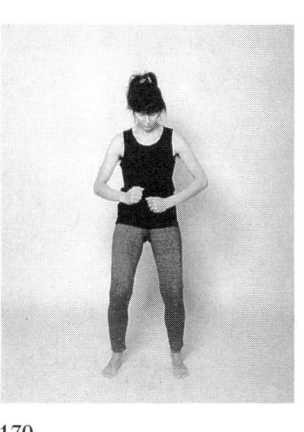

170

- Massage der unteren Gliedmaßen: Mit leicht gespreizten Fingern geht man an der hinteren Außenseite der Beine hinunter und an der vorderen Innenseite wieder hoch. Man massiert also ebenfalls in Richtung der Leitbahnen (Abb. 168 a, b).
- Massage des Dan Tian:
  1. Das Dan Tian mit beiden Händen massieren, als ob man kräftig wischen wollte (Abb. 169 a, b).
  2. Mit beiden Fäusten den Bereich unterhalb des Nabels mit kleinen Schlägen, fest und schnell, bearbeiten. Schwangere verzichten selbstverständlich auf diese Übung (Abb. 170).
- Massage des Kreuzes: Mit geschlossenen Händen massieren. Daumen und Zeigefinger bilden einen Ring, zu beiden Seiten der Wirbelsäule in Höhe der Nieren reiben, dann mit beiden Fäusten leicht die Kreuzregion klopfen (Abb. 171 a, b).

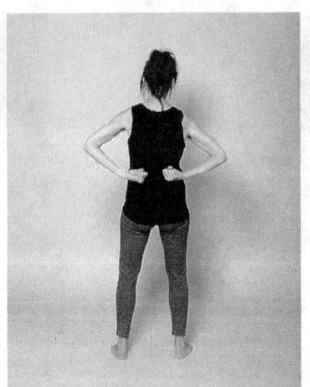 

171 a           171 b

Wirkung

Man stimuliert die Blutzirkulation und das Qi durch das Erwärmen der Hände.

Die Massage des Gesichts zielt darauf ab, die Yang-Energie des Gesichts in den übrigen Körper zu leiten. Das Reiben glättet außerdem die Falten.

Die Massage der Kopfhaut kurbelt die energetische Zirkulation in den Leitbahnen der Blase und der Gallenblase an und beugt Haarausfall vor.

Die Massage der Ohren regt die Energie in diesem Bereich an und kann die Durchlässigkeit der Eustachi-Röhre wiederherstellen. Die Stimulation der Ohrmuschel wirkt auf den ganzen Körper, denn das Ohr ist eine wichtige Zone der Reflextherapie.

Die Massage der Nase verhindert Schleimansammlungen und ermöglicht ein besseres Ausschneuzen.

Die Massage des Ober- und Unterlippenbereichs führt zu einer besseren Verbindung der Leitbahnen Du Mai und Ren Mai, was die »geistige Klarheit« fördert. Die beiden Massagepunkte sind der Renzhong (Du 26), »*Mitte des Menschen*«, zwischen Nase und Oberlippe und der Chengjiang (Ren 24) im Kinngrübchen.

Die Massage des Nackens bewirkt eine Entspannung in diesem Bereich und eine Entwässerung der Lymphgefäße des vorderen und seitlichen Nackenbereichs.

Die schnelle Massage der oberen und unteren Gliedmaßen aktiviert die Zirkulation des Qi und des Blutes entlang der Leitbahnen. Diese Aktivierung macht die Leitbahnen durchlässig, erhöht den Umsatz des Qi und bereitet auf die Arbeit am »*Großen Energiekreislauf*« vor.

Diese »Allgemeine Massage« ist ein wahres Kleinod für die Gesundheit, ein Meisterstück in der Praxis des Qi Gong. Viele haben ihren Wert erkannt und sie in ihr Übungsprogramm übernommen.

Die Massage ist das erste, was man morgens beim Aufstehen übt. Oder man beginnt damit im Bett, wenn man etwas schwer hochkommt, denn die Massage macht augenblicklich wach, und man fühlt sich sofort wie neugeboren und voller Kraft.

Die Massage sollte jede Qi-Gong-Sitzung einleiten. Auch wenn man es morgens eilig hat, sollte man dabei bleiben. Man praktiziert sie, wenn man im Laufe des Tages plötzlich müde wird, wenn das Gesicht sich kalt anfühlt, wenn man am Steuer einzuschlafen droht (natürlich unter der Voraussetzung, daß man den Wagen anhält!). Man kann die ganze Übungsreihe machen oder nur das Gesicht, die Ohrmuscheln, das Kreuz und das Dan Tian massieren und danach die »Atmung über das Dan Tian« anschließen.

## Schlußmassage des Qi Gong

Die gleiche Massage wird auch am Ende jeder Qi-Gong-Sitzung durchgeführt. Man muß sie dann nicht ganz so sorgfältig und bis in jede Einzelheit üben. Die Reihenfolge ist etwas abgeändert.

Technik

– Das Dan Tian reiben,
– das Kreuz reiben.
– Dann folgen zwei neue Massagen:
  Mit der rechten Faust leicht auf die Mitte der Brust klopfen, dann links und rechts.
  Mit der flachen Hand leicht auf den Unterleib klopfen.
– Man kehrt zur Massage des Gesichts und der Kopfhaut zurück, sehr schnell, ohne sich damit lange aufzuhalten, und überspringt eventuell einige Übungen.
– Man klopft leicht mit den Fäusten auf das Dan Tian, dann auf den Bereich des Mingmen bis zur Höhe des Kreuzbeins, auf den Kopf, den Nacken, auf die Arme und die Unterarme und schließlich mit geöffneten Händen auf die Schenkel und die Beine.

Wirkung

Am Ende der Qi-Gong-Übungen bewirkt diese Massage, das im Dan Tian angesammelte Qi im ganzen Körper zu verteilen, um die Zellen mit Jing zu nähren, der Essenz, die durch die Übungen hervorgebracht wird. Auf diese Weise verursacht das im Inneren angesammelte »Feuer des Mingmen« keine unangenehmen Emp-

266

findungen von psychischer Erregung oder Magenreizung. Gleichzeitig wird dadurch die Energie der Muskeln verstärkt.

Die Schlußmassage des Qi Gong ist also keine bloße Formalität. Sie ist entscheidend daran beteiligt, die positiven Wirkungen des Übens zu integrieren.

## »Massagen für ein langes Leben«

Diese Übungen sind aus der taoistischen Tradition hervorgegangen. Jedoch alle Lehrer des Qi Gong geben sie, mit einigen persönlichen Abwandlungen, weiter.

Diese Massageform läßt sich mit der »Allgemeinen Massage« verbinden, oder sie wird am Schluß einer Übungssitzung gesondert durchgeführt.

Massage der Schilddrüse (Abb. 172 a, b, c)

– Daumen und Zeigefinger liegen zu beiden Seiten der Luftröhre. Man massiert, indem man von oben mit den Fingern bis zum Halsansatz und zurück streicht (drei- bis viermal).

Gute Wirkungen bei Halsweh und Angina.

Massage der Niere (Abb. 173)

– Die Niere reiben und sie wie in der »Allgemeinen Massage« und der »Schlußmassage des Qi Gong« leicht klopfen.

Diese Übung beugt Nierensteinen vor. Wenn es ein bißchen schmerzt, dann gehört das dazu.

Massage des Herzens (Abb. 174)

– Mit drei Fingern massieren und direkt unter dem Brustbein kreisen; gleichzeitig mit der Zungenspitze gegen den Gaumen stoßen, um das Herz zu stärken.

Hervorragend geeignet, um das Herz zu kräftigen.

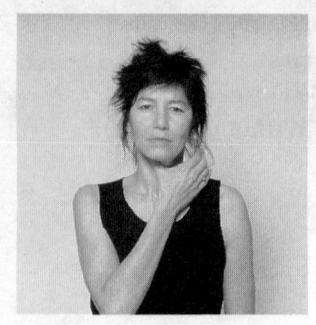

172 a

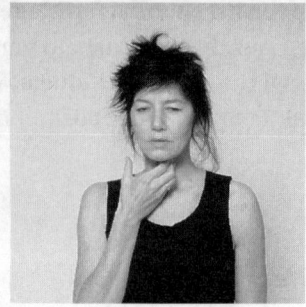

172 b

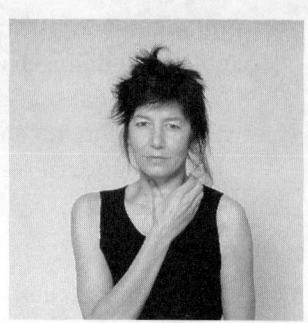

172 c

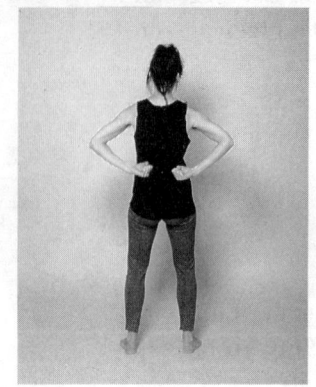

173

174

175

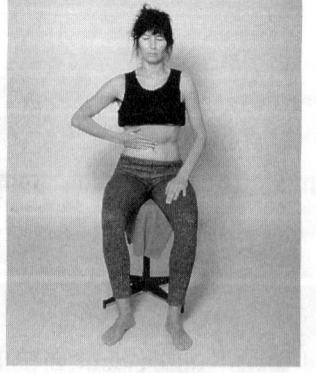

176

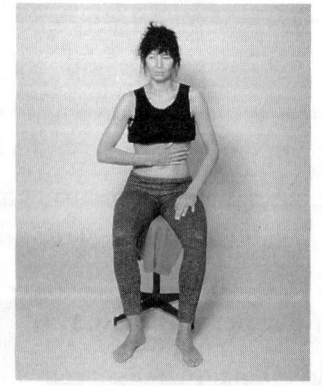

177

Massage der Leber (Abb. 175)

– Die Finger direkt unter das Brustbein gegen die Rippen legen und
die Rippen nach außen ziehen. Dann mit den Fingern ein bißchen tiefer gehen und wieder ziehen. Man fährt so bis zur
untersten Rippe fort und beginnt zwei- bis dreimal wieder von
vorne. Wenn man auf schmerzhafte Punkte trifft, verharrt man
bei ihnen.

Massage des Magens und der Eingeweide (Abb. 176, 177)

– Kreisende Massage des ganzen Bauchs, wobei man beim Solar-
plexus beginnt und immer größere Kreise zieht.
– Man kann diese Massage zum Rücken hin verlängern. Sie er-
leichtert die Verdauung und lindert Dickdarmentzündungen. Bei
Verstopfung macht man Kreisbewegungen im Uhrzeigersinn.
Bei Durchfall in der umgekehrten Richtung kreisen.

Massage der Augen

Augenmassage und -gymnastik sind sehr wirksam bei vielen Augenkrankheiten, vor allem bei Kurzsichtigkeit, wenn sie jeden Tag
durchgeführt werden.
In der Volksrepublik China sind diese Übungen für Schulkinder
obligatorisch. Die Statistiken zeigen einen bedeutenden Rückgang
von Kurzsichtigkeit und eine Stabilisierung oder sogar eine Verbesserung bei vorhandener Kurzsichtigkeit. Die Behandlung mit Akupunktur ist eine wirkungsvolle Ergänzung.

– Die Augenmuskeln massieren
Die vier Augenmuskeln sind die kleinsten des Körpers. Sie helfen, die Sicht durch die Einstellung der Kristallinse zu kontrollieren. Sie sind empfindlich; man darf sie also nicht zu stark
drücken, nicht mehr, als wenn man nur die Lider anheben
wollte. Man sollte diese Massage nicht zweimal hintereinander
machen. Man kann sie aber im Laufe des Tages mehrmals
wiederholen, besonders, wenn man seine Augen überanstrengt
(Nachtfahrten, Arbeit bei Neonlicht oder am Bildschirm).
Nach oben blicken, und die Zeigefinger sanft zwischen den

unteren Rand der Augenhöhle und den unteren Augapfel legen. Vorsichtig drei oder vier kleine, horizontale Bewegungen (von rechts nach links) mit den Zeigefingern machen (Abb. 178).

Nach unten blicken und die Bewegungen wiederholen. Die Zeigefinger liegen dabei zwischen dem oberem Rand der Augenhöhle und dem Augapfel (Abb. 179).

Nach rechts blicken, und die Spitzen der Zeigefinger auf den Innenwinkel des rechten Auges und den Außenwinkel des linken Auges legen (man darf die Zeigefinger nicht im Blickwinkel haben). Ganz leicht drei- oder viermal reiben (Abb. 180).

Das gleiche auf der anderen Seite wiederholen (Abb. 181).

Die Augen schließen und drei Fingerspitzen gegen die Nasenwurzel legen. Der Länge nach über die Augen streichen (fünf- bis zehnmal) (Abb. 182, 183), jedoch nicht in Gegenrichtung von außen nach innen streichen.

– Die Akupunkturpunkte in Nähe der Augen massieren

Der Augapfel wird mit einem Fisch verglichen, wobei der innere Augenwinkel das Maul darstellt (Abb. 184). Rund herum liegen die Akupunkturpunkte, die alle ophtalmologischen Indikationen aufweisen: Bindehautentzündung, Kurzsichtigkeit, verschwommene Sicht, Nachtblindheit, Glaukom, grauer Star usw.

Die inneren Augenwinkel direkt am Nasenansatz gleichzeitig mit Daumen und Zeigefinger kneifen (Abb. 185).

Unter dem unteren Knochen der Augenhöhle, einige Millimeter unterhalb der Augenhöhlenmitte, spürt man eine kleine Vertiefung. Diesen Punkt drücken (Abb. 186).

Die Fäuste gegen die Schläfen legen. Jeweils das zweite Glied des Zeigefingers ruht auf den Augenbrauen. Nach außen ziehen, dabei vom Ansatz der Augenbrauen direkt über der Augenhöhle ausgehen. Dann das gleiche mit der unteren Augenhöhle wiederholen. Man geht zu den Schläfen hoch und drückt dabei, was weh tun muß (Abb. 187, 188). Diese Übung mehrere Male machen.

– Den »Palast des Windes« massieren

Mit beiden Daumen, die fest in die beiden Vertiefungen unter dem Hinterkopf gedrückt sind, kreisende Bewegungen machen. Dieser Akupunkturpunkt ist der zwanzigste der Gallenblase und heißt Fengchi (Gb. 20). Er kommt bei allen Augenkrankheiten

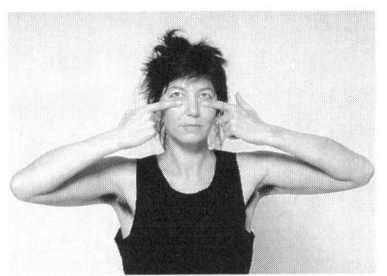

178

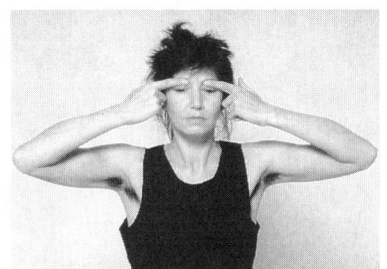

179

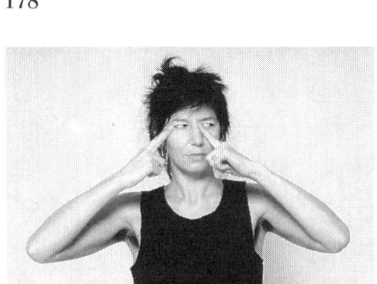

180

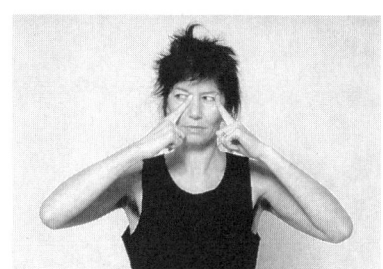

181

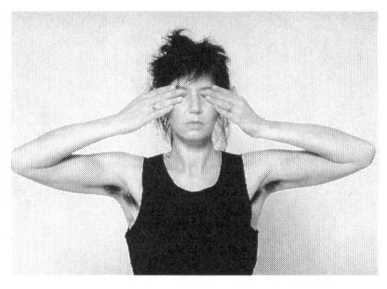

182

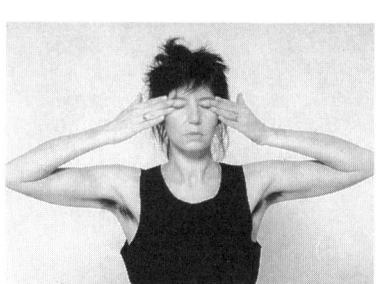

183

184

185

186

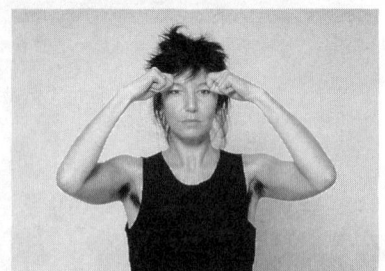

187

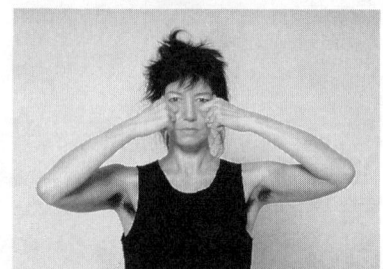

188

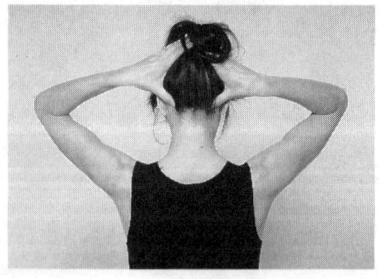

189

190

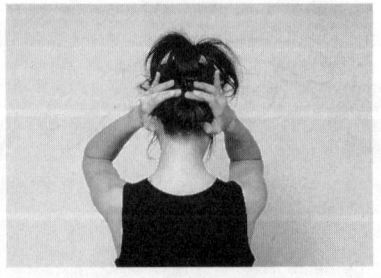

191

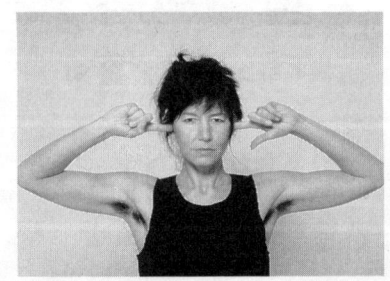

192

zum Einsatz. (Abb. 189). Im Fall einer Funktionsstörung der Augen, insbesondere bei Verminderung der Sehkraft und Kurzsichtigkeit, ergänzt man diese Übungen durch Augengymnastik, die es sowohl im Qi Gong als auch im Yoga gibt.

Mehrere Male den Blick ganz nach oben und dann nach unten richten.

Das gleiche seitlich wiederholen.

In der Diagonale, von rechts nach oben und von links nach unten, dann umgekehrt üben.

Mit den Augäpfeln Kreisbewegungen machen, mehrmals in jeder Richtung.

Massage der Ohren

– Erste Übung »Himmlische Trommel«
Von dieser Übung gibt es zwei Formen. Sie beugen der Verkalkung der drei kleinen Knochen im Inneren des Ohres, Hammer, Amboß, Steigbügel, und der Otospongiose, der Altertaubheit vor. Wenn die Otospongiose im Anfangsstadium ist, sollte man diese Übungen zweimal am Tag wiederholen, um den Prozeß zu verlangsamen.

*Erste Form:* Die Ohren verschließen, indem man mit dem Zeigefinger stark auf den Tragus drückt (Abb. 190). Mit dem Nagel des Mittelfingers 36mal auf den Nagel des Zeigefingers klopfen. Das Geräusch muß laut sein und eine Vibration erzeugen.

*Zweite Form:* Die Hände liegen auf den Ohren, knicken dabei die Ohrmuscheln um und machen sie taub gegenüber Geräuschen von außen. Die Mittelfinger auf den Ansatz des Hinterkopfs und dann die Zeigefinger über die Mittelfinger legen. Die Zeigefinger herabschnipsen lassen und so die Schädelbasis 36mal klopfen.

Damit haben wir die klassische »Himmlische Trommel« der Taoisten vorgestellt, so wie sie im Ba Duan Jin im Sitzen praktiziert wird. (Abb. 191).

– Zweite Übung
Die Gehörgänge verschließen, indem man die Zeigefinger hineinsteckt und schüttelt. Die Finger dann ganz plötzlich herausziehen, um einen Druck zu erzeugen (Abb. 192).

– Dritte Übung

Mehrmals die Nasenflügel zudrücken und wieder loslassen, um das Trommelfell vibrieren zu lassen, indem man versucht, im Widerstand gegen den Druck der Finger ein- und auszuatmen (Abb. 193).

– Vierte Übung

Massage der gesamten Ohrmuschel und Punkt für Punkt der Ohrläppchen, der Helix, Anthelix, der Muscheln (wie schon gezeigt). Die Übung wirkt kräftigend und belebend.

## Massage des Zahnfleischs und der Zähne

Diese Übungen verhindern, daß sich die Zähne lockern, und sie beugen Problemen mit den Zähnen vor. Man muß an der Stelle verharren, wo man einen kleinen Schmerz spürt, denn das ist der Bereich, wo das Zahnfleisch nicht gesund ist. Wenn man dabei auch die Muskeln entspannt, können diese Übungen zu einer Verbesserung bei fehlerhafter Bißstellung und Beschwerden des Oberkiefergelenks führen.

– Klopfen

Die Wangen und das Kinn in Höhe des Zahnfleischs und des Unterkieferbogens mit den Fingerspitzen beklopfen. Der Mund steht dabei etwas offen, die Kinnbacken sind entspannt. Gründlich überall klopfen (Abb. 194 a, b).

– Massage

Die Daumen unter die Kinnbacken legen und von der Kinnspitze bis zu den Ohren massieren (Abb. 195).

– Mit den Zähnen klappern

Eine klassische Übung des Ba Duan Jin im Sitzen, die zu therapeutischen Zwecken benutzt wird.

Den Mund öffnen und die Zähne plötzlich aufeinanderschlagen, so als ob man zubeißen wollte. Wenn die Zähne sich berühren, die Kinnbacken etwas zusammenpressen, bevor man sie wieder öffnet. Dieses 36mal wiederholen und dabei ungefähr einmal pro Sekunde mit den Zähnen klappern (Abb. 196 a, b).

193

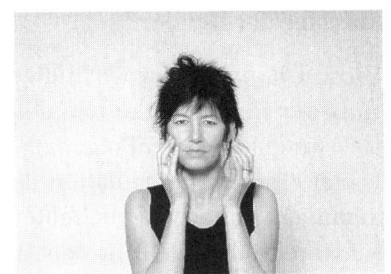

194 a

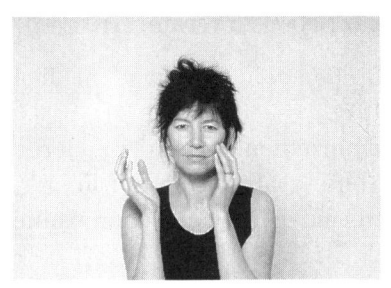

194 b

195

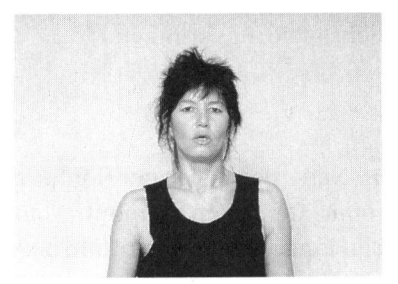

196 a

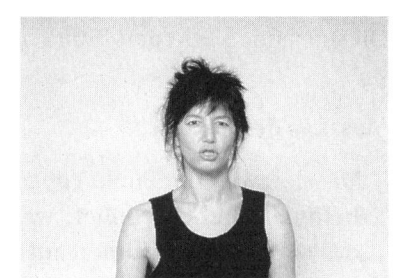

196 b

Massage der Hände

Diese Übungen vervollständigen die schon beschriebene Lockerung der Handgelenke und der Finger. Die Chinesen messen der
Geschmeidigkeit der Finger große Bedeutung bei, denn sie gewähr-
leistet eine gute Zirkulation der Leitbahnen, die dort enden und
anfangen. Eine ihrer beliebtesten Übungen besteht darin, zwei
schwere Stahlkugeln in den Handflächen durch eine geschickte
Bewegung der Finger hin- und herzurollen. In China sieht man in
Parks und selbst im Autobus oft Leute, die sich diesem »Lieblings-
sport« hingeben, der im Ruf steht, das Leben zu verlängern.

- Mit dem Daumen die Spalten zwischen den Mittelhandknochen
  an jeder Hand massieren (Abb. 197).
- Mit Zeige- und Mittelfinger jeden einzelnen Finger der anderen
  Hand einklemmen und ziehen, vom Ansatz aus bis zur Finger-
  spitze, als ob man den Korken aus einer Flasche ziehen wollte
  (Abb. 198).
- Die Finger beider Hände spreizen und verschiedenartig ver-
  schränken. (Abb. 199 a, b).

Diese Übung senkt den Blutdruck bei Hochdruckkranken.


Massage der Füße

- Massiert wird der Punkt Yongquan (Ni. 1), der sich in der Höhlung
  befindet, die sich bildet, wenn man die Zehen krümmt. Man
  drückt mit dem Daumen auf diesen Punkt oder reibt kräftig den
  ganzen Bereich mit der Spitze des Mittelfingers (Abb. 200).
  Diesen ersten Punkt der Niere zu massieren, ist sehr wichtig,
  weil die Niere das Jing, die Essenz Yin, speichert. Der Yongquan,
  die »Sprudelnde Quelle«, nimmt die Ying-Energie der Erde auf.
  (Bei Fettleibigkeit oder Gebrechlichkeit diesen Punkt auf dem
  Rücken des anderen Fußes massieren.)
- Dann die Fußsohle insgesamt massieren und dabei bei empfind-
  lichen Stellen verharren.

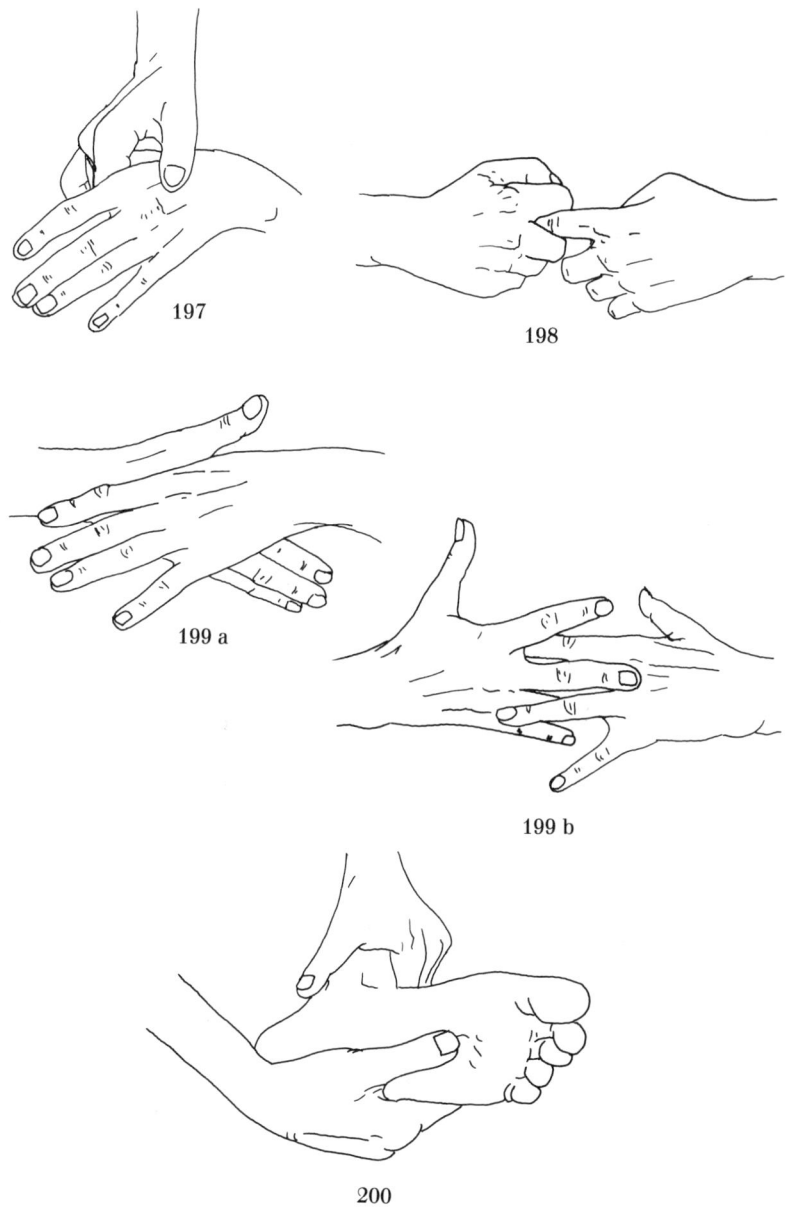

197

198

199 a

199 b

200

## Anwendung

Ob man nun alt oder jung ist, diese »Massagen für ein langes Leben« sind leicht durchzuführen und wirken vor allem vorbeugend. Wie wir gesehen haben, kann man im Krankheitsfall die entsprechenden Übungsteile auch isoliert durchführen.

Jedoch beschränken sich diese taoistischen Übungen, die die Sinnesorgane stimulieren und die auf der chinesischen Heilkunst basieren, sich nicht auf lokale Effekte. Jedes Sinnesorgan ist an der Theorie der »Fünf Elemente« an ein Mutterorgan gebunden:

– Am Zungenmuskel zu arbeiten, wenn man »Himmelswasser« übt, stärkt das Herz, was mit der chinesischen Zungendiagnostik zusammenhängt.
– Die Bearbeitung des Mundbereichs stärkt hingegen die Milz.
– An den Augen und am Sehvermögen zu arbeiten, stärkt die Leber.
– Aber auf die Augäpfel zu drücken, stärkt das Herz (das entspricht übrigens einem Verfahren der westlichen Medizin, um Herzjagen zu stoppen).
– Die Nase zu bearbeiten, stärkt die Lunge (das ist eine Erklärung für die Rhinofaciopunktur, ein weiteres, weniger bekanntes chinesisches Heilverfahren, zu dem der berühmte Punkt auf der Nase, um das Rauchen aufzugeben, gehört).
– Die Ohren und Ohrmuscheln, aber vor allem auch die Knochen des inneren Ohrtrakts durch die »Himmlische Trommel« zu bearbeiten, stärkt die Niere (dem trägt die Auriculotherapie Rechnung).
– Das Zahnfleisch zu bearbeiten, stärkt den Magen und die Milz.
– Mit den Zähnen zu klappern, stärkt hingegen die Niere, denn die Zähne sind Teil der Knochen, die zur Niere gehören. (Es gibt im übrigen ein System der traditionellen Reflextherapie der Zähne, das auf der Zahl acht der acht Trigramme, 8 x 4 = 32, basiert.)
– Um diesen Überblick zu vervollständigen, sei noch gesagt, daß die Arbeit an Händen und Füßen die Milz stärkt.
– Die »Massagen für ein langes Leben« wirken reinigend und unterstützen die Zirkulation des Qi, damit jedes Organ seine wohltätigen Wirkungen empfängt.

Diese Übungen sollten nicht automatisch, sondern mit Aufmerksamkeit und Konzentration durchgeführt werden. Man muß in der Übung aufgehen, wozu auch die Vorstellung gehört, daß die bearbeiteten Körperbereiche in Licht getaucht werden.

Vorbereitende Übungen vor den »Massagen für ein langes Leben« sind nützlich, vor allem diejenigen, welche das Qi zum Dan Tian und anschließend von dort in die Hände leiten. Nicht vergessen, die Hände zu reiben, um sie neu zu energetisieren, wann immer man die Vorstellung und das Gefühl ihrer Heilkraft verliert.

Nun können wir besser die Bedeutung verstehen, die die Taoisten dieser Reihe von »Massagen für ein langes Leben« beigemessen haben.

## *Massage zur Entmagnetisierung der Akupunkturpunkte*

Diejenigen, die diese Übung unterrichten, geben zu Beginn gewöhnlich einen kurzen Überblick zu den Umweltbelastungen des modernen Lebens und ihren negativen Wirkungen auf die Akupunkturleitbahnen.

Angeführt werden hauptsächlich die chemischen Stoffe im Trinkwasser: Blei und chemische Substanzen, die die Luft verschmutzen; Konservierungs- und Farbstoffe, Glutamat und Antibiotika, die in den Nahrungsmitteln enthalten sind; chemische Medikamente und vor allem die Tranquilizer und schmerzstillenden Mittel, die weithin in Gebrauch sind; die schädlichen Strahlungen, die von den modernen Geräten erzeugt werden – von den Mikrowellenherden, elektrischen Kabeln in den Wänden unserer Häuser, den Fernseh- und Computerbildschirmen, von Neonröhren, Klimaanlagen, Flüssigkristallen bei bestimmten Uhren und Hochspannungskabeln. Erwähnt seien noch Reisen mit dem Flugzeug, die Faradayschen Käfige der Wohnungen aus Beton und die synthetischen Teppichböden. Unter all diesen Faktoren gibt es einige, deren schädliche Auswirkungen wissenschaftlich erwiesen sind; bei anderen werden sie nur vermutet oder von sensitiven Personen als solche empfunden.

Die Ursachen für eine Beeinträchtigung des Qi sind also zahlreich.

Immer wird das elektromagnetische Gleichgewicht im Bereich der Leitbahnen gestört. Das Qi wird blockiert und stagniert dort, wo sich die Leitbahnen kreuzen. Die negativen Auswirkungen dieser Blockade machen sich in Form von Müdigkeit und verminderter Konzentrationsfähigkeit und Aufmerksamkeit bemerkbar.

Technik

Man kann die folgenden Massagen vor dem Schlafengehen machen, vorzugsweise, nachdem man geduscht hat. Es wird empfohlen, sie jeden Tag durchzuführen, vor allem wenn man den oben erwähnten Umweltbelastungen ausgesetzt ist.

– Ob man die Handfläche oder die Fingerspitzen benutzt, spielt keine Rolle.
– Man kann entweder die Haut berühren oder die Bewegung in ein bis zwei Zentimeter Entfernung von dem Punkt machen.
– Beim Einatmen im Uhrzeigersinn und beim Ausatmen in umgekehrter Richtung kreisen. Die Richtung wird bestimmt, als ob man das Zifferblatt einer Uhr massieren würde, die mit der Oberfläche nach außen auf dem Punkt liegt.
– Bei jedem Punkt drei Atemzüge machen.
– Wenn man jemand anderen behandelt, muß man sich auf die Atmung dieser Person einstimmen.

Zwei wichtige Vitalzentren

– »Palast der Lebenskraft« (Shenque; Ren 8): der Bauchnabel (Abb. 201).
– »Tor des Lebens« (Mingmen; Du 4): auf der Wirbelsäule, gegenüber dem Nabel (Abb. 202).

Diese beiden Punkte entmagnetisieren das Dan Tian, das wichtigste Energiezentrum, wo die ursprüngliche Energie Yuan Qi und die essentielle Energie Jing Qi, die in der Niere gespeichert sind, fließen, sich sammeln und verteilen.

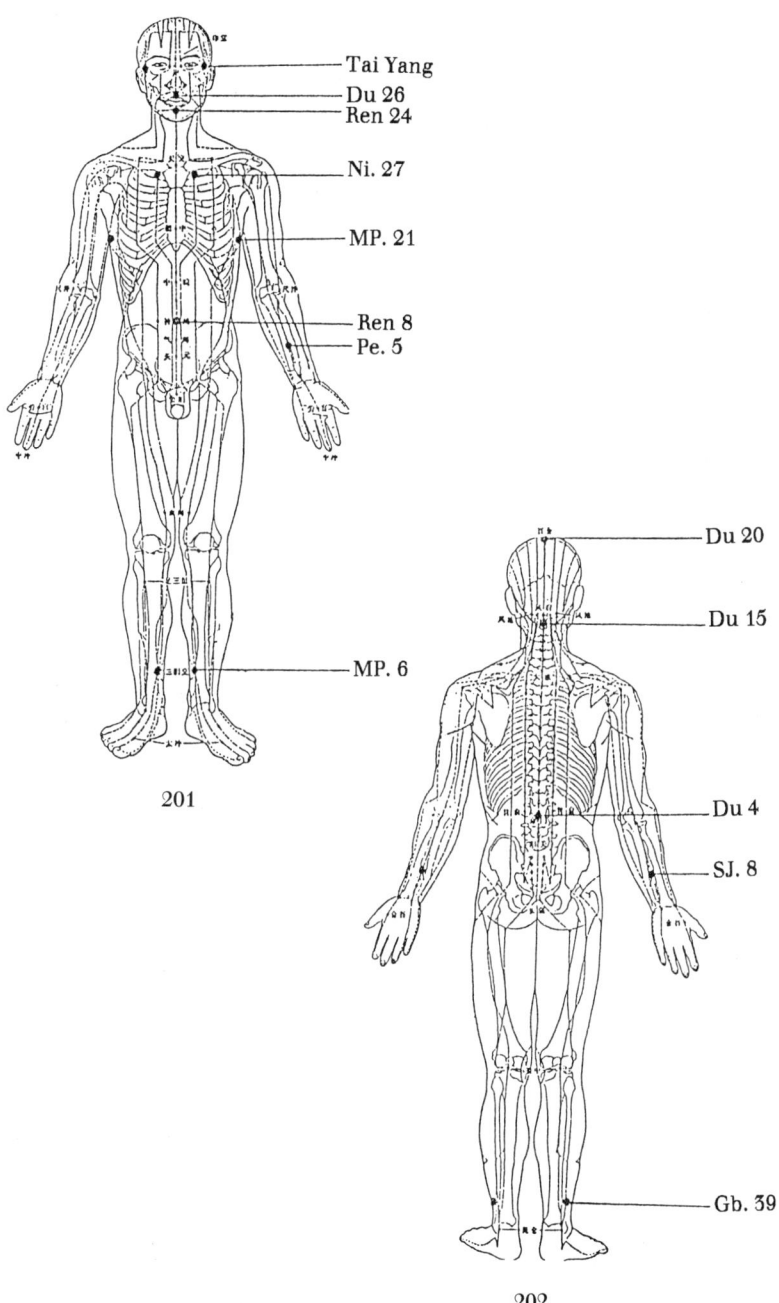

Tai Yang
Du 26
Ren 24
Ni. 27
MP. 21
Ren 8
Pe. 5
MP. 6

201

Du 20
Du 15
Du 4
SJ. 8
Gb. 39

202

Zwei Yin-Yang-Schalter

– »Mitte des Menschen« (Renzhong; Du 26): auf halbem Wege in der Vertiefung zwischen der Oberlippe und den Nasenflügeln (Abb. 201).
– »Enthält das Getränk« (Chengjiang; Ren 24): in der Vertiefung zwischen Unterlippe und Kinn (Abb. 201).

Diese beiden Punkte sind die Endpunkte der Leitbahnen Du Mai und Ren Mai, in die sich alle Yang-Leitbahnen und alle Yin-Leitbahnen ergießen. Man entmagnetisiert sie durch die Bewegung der Zeigefinger von links nach rechts wie bei der »Allgemeinen Massage«. Diese Entmagnetisierung macht es möglich, daß sich die beiden Leitbahnen wieder verbinden.

Organe und Eingeweide

– »Shu der Eingeweide« (Shufu; Ni. 27): in dem Winkel, der vom äußeren Rand des Brustbeins und dem Schlüsselbein gebildet wird (Abb. 201).
– »Große Hülle« (Dabao; MP. 21): im sechsten Rippenzwischenraum, auf halbem Weg zwischen Achselhöhle und Hüftbeinkamm (Abb. 201).

Bei der »Allgemeinen Massage« werden diese beiden Punkte beklopft, hier werden sie massiert. Der erste, Shufu, ist der Punkt, der auf alle Yang-Eingeweide wirkt: Gallenblase, Blase, Magen, Dünndarm, Dickdarm, »Dreifacher Erwärmer«.
Der zweite, Dabao, ist der Punkt der Öffnung der großen Lo-Leitbahn der Milz, die die Essenz der Nahrung und auch der Körpersäfte verteilt. Diese große Lo-Leitbahn wird »Gewand des Zong Qi« genannt.
Shufu und Dabao wirken beschleunigend auf das Zong Qi des Blutes und das Qi in den Blutgefäßen und den Leitbahnen.

Kopf

– »Hundert Zusammenkünfte« (Bahui; Du 20): am Scheitelpunkt des Kopfes, auf der Mitte der Verbindungslinie zwischen den Ohren (Abb. 202).

- »Tor des Schweigens« (Yamen; Du 15): in der Vertiefung, die unter dem Hinterhaupt liegt (Abb. 202).
- »Großes Yang« (Taiyang; Ex. 2): in der Schläfenmitte (Abb. 201).

An diesen drei Punkten strömt das Qi im Kopf zusammen.

### Arme und Beine

- »Vermittler« (Jianshi; Pe. 5): eine Handbreit (das heißt, vier Finger zusammengelegt, ohne den Daumen) oberhalb des Handgelenks, in der Mitte der Innenseite des Unterarms (Abb. 201). Das ist der Punkt, wo sich die drei Ying-Leitbahnen der oberen Gliedmaßen kreuzen.
- »Kreuzung der drei Yang« (Sanyangluo; Sj. 8): eine Handbreit oberhalb des Handgelenks, in der Mitte der Außenseite des Unterarms (Abb. 202). Wie der Name sagt, ist es der Punkt, wo die drei Yang-Leitbahnen der oberen Gliedmaßen zusammentreffen.
- »Kreuzung der drei Yin« (Sanyinjiao; MP 6): eine Handbreit oberhalb des inneren Knöchels (Abb. 201). Der Punkt, wo sich die drei Yin-Leitbahnen der unteren Gliedmaßen kreuzen.
- »Aufhängung der Glocke« (Xuanzhong; Gb. 39): eine Handbreit oberhalb des äußeren Knöchels (Abb. 202). Der Punkt, wo sich die drei Yang-Leitbahnen der unteren Gliedmaßen kreuzen.

Damit sind die klassischen Akupunkturpunkte genannt worden, die genadelt werden, wenn die Diagnose eine Störung, das heißt einen Überfluß oder Mangel an Yin oder Yang ergibt. Denn an diesen Punkten kommen tatsächlich die zwölf Leitbahnen zusammen – alle drei Yin-Meridiane von oben, alle drei Yin-Meridiane von unten und das Entsprechende gilt für die Yang-Meridiane.

### Anwendung

Man muß diese Übung als eine wertvolle Synthese der Erkenntnisse der Akupunktur, die sich auf eine elektromagnetische Sicht des Menschen stützt, und jenen der Geobiologie, Feng Shui, einer lange geheimgehaltenen chinesischen Wissenschaft, ansehen.
Feng Shui untersucht mit Hilfe der Geomantie Bauplätze, Innen-

räume, deren Ausrichtungen, Größenverhältnisse und Formen und berechnet die Harmonie der Bauten und Landschaften, in denen sich der Mensch bewegt: die Architektur der Tempel, der Paläste, der Häuser wie auch die Anordnung der Möbel, die Größe der Zimmer oder eines öffentlichen Platzes und die Ausrichtung der Betten sowie die Gestaltung der Parks und Gärten durch Modellierung von Bodenerhebungen, durch Bepflanzung, durch Wasserflächen und Felsen.

Sowohl nach der chinesischen Medizin wie auch der westlichen Tradition empfiehlt es sich, mit dem Kopf nach Norden oder Osten zu schlafen. Den überzeugendsten Grund dafür liefert die Theorie der Leitbahnen.

Wenn die Fische schreien könnten, ginge man vielleicht weniger gern angeln, und wenn die Leitbahnen Geräusche von sich gäben, ähnlich wie die Nebengeräusche beim Radio, würde man sicher dem Feng Shui mehr Aufmerksamkeit schenken.

Darum sind die »Massagen zur Entmagnetisierung« ebenso wertvoll wie Qi Gong oder Yoga. Die Massagen können sofort Erschöpfungszustände beheben.

# Visualisierungen und Meditationen

Das Visualisieren, das Erzeugen einer körperlichen Empfindung, einer bildlichen, akustischen oder olfaktorischen Vorstellung, ist bei den Qi-Gong-Übungen sehr wichtig.

Die am häufigsten angewandte Visualisierung ist vor allem sensitiver Natur. Der Schüler entfaltet seine Vorstellungskraft, um sich auf einen Punkt seines Körpers zu konzentrieren und ihn zu spüren. Das Dan Tian spüren bedeutet, eine Präsenz zu fühlen, sie zu verstärken, indem man das Gefühl von Wärme erzeugt, bis die spontanen und authentischen Phänomene der Ansammlung von Qi von allein hervortreten. Dann schließlich wird eine echte Wärmeentwicklung ausgelöst.

Wenn sie durch die Verteilung der Energie, durch die Massage am Schluß einer Übungssitzung und durch eine maßvolle Übungsdauer unter Kontrolle gehalten wird, bleibt diese Wärme eine angenehme, anregende Empfindung, die keine Gefahr darstellt.

Auch andere Empfindungen sind im Dan Tian beobachtet worden: Kribbeln, Zittern, Jucken, Prickeln wie bei eingeschlafenen Füßen. Diese Empfindungen sind ähnlich oder identisch mit denen, die man beim Kranken während der Akupunktur durch das Bewegen der Nadeln auslöst, bis das Qi die Stelle erreicht und bei der Nadel »einhakt«.

Statt sich auf einen Punkt im Körper einzustellen, kann die Konzentration auch die zirkulierende Energie sichtbar machen: Man stellt sich ein Licht vor, das sich wie bei der »Öffnung der Gelenke« oder mit dem Speichel beim »Himmelswasser« oder mit der Vorstellung einer im Herzen brennenden Energieflamme bewegt.

Um diese Empfindung zu erleichtern, entwickelt man beim Qi Gong die passive Visualisierung. Anstelle verzweifelter Willensanstrengungen, etwas zu fühlen, was die Energie in diesem Bereich nur blockiert, läßt man es geschehen, indem man den ganzen Körper in geistiger Ruhe, Yi Shou, entspannt. Die gefühlsmäßige Visualisierung gibt bald einer echten, objektiven Empfindung Raum, die schließlich nicht mehr unser Zutun braucht, um sich zu entfalten oder über die Aufmerksamkeit und Zeit hinaus, die man ihr zubilligt, anzudauern. Gleichwohl kontrolliert man sie und ist fähig, sie zu stoppen oder nach Belieben auszulösen.

Das ist die Grundlage für die Beherrschung des Nei Dan, die in den Kampfkünsten Anwendung findet. Der Kämpfende, der die Lenkung des Qi gemeistert hat, ist in der Lage, es im Bruchteil einer Sekunde durch einen Körperteil zu schicken, wo es dann austritt und den Gegner bewegungsunfähig macht. Mit einem ganz anderen Ziel wendet man zur Heilung und Anästhesie das gleiche Verfahren an. Der Endzweck, oder vielmehr das Ziel, das ursprünglich damit verfolgt wurde, besteht darin, das Qi in der Meditation zu geistigen und spirituellen Zwecken einzusetzen.

Die visuellen, akustischen und olfaktorischen Vorstellungen können aber auch Bestandteil von Reinigungstechniken sein, die gleichzeitig Körper, Energie und Psyche betreffen. Umgekehrt treten diese Phänomene während der Anwendung der Reinigungstechniken durchaus auch spontan auf.

Die geistige Visualisierung von mentalen Verhaltensweisen oder die Simulierung von Gefühlen werden ebenfalls angewandt. Ein hervorragendes Beispiel dafür liefert das »Spiel der fünf Tiere«.


## Das »Innere Lächeln«

Die Übung wird von vielen Meistern des Qi Gong gelehrt und ist von großer Einfachheit. Es wird empfohlen, das »Innere Lächeln« jeder inneren Übung und vor allem der Meditation voranzustellen.


### Technik

– Man beginnt mit dem »Inneren Lächeln«, indem man erst seinen Körper, dann den Kopf und das Gesicht in die richtige Haltung bringt. Im Geist entsteht ein Lächeln. Dabei nimmt das Gesicht den kaum merklichen Ausdruck des Lächelns um Lippen und Augen an, jenen zugleich strahlenden und rätselhaften Ausdruck, den man bei Darstellungen des meditierenden Buddha findet.
– Dann sendet der innere Blick das Lächeln der Reihe nach in die

»Fünf Organe« Herz, Lunge, Leber, Milz, Niere und dann in die Geschlechtsorgane, in das Steißbein, das Kreuzbein, die Wirbel, läßt es bis zum Schädel hochsteigen und wieder im Gesicht enden. Wir folgen somit dem Zyklus Ko der »Fünf Elemente«. Andere Autoren oder Lehrer schlagen vor, dem Zyklus Shen der Erzeugung der Energie zu folgen: Herz, Milz, Lunge, Niere, Leber.

– Anschließend übt man das »Himmelswasser«, und beim Herunterschlucken des Speichels sendet man Licht und ein Lächeln aus. Man visualisiert das Hinabsinken des Speichels entlang des Verdauungskanals, von der Speiseröhre bis zum Anus über den Magen, die Gedärme und den Dickdarm.

## Wirkung

Ziel dieser Visualisierung ist es, sich körperlich völlig zu entspannen und sich seelisch von jeder Spannung in der Umgebung freizumachen. Die Methode ist sehr wirkungsvoll, und der Zustand des Yi Shou stellt sich rasch ein. So werden günstige Bedingungen für das innere Qi-Gong-Training geschaffen.

Diese einfache Visualisierungsübung hat auch therapeutische Qualitäten: Sich unsere Organe, ihre Lage, ihre positiven oder negativen Signale bewußtzumachen, bringt uns dazu, auf sie zu achten und sie zu entspannen.

Diese Visualisierung ist in ihrer Wirkung nicht so simpel und kindisch, wie ihre Einfachheit glauben machen könnte. Tatsächlich erhöhen Gedankenreisen im Körperinnern und das Begutachten aller Körperpartien die Empfänglichkeit für die Botschaften der Organe, der Knochen usw. Mit etwas Übung werden unterschiedliche Empfindungen von Farbe, Wohlbefinden oder Krankheit und ein Gefühl des »inneren Kontakts« wahrgenommen. Das »Innere Lächeln« hat darüber hinaus Entspannung und Harmonisierung zum Ziel. Nach Belieben ergänzt man es durch die Imagination von Farben, Tönen und, wenn nötig, durch die Imagination des Genesungsprozesses.

Die Methode der Visualisierung bringt heute eine Wende in Medizin und Psychiatrie in Gang. Man muß vor allem auf die bemerkenswerten Arbeiten von O. Carl und Stephanie M. Simontons aus

Fort Worth in Texas über Krebskranke hinweisen, die durch wissenschaftliche Experimente nach allen Regeln der Kunst untermauert wurden. Er ist höchst offiziell Krebsforscher an der Universität, sie ist Therapeutin. Ihre Experimente wurden an Krebskranken vorgenommen, die geschult wurden, mit Hilfe von Visualisierungen ihre Immunität zu stimulieren (indem sie sich unter anderem vorstellten, wie sich die weißen Blutkörperchen daranmachten, als Killerzellen den Krebs zu zerstören). Diese Patienten zeigten nach fünf Jahren eine Überlebensrate, die höher war als bei einer Gruppe, die die gleiche Behandlung ohne Visualisierung erhalten hatte. Ihr Buch *Wieder gesund werden* (Rowohlt Verlag 1982) war in den USA ein Beststeller.

Nach ihnen haben berühmte amerikanische Krebsforscher wie Bernie Siegel von der Yale-Universität ganzheitliche Methoden, Visualierungsübungen und Meditation in ihren Behandlungsplan aufgenommen. Über dieses ungewöhnliche Abenteuer hat Siegel in seinem Buch *Liebe, Medizin und Wunder* berichtet. Ein ebenso interessantes amerikanisches Werk, das von Jeanne Achterberg geschrieben wurde, legt den Schwerpunkt auf Methoden und Ergebnisse der Visualisierung in der Therapie.

Das ist unter anderem auch das Thema der Arbeiten von Herbert Benson. Dieser Forscher hat über fünfzehn Jahre lang die Wirkungen verschiedener Entspannungsmethoden wie Biofeedback, Yoga, Zen, Transzendentrale Meditation usw. studiert. Benson ist Autor von Bestsellern wie *The relaxation response, The mind Body effect* und *Your maximum mind*.

Die Taoisten kannten schon im Altertum die Geheimnisse der Wiederherstellung der Gesundheit und der Wundheilung durch Visualisierung, wie Isabelle Robinet in ihrem Buch *La méditation taoïste* ausführt. Joseph Needham zitiert seinerseits die Anekdote vom schwerverletzten Mönch, der nur um einige Tage völliger Ruhe in einer Zelle bittet, um meditieren zu können und seine Wunden vernarben zu lassen.

Eine der Anwendungen der taoistischen Visualisierung besteht auch in der psychosomatischen Reinigung von schädlichen Energien, der Beseitigung von inneren Funktionsstörungen und Verwirrungen durch die »Sieben Emotionen« (Wut, Freude, Schwermut, Trauer, Kummer, Furcht, Angst), die die »Fünf Organe« und ihr Qi ungünstig beeinflussen können. »Die Verschmelzung der Fünf Elemente«, von Mantak Chia auf der Grundlage der traditionellen taoistischen Prinzipien formuliert, ist eine der einfachsten und wirkungsvollsten Techniken, die heute gelehrt werden.

## Der »Kleine Energiekreislauf«

Der »Kleine Energiekreislauf« ist eine mit Konzentration verbundene Atmung und bewirkt eine Meditation auf den Umlauf von Xiao Zhou Tian, den »Kleinen Kreislauf« der Leitbahnen Du Mai und Ren Mai. Diese Technik ist der Eckpfeiler der Qi-Gong-Übungen, die Grundlage des Nei Dan, der inneren Alchimie. Alle Lehrer des Qi Gong beschreiben sie; sie findet in den Kampfkünsten, in der Medizin und in den spirituellen Praktiken zur Bewußtseinserweiterung Anwendung.

Eine Beschreibung des »Kleinen Energiekreislaufs« ist schon von Mantak Chia in seinem Buch *Tao Yoga. Praktisches Lehrbuch zur Erweckung der heilenden Urkraft Chi* gegeben worden. Ich habe hier zusammenzutragen versucht, was meine Recherchen bei Jake Fratkin, der mich als erster in diese Technik eingeweiht hat, bei Mantak Chia, Yang Jwing Ming, Meister Shih, Peter Moy und verschiedenen anderen Lehrern ergeben haben.

### Technik

*Körperhaltungen:* Die gewöhnliche Haltung ist die im Sitzen, entweder im halben Lotus-Sitz oder auf einem Stuhl, wie bereits beschrieben. Man kann sich auch in seitlich liegende Stellung begeben, insbesondere nach einem Geschlechtsverkehr, bei dem man das Zurückhalten des Orgasmus oder der Ejakulation praktiziert hat. Oder man übt in der Stehhaltung.

*Übungszeit:* Jede Stunde ist geeignet. Theoretisch ist nach der taoistischen Tradition die günstigste Zeit zwischen 11 und 13 Uhr und zwischen 23 und 1 Uhr (nach der Sonnenuhr). Das sind die Zeiten, in denen das Yang auf seinem Höhepunkt angekommen ist, bevor es wieder abwärts sinkt (= Sommersonnenwende) oder das

Yin seinen Höhepunkt überschreitet (= Wintersonnenwende). Der erste Abschnitt (zwischen 11 und 13 Uhr) bietet im allgemeinen mehr Möglichkeiten als der zweite, andererseits ist die Zeit von 23 bis 1 Uhr der optimale Moment, um gleichzeitig sein Reservoir an ursprünglicher Yang-Energie (Yuan Qi) aufzufüllen, denn es ist die Zeit des höchsten Yang. Alle, die sich nicht an diese Zeiten halten können, sollten nach dem Aufstehen, am Ende der täglichen Qi-Gong-Sitzung und, wenn es nicht anders geht, am Abend üben.

Die Atem- und Bewegungsübungen ebenso wie die Massagen sind eine gute Vorbereitung, bevor man an die Ausführung des »Kleinen Energiekreislaufs« geht, aber sie sind nicht obligatorisch, vor allem wenn man die Methode beherrscht.

*Geistige Ruhe:* Man entspannt nach und nach den ganzen Körper und das Gesicht und wählt dazu die individuell geeignete Methode, zum Beispiel das »Innere Lächeln«, und taucht in einen Zustand der geistigen Ruhe ein.

*Das »Himmelswasser«:* Man beginnt den Zyklus mit der Übung des »Himmelswassers«, dann teilt man den Speichel in drei Teile auf, energetisiert, taucht ihn in Licht und schluckt ihn hinunter. Dabei visualisiert man seinen Weg bis hin zum Dan Tian.

*Die Position der Zunge:* Man sucht mit der Zungenspitze die bequemste Position, um den energiereichsten Kontakt mit dem Gaumen, um die »Brücke« herzustellen.

*Atmung:* Nachdem man den Speichel hinuntergeschluckt und seine Zunge in die richtige Lage gebracht hat, konzentriert man sich auf die innere Empfindung am Dan Tian, ungefähr vier Zentimeter unter dem Nabel im Inneren des Körpers. Am besten läßt man sich durch die Empfindung eines Schwerpunkts leiten oder aber durch die Wärme oder das Kribbeln, die beide aus der Stille und geistigen Ruhe heraus auftreten können. Wenn die Empfindung nicht stark genug ist, atmet man einige Male über das Dan Tian. Oder aber man übt diese Atmung vorher, eventuell gefolgt von der »Verdichteten Atmung durch die sechs Pforten«.

Während der Übung behält man eine natürliche, langsame und geräuschlose Atmung bei. Einige sind Anhänger der normalen Bauchatmung, andere ziehen die paradoxe Bauchatmung vor.

*Konzentration auf den Kreislauf:* Der nächste Schritt besteht darin, seine Aufmerksamkeit zu verlagern und sie ganz natürlich in dem Kreislauf, den die vereinigten Leitbahnen Du Mai und Ren Mai bilden, zirkulieren zu lassen. Du Mai wird »willentliche Energiebahn« oder »Lenkergefäß« genannt; Ren Mai »unwillkürliche Energiebahn« oder »Dienergefäß«.

– Man geht vom Dan Tian bis zum Damm hinab;
– von dort aus steigt man hinten entlang der Wirbelsäule wieder hoch, über den Schädel, über die Stirn bis zum Punkt Yintang zwischen den Augenbrauen.
– Vom Yintang aus dringt man in das Innere des Schädels ein und bewegt sich zwei oder drei Zentimeter nach hinten (in Höhe der Hypophyse), um bis zum höchsten Punkt des Gaumens zu gelangen.
– Vom Gaumen aus geht man zur Kehle hinunter und folgt dem Verlauf des Ren Mai bis zum Ausgangspunkt, dem Dan Tian (oder Nabel).
– Von dort aus beginnt man ohne Unterbrechung wieder einen neuen Zyklus.

Wenn man den »Kleinen Energiekreislauf« durchläuft, geht man selbstverständlich über alle Akupunkturpunkte dieser Leitbahnen und hält bei einigen inne. Diese zwölf klassischen Punkte, wo üblicherweise eine Pause eingelegt wird, stehen in Beziehung zu den zwölf Hexagrammen der fundamentalen Wandlungsphasen des »Früheren Himmels« zur Vollendung des »Späteren Himmels«. Diese Hexagramme werden auch auf jeden Monat des Jahres und auf die zwölf Stunden des Tages bezogen.
Es ist notwendig, bei diesen zwölf Punkten eine wichtige Verbindung, einen ergänzenden Konzentrationspunkt, nämlich den höchsten Punkt des Gaumens, Tianchi, hinzuzufügen. Im übrigen wird der Halt in der Kehle nicht zu den zwölf traditionellen Zentren gerechnet. Letztendlich muß sich der Schüler also nach und nach auf vierzehn und nicht auf zwölf Punkte besonders konzentrieren.

Die zwölf traditionellen und die beiden nebengeordneten Konzentrationspunkte (Abb. 203, 204, 205, 206)

- Dan Tian, »Zinnoberfeld«, vier Zentimeter unterhalb des Nabels gelegen, entspricht dem Punkt Qihai (Ren 6) »Meer der Energie«. Dieser Punkt trägt auch die Bezeichnungen »Bauchnabel« und »Unteres Zwerchfell« oder »Unterer Huang-Punkt« (Abb. 204).

- Huiyin (Ren 1), »Vereinigung von Yin«, liegt am Damm zwischen Anus und Geschlechtsorganen (Abb. 203). Es ist der erste Punkt des Ren Mai, der hier, von einer inneren Leitbahn aus, die von der Niere kommt, hervortritt. Er trägt auch die Bezeichnung »Versteck«.

- Changqiang (Du 1), »Große Kraft«, liegt zwischen Anus und der Spitze des Steißbeins (Abb. 205). Er trägt den Zunamen Quije, »Der vor Energie birst«.

- Mingmen (Du 4), »Tor des Lebens«, »Himmlischer Auftrag«, Verankerungspunkt der Energien des »Früheren Himmels«, Yuan Qi und Jing Qi, liegt zwischen dem zweiten und dritten Lendenwirbel in der Mulde der Nierenkrümmung (Abb. 205). Er wird mit einem zweiten Namen als Shulei, »Untergeordneter Bereich«, bezeichnet, der die untergeordnete Stellung zeigt, die durch eine Verbindung des Menschen mit dem »Früheren Himmel« entsteht.

- Jizhong (Du 6), »Mitte der Wirbelsäule«, ist der Punkt, der zwischen dem elften und zwölften Rückenwirbel liegt (Abb. 205). Er hat zwei interessante Beinamen, einer, Jiyu, bezieht sich auf die medizinische Ebene: »Punkt mit spezieller Wirkung auf die Wirbelsäule«. Der andere Name, Shenzong, berührt die spirituelle Ebene: »Meister des Shen«, des Geistes.
  Um ihn zu lokalisieren, neigt man sich nach vorne: Er liegt in der Mitte des Rückens unterhalb des Wirbels, der am meisten hervorspringt.

- Lingtai (Du 10), »Weg des Geistes«, liegt zwischen dem sechsten und siebten Rückenwirbel (Abb. 205). Dieser Punkt befindet sich waagerecht zur Spitze des Schulterblatts. *Es ist nicht ratsam, bei diesem Punkt innezuhalten, bevor der »Kleine Energiekreislauf« ganz geöffnet ist.*

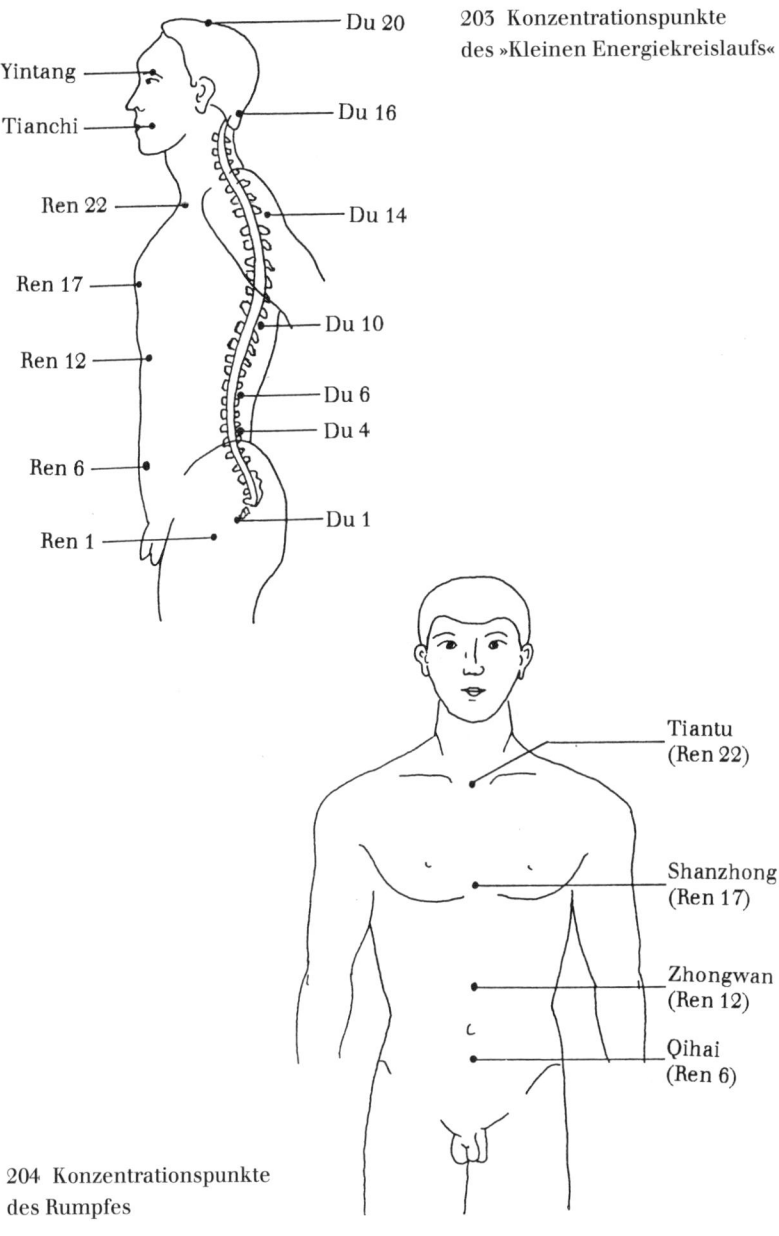

Du 20

Yintang

Tianchi

Du 16

Ren 22

Du 14

Ren 17

Du 10

Ren 12

Du 6
Du 4

Ren 6

Du 1

Ren 1

203 Konzentrationspunkte
des »Kleinen Energiekreislaufs«

Tiantu
(Ren 22)

Shanzhong
(Ren 17)

Zhongwan
(Ren 12)

Qihai
(Ren 6)

204 Konzentrationspunkte
des Rumpfes

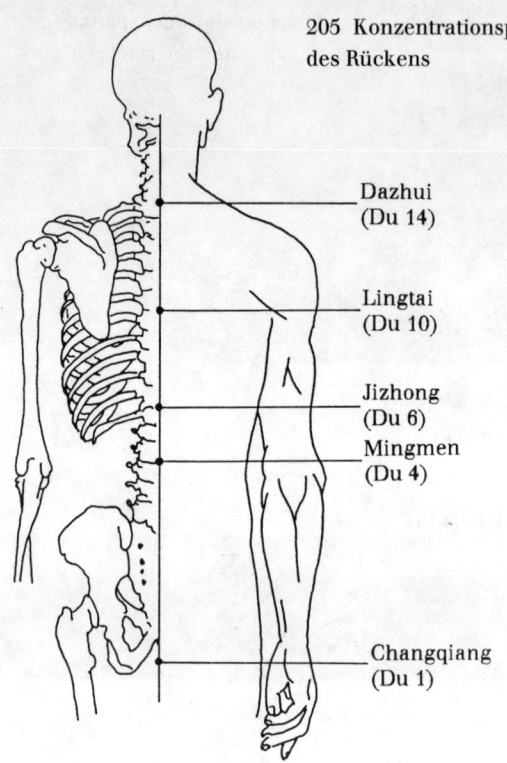

205 Konzentrationspunkte
des Rückens

Dazhui
(Du 14)

Lingtai
(Du 10)

Jizhong
(Du 6)
Mingmen
(Du 4)

Changqiang
(Du 1)

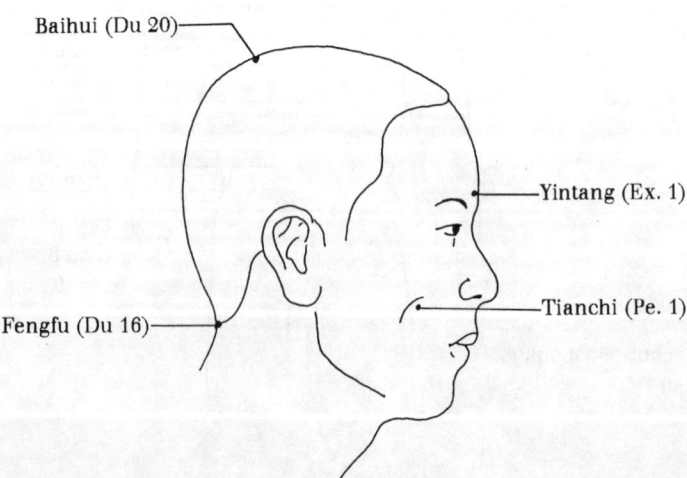

Baihui (Du 20)

Yintang (Ex. 1)

Tianchi (Pe. 1)

Fengfu (Du 16)

206 Konzentrationspunkte des Kopfes

- Dazhui (Du 14), »Großer Wirbel«, liegt unter dem siebten Halswirbel, dem Wirbel, der am meisten hervortritt, wenn man den Kopf senkt (Abb. 205). Dieser Punkt wird auch »Die hundert Arbeiten« genannt.
- Fengfu (Du 16), »Palast des Windes«, an der Basis des Hinterkopfs, manchmal durch den Punkt Naohu (Du 17) ersetzt, »Pforte des Gehirns«, an dem Punkt der größten Wölbung des Hinterkopfs (Abb. 206).
- Baihui (Du 20), »Hundert Zusammenkünfte«, der Punkt, an dem alle Leitbahnen zusammenlaufen. Es ist der Scheitelpunkt des Schädels, die Lambdanaht, der Bereich, der am stärksten konvex ist (Abb. 206). Dieser Punkt hat noch vier andere Namen: »Drei Yang«, »Die fünf Begegnungen«, eine Anspielung auf die »Fünf Elemente«, »Höhe des Scheitels« und Tianman, »Himmlische Fülle«. Dieser Punkt wird in Beziehung zur Zirbeldrüse gebracht.
- Yintang (Ex. 1), »Stempelhalle«, zwischen den beiden Augenbrauen (Abb. 206). Dieser Punkt steht in Beziehung zur Hypophyse. Er hat auch die Beinamen »Kessel aus Jade« und »Mingmen«.
- Tianchi (Pe. 1), »Himmlischer Teich«, auf dem höchsten Punkt des Gaumens (Abb. 206). Indem die Zunge den Gaumen berührt, beeinflußt und öffnet sie den Punkt Xuanying (Abb. 206).
- Tiantu (Ren 22), in der Vertiefung oben am Brustbein zwischen den beiden Schlüsselbeinen (Abb. 204). Die Konzentration soll nicht an der Oberfläche erfolgen, sondern innen im Körper.
- Shanzhong (Ren 17), »Mitte der Brust«, befindet sich in der Mitte des Brustbeins, zwischen den beiden Brustwarzen, in Höhe des vierten Rippenzwischenraums (Abb. 204). Man nennt ihn auch Danzhong, »Wahre Mitte«, oder Yuanjian, »Prinzip des Lebens«. Auch dort vollzieht sich die Konzentration im Inneren des Körpers.
- Zhongwan (Ren 12), »Mittlerer Kanal«, befindet sich zwischen der Spitze des Brustbeins und dem Bauchnabel (Abb. 204). Er wird auch Taicang, »Großer Speicher«, genannt.

## Wie man den »Kleinen Energiekreislauf« öffnet

Als Öffnung bezeichnet man die Tatsache, daß es einem wirklich gelungen ist, das Qi in Umlauf zu bringen, alle Punkte zu erwecken und sie zu spüren.

– Erste Methode: Sie besteht darin, sich mehrere Tage oder Wochen lang auf das Dan Tian zu konzentrieren und darauf zu atmen, bis es erweckt ist und man es gut spürt. Dann verlagert man seine Konzentration auf den folgenden Punkt und bearbeitet ihn so lange wie nötig und schreitet zum nächsten fort. Wenn man in dieser Art übt, muß man die Meditation beenden, indem man in umgekehrter Richtung zurückkommt. Man durchläuft also wieder alle Punkte bis zum Dan Tian und übt nach dieser Methode, bis alle Punkte geöffnet sind.
– Zweite Methode: Während der gleichen Übungssitzung mehrere Male beim Durchlauf an jedem der Punkte atmen, während man darauf achtet, wann das Qi kommt.
  Eine vereinfachte Version besteht darin, sich bei dieser Methode auf wenige Punkte zu konzentrieren: auf das Dan Tian, Huiyin, Mingmen, Fengfu, Baihui, Yintang, den höchsten Punkt des Gaumens und die Zunge, um dann direkt zum Dan Tian hinunter zu gehen.
– Dritte Methode: Während der Übungssitzung atmet man vom Dan Tian oder Huiyin bis zum Yintang ein und geht dabei den Rücken hinauf. Vom Yintang bis zum Ausgangspunkt wird ausgeatmet und die Vorderseite durchlaufen.
  Selbst wenn pro Atemzug eine Schleife durchlaufen wird, begrenzt man noch die Geschwindigkeit der Zirkulation. Diese Übung kann also dazu dienen, die Umlaufgeschwindigkeit des Qi zu beschleunigen. Aber die Willensanstrengung kann umgekehrt dazu führen, daß die Empfindung des Qi verlorengeht. Eine Abwandlung besteht folglich darin, nicht auf die Atmung zu achten: Einfach langsam und leise ein- und ausatmen und der Entwicklung des Qi in seiner eigenen Geschwindigkeit folgen, die im allgemeinen ziemlich langsam ist.
– Vermischung der drei Methoden: Man kann im Laufe einer Sitzung das Erwecken eines Zentrums gesondert üben, dann die Zirkulation von Haltepunkt zu Haltepunkt einschieben und dann

den Kreislauf individuell jeweils in einem einzigen Atemzug oder in mehreren Atemzügen durchlaufen.

Eine Übungssitzung unterteilt sich im allgemeinen in zwei Abschnitte: eine Sequenz der Konzentration auf den jeweiligen Haltepunkt, dann eine Sequenz der Zirkulation ohne Unterbrechung.

Stimulationsübungen

Drei Übungen mit aufsteigendem Schwierigkeitsgrad erleichtern die Erweckung der Energiezentren und die Öffnung des »Kleinen Energiekreislaufs«.

– Die paradoxe Bauchatmung: Man praktiziert die paradoxe Bauchatmung (siehe die Beschreibung weiter oben). Der Anus ist nicht zusammengezogen, sondern die allgemeine, sehr runde Bewegung steigt hinten hoch und geht vorne wieder hinunter, wobei der Beckenboden bewegt wird wie eine Planke, die sich auf den Wellen hebt und senkt. Der Geist (Yi) geht dem Qi voraus, bahnt ihm den Weg und belebt es.
– Kontraktion von Energiezentren und Anus: Man atmet in der Weise, daß man beim Einatmen den Anus zusammenzieht und nach und nach Kreuz, Jizhong, Nacken, Hinterkopf und den Scheitelpunkt des Kopfes anspannt.
 Diese von Mantak Chia gelehrte Methode wird in seinem Buch *Tao Yoga. Eisenhemd Chi Kung* beschrieben.
– Kreislauf mit Pausen: Man atmet durch die »Sechs Pforten« bis zum Dan Tian, stoppt die Atmung, zieht den Anus zusammen, läßt das Qi bis zum Yintang über den Du Mai steigen, dann über den Ren Mai bis zum Damm hinunterfließen. Anschließend läßt man es mitten im Inneren des Körpers wieder bis zum Dan Tian steigen. Dann atmet man aus und läßt dabei das Qi durch den Anus herausströmen. Man atmet einmal durch den Anus bis zum Dan Tian ein und durch den Anus wieder aus. Dann beginnt man für mehrere Male wieder von vorne (Abb. 207).

Die beiden letzten Übungen sind *nicht* zu empfehlen für Herzkranke und Personen mit Bluthochdruck, Herzrhythmusstörungen, Migräne oder einer schlechten Hirndurchblutung.

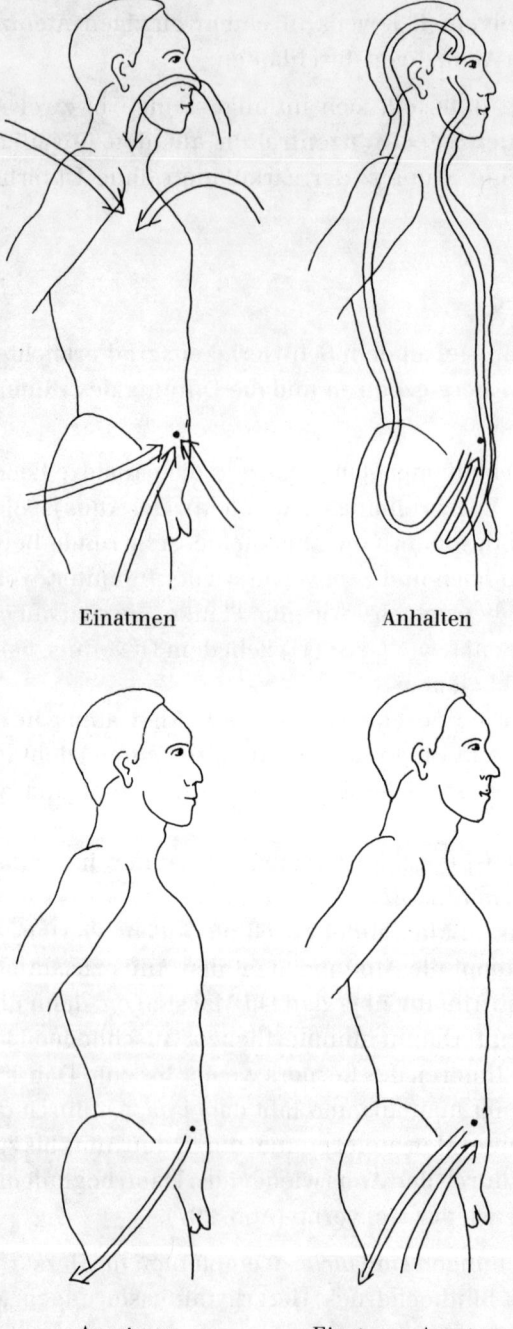

207 Das Anhalten
der Atmung
beim »Kleinen
Energiekreislauf«

Einatmen     Anhalten

Ausatmen     Einatmen–Ausatmen

Abschluß des »Kleinen Energiekreislaufs«

Beim Dan Tian enden, dort alle Energie sammeln, dann das Qi 36mal im Dan Tian im Uhrzeigersinn kreisen lassen und 24mal in umgekehrter Richtung. Für Frauen gilt die umgekehrte Richtung: 36mal im gegenläufigen und 24mal im Uhrzeigersinn. Dann das Dan Tian mit den Händen reiben und die »Schlußmassage des Qi Gong« anschließen.

Empfindungen beim Öffnen des »Kleinen Energiekreislaufs«

Man sagt, daß der »Kleine Energiekreislauf« offen sei, wenn man im Bereich jedes Zentrums das Qi als Wärme und Kribbeln spürt. Diese Empfindung ist nicht immer ganz deutlich und nicht bei allen Punkten die gleiche. Man stützt sich also auf die Empfindungen des Baihui (am Scheitelpunkt des Kopfes), des Yintang (zwischen den Augenbrauen) und des Gaumens, um die Verbindung zwischen Du Mai und Ren Mai zu überprüfen. Diese Verbindung ist wirklich hergestellt, wenn man an der Zungenspitze beim Kontakt mit dem Gaumen ein Kribbeln, Zittern oder eine Strömung fühlt. Es nützt nichts, sich auf die Berührung zu konzentrieren, das ist der falsche Weg. Die Empfindung des Qi kommt, wenn die Konzentration auf dem Tianchi, dem höchsten Punkt des Gaumens liegt. Auch der Körper kann dann erzittern oder geschüttelt werden.
Man sollte darauf achten, beim Dan Tian zu enden und die Energie am Ende der Übungssitzung zu verteilen. In der Folgezeit ist es günstig, sich länger auf die Zentren zu konzentrieren, die man nicht ganz deutlich fühlt, um sie zu erwecken.
Wir sollten jedoch nicht vergessen, daß Du Mai und Ren Mai immer zirkulieren, daß die Punkte stets mit Energie versorgt werden und daß es ausreicht, die Zunge an die richtige Stelle zu legen, um die beiden Leitbahnen zu verbinden und den »Kleinen Energiekreislauf« zu öffnen. Zwar ist dies oft nur schwach oder kaum spürbar, aber die Übung bietet alle Möglichkeiten, die Energiekanäle zu erweitern und das darin zirkulierende Qi zu klären sowie die Umlaufgeschwindigkeit zu erhöhen, was der Gesundheit und Vitalität zugute kommt.
Der »Kleine Energiekreislauf« öffnet sich also allmählich. Die er-

sten Anzeichen sind Empfindungen am Dan Tian, am Damm, am Scheitelpunkt, am Yintang, in der Zunge. Je mehr geübt wird, desto deutlicher treten diese Anzeichen hervor, und die Zirkulation des Qi kann schließlich von Anfang bis Ende ohne Unterbrechung gefühlt werden.

Anwendung, Wirkung, Gefahren, Ratschläge

Der »Kleine Energiekreislauf« ist eine Übung für die Gesundheit und zum Regenerieren und die Technik für ein langes Leben par excellence. Sie bewirkt eine Reinigung allen Yangs durch den Du-Mai- und allen Yins durch den Ren-Mai-Meridian. Sie macht es möglich, daß man sich verjüngt, sich erholt fühlt, weniger Schlaf braucht, über mehr Energie verfügt, die gleichzeitig von besserer, gereinigter Qualität ist.

Den Taoisten zufolge repräsentiert Du Mai den »Früheren Himmel« und Ren Mai den »Späteren Himmel«. Für sie ist der »Kleine Energiekreislauf« folglich eine Möglichkeit, die vor der Geburt nicht materialisierte Ebene mit der manifesten Ebene des Seins zu vereinigen.

Diese Übung ist der Ausgangspunkt, der Urtyp der Embryonalatmung und schon ein Teil der echten inneren Alchimie, Teil des Nei Dan. Das im Dan Tian erzeugte Jing wird in Qi verwandelt und das Qi in Shen, in das geistige und seelische, spirituelle Prinzip sublimiert. Diese Umwandlung der Energie im Bewußtsein, das im Körper zirkuliert, ist eine Technik, das Körperbewußtsein, das Bewußtsein der Zellen, zu verfeinern und zu reinigen.

Während der Übungen können im übrigen Erinnerungsfragmente auftauchen, darunter ganz banale, oder auch unbekannte geistige Bilder wahrgenommen werden sowie Gerüche und Töne. Man muß dies geschehen lassen und ihm keine besondere Aufmerksamkeit schenken. Man kann es vergleichen mit Blasen im Gehirn, die im Körper gefangen waren und sich nun befreien und an der Oberfläche erscheinen. Es bringt nichts, ihnen auf den Fersen zu bleiben und daraus dramatische Effekte zusammenzubasteln. Man fährt ganz einfach mit der Übung fort.

Man muß verstehen, daß die positiven Wirkungen auf die Gesundheit nicht nur auf die bessere Zirkulation in den Bahnen zurückzuführen sind, sondern daß das Qi, wenn es diesen Kreislauf öffnet, alle psychosomatischen Bereiche, die gesamte Struktur von Materie-Energie-Bewußtsein tatsächlich verändert.

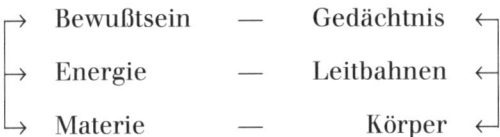

Diese Beziehung zwischen Energie-Akupunkturpunkten und Bewußtsein kann im übrigen die Wirkung der Akupunktur bei Depressionen und Angstzuständen sowie bei Neurosen, die physische und psychische Reaktionen betreffen, erhellen.

Dieses Zellbewußtsein, mit seinen Knoten von eingeschlossenen Erinnerungsbildern im Körper – in den Muskeln, Sehnen und Faszien – findet sich in vielen Theorien der unterschiedlichsten Reinigungstherapien und -techniken wieder. In erster Linie erkennen wir es beim energetischen Charakterpanzer Wilhelm Reichs (Bioenergie), ebenso in der Osteopathie, beim Rolfing, Rebirthing, in der Urschreitherapie und bei den verschiedenen schamanistischen Traditionen Amerikas, Afrikas, Osteuropas, Chinas, Japans und Indiens.

Beim normalem Training der Öffnung des »Kleinen Energiekreislaufs« geschieht meist nichts Außergewöhnliches; es treten keine oder nur selten »psychedelische« oder »transzendentale« Phänomene auf. Viel eher findet eine Verfeinerung des Gedächtnisses statt.

Wir wollen noch darauf hinweisen, daß das Zazen eine der genialsten Techniken des »Kleinen Energiekreislaufs« darstellt. Ohne sich auf den Kreislauf oder auf eines der Zentren, ausgenommen das Dan Tian, zu konzentrieren, geschieht die Übung von allein, wenn der Schüler seinen Geist auf die Körperhaltung und die Atmung konzentriert, ohne einen der auftauchenden Gedanken zu verfolgen, wenn er sein Bewußtsein auf die Leere richtet.

Der »Kleine Energiekreislauf« läutert und klärt also auf eine sanfte Art, die man im allgemeinen ohne Gefahr allein praktizieren kann. Man spürt das übrigens deutlich, wenn man die positiven Wirkungen bemerkt. Appetit, guter Schlaf, Geschmeidigkeit des Körpers,

Ruhe, Erweiterung des Bewußtseins, Souveränität und Präsenz in allen Situationen, bessere Anpassungsfähigkeit, Ausschaltung oder Verminderung von Nervosität, schlechter Laune, Niedergeschlagenheit und Aggressivität. Wenn etwas Ernsthaftes passiert, dann nur darum, weil der bearbeitete »Knoten« ernsthaft ist, der physische wie der psychische, was auf das gleiche hinausläuft.

Wenn man gesundheitliche Schwierigkeiten hat, Rückenprobleme festgestellt wurden oder man unter nervlicher Labilität leidet, ist es darum besser, anfangs mit einer kompetenten Person zu üben, die selbst schon den »Kleinen Energiekreislauf« beherrscht.

Wenn man allein übt und körperliche Beschwerden oder seltsame geistige Empfindungen spürt, die auch nach der Meditation anhalten, oder wenn die im Laufe der Übung auftauchenden Gefühle sehr stark und unkontrollierbar sind, ist es besser, ganz aufzuhören und einen Lehrer zu suchen.

Es gibt auch Reaktionen, die den Körper direkter betreffen, obwohl sie selten sind und keine ernsthafte Gefahr darstellen. Bei einer Person mit Migräne kann der »Kleine Energiekreislauf« beispielsweise Kopfweh auslösen; das ist normal. Es zeigt, daß das Qi gut in den Kopf gestiegen ist, dort aber aufgrund einer Asymmetrie der Schädelknochen, einer latenten Störung der Zirkulation im Rückgrat und der Rückenmarkflüssigkeit blockiert wird.

In solch einer oder ähnlichen Situation kann man sich sofort Erleichterung verschaffen, indem man den »Kleinen Energiekreislauf« in umgekehrter Richtung übt: Man atmet über den Ren Mai ein und atmet über den Du Mai aus. Dann setzt man diese Übung vorläufig ab, bis man einen Akupunkteur, einen Osteopathen oder jeden beliebigen Arzt, der mit diesen Methoden vertraut ist, konsultiert hat.

Die gleiche Vorsicht müssen diejenigen walten lassen, bei denen Störungen der Gehirndurchblutung oder Epilepsie festgestellt wurden. Das gleiche gilt für Hypertoniker oder Personen, die von einem Hirnschlag bedroht sind. Es gibt zwar keine offiziellen Kontraindikationen; aber es ist am besten, sich medizinisch überwachen zu lassen, wenn man an einer dieser Krankheiten leidet. Auch ist in diesen Fällen von den Stimulationsübungen ebenso abzuraten wie von der Kontraktion des Anus. Alles kann dagegen allmählich in Ordnung kommen, wenn man den »Kleinen Energiekreislauf« auf sanfte Weise öffnet. Auch osteopathische oder neurologische Krankheiten heilen mit der Zeit von selbst.

Allen Personen mit Kopfschmerzen oder hohem Blutdruck sei eine wunderbare Übung empfohlen. Sie wird in verschiedenen Klassikern des Qi Gong beschrieben: Vom Dan Tian bis zum Mingmen einatmen, vom Mingmen ausatmen und dabei das Qi durch die Beine bis zu den Fußsohlen, zum Yongquan (Ni. 1), schicken. Wenn nötig, einen Ball unter die Füße legen, um im Geist diese Zone genau zu fühlen. In jedem Fall ist eine ärztliche Überwachung des Blutdrucks notwendig.

Das Herz ist ebenfalls leicht ein Ziel für Störungen. Der Grund dafür liegt darin, daß das Qi beim Aufsteigen das Herz in Wallung bringen kann. Wenn das Qi im Rücken in Höhe der Schulterblätter angekommen ist, hat es die natürliche Tendenz, in das Herz zu fließen und Reaktionen hervorzurufen, die den Syndromen des »Feuer des Mingmen« oder »Yang der Leber, das das Herz in Wallung bringt« in der chinesischen Medizin zu vergleichen sind, das heißt Rhythmusstörungen oder Herzschmerzen. Aus diesem Grund empfehlen viele Lehrer, anfangs direkt vom Mingmen oder Jizhong zum Fengfu zu gehen, ohne bei den dazwischen liegenden Punkten Halt zu machen.

Herzkranke (Angina pectoris, Infarkt usw.) und diejenigen, die einen Herzschrittmacher haben oder unter Herzrhythmusstörungen leiden, sollten den »Kleinen Energiekreislauf« sehr vorsichtig und unter Anleitung praktizieren und ein regelmäßiges Check-up bei ihrem Arzt machen lassen.

Wenn man trotz guter Gesundheit eine Beschleunigung des Herzschlags oder Herzklopfen während des »Kleinen Energiekreislaufs« oder danach spürt, dann hat man einen Fehler gemacht oder bei der Übung übertrieben.

Es ist tatsächlich notwendig, das Qi wieder gut sinken zu lassen, nachdem es gestiegen ist. Es ist leichter, im Du Mai hochzugehen, als im Ren Mai herunterzugehen. Vergessen wir nicht, daß der Du Mai »Lenkergefäß« heißt. Man muß also mit Nachdruck das Qi vom Yintang aus sinken lassen. Jeder wird seine Methode finden, dieses Phänomen zu intensivieren. Ich habe meine gefunden und sie später in einigen Texten wiederentdeckt: nämlich sich das Sinken des Qi wie herunterstürzendes Wasser vorzustellen. Ich stelle mir einen Wasserfall vor, der in Höhe des Dan Tian oder des Damms mit Wucht auf dem Boden aufschlägt. Jeder muß das Bild finden, das ihm am besten entspricht. Man kann aber auch die Hände zu Hilfe nehmen und ein paarmal leicht und schnell vom oberen Brustbein bis zum Bauchnabel streichen.

Auf die anderen Anwendungen des »Kleinen Energiekreislaufs« wird der Leser aufgrund zahlreicher früherer Hinweise im Bereich der Kampfkünste, des Tai Ji Quan und des Wai Qi, das durch die Akupunkturnadeln oder die Hände übertragen wird, schon geschlossen haben. Eine Anwendung jedoch, und nicht die unwichtigste, bezieht sich auf den Geschlechtsverkehr, worüber wir später noch sprechen werden.

## Die Öffnung der acht Sonderleitbahnen

Diese Übung stellt den wichtigsten Lernschritt dar. Man sollte vorzugsweise mit ihr beginnen, sobald der »Kleine Energiekreislauf« geöffnet ist. Man kann jedoch vorsichtig auch parallel dazu mit der Öffnung der acht Sonderleitbahnen beginnen.

Die gleichen medizinischen Ratschläge gelten auch hier. Man sollte sich den Verlauf der Leitbahnen wieder ins Gedächtnis rufen und dazu die Abbildungen 42 bis 49 im zweiten Teil des Buches (Seite 115 ff.) nachschlagen.

Technik

– Man steht aufrecht, der Körper bleibt locker, die Arme sind flexibel. Der Geist befindet sich im Zustand des Yi Shou, die Augen sind halb geschlossen.
– Bei jedem Einatmen zieht man den Anus zusammen und atmet durch die »zwei Pforten«, Nase und Anus, aus. Bei jedem Ausatmen entspannt man den Anus.

Das Zusammenziehen des Anus wird je nach Belieben mehr oder weniger betont. Wenn es zu heftig erfolgt, kann es Beschwerden nach sich ziehen, wie Kurzatmigkeit, Herzklopfen, Bluthochdruck, Schwindelgefühle. Die Wirksamkeit steht in keinem proportionalen Verhältnis zur Stärke der Kontraktion, sondern hängt vom Erreichen des Zustands von Yi Shou ab, das heißt von der geistigen Ruhe und der Konzentration auf den Verlauf, den das Qi nimmt. Die Atemgeschwindigkeit entspricht zugleich dem eigenen Atemvermögen und der Geschwindigkeit des Qi, wenn man dahin gelangt, es zu erspüren und zu begleiten. Das ist anfangs schwierig, aber dann ist es schließlich das Qi, das nach und nach den Rhythmus bestimmt.

– Wenn es hilft, kann die Atmung und Visualisierung auch vom Körper unterstützt werden, indem man sich neigt und wieder aufrichtet und dabei mit den Händen der Bahn des Qi folgt, wie wir es beim »Kleinen Energiekreislauf« gesehen haben. Wenn man zum Beispiel vom Gesicht zum Damm hinuntergeht, kann man die Hände zu Hilfe nehmen, ohne den Rumpf zu berühren, um der Energie zu folgen.

1. Öffnung des Du Mai (Abb. 208)
   Man atmet vom Damm aus über die Wirbelsäule ein und folgt dem Verlauf der Leitbahn Du Mai bis zum Yingtang zwischen den Augenbrauen (wie beim »Kleinen Energiekreislauf«).
2. Öffnung des Ren Mai (Abb. 208)
   Man atmet durch den vorderen Teil des Körpers bis zum Damm.
3. Öffnung des Dai Mai (Abb. 209)
   Man atmet vom Damm in das Innere der Körpermitte bis in Höhe des Nabels, dann leitet man den Atem bis zum Nabel, wo er sich teilt und die Taille nach hinten umrundet, zu beiden Seiten der Wirbelsäule in ungefähr drei Zentimeter Entfernung von der Mitte. Dann geht man auf beiden Seiten der Wirbelsäule bis zu den Schulterblättern. Man passiert dabei den siebten Halswirbel und endet über der Schulter.
   Nicht vergessen, daß während dieses ganzen Verlaufs eingeatmet wird.
4. Öffnung des Yang Wei Mai (Abb. 210)
   Man atmet über die Außenseite der Arme bis zu den Fingerspitzen aus.
5. Öffnung des Yin Wei Mai (Abb. 210)
   Man atmet von den Fingerspitzen aus über die Handteller und die Innenseite der Arme bis zur Brust ein.

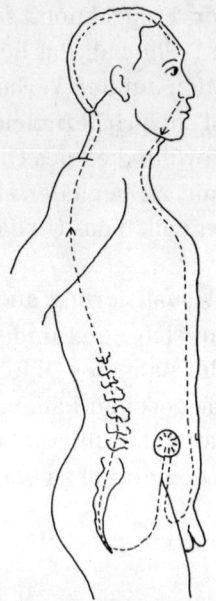

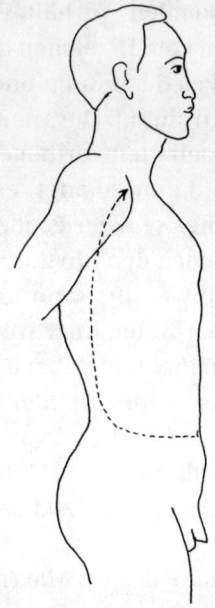

208 Öffnung der acht Sonderleitbahnen
(Du Mai und Ren Mai)

209 Die Sonderleitbahn Dai Mai

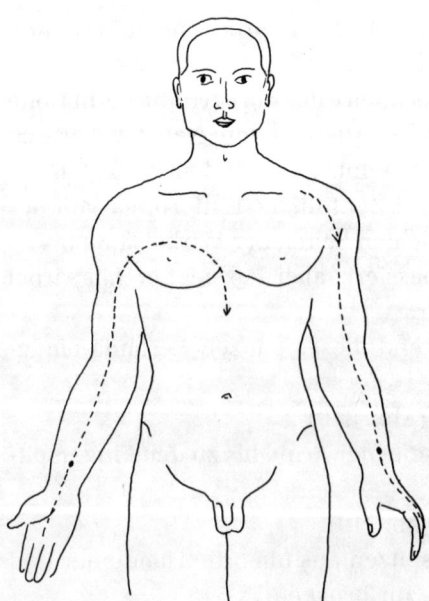

210 Die Sonderleitbahnen
Yang und Yin Wei Mai

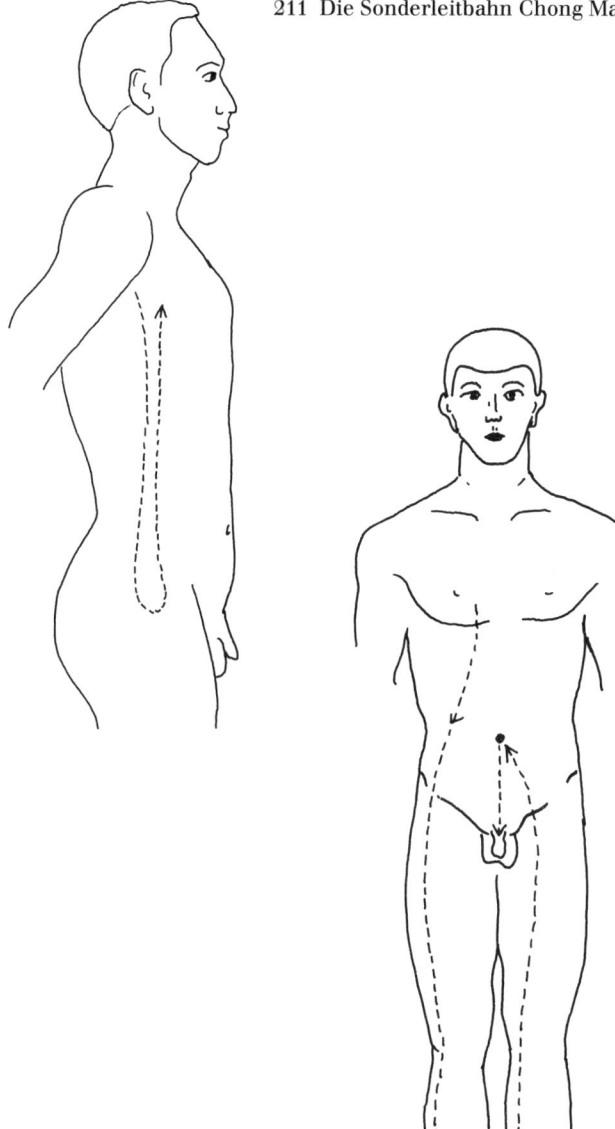

211  Die Sonderleitbahn Chong Mai

212  Die Sonderleitbahnen
Yang und Yin Qiao Mai

6. Öffnung des Chong Mai (Abb. 211)

   Von der Brust aus atmet man von zwei Seiten auf den Bauch, die Oberfläche des Unterbauchs, und die beiden Zweige kommen wieder am Damm zusammen, von wo aus man beim Einatmen genau zur Mitte des Körpers in einer einzigen und vertikalen Linie bis zum Herzen aufsteigt.

7. Öffnung des Yang Qiao Mai (Abb. 212)

   Man atmet im Inneren des Körpers bis zum Schambein aus, und von dort aus teilt sich der Atem wieder, um zu den Gesäßbacken zu gehen und bei den Hüften, an den Oberschenkelköpfen, herauszukommen und entlang der hinteren Außenseite beider Beine bis zu den Füßen herunterzugehen.

8. Öffnung des Yin Qiao Mai (Abb. 212)

   Man geht unter die Füße zum Yongquan (Ni. 1) und atmet ein, während man entlang der Innenseite der Beine und Schenkel wieder hochgeht, um durch den Damm ins Innere des Körpers einzudringen und in der Mitte senkrecht bis in Höhe des Nabels wieder aufzusteigen.

9. Man endet, indem man ausatmet und das Qi vom Nabel bis zum Anus hinuntersteigen läßt. Von dort aus kann man wieder ein oder mehrere Male von vorne beginnen, je nach Training, Geschick und Geduld für die Übung.

Anwendung

Diese acht Sonderleitbahnen bilden die Gesamtheit des menschlichen Körperaufbaus, ähnlich dem Gewölbe einer Kathedrale oder dem Gerüst eines Schiffes. Die Kraftfelder sind jedoch inmateriell und von der organischen und mentalen Struktur des Individuums geprägt. Man könnte sagen, daß sie die Bewußtseinsenergie des Seins repräsentieren, wodurch Yuan Qi eindringt und wirkt, die ursprüngliche Energie des »Früheren Himmels«, die das Leben nach dem unergründlichen Plan des Tao lenkt.

»Jeder besitzt diese acht Sonderleitbahnen, die für die spirituelle Energie Yin (Yingshen) zuständig und daher verschlossen sind. Nur die Unsterblichen (Taoisten) können sie durch das Eindringen des Yang-Hauches freimachen und zum Tao gelangen.« Diese Bemerkung, die dem Text von Zhang Zi Yang in *Nei Gong Tu Shuo* entnommen ist und von Catherine Despeux zitiert wird, verdeutlicht den Sinn dieser Übungen. Die Öffnung der acht Sonderleitbahnen, ebenso wie die des »Kleinen Energiekreislaufs« und der zwölf Hauptleitbahnen, ermöglicht eine Steigerung der Gesundheit und eine bessere Durchlässigkeit des Körpers für die wahre Energie Zhen Qi, die die Kräfte und Fähigkeiten des Übenden freisetzt.

Diese Öffnung ist gleichfalls Gegenstand und Ergebnis der Tai-Ji-Quan-Übungen und natürlich auch des Ba Guan Quan, denn Ba Guan meint im Chinesischen die acht Trigramme. Das Tai Ji Quan arbeitet mit der synchronen Verlagerung der Bewegungen in die »Acht Himmelsrichtungen«, die den acht Trigrammen und den acht Sonderleitbahnen entsprechen. Das Ba Guan Quan bedeutet »Boxen der acht Trigramme«. Wie es heißt, hat die Vereinigung von beiden Ueshiba zur Erfindung des Aikido inspiriert.

Wenn die acht Sonderleitbahnen offen sind, kann die Hauptöffnung der inneren Leitbahn in der Mitte erfolgen, der esoterischen Leitbahn Chong Mai, worüber wir im letzten Teil dieses Buches sprechen werden.

*Vierter Teil*

ler

In diesem Teil werden bestimmte Übungen als Beispiele des therapeutischen Qi Gong dargestellt, die im heutigen China auf der Grundlage der alten Methoden ausgearbeitet und im pathologischen Bereich erforscht wurden.

Es handelt sich um eine relativ neue Forschung in der Volksrepublik China, die in den letzten zehn Jahren intensiviert wurde. Ich werde ein Resümee einiger Forschungsergebnisse geben.

Der Leser, der sich für ein allgemeines Qi-Gong-Training interessiert, kann die folgenden Übungen vernachlässigen. Menschen mit schlechter Gesundheit und Kranke sollten sich dagegen in die Übungen dieses vierten Teils vertiefen und mit Fachleuten Übungen aussuchen, die für ihren Fall geeignet sind, ohne jedoch die allgemeinen Übungen zu vernachlässigen, denn das ist ein Punkt, bei dem die Chinesen eine kategorische Haltung vertreten: Das gesamte allgemeine Qi Gong, eingeschlossen das Tai Ji Quan, ist Therapie.

# Qi Gong als Wissenschaft

*Die Forschungen über das therapeutische Qi Gong in China*

In einem Werk über »Traditionelle chinesische Fitneß-Übungen«, das 1984 in Peking auf englisch veröffentlicht wurde, findet man eine Zusammenfassung der Entwicklung des Qi Gong im China der achtziger Jahre.

Das erste Qi-Gong-Institut wurde im Dezember 1979 in Peking gegründet, als Folge einer Neubestimmung der Wissenschaftspolitik im Jahre 1978.

Eine erste Studie an 3100 Patienten mit chronischen Leiden stellte bei 25 Prozent eine Heilung und bei 44 Prozent eine bedeutende Verbesserung fest. Aber schon lange vor dieser Zeit hatte sich eine Frau als Pionierin hervorgetan. Es handelt sich um Guo Lin, bei der man Gebärmutterkrebs diagnostiziert hatte. Die Vierzigjährige, die sechsmal operiert worden war, fühlte sich zunächst zu schwach, um die konventionellen Qi-Gong-Übungen, die sie mit zwanzig Jahren gelernt hatte, durchzuführen. Aber sie folgte ihrer Intuition und begann ganz allmählich mit dem Üben. Nach einigen Jahren war ihre Gesundheit vollkommen wiederhergestellt. 1980 hatte sie keinen Krebs mehr und lehrte ihre Methode schon sieben Jahre lang, als sie ihr Buch, das erste dieser Art in China, veröffentlichte. Ihre Methode besteht in folgendem:

- Übungen im Gehen: Die Atmung bestimmt den Rhythmus, wobei die Arme schwingen und zum Dan Tian durchgeatmet wird.
- Übung mit dem Stock, der sich dreht: Der Patient hält einen Stock von ungefähr dreißig Zentimeter Länge und dreht ihn sachte zwischen den Handflächen, wobei der Rumpf von links nach rechts gedreht wird. Diese Bewegungen werden mit der Atmung synchronisiert.
- Übungen, bei denen Laute ausgestoßen werden: Den heilenden Lauten *Gong, Shang, Yu* ist in diesem Buch noch ein spezielles Kapitel gewidmet. Der Laut ist je nach betroffenem Körperteil verschieden. Bei der Bestimmung des Lautes stützt man sich auf die chinesische Tradition. Angenommen, man will einen Kno-

chenkrebs heilen, dann wird man den Laut ausstoßen, der der Niere entspricht, denn die Knochen werden von der Niere regiert (siehe auch das Kapitel über die »Fünf Elemente«).

In dem auf englisch geschriebenen Werk *Chinese Qigong Therapy* werden Übungen angeführt, die experimentell entwickelt wurden, um jeden Krankheitstyp und jedes Organ auf der Grundlage der Methode von Guo Lin zu heilen. Die Methode von Guo Lin ist seitdem zu einem Klassiker geworden. Sie erhielt den Beinamen New Qi Gong Therapy oder auch Guo Lin Gong Fa nach ihrer Erfinderin.

Bei der Methode von Guo Lin wird die Atmung von den Lauten *Xi-Xi-Hu,* was »einatmen, einatmen, ausatmen« bedeutet, begleitet und in kleinen Stößen geübt.

Man ist übereingekommen, das Qi Gong, das man Kranke lehrt, damit sie selbst wieder ihre Gesundheit herstellen, Therapeutisches Qi Gong zu nennen.

*Wai Qi, das externe Qi und Fa Gong, die Methode der Aussendung von Qi*

Ein weiterer Aspekt des Qi Gong in der Medizin wird durch die Methode Fa Gong dargestellt, bei der der Schüler trainiert, das Qi durch die Handflächen am Punkt Laogong (Pe. 8) oder durch die Fingerspitzen auszusenden.

Man hat sich geeinigt, dieses Qi Gong, um es vom therapeutischen Qi Gong zu unterscheiden, medizinisches Qi Gong zu nennen, dessen Anwendung Ärzten und Heilern vorbehalten bleibt.

In einem in Peking erschienenen Buch über das medizinische Qi Gong werden insbesondere zwei Berühmtheiten erwähnt, von denen schon im historischen Teil die Rede war. Bei der ersten Berühmtheit handelt es sich um Ma Chun, den in New York zu treffen ich das Glück hatte. Er ist 65 Jahre alt, sieht jedoch zehn Jahre jünger aus. Er ist bekannt, weil er einen Bandscheibenvorfall bei einem Mann geheilt hat, der quasi gelähmt war, Krebsgeschwüre eingedämmt, den Blutdruck bei Hochdruckpatienten gesenkt und Hunderte von Menschen, die an verschiedenen Krankheiten litten, geholfen hat. Ma Chun lehrt das Qi Gong an der UNO. Eine Aufzeichnung des Wai Qi, die bei ihm durchgeführt wurde, ergab, daß er Infrarotstrahlen niedriger Frequenz aussendet.

Die zweite erwähnte bemerkenswerte Persönlichkeit ist Lin Hou Sheng, von dem ich schon berichtet habe, und der in der Lage ist, durch Qi Gong Schmerzunempfindlichkeit bei Schilddrüsenoperationen zu bewirken, was 1981 auch im französischen Fernsehen gezeigt wurde.

Lin hat im übrigen mehrere neue Methoden des Wai Qi entwickelt, wobei er das Qi Gong benutzt. Eine Methode, Qizhen genannt, besteht darin, eine winzige Nadel in den Akupunkturpunkt einzuführen und das Wai Qi auf die Nadel zu übertragen. Unter seinem Einfluß bewegt sich die Nadel, genauer gesagt, sie vibriert, und die Muskeln ziehen sich rund um die Nadel herum zusammen, während der Patient eine warme Strömung fühlt, die aus der Nadel kommt und in seine Leitbahnen fließt.

## Krebs und Abwehrschwächen

In den Qi-Gong-Instituten im heutigen China versucht man, die Wirkungen des Wai Qi zu erforschen und seine physikalische Natur zu bestimmen, denn diese Infrarotstrahlung wird auch von elektromagnetischen Phänomenen begleitet. Die Sendung des französischen Fernsehens zeigte sogar einen Oszillographen, der die Emission des Wai Qi aufzeichnete.

Eine konzentrierte Anwendung von Wai Qi auf einen Kranken könnte die Wirkung haben, dem Patienten im Kampf gegen Krebs zu helfen und die Größe des Tumors zu reduzieren. Dies ist mit ermutigenden Resultaten bei Schilddrüsen-, Speiseröhren-, Magen- und Mastdarmkrebs angewandt worden. Parallel dazu haben Laborversuche gezeigt, daß das Wai Qi in der Lage ist, Kulturen von Krebszellen im Wachstum zu hemmen. Über diese Experimente hat G. J. Shen berichtet. Wai Qi ist auch imstande, die Abwehrkräfte gegen Krebs zu erhöhen, und aus diesem Grund hoffen die chinesischen Mediziner, ein wirksames Mittel gegen die großen Immunschwächekrankheiten gefunden zu haben.

Während einer meiner Aufenthalte in den USA habe ich mehrmals

Robert Samson getroffen, der in Harvard forscht und an Qi Gong interessiert ist. Er berichtete mir, daß das Ziel eines Besuchs von Wissenschaftlern der Harvard-Universität im August 1987 in Peking war, ein Forschungsprogramm zur Behandlung von Immunschwächen mit Akupunktur, chinesischer Phytotherapie und Qi Gong zu diskutieren. Bei den Vorträgen dieses kleinen universitären Gipfeltreffens wurde von den chinesischen Wissenschaftlern eine Reihe von Experimenten und Resultaten präsentiert.

## Entwicklung des Qi Gong in den USA

Eins ist sicher, außerhalb von China ist das medizinische Qi Gong heute in Japan und den USA weiter entwickelt als in allen anderen Ländern der Welt. Die Zeitschrift *Medical Tribune* widmete ihm schon im Februar 1987 während des Aufenthalts einer Delegation von chinesischen Ärzten in den USA zwei Artikel.

Im Long Island Jewish Medical Center und im Cambridge Hospital, wo Robert Samson sie empfing, führte das wissenschaftliche Team aus China die Beeinflussung von Hirnströmen und die Rotation von Flüssigkristallmolekülen unter dem Einfluß von Qi Gong vor. Es zeigte auch die Wirkungen des Qi Gong auf Bakterien, Viren und Krebszellen. Eine Demonstration wurde sogar an einem der anwesenden und dazu bereiten Biophysiker durchgeführt, Dr. Alphonse Di Mino. Der chinesische Qi-Gong-Experte stellte sich vor ihn hin und bewegte die Hände um ihn herum. Di Mino fühlte seinen Körper so leicht werden, daß er Li Xiao Ming, der das Experiment durchführte, bat, mit der Vorführung aufzuhören.

Aber die allererste Bresche für das Qi Gong wurde in den USA von Xio Huan Zhang, Professor am Institut für Technologie in Peking, während des »Siebzehnten Internationalen Kongresses zur Geschichte der Wissenschaft« geschlagen, der 1985 in Berkeley stattfand. Auf dieser Tagung stellten die chinesischen Wissenschaftler der westlichen Welt zum ersten Mal das medizinische Qi Gong vor und sprachen von einem neuen Zweig der Wissenschaft.

Erwähnenswert ist noch die Tatsache, daß im Herbst 1986 die amerikanische Zeitschrift *Advances* eine Spezialnummer über weltweite Primärstudien zur Psychosomatik herausbrachte. Unter den Publikationen fand sich auch ein bemerkenswerter Artikel von Professor G. J. Shen, von dem ich unter anderem schon im historischen Teil berichtet habe. Shen, Professor an der Hochschule für Traditionelle Medizin von Shanghai und Direktor des Qi-Gong-Instituts in Shanghai, diskutiert in diesem Artikel die unterschiedlichen Formen des Qi Gong sowie die neueren Forschungen über die Wirkungsmechanismen und zitiert verschiedene bereits im Magazin *Nature* veröffentlichte Experimente: Wachstumshemmung von Kulturen mit menschlichen Leberkrebszellen, Erhöhung der Aktivität von Makrophagen usw.

*Wie kann man das therapeutische Qi Gong einsetzen?*

Man könnte sich für die nähere oder fernere Zukunft vorstellen, daß Allgemeinmediziner oder Fachärzte ihren Patienten das Qi Gong auf Rezept verschreiben und sie an einen Qi-Gong-Therapeuten überweisen.

Das würde jedoch eine gründliche, offiziell beglaubigte Ausbildung des Therapeuten voraussetzen. Überweisungsgrund wären nicht nur Beschwerden rheumatologischer oder mechanischer Natur wie Asthma, Bluthochdruck, Herzrhythmusstörungen, was die naheliegendsten Indikationen zu sein scheinen. Ebenso kämen die funktionellen oder nervösen Krankheiten in Frage wie Kolitis, Magengeschwür, Bettnässen, Schlaflosigkeit, Depression, Angstzustände, Impotenz oder Ejaculatio praecox. Warum aber sollte man nicht, wenn der Patient den Wunsch äußert und die Überzeugung und der feste Wille vorhanden sind, für seine Gesundheit zu kämpfen, auch Krebskranken oder Personen, die an chronischen Krankheiten leiden, unter strikter medizinischer Überwachung Qi Gong verschreiben?

Selbstverständlich würde eine solche Verschreibung die vorhergehende Überprüfung der mit diesen Methoden erreichten Resultate vor Ort, in China, durch Experten voraussetzen. Diese Schritte wurden von Amerikanern, Japanern und Australiern offenbar auch schon eingeleitet. Aber erinnern wir uns nochmals daran, was wir weiter oben gesagt haben: Qi Gong ist Therapie. Das heißt, daß – neben den spezifischen Übungen, die im nächsten Kapitel vorgestellt werden – tatsächlich alle Bewegungs-, Atmungs- und Konzentrationsübungen, die in diesem Buch abgehandelt werden, sowie das Tai Ji Quan heilend wirken.

# Qi Gong in der Therapie

Wie man mit Qi Gong Krankheiten behandeln kann, werden wir mit zwei Beispielen, Bluthochdruck und Krebs, verdeutlichen. Außerdem zeigen wir einfache Übungen zur Behandlung von Hämorrhoiden und Schlaflosigkeit.

## Bluthochdruck

Spezielle Übungen zur Senkung des Blutdrucks sind in dem Buch von Zhang Ming Wu und Sun Xing Yuan enthalten. Das tägliche Training setzt sich aus vier aufeinanderfolgenden Teilen zusammen.

1. Die Anfangsübungen.
2. Die Verteilung vom Punkt Baihui (Du 20), dem Scheitelpunkt des Kopfes.
3. Die Methode zur Senkung der Energie.
4. Die Schlußübungen.

Eine weitere Übung zur Stärkung der Energie der Niere ist nützlich, um die Wirkungen dieser Übungsreihe zu steigern und zu stabilisieren.

### Die Anfangsübungen

Ziel dieser Übungen ist es, auf die Lenkung des Qi nach unten in den Körper – vom Baihui (Du 20) zum Yongquan (Ni. 1), vom Scheitelpunkt zur Fußsohle – vorzubereiten. Die Vorstellung dabei ist, daß der Bluthochdruck durch ein Hochsteigen der Yang-Energie des Organismus entsteht, was eine Blockierung (Jue) auslöst. Die

Übung besteht also darin, diese Energie im Körper wieder nach unten sinken zu lassen.

Die Anfangsübungen sind notwendig, um den Patienten in den Zustand körperlicher und geistiger Ruhe, Yi Shou, zu versetzen und um die Abwärtsbewegung des Qi körperlich vorzubereiten.

*Die Entspannung in aufrechter Stellung:* Bei den Körperhaltungen dieser Entspannungsübung sind die Sanftheit und die vollkommene Verbindung der Bewegungsfolgen wichtig. Am besten ist es, sich auf die Einzelheiten jeder Bewegung zu konzentrieren. Man unterteilt diese Übung in achtzehn Abschnitte. Diese achtzehn Abschnitte sind schon im dritten Teil im Kapitel über die Qi-Gong-Übungen im Stehen entwickelt worden; man schlage dort nach.

*Die drei Formen des tiefen Ein- und Ausatmens:* Diese Übung ermöglicht die Behandlung von Symptomen, die durch einen Überfluß an Yang verursacht wurden. Das tiefe Einatmen hilft dem Yin, in den oberen Teil des Körpers zu steigen, und das Ausatmen bewirkt das Ausströmen von Yang.

- Die Ausgangsstellung ist die klassische aufrechte Position. Die Füße sind parallel in Schulterbreite auseinandergestellt.
- Männer legen die rechte Hand auf die linke, bei Frauen ist es umgekehrt. Der Punkt Yuji des Daumens (der höchste Punkt des Handballens) berührt den Nabel, und der Punkt Laogong (Mitte des Handfläche) ist dem Punkt Qihai (unter dem Nabel) zugewendet.
- Langsam ausatmen und dabei die Zunge vom Gaumen zum Ansatz der unteren Schneidezähne verlagern. Die Luft so langsam ausströmen lassen, als ob man sie zurückhalten wollte.
- Während man weiter ausatmet, leicht die Knie beugen und das Becken nach vorne schieben, bis die Knie die Zehen überragen.
- Wenn das Ausatmen beendet ist, in der gebeugten Position bleiben und mit der Zungenspitze wieder den höchsten Punkt des Gaumens berühren.
- In dieser Position einatmen.
- Nach dem Einatmen (und nur dann, um nicht zu riskieren, daß der Blutdruck steigt) sich wieder erheben und normal atmen.
- Das Ganze ein zweites Mal wiederholen, dann ein drittes Mal.

*Die drei Methoden des Öffnens und Schließens oder Bauchatmung:*
Diese Übung ermöglicht das Öffnen und Schließen von Energiebahnen. Die Öffnung entspricht dem Ausatmen und der Entspannung des Unterleibs, das Schließen dem Einatmen und dem Zusammenziehen des Unterleibs. Die Vorstellung soll auf das Dan Tian fixiert sein, um diesen Bereich zu stimulieren.

Zu Beginn des Übens kümmert man sich nicht um die Atmung, aber wenn man die Übung einmal beherrscht, muß man während der Öffnung ausatmen und während des Schließens einatmen. Gleichzeitig stellt man sich vor, daß alle krankmachenden Faktoren während der Öffnung ausgestoßen werden und daß sie während des Schließens, da alles hermetisch abgeriegelt ist, nicht eindringen können.

Den Autoren von *Chinese Qigong Therapy* zufolge ist die Bewegung der Handflächen während dieser Übung wichtig, weil sich dort das magnetische Feld des Körpers konzentriert. Bei jedem Positionswechsel der Handflächen vollziehen sich Veränderungen des Magnetfeldes, wodurch angeblich Signale an die Hirnrinde gesandt werden.

- Die Hände Rücken an Rücken in Höhe des Dan Tian legen und sie nach außen bis in Hüfthöhe auseinanderführen. Die Handflächen sind immer nach außen gekehrt. Das ist die offene Form.
- Mit den Fingern nach vorne zeigen – der Daumen liegt auf dem kleinen Finger, die Handflächen sind gegeneinander gerichtet – und die Hände in einer horizontalen Linie bewegen, bis sie sich in zehn Zentimeter Entfernung voneinander in Höhe des Dan Tian befinden.
- Die Finger aufeinander zu bewegen, bis sie sich berühren. Das ist die geschlossene Form.
- Diese Übung dreimal wiederholen.

Wie man sieht, ist diese Übung eine vereinfachte Variante der bereits beschriebenen »Atmung durch die Sechs Pforten«.

Die Verteilung vom Punkt Baihui (Du 20)

Diese Übung zerfällt in zwei Bewegungsfolgen.

*1. Hände über den Kopf halten.*
- Die Hände vom Dan Tian aus heben, die Handflächen zeigen zum Bauch.
- Die Hände bis über den Scheitelpunkt des Kopfes hochheben, die Finger sind dabei nach unten gebogen. Dann die Finger sich berühren lassen.
- Die Hände für zwei oder drei Minuten in fünfzehn Zentimeter Abstand über den Scheitelpunkt halten.

*2. Massage des Punktes Baihui*
- Mit den Händen heruntergehen und die Handfläche auf den Punkt Baihui (Scheitelpunkt des Kopfes) legen. Die Männer legen dabei die rechte Hand auf die linke, die Frauen machen es umgekehrt.
- Sanft zwölfmal nach links, vorne, rechts und nach hinten drehen, dann zwölfmal in umgekehrter Richtung. Die Frauen beginnen in umgekehrter Richtung.
- Tief ausatmen und dabei leicht die Knie beugen.
- Die Hände vom Punkt Baihui heben, ohne mit den Armen herunterzugehen.
- Einatmen.
- Wieder die Beine gestreckt halten.
- Dreimal aus- und einatmen.
- Die folgende Übung anschließen.


Methode zur Senkung der Energie

- Die Hände vom Scheitelpunkt des Kopfes langsam zum Punkt Shanzhong (Ren 17), zwischen den Brustwarzen gelegen, herunterführen. Die Zeigefinger berühren sich, die Handflächen zeigen nach unten.
- Man beginnt, langsam und tief auszuatmen, und entspannt dabei die Taille. Die Beine gehen in die Beuge (der Rumpf bleibt gerade), und die Hände (Handrücken einander zugewandt, die Finger zeigen nach unten) werden nach unten bewegt. Bis zum

Punkt Yinlingquan (MP. 9), auf der Innenseite des Knies, unter der Kniescheibe, heruntergehen.
– Wenn das Ausatmen beendet ist, langsam und ruhig einatmen.
– Dann richtet man sich wieder auf und führt die Hände zum Dan Tian zurück. Die Handflächen sind zum Bauch gedreht.
– Diese Übung dreimal wiederholen.

*Leitung der Energie zum Punkt Zhongdu (Le. 6)*
– Mit der Wiederholung folgender Übungen beginnen: »Drei Methoden des Öffnens und Schließens« und »Hände über den Kopf« halten.
– Anschließend die Hände zum Punkt Shanzhong hinunterführen, wie bereits beschrieben.
– Während man tief ausatmet, die Beine noch mehr beugen, damit die Finger die Punkte Zhongdu (Innenseite der Beine, Wadenmitte) erreichen.
– Einatmen,
– sich dann wieder aufrichten.
– Diese Übung dreimal wiederholen.

*Leitung der Energie zum Punkt Yongquan (Ni. 1)*
– Mit der Wiederholung folgender Übungen beginnen: »Drei Methoden des Öffnens und Schließens« und »Hände über den Kopf halten«.
– Anschließend beim Ausatmen die Hände direkt nach unten bewegen, bis die Finger den Boden berühren. Die Knie sind so tief wie möglich gebeugt, der Rumpf wie auch der Kopf bleiben ganz gerade.
– Sich auf den Punkt Yongquan (auf der Fußsohle, in der Vertiefung, die entsteht, wenn man die Zehen krümmt) konzentrieren.
– Einatmen,
– sich dann wieder aufrichten.
– Diese Übung dreimal wiederholen.


Die Schlußübungen

Es handelt sich um die »Anfangsübungen«, die aber in umgekehrter Richtung durchgeführt werden, das heißt, man beginnt mit der letzten, mit dem Ziel, die Energie zum Dan Tian zurückzubringen.

- »Methode des Öffnens und Schließens«,
- »Die drei Formen des tiefen Ein- und Ausatmens«,
- »Entspannung in aufrechter Stellung«.

## Anmerkungen

- Nachdem man die Energie zum Punkt Yongquan geleitet hat, kann das Gefühl auftreten, daß die Atmung blockiert ist. Man muß dann die Vitalenergie bis zu einer gewissen Tiefe in den Boden leiten, damit dieses Gefühl verschwindet.
- Diese Methode des Qi Gong ist dafür bekannt, daß sie eine Senkung des Blutdrucks bewirkt, die jedoch nur von kurzer Dauer ist. Um eine länger andauernde Wirkung zu erreichen, muß man sie mit der »Atemübung zur Stärkung der Niere« ergänzen.

## Atemübung zur Stärkung der Niere

Es ist eine Grundübung, um die ursprüngliche, essentielle und Samenenergie, Jing Qi, zu stärken.
- Man beginnt die Übung, indem man den rechten Fuß nach vorne setzt. Die Fußspitze ist angehoben, die Ferse ruht auf dem Boden.
- Mit dem linken Fuß einen Schritt machen, der Fuß ist in der gleichen Position wie oben.
- Den Kopf und den Rumpf nacheinander nach rechts drehen (die Hüften bewegen sich nicht), nach vorne zurückkommen und wieder nach rechts drehen.
- Die Augen offenhalten, so daß sie während der Bewegungen des Kopfes alles gleichermaßen ins Blickfeld bekommen.
- Das Drehen des Rumpfes bringt die Arme in eine leichte Bewegung.
- Wenn der rechte Fuß vorne ist, ist der linke Arm gebeugt. Die Hand schwingt vom Herzen bis zur linken Hüfte. Währenddessen bewegt sich die rechte Hand zum Herzen hin. Die Handflächen zeigen leicht zum Körper. Das Körpergewicht von links nach rechts verlagern.
- Die entgegengesetzte Bewegung machen und dabei den linken Fuß nach vorne setzen.

- Während der Bewegungen soll der Winkel zwischen jedem Arm und dem Rumpf nie sechzig Grad überschreiten.
- Einatmen, wenn der rechte Fuß nach vorne geht.
- Ausatmen, wenn der linke Fuß nach vorne geht.
- Konzentration auf die Fußspitzen. Die Ferse soll den Boden sehr leicht berühren, ohne großen Druck.
- Während des Gehens sollen die Füße parallel zu den Schultern sein. Man bewegt sich also auf zwei parallelen Linien und nicht nur auf einer Linie nach vorne.
- Beim Gehen sechzig oder siebzig Schritte pro Minute machen.
- Fünf bis fünfzehn Minuten lang gehen.

Damit wurden, in Kurzfassung und als Beispiel, Qi-Gong-Übungen zur Behandlung von Bluthochdruck beschrieben. Das Training mit diesen Übungen ist besonders anzuraten, wenn der Patient an sehr hohem Blutdruck mit innerorganischen Reaktionen oder an einer Erkrankung der Herzkranzgefäße leidet.

Die Durchschnittszeit für diese Übungen beträgt in China eine halbe Stunde bis zu einer Stunde pro Tag. Dieser Zeitraum ist der gleiche bei der Behandlung anderer Krankheiten, außer bei Krebs, wie wir im weiteren noch ausführen werden.


## Krebs

Verschiedene Übungsarten

Außer den üblichen allgemeinen therapeutischen Übungen zur Behandlung verschiedener Krankheiten wie die »Entspannung in aufrechter Stellung«, die »Drei Formen des tiefen Ein- und Ausatmens«, die »Drei Methoden des Öffnens und Schließens«, die bei der Behandlung von Bluthochdruck angeführt wurden sowie den Regulierungsübungen wie die »Methode zur Stärkung der Gesundheit« und die Methode »Wind mit blockierten Schritten« usw. werden weitere spezifische Übungen angeraten. Diese Übungen sollen den von Krebs betroffenen Bereich behandeln und den Organismus wie auch die Abwehrkräfte stärken, etwa die »Übung des Atems und des schnellen Gehens«, »Übung für die tiefe Atmung mit Öffnen und

Schließen«, »Übung der fünf Töne«. Alle Übungen wurden mehr oder weniger durch die Methode von Guo Lin inspiriert.

## Beschreibung von spezifischen Übungen

Um den Leser allgemein mit diesen Übungen vertraut zu machen, werden wir erst eine kurze Beschreibung auf der Grundlage des Buches *Chinese Qigong Therapy* geben.

### Übung des Atems und des schnellen Gehens

Es ist eine Übung, die es ermöglicht, die Atmung zu regulieren und das Qi zu stärken. Sie basiert auf der »Atemübung zur Stärkung der Niere«, die schon beim Bluthochdruck beschrieben wurde und hier in drei Teile geteilt werden kann:

*1. Übung des schnellen Atems*
- Den linken Fuß vorsetzen und gleichzeitig durch die Nase einatmen.
- Den rechten Fuß vorsetzen und gleichzeitig durch die Nase ausatmen.
- Die Hände schwingen ganz natürlich.
- Der entscheidende Punkt ist die Drehung des Kopfes, die die Bewegung des Rumpfes auslöst, welche ihrerseits das Schwingen der Arme bewirkt.
- Siebzig bis hundert Schritte pro Minute machen.
- Bei jedem Schritt einmal einatmen oder einmal ausatmen.

*2. Übung des gemäßigten Atems*
- Den linken Fuß nach vorne setzen, dabei einatmen, dann durch die Nase ausatmen.
- Mit dem rechten Fuß auf die gleiche Weise nach vorne gehen.
- Bei jedem Schritt einmal ein- und ausatmen.
Diese Übung wird besonders bei Magen- und Darmkrebs empfohlen.

*3. Übung des langsamen Atems*
- Mit dem linken Fuß nach vorne gehen und dabei zweimal einatmen, wenn die Ferse den Boden berührt, und einmal ausatmen, wenn die Fußsohle auf dem Boden aufsetzt.

- Die Gangart muß hier langsamer sein, ungefähr sechzig Schritte pro Minute.
- Bei jedem Schritt zweimal einatmen und einmal ausatmen.

Übung der fünf Töne

Die chinesische Tonleiter hat nur fünf Töne, und natürlich entsprechen diese Töne den »Fünf Elementen«. Dieses System ermöglicht die Stärkung des entsprechenden Organs, indem man das Schlüsselwort in der dazugehörigen Tonlage singt:

- *Gong* für die Milz,
- *Shang* für die Lunge,
- *Guo* für die Leber,
- *Zheng* für das Herz,
- *Yu* für die Niere.

Die Aussprache muß korrekt und die Tonart passend sein, damit die Wirkung sich optimal entfalten kann und die Schwingungen vollkommen zu den geschädigten inneren Organen übertragen werden können.

Der behandelnde Arzt muß zusammen mit dem Kranken den passenden Ton aussuchen und dabei die Stimme des Kranken sowie auch die durch die Krankheit oft geschwächte Stimmkraft berücksichtigen. Man geht mit dem Ton, dem Genesungsprozeß entsprechend, allmählich höher. Anfangs meidet man die tiefen Töne, weil die Vibration unzureichend ist, oder auch die zu schrillen Töne, die Spannungen bewirken können.

Der Patient wird angehalten, während des Singens die Hand auf das kranke Organ zu legen, auch die Technik der Visualisierung ist möglich.

Zur Behandlung von chronischen Krankheiten oder Krebs sind vier weitere spezielle Laute, *DUO, HA, XI, DONG,* ausgewählt und in chinesischen Qi-Gong-Instituten mit anerkannt positiven Wirkungen experimentell erprobt worden.

Qi-Gong-Rezepte gegen Krebs

Diese verschiedenen Übungen werden je nachdem, wo der Krebs lokalisiert ist, und in Übereinstimmung mit dem traditionellen System der »Fünf Elemente« verordnet.
Hier sind einige Beispiele, die von den Qi-Gong-Instituten in China ausgearbeitet wurden.

*Lungenkrebs*
Ergänzend üben:
– die Methode »Wind« zur Kräftigung der Lunge,
– die Methode »Wind« zur Kräftigung der Niere.

*Gehirnkrebs*
Ergänzend üben:
– die Methode »Wind« zur Stärkung der Niere,
– die Methode »Wind« zur Stärkung des Herzens,
– Aussprechen des Lautes *Duo.*

*Blasen- und Gebärmutterkrebs*
Ergänzend üben:
– die Methode »Wind« zur Stärkung der Niere,
– Aussprechen von *Yu.*

Die Zeit, die diesen therapeutischen Übungen gegen den Krebs und andere schwere Krankheiten gewidmet werden soll, hängt vom Zustand des Kranken und vom Ernst der Lage ab. Beginnend mit einer Stunde kann die Übungsdauer bis auf drei Stunden pro Tag erhöht werden. Auch der Zeitpunkt ist wichtig. Im allgemeinen wird empfohlen, zwischen drei und fünf Uhr morgens, spätestens von fünf Uhr früh an zu üben, um vom Aufsteigen des Yang beim Morgengrauen zu profitieren.

# Experimentelle Ergebnisse

In diesem Kapitel werden nur die klinischen Resultate bei den hauptsächlich bisher in China erforschten Krankheiten erörtert.

## *Wirkung des Qi Gong bei Bluthochdruck und Herzkrankheiten*

Wir wollen zwei bemerkenswerte Artikel aus der Zeitschrift *Qigong* anführen. Der wichtigste dokumentiert Forschungen über einen Zeitraum von zwanzig Jahren zur Wirkung des Qi Gong auf Hochdruckpatienten im Vergleich zu einer Gruppe, die kein Qi-Gong-Training hatte. 204 Patienten wurden analysiert, wobei sich der stabilisierende Effekt des Qi Gong auf den Blutdruck erwies. Je länger das Qi Gong praktiziert wurde, desto besser waren die Ergebnisse. In diesem Artikel wird auch die Vorbeugung gegen Gehirnschlag mit Qi Gong dargestellt. Ein anderer Artikel beschreibt die Verbesserung des Herzzustandes nach einer Herzgefäßerkrankung bei Hochdruckpatienten. Nach nur einem Jahr Qi-Gong-Training nach einer Herzattacke zeigte sich bei 56 Prozent der Patienten, die Qi Gong praktiziert hatten, eine Besserung auf ihrem Elektrokardiogramm gegenüber 25,1 Prozent in der Vergleichsgruppe.

## *Wirkung des Qi Gong bei Krebs*

Mehrere Artikel in chinesischen Zeitschriften erwähnen bei Krebs dank der Qi-Gong-Übungen Heilungen oder eine verlängerte Überlebensdauer.

In den meisten Artikeln werden Fallbeispiele angeführt. So berichtet Zhao Shu Wen über einen älteren Patienten, der einen zweiten chirurgischen Eingriff wegen einer Krebserkrankung am Mastdarm ablehnte und seinen Tumor durch Qi-Gong-Übungen zum Verschwinden brachte. Ein anderes Beispiel, das des Patienten Gao Wen Bin mit Lungenkrebs, wird von Ge Xian berichtet.

Hier noch ein weiterer Fall eines Patienten, der eine Leukopenie hatte, das heißt eine Verminderung der weißen Blutkörperchen. Xie Jie, der Autor, berichtet, daß diese Leukopenie durch eine Strahlentherapie verursacht worden war. Bevor er mit den Qi-Gong-Übungen anfing, war der Kranke schwach. Er litt außerdem an Asthenie, Appetitverlust und Infektionen der Atemwege. Die weißen Blutkörperchen waren auf eine Anzahl von 2600 per Milliliter gesunken (normal sind 5000 bis 7000).

Im Januar 1982 begann er eine Behandlung mit Qi Gong nach der Methode Zhan Zhung Gong. Nachdem er fünf Monate geübt hatte, je eine halbe Stunde morgens, beim Aufstehen und eine halbe Stunde abends, beim Zubettgehen, waren die Leukozyten auf 5900 gestiegen. Die Vitalität steigerte sich, ebenso die Widerstandskraft gegenüber Infektionen. Seitdem praktiziert der Patient weiterhin diese Methode, jedoch in gemäßigter Form.

Die Methode Zhan Zhung Gong ist einfach und fast identisch mit der zweiten Stehhaltung, die im dritten Teil beschrieben ist. Jedoch wurde dem Patienten geraten, während des Einatmens den Anus zusammenzuziehen und sich während des Ausatmens auf das Dan Tian zu konzentrieren.

Ein anderer Artikel, der im Mai 1986 in der Zeitschrift *Qigong* erschien, stellt die Beobachtungen bei der Behandlung von bösartigen Tumoren mit der Technik Zhou Tian Ming Men Gong dar. Die Untersuchung wurde an 80 Patienten durchgeführt, die in drei Gruppen unterteilt wurden:

25 Patienten, die nur mit Chemotherapie,
25 Patienten, die mit Chemotherapie und Qi Gong, und
30 Patienten, die nur mit Qi Gong behandelt wurden.

Das Experiment wurde über nur sechzig Tage durchgeführt und bestand darin, die Anzahl der roten und weißen Blutkörperchen, der Blutplättchen, den Hämoglobingehalt, die Anzahl der T-Lymphozyten sowie den Gehalt der Kortico-Keton-Steroide im Urin zu messen. Dieses Experiment zeigte folgendes Ergebnis:

– Bei alleiniger Behandlung mit Chemotherapie sank der Prozentsatz der roten und weißen Blutkörperchen, des Hämoglobins und der Blutplättchen ab.

– Bei der Verbindung von Qi Gong und Chemotherapie stellte man dagegen eine Erhöhung des Prozentsatzes dieser Zellen, außer bei den weißen Blutkörperchen, fest. Das beweist, daß die Immunfunktion der Patienten während einer chemotherapeutischen Behandlung nicht so sehr vermindert ist, wenn man diese mit Qi Gong verbindet.

– Bei der Gruppe, die nur mit Qi-Gong-Übungen behandelt wurde, waren dagegen die Anzahl der roten und weißen Blutkörperchen und das Hämoglobin erhöht (bei den Blutplättchen gab es keine Veränderung). Bei sieben Patienten jedoch hatte man eine signifikante Erhöhung der T-Lymphozyten festgestellt. Man kann also sagen, daß es zur einer Erhöhung der Immunstärke gekommen war.

Eine tiefergehende Studie zu diesem Mechanismus ist in einem Artikel der Zeitschrift *Qigong and Science* vom Juni 1984 zu lesen, die an 36 Patienten mit verschiedenen Arten von Krebs (Brust, Magen, Mastdarm, Lunge, Leber, Speiseröhre, Rachen usw.) durchgeführt wurde und die biologische Messungen vorlegte, um die Abwehrkraft von Körpersäften und Zellen zu erforschen. Die Ergebnisse dieser Studie zeigen, daß nach dreimonatiger Behandlung mit Qi Gong die Immunfunktion deutlich verbessert und gleichzeitig die körperliche Widerstandskraft größer war, was von den Patienten selbst konstatiert wurde. Die chinesischen Autoren schließen daraus, daß die Beziehung zwischen Qi Gong und der Immunfunktion des Organismus bedeutsam zu sein scheint. Die Ergebnisse dieses Experiments waren Teil der Vorträge von chinesischen Wissenschaftlern bei ihrem Besuch 1987 in Amerika und eine Grundlage für die in Harvard geplanten Experimente zur Erforschung von Aids.

Aber noch erstaunlicher ist der im September 1984 in der Zeitschrift *Qigong and Science* erschienene Artikel von Jing Wan, in dem die Rede von der Reduktion von Krebstumoren durch die Aussendung von Energie nach außen, durch Wai Qi, die Rede ist. Dem Autor zufolge sind heute auf diese Weise mehr als eintausend Krebsfälle geheilt worden.

In diesem Artikel werden die Wirkungen von Strahlen auf Tumore diskutiert und das Wai Qi mit einer Art Strahlung verglichen, die wachstumshemmend und tumorreduzierend wirkt. Aus diesem Grund bezeichnet der Autor das Wai Qi als »Y-Strahlung«.

Experimente, die mit der »Y-Strahlung« gemacht wurden, haben deren elektromagnetische, infrarote und infrasonore Natur gezeigt. Diese Strahlung verteilt sich nach dem Willen des Qi-Gong-Meisters auf alle möglichen Körperteile. Er kann jede Art von Krebs oder chronischer Krankheit heilen. Der Meister des Qi Gong kann sie aber auch benutzen, um den Körper zu untersuchen und den Tumor zu diagnostizieren. Das Wai Qi wird durch ein entsprechendes Training erreicht; wir werden das im folgenden Kapitel sehen.

Auch andere Heilungsprozesse können vom Qi Gong profitieren. Das ist insbesondere der Fall bei Diabetes, Kurzsichtigkeit, chronischen Krankheiten des Verdauungsapparates, Rheumaerkrankungen und nervösen Störungen.

## Wirkung des Qi Gong bei Diabetes

Der Arzt Zhan Ke Fu beschreibt in einem Artikel der Zeitschrift *Qigong* vom Mai 1984 seine eigene Erfahrung mit Diabetes, die bei ihm festgestellt wurde und wegen der er Insulin einnehmen mußte. Nachdem er die Tai-Ji-Qi-Gong-Übungen entdeckt hatte, beschloß er, sie unbeirrt zu praktizieren. Nach fünfzehn Tagen setzte er das Insulin ab; nach drei Monaten hatte er den Zuckerspiegel des Blutes und des Harnes vollständig normalisiert und nahm seine Arbeit wieder auf.

Fünf andere Patienten waren Gegenstand einer experimentellen Studie mit der Technik Tiao Xi Bu Gong, die jeden Tag drei Stunden lang praktiziert wurde. Nach dreimonatiger Behandlung konnten alle Medikamente gegen Hypoglykämie oder Insulinpräparate abgesetzt werden. Eine Überprüfung nach sechs Monaten ergab, daß der Blutzuckerspiegel normal blieb.

Aufgrund dieser Ergebnisse wurde ein zweites Experiment an zwanzig Patienten durchgeführt und im April 1986 in *Qigong and Science* veröffentlicht. Geübt wurde Tiao Xi Bu Gong, nur eine halbe Stunde lang, gefolgt von Selbstmassage an den Akupunkturpunkten für Diabetes: Chengjiang (Ren 24), Zhongwan (Ren 12), Guanyuan

(Ren 4), Qimen (Le. 14), Shenshu (Bl. 23). Nach dreimonatiger Behandlung war das Insulin verringert oder abgesetzt worden.

Die Resultate erbrachten, daß vier Patienten ausgezeichnete Ergebnisse erzielt hatten; vierzehn eine deutliche Verbesserung mit einer Glykämie unter 1,4 gr. und einer nicht mehr kritischen Glykosurie; bei zwei Patienten zeigte sich keine ausreichende Besserung.


## Wirkung des Qi Gong bei Kurzsichtigkeit

Eintausend Probanden wurden für ein Experiment mit der Methode Kuai Su Qiao ausgesucht, das von Bing Ying Fen überwacht und im Mai 1986 in der Zeitschrift *Qigong* veröffentlicht wurde.

Von den insgesamt 2000 Augen hatten 1434 eine Sehschärfe von 0,1 bis 0,3. Die Patienten waren zwischen 6 und 35 Jahre alt, 828 in der Altersgruppe zwischen 11 und 20 Jahren, also 82,89 Prozent.

Die Patienten wurden in Gruppen von je zwanzig Personen aufgeteilt und absolvierten ein Training in zwei Serien von fünfundzwanzig Stunden, die sich über einen Monat erstreckten.

Die angewandte Methode Kuai Su Qiao gliederte sich bei jeder Übungssitzung in zwei Phasen: Massage der Punkte um die Augen herum und Aussenden des eigenen Wai Qi auf die Augen.


Technik

– Aufrecht stehen, die Beine sind in Schulterbreite auseinandergestellt. Die Brust ist nicht vorgewölbt. Die Knie sind leicht gebeugt, die Augen ganz leicht geschlossen. Sich fünf Minuten auf das Dan Tian konzentrieren.

– Zwei Minuten lang den Punkt Yan (in der Mitte des Ohrläppchens) zwischen Daumen und Zeigefinger nehmen und fest drücken und sich dabei auf ihn konzentrieren. (Beide Yan-Punkte gleichzeitig behandeln.)

– Mit dem Mittelfinger den Punkt Taiyang (die Schläfe) leicht drücken und sich dabei zwei Minuten lang auf ihn konzentrieren. (Beide Taiyang-Punkte gleichzeitig behandeln.)

– Um die Energie zirkulieren zu lassen, mit dem rechten Arm

Wellenbewegungen machen. Ihn dazu bis in die Horizontale anheben, dabei einatmen und sich auf den Punkt Laogong (in der Mitte der Handfläche) konzentrieren; ihn dann sinken lassen, dabei ausatmen und die Konzentration auf dem Punkt Laogong lassen. Diese Übung langsam fünf Minuten lang durchführen.

– Langsam eine Hand heben und sich das entsprechende Auge mit der Handfläche zuhalten, dabei einatmen und sich auf den Punkt Laogong konzentrieren. Die Hand vom Auge nehmen, sie bildet dann einen Kreisbogen mit dem Handgelenk und dem Unterarm: Mit dem Arm langsam am Körper entlang heruntergehen und die Handfläche sehr langsam zum Boden drehen. Man muß diese Bewegung bei jedem Auge sehr langsam fünf Minuten lang machen.

Die Ergebnisse zeigten eine merkliche Verbesserung der Sehkraft bei mindestens 53,1 Prozent der Fälle. Je länger die Übungen durchgeführt wurden, desto besser waren die Resultate. Das berechtigt zu der Hoffnung, daß sie bei sechsmonatiger Behandlung noch besser sind, wenn eine Augengymnastik und eine vollständigere Massage der Punkte, wie die bei den im dritten Teil beschriebenen »Massagen für ein langes Leben« ergänzend hinzukommen.


*Wirkung des Qi Gong bei anderen Krankheiten*

Zahlreiche Artikel weisen auf weitere medizinische Forschungen mit überwiegend positiven Ergebnissen hin. Es ist bewiesen worden, daß alle folgenden Krankheiten eine günstige Reaktion auf die Qi-Gong-Praxis gezeigt haben: chronische Krankheiten des Verdauungstrakts, Magengeschwüre, Gastritis, chronische Hepatitis des B-Typs, Zirrhose, Gallenblasenentzündung sowie Hämorrhoiden und Magensenkung.

Siebzehn Fälle von chronischer Nierenentzündung, die mit Qi Gong behandelt wurden, waren Gegenstand einer Untersuchung, die 1984 veröffentlicht wurde. Weitere Experimente wurden bei Lungensilikose, Ménière-Krankheit, Schlaflosigkeit oder bei Nackenarthrose durchgeführt.

Ein anderer Artikel, ebenfalls 1984 veröffentlicht, weist auf eine experimentelle Untersuchung an 310 Fällen von chronischen Krankheiten hin. Bei diesem Experiment zeigte sich, daß ein Qi-Gong-Training von mehr als vier Monaten notwendig ist, um günstige Wirkungen hervorzurufen und eine Verminderung der Krankheitstage von 25 Prozent auf 6,25 Prozent zu erreichen. Bei 42 Prozent der Patienten zeigte sich ein sehr günstiges Resultat, das heißt eine sehr deutliche Besserung des Gesundheitszustands, der sich dem normalen näherte; 45 Prozent der Patienten spürten eine merkliche Besserung.

Bei dieser Studie ergaben sich einige bemerkenswerte Resultate wie die Besserung von Emphysemen in 20 Fällen (davon acht sehr deutlich), untersucht an 23 freiwilligen Versuchspersonen. Eine Besserung ebenso bei 35 Fällen von Nervenkrankheiten und Neurasthenien. Bei 26 von den insgesamt 37 Fällen gab es eine deutliche Besserung, nur zwei Fälle waren resistent; und schließlich drei Fälle von Besserung bei drei Hepatitispatienten, einer davon spektakulär.

Die Übungen, die in dieser Serie durchgeführt wurden, sind sehr einfach: die in China sehr verbreitete Methode Guan Qi Fa und die Methode Ren Zi Zhuang. Wir werden sie im folgenden kurz beschreiben und dann zum Schluß als weitere Beispiele Übungen zur Behandlung von Hämorrhoiden, chronischer Ohrenentzündung und Zahnschmerzen vorstellen.


Guan Qi Fa

– Aufrecht stehen, der ganze Körper ist entspannt.
– Drei Atemzüge machen, kurzes Einatmen, langes Ausatmen.
– Langsam die Hände am Körper entlang hochheben, bis sie nahe am Punkt Baihui sind. Man spürt dann die »Empfindung von Wolken« im Bereich dieses Punktes.
– Langsam mit den Händen vor dem Körper hinuntergehen, die Arme sind gerundet.
– Sich gleichzeitig auf die Energie konzentrieren, die im Inneren des Körpers bis zum Punkt Yongquan (Fußsohle) hinabsinkt.
– Diese Übung neunmal innerhalb von zehn bis fünfzehn Minuten machen, zweimal am Tag, morgens und abends.

- Hypertoniker heben die Hände rasch und mit Leichtigkeit und lassen sie langsam und tief sinken, wobei sie die Energie nach unten leiten.
- Hypotoniker machen es umgekehrt.

### Ren Zi Zhuang

- Es ist ganz einfach die zweite Stehhaltung (siehe den dritten Teil des Buches), die an die vorige Übung angeschlossen wird.
- Am Anfang bleibt man einige Minuten in dieser Stellung, um dann nach und nach eine halbe Stunde, dann eine Stunde durchzuhalten.
- Die Handteller reiben, um sie zu erwärmen, dann neunmal das Gesicht von der Stirn bis hinab zum Hals reiben.
- Die Hände entspannen und einige Minuten bewegungslos bleiben.

## *Verschiedene Selbstheilungsmethoden*

### Übung zur Heilung vom Hämorrhoiden

- So tief wie möglich einatmen und durch ein Zusammenpressen der Gesäßbacken den Anus anheben, gleichzeitig die Zungenspitze gegen den Gaumen drücken.
- Ausatmen und dabei den ganzen Körper entspannen.
- Die Übung mehrere Male wiederholen.

Wie man sieht, ist das die Übung »Kontraktion des Anus«, die schon beim »Kleinen Energiekreislauf« bei der »Öffnung der acht Sonderleitbahnen« usw. beschrieben wurde. Sie kann überall, jederzeit und in jeder Stellung gemacht werden, bis man eine leichte Ermüdung spürt. Sie soll mindestens zweimal am Tag durchgeführt werden.
Diese Übung ist jedoch kontraindiziert bei analen Hauteinrissen, Abszessen oder anderen entzündlichen Krankheiten. Sie muß vorsichtig durchgeführt werden, wenn man unter Bluthochdruck leidet.

Übung zur Heilung von chronischer Ohrentzündung

- Das Innere der Ohren mit einem Wattebausch reinigen, bevor man mit der Übung beginnt.
- Sich entweder in sitzender oder aufrechter Stellung entspannen und gleichmäßig atmen.
- Die Handflächen auf die Ohren legen und sie mit einer gleichmäßigen Bewegung hundertmal reiben. Diese Bewegung soll eine Wärmeempfindung an den Ohren hervorrufen. Wenn sie leicht genug ist, muß das nicht schmerzhaft werden.
- Dann beide Ohrmuscheln mit den Handtellern abknicken und sie mit den unteren Fingergliedern geknickt halten. Dann den Zeigefinger auf den Mittelfinger legen und damit hundertmal auf den Mastoidknochen hinter dem Ohr klopfen.
- Diese Übung einmal am Tag, morgens, machen. Der Erfolg wird im allgemeinen nach einer Woche spürbar; man muß sie aber über einen längeren Zeitraum durchführen, um die Wirkung zu verstärken.

Diese Übung wurde von der »Himmlischen Trommel« und der »Allgemeinen Massage« inspiriert, die schon beschrieben wurden.

Übung, um Zahnschmerzen und Inkontinenz zu behandeln

Diese Übung beugt vor, insbesondere bei Karies bei Kindern. Sie kann aber bei allen Zahnerkrankungen durchgeführt werden.

- Sie wird nur während des Harnlassens durchgeführt.
- Während des Harnlassens muß man die ganze Zeit den Atem anhalten und die Zähne zusammenpressen.

Diese Übung stärkt die Zähne, denn sie hat eine positive Wirkung auf die Niere, die die Knochen und Zähne regiert. Die Reflexzonen der Niere sind die Kinnladen und Zähne. Um die Energie der Niere noch mehr zu stärken, kann man die Übung folgendermaßen abwandeln:

- Statt die Zähne zusammenzupressen, kann man im Rhythmus von einer Sekunde mit den Zähnen klappern.
- Während des Harnlassens zusätzlich den Anus zusammenziehen.

– Wenn man soweit ist, all das gut koordinieren zu können, übt man, den Urinstrahl während des Harnlassens mehrere Male anzuhalten und wieder loszulassen.

### Qi Gong in der Sportmedizin

In China hat sich Doktor Jia Jin Ding mit dieser Frage eingehend beschäftigt. Er ist international bekannt und wird regelmäßig nach Rußland und Japan eingeladen, um seine Trainingsmethode zur sportlichen Leistungsverbesserung zu lehren. Er behandelt außerdem Sportverletzungen mit verschiedenen Qi-Gong-Techniken.

# Die »Sechs heilenden Laute«

### Die »Sechs Laute« und die Organe

Außer den fünf chinesischen Tönen, die therapeutisch eingesetzt werden, hat noch ein anderes System den Ruf, die Funktionen von inneren Organen zu harmonisieren. Es handelt sich um die »Sechs heilenden Laute«. Jedem Organ wird dabei ein Laut zugeordnet, und der sechste wirkt auf den »Dreifachen Erwärmer«.

| Organe | Leber | Herz | Milz | Lunge | Niere | Dreifacher Erwärmer |
|---|---|---|---|---|---|---|
| Elemente | Holz | Feuer | Erde | Metall | Wasser | |
| Laute | Su | Ha | Ho | Shi | Shui | Hi |

Tabelle 3

Wenn diese Laute regelmäßig geübt werden, verstärken sie die regulierenden Wirkungen der Bewegungs- und Atemübungen auf die inneren Organe.

## Aussprache und Töne

Diese Laute werden ganz langsam ausgesprochen, wobei man den Atem ausströmen läßt.

- *Su* wird zwischen den Zähnen ausgestoßen, so, als flüsterte man das Wort »sou« (französische Münze).
- *Ha* wird mit weit geöffnetem Mund ausgestoßen wie ein Seufzer nach einer Anstrengung.
- *Ho* wird guttural hinten am Kehlkopf ausgesprochen, als wenn man das Wort »rot« mit rollendem R spräche.
- *Shi* wird gezischt, wobei sich die Zähne fast berühren und die Lippen gespreizt sind, als wolle man das englische Wort »cheese« aussprechen.
- *Shui* wird ebenfalls in drei Silben gezischt, wobei die Laute untereinander verbunden sind: »Schu ee i«, das chinesische Wort für Wasser.
- *Hi* wird gezischt wie *Shi,* wobei man den Nachdruck auf das H legt.

Je nach Schule des Qi Gong werden die »Sechs heilenden Laute« entweder auf dem Ton *Do* gesungen oder einfach gesprochen. Eine weitere Vorgehensweise besteht auch darin, sie nur in Gedanken zu singen oder zu murmeln.

## Körperhaltungen

Auch hierbei gibt es je nach Schule Abwandlungen. Einige Schulen wählen die Stellung »Den Baum umarmen«, aber die Hände befinden sich in Höhe des Solarplexus, die Finger sind einander zugewandt, die Handflächen nach oben gedreht. Bei anderen wird die Sitzhaltung bevorzugt.
Schließlich gibt es noch Regeln, nach denen bei jedem Laut eine Bewegung ausgeführt werden muß. Das ist der Fall bei dem System von Mantak Chia, wo die Laute der Leber, des Herzens und der Lunge zum Beispiel im Sitzen ausgestoßen werden, mit über den Kopf erhobenen Armen und je nach Organ in verschiedenen Stel-

lungen. Diese Übungen werden in seinem Buch *Tao Yoga des Heilens* beschrieben.

Das Qi-Gong-Institut in Peking gibt seinerseits wieder andere Stellungen und andere Bewegungen an.

## Anwendung

Wie auch immer die Technik sein mag, alle Schulen stimmen darin überein, daß diese Laute die entsprechenden Organe und den »Dreifachen Erwärmer« reinigen, ausgleichen und regulieren.

Die Stellung, die Tonhöhe und der Laut werden wahlweise mit der Konzentration auf das Organ, mit seiner Visualisierung und mit der dem Element entsprechenden Farbe verbunden: Grün für die Leber vom Element *Holz*, Rot für das Herz vom Element *Feuer* usw.

Die allgemeinen Gesetze der »Fünf Elemente«, der »Mutter« und des »Sohnes« (Erzeugung), des »Großvaters« und des »Enkels« (Beherrschung) können bei der Wahl eines oder zweier besonderer Laute eine Rolle spielen, um ein erkranktes Organ zu behandeln. Isabelle Robinet hat in ihrem Buch *La méditation taoïste* auf diese sehr alte Praxis hingewiesen.

Wenn jemand unter keinen spezifischen Störungen leidet, kann die Gesamtheit der »Sechs heilenden Laute« regelmäßig geübt werden, um die Organe zu reinigen.


# Das Aussenden von Qi durch die Hände (Fa Gong)

## Heilen mit den Händen

Zahlreiche Menschen in China trainieren die Techniken des Fa Gong, um die Kraft zu erlangen, durch das Aussenden des äußeren Qi oder Wai Qi, von dem schon ausführlich die Rede war, zu heilen. Der Schüler sendet das Wai Qi von der Mitte der Handfläche, das heißt vom Punkt Laogong aus, dem achten Punkt der Herzbeutel-

Leitbahn oder vom Mittelfinger und Zeigefinger aus, die dicht zusammenliegen.

Diese Energie ist die eigene Energie des Schülers, die im Dan Tian angesammelt ist. Hier scheint ein Unterschied zu der Heilung durch Handauflegen von westlichen Geistheilern zu liegen, die sich als Transmissionskanäle der kosmischen Energie betrachten.

Beim Qi Gong muß man, um heilen zu können, die Kraft seines Dan Tian entwickelt haben. Ein Anfänger wird so, auch wenn er die Technik kennt, noch nicht viel erreichen.

## Das Qi und die Kraft

Die Chinesen unterscheiden zwischen der Ansammlung von Qi und einer Kraft. Die Ansammlung des Qi erreicht man durch das gesamte Qi-Gong- und Tai-Ji-Quan-Training und insbesondere durch die Arbeit und die Atmung am Dan Tian. Die Kraft entwickelt sich aus der Fähigkeit, das Qi zu übertragen, auszustrahlen, es aus dem Körper zu projizieren. Dieses Bemühen ist den Therapeuten und den Anhängern der Kampfkünste gemeinsam. Die einen bedienen sich seiner, um zu heilen, die anderen, um den Gegner zu bezwingen.

Außer dem Tai Ji Quan ist das Hsing I eine der Kampfkünste im inneren Stil, die wegen der Fähigkeit, das Qi zu projizieren, am berühmtesten ist.

## Das Grundtraining

Das Training der Schüler im Hsing I ist sehr hart. Eine der Übungen, die am meisten zur Kraft, den Atem auszusenden, beiträgt, ist eine aufrechte Stellung, die Beine gebeugt und sehr weit auseinandergestellt, die Arme ebenfalls ausgebreitet, die Hände parallel zum Boden (Abb. 70). Wenn der Schüler in der Lage ist, über längere Zeit in dieser Stellung zu bleiben, geht er zum nächsten Stadium über, wo er die Stellung mit noch tiefer angewinkelten Beinen beibehalten muß, als säße er im Leeren, die Schenkel parallel zum Boden.

Das Bemühen um diese Kraft ist physisch und wahrscheinlich auch psychisch gefährlich, wenn man nicht einen gesunden Geist und eine natürliche Demut besitzt.

Körperlich ist diese Übung gefährlich, wenn man sie unvorbereitet und lange praktiziert, denn man kann damit die Energie durcheinanderbringen. Das Training soll sich also schrittweise aufbauen, indem man jeden Tag, dann jede Woche um eine Minute erhöht, und mit fünf Minuten ein- oder zweimal pro Tag beginnt.

Man darf die zweite Stellung erst dann praktizieren, wenn man die erste monatelang trainiert hat und sie eine Stunde lang ununterbrochen beibehalten kann.

Die Wirkungen dieses Trainings auf die eigene Gesundheit sind beachtlich wie bei jeder aufrechten Stellung. Hier jedoch wird die persönliche Kraft verzehnfacht. Es ist für sich genommen schon ein Mittel der Eigentherapie, das wirksam ist, um das Dan Tian und den Mingmen zu stärken, wo sich das ursprüngliche Yang, das Nieren-Yang, befindet.

## Die Zirkulationsübungen

Sie dienen dazu, eine Verbindung zwischen dem Dan Tian und den Händen sowie dem Laogong und den Fingern zu schaffen. Diese Übungen haben zum Ziel, die Kreisbahnen und die Leitbahnen zu öffnen, denn je mehr ein Schüler den »Kleinen Energiekreislauf« und die Hauptleitbahnen geöffnet hat, desto besser wird das Qi ausgestrahlt. Daher fördern alle Übungen des inneren Qi Gong (»Kleiner und Großer Energiekreislauf«, Qi Gong in Bewegung), ebenso das Tai Ji Quan, diese Verbindung.

Allerdings gibt es spezielle Übungen, um die Aussendung des Qi zu beschleunigen. Sie bilden die Grundlage des Fa Gong, so eine Übungsfolge, die »Siegel der roten Hand« genannt wird. Diese Übungsfolgen wenden den »Kleinen Energiekreislauf« an, mehr oder weniger mit dem »Großen Energiekreislauf« kombiniert, mit mehreren speziellen Positionen der Zunge und dem »Einatmen durch den Anus«.

## Anwendung und Empfehlungen

Der Gebrauch des Wai Qi dient, wie schon gesagt, ebenso zum Heilen wie zum Diagnostizieren. In China sind einige Meister fähig, die Lage und Größe eines Tumors im Inneren des Organismus ausfindig zu machen und abzuschätzen. Sie können buchstäblich mit den Händen sehen.

Durch die Aussendung des Qi kann man andererseits alle Arten von Krankheiten heilen, denn das Qi ist im umfassenden Sinn ein Regulator, man kann bestimmte Tumore reduzieren und Anästhesien durchführen. Man muß aber auch die Kehrseite der Medaille kennen.

Das Aussenden des Wai Qi ist ein Aussenden des eigenen Qi. Gu Mei Chen zufolge verliert man also jedesmal, wenn man einen Kranken behandelt, etwas von seiner eigenen Energie, was ein fortgesetztes Üben zur Ansammlung von Qi notwendig macht. Deshalb ist es ratsam, nicht zu viele Kranke an einem Tag mit Wai Qi zu behandeln. Diejenigen, die es übertreiben, sind am Ende des Tages buchstäblich erschöpft.

Für Schüler, die die höheren Stufen der inneren Alchimie anstreben, wird diese Kunst von den Taoisten als nicht geeignet betrachtet. Denn das Ziel der taoistischen Alchimie ist es, das Qi in Shen zu transformieren, es zu einem spirituellen Prinzip zu verfeinern. Und für diesen Vorgang wird alles organische Qi gebraucht. Nach Ansicht der Taoisten führt regelmäßiges Behandeln mit dieser Methode dazu, daß man das eigene Qi verliert, so wie man sein Jing verliert, wenn man zu häufig Geschlechtsverkehr hat, und dieser Verlust kann, wie im anderen Fall auch, eine Verkürzung des Lebens zur Folge haben.

Auch wenn das so ist, kann jemand, der es durch seine Disziplin geschafft hat, viel Energie anzusammeln, anderen davon abgeben, ohne notwendigerweise vorzeitig sein Potential aufzubrauchen. Alles ist eine Frage des Gleichgewichts und des Trainings. Die Qi-Gong-Therapeuten des Pekinger Krankenhauses trainieren jeden Tag drei Stunden in der Stellung »Den Baum umarmen«, und den Rest des Tages heilen sie.

*Fünfter Teil*

# Jenseits
# des Qi Gong

Qi Gong wie auch Tai Ji Quan werden oft zusammen mit der taoistischen Philosophie diskutiert, die ihnen zugrunde liegt. Aber es ist durchaus möglich, sie ohne festgelegte philosophische oder religiöse Überzeugung zu praktizieren, so wie es in China heute weithin geschieht. Dennoch sind die am höchsten entwickelten Übungen zur Bewußtseinserweiterung aus dem Taoismus hervorgegangen. Es ist also von Nutzen, die Ziele und Mittel dieser Philosophie zu kennen. Schematisch könnte man die beiden Ziele des Taoismus als Weisheit und Unsterblichkeit definieren.

Die Weisheit besteht darin, einen Zustand des Nicht-Handelns zu erreichen, der ein vollkommenes Sich-Einordnen in die Welt und gleichzeitig ein Verschwinden des Egos, der abgetrennten psychischen Individualität, darstellt. Dieses Nicht-Handeln wird durch Übungen zur Verdichtung der Energie erreicht, aber auch durch eine philosophische Einsicht in die Leere aller Dinge. Wenn es keine persönliche Verstrickung gibt, sind die Emotionen verringert oder beherrscht. So wird der Lebensstreß auf ein Minimum reduziert, und der Schüler teilt seine Kräfte ein, was Langlebigkeit und bessere Gesundheit bedingt. Philosophie und langes Leben sind folglich untrennbar verbunden. Es gab im Verlauf der Geschichte zahlreiche Anhänger des Taoismus, die sehr alt geworden sind. Das Meisterwerk dieser Philosophie ist das *Tao Te King* des Laotse.

Die Idee der Unsterblichkeit ist der Hintergrund für die Suche nach transpersonellen Erfahrungen, die den Schüler nach und nach zur Erforschung anderer Dimensionen in Raum und Zeit führte.

Diese Erfahrungen eröffnen ganz natürlich und ohne daß es angestrebt worden wäre, Fähigkeiten wie Hellsichtigkeit, Telepathie und Astralreisen.

Auf der Ebene des Raumes erkundet der Schüler die Astralreise und in der Einheit von Zeit und Raum die anderen Welten, die mit der unsrigen verbunden sind, oder auch die himmlischen Reiche des Tao, Ebenen des Lebens von nicht inkarniertem Bewußtsein, die auch in Verbindung zu unserer Welt stehen. Für diese Reiche erschafft der Schüler aus seiner Lebenskraft und mit seinem Körper den spirituellen oder unsterblichen Körper, um dorthin zu gelangen und um beim Tod seines physischen Körpers dort zu verweilen. Unsterblichkeit darf also nicht für den physischen Körper angenommen werden, sondern ist im übertragenen Sinne zu verstehen. Was angestrebt wird, ist die endgültige Befreiung von der Notwendigkeit, sich auf einer materiellen, physischen Ebene zu inkarnieren. Dieses Ziel ist in jeder Hinsicht mit dem des Buddhismus vergleichbar. Um dies zu erreichen, bedient sich der Taoismus spezifischer Mittel, darunter vor allem der Meditation und der sexuellen Techniken.

## Die Meditation

Eines der Ziele der Meditation ist die Verdichtung der Energie. Dazu muß der Körper gesund sein und in guter Verfassung erhalten werden, daher die zuvor notwendigen Übungen des Dao Yin, des Qi Gong und später des Tai Ji Quan, ebenso wie die Meisterung der Sexualität. Die Meditation bewirkt eine subtile alchimistische Verdichtung, indem sie den Geist und die Emotionen befriedet. In der Stille vermischt sich die Energie gewissermaßen mit dem Bewußtsein. Aber dies wird vorbereitet durch die Erkundung des eigenen Körpers, des eigenen Innenraumes.

Die taoistische Meditation basiert vor allem auf dem »Kleinen Energiekreislauf«, auf der Beherrschung des Atems (Technik der »Embryonalatmung«), auf der Visualisierung der »Fünf Organe« (Herz, Niere, Leber, Milz, Lunge), und schließlich auf der Visualisierung der drei ursprünglichen Zentren, das heißt:

– dem Dan Tian in Beziehung zu der Niere, dem *Wasser* und dem Jing Qi,
– dem Solarplexus in Beziehung zum Qi,
– dem Yintang (drittes Auge) in Beziehung zum Herzen, zum *Feuer* und zum Shen.

Der letzte Teil der Meditation ist dann die »Wiederkehr zum Ursprung«.

## Die Wiederkehr

In Abschnitt 16 des *Tao te King* lehrt Laotse:

Schaffe Leere bis zum Höchsten!
Wahre die Stille bis zum Völligsten!
Alle Dinge mögen sich dann zugleich erheben.
Ich schaue, wie sie sich wenden.
Die Dinge in all ihrer Menge,
ein jedes kehrt zurück zu seiner Wurzel.

Aus diesem fundamentalen Text stammt der klassische Begriff der
»Wiederkehr« oder »Wiederkehr zum Ursprung«, der durch eines
der Hexagramme des *I Ging* symbolisiert wird (Abb. 213). Aber was
ist mit dieser Wiederkehr gemeint?
Die Wiederkehr des Adepten, des Weisen, unterscheidet sich von
der des gewöhnlichen Sterblichen. Die Ordnung der Materialisation der Welt, des Universums, ist, ausgehend vom ursprünglichen
undifferenzierten Chaos, vom Tao, von der universalen Stille, die
folgende:

Tai Yi: universale Stille, anfängliches Nichts

Tai Chu: großer Ursprung, Erscheinen des Odems Qi

Tai Shi: großer Beginn, Erscheinen der Form Xing

Tai Su: angeborener Zustand, Erscheinen der Substanz Zhi

213 Das Hexagramm
»Die Wiederkehr«

Das Leben eines Menschen folgt dem gleichen Schema:

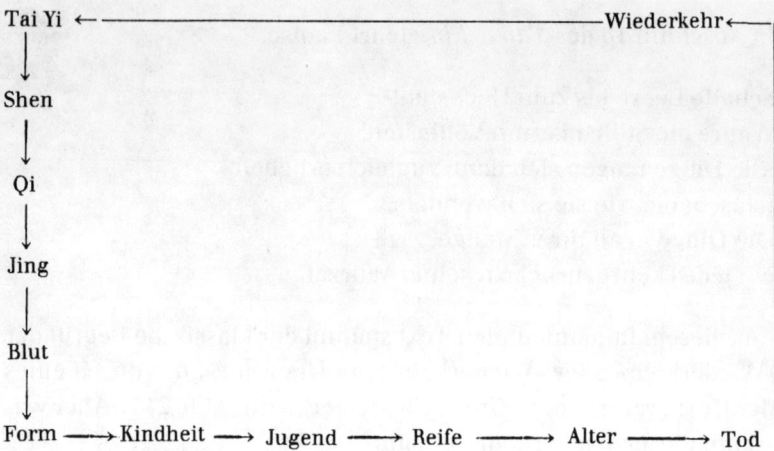

Das ist der normale, unabänderliche, man könnte sagen, entropische Verlauf des menschlichen Erdenlebens. Die Wiederkehr in die große Leere geschieht auf passive Art und durch Auflösung und impliziert eine zukünftige Reinkarnation, um mit der Verfeinerung der Energie, der Emotionen, des Geistes fortzufahren.

Der Schüler des Taoismus strebt dagegen nach einer anderen, gegenläufigen Art von Wiederkehr. Beginnend mit seiner Jugend oder seinem Mannesalter geht es darum, Askese zu üben, die es ihm möglich macht, seine Energie zu verdichten, statt in die Richtung des Abbaus zu gehen, und darum, das Jing in Qi, das Qi in Shen zu verwandeln, um sich wieder mit dem Tai Yi zu vereinen.

Im Abschnitt 10 des *Tao Te King* heißt es:

Kannst du deine Seele bilden, das sie das Eine umfängt,
ohne sich zu zerstreuen?
Kannst du deine Kraft einheitlich machen
und die Weichheit erreichen,
daß du wie ein Kindlein wirst?
Kannst du dein geheimes Schauen so reinigen,
daß es frei von Flecken wird? [...]
Erzeugen und ernähren,
erzeugen und nicht besitzen,

wirken und nicht behalten,
merken und nicht beherrschen:
das ist geheimes LEBEN.

Aus diesem Abschnitt gehen zwei wesentliche Punkte hervor: der
Nutzen der Askese, einer inneren Alchimie mit dem Ziel, das Hun
und das Po wieder zu versammeln, was unter anderem durch die
Kontrolle der Atmung, um wieder zum Stadium des Kindes zurückzukehren, erreicht wird. Gleichzeitig aber wird im letzten Abschnitt
davor gewarnt, irgendein Ergebnis zu erzwingen, und die Haltung
des Nicht-Handelns wird betont.

Die Yuan-Energie und das Yi Jing

Die gegenläufigen Stufen der Energieverdichtung, die der Schüler
bei seiner Wiederkehr zur großen Leere überwinden muß, entsprechen gleichzeitig der Wiederherstellung des ursprünglichen Ener-
giekapitals des »Früheren Himmels« (Yuan Qi).
Der Säugling bringt bei seiner Geburt ein Kapital an Yuan Qi mit,
das bis zum Alter von 16 Jahren, dem Alter des Vollbesitzes von
Yuan Qi, rasch wächst. Symbolisch wird dieses Anwachsen der
Energie durch den Übergang des Hexagramms *Erde*, das für Geburt
steht, zum Hexagramm *Himmel* dargestellt:

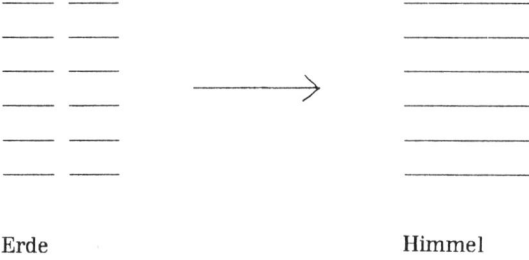

Erde                          Himmel

Von der Adoleszenz an verliert der Mensch alle acht Jahre eine
Yang-Linie und ein gewisses Kapital an Yuan Qi, um schließlich mit
vierundsechzig Jahren dahin zu gelangen, daß alles Yuan Qi erschöpft ist. Das Leben wird nur dank der Energien des »Späten
Himmels«, Atmung und Nahrung, aufrechterhalten. Wie auch beim
indischen Tantrismus wird empfohlen, früh mit der »Wiederkehr«

zu beginnen, vorzugsweise zwischen 16 und 30 Jahren, und mit der sexuellen Energie hauszuhalten. Wenn in diesem Alter ein Wille zur Spiritualität und ein guter Lehrer vorhanden sind, sind die Chancen für den Erfolg groß.

Im Alter zwischen 32 und 40 Jahren haben das Yang und das Yin die Tendenz, sich zu trennen. In diesem Stadium besteht das Ziel darin, sich so zu verhalten, daß sie sich nicht trennen; und die Chancen sind noch groß.

Im Alter von 41 bis 48 stehen vier Yin-Linien gegen zwei Yang-Linien. Das Yin ist dabei zu steigen, aber es ist noch möglich, durch Askese die »Wiederkehr« in Gang zu setzen.

Das ist schwieriger im Alter von 48 bis 56 Jahren, wo es nur noch eine Yang-Linie gibt, die dabei ist, abzusteigen.


Die Ziele der Askese

Bei der »Wiederkehr« besteht das Ziel darin, den Abbau der Materie zu verhindern, die Materie zu reinigen und die Essenz zu regenerieren, die Essenz in reine Energie zu transformieren und die reine Energie in Geist und Bewußtsein, um die Rückkehr in die Leere oder in das reine ursprüngliche Bewußtsein zu bewirken. Wieder zur Kindheit zurückzukehren heißt, Wiederkehr zum ursprünglichen Zustand des Jing, Qi und Shen des Fetus vor der Geburt, bevor sie degenerieren, was die Taoisten die »Drei Ursprünge« oder die »Drei Wahrheiten« oder die »Wesentlichen Lebenskräfte« nennen, mit denen der Organismus des Neugeborenen begabt ist.

Die ursprüngliche Lebenskraft Jing (Yuan Jing) degeneriert später zur Samenessenz, darum die Notwendigkeit der sexuellen Beherrschung.

Die ursprüngliche Lebenskraft Qi (Yuan Qi) degeneriert zum Atemhauch, darum die Notwendigkeit, die Atmung zu kontrollieren und den Atem zu beherrschen, bis hin zu einer kaum wahrnehmbaren Atmung, die Embryonalatmung genannt wird.

Die ursprüngliche Lebenskraft Shen (Yuan Shen) degeneriert zur Bewußseinstätigkeit und zu den Emotionen, darum die Notwendigkeit, seinen Geist und seine Emotionen durch die Meditation zu befrieden. Im übrigen verliert das Individuum unter dem Ansturm der Emotionen seine Lebenskraft und seine Energie auf natürlichem Wege. Den Taoisten zufolge entweicht das Qi durch den Scheitelpunkt des Kopfes, wenn man vom Zorn gepackt wird (der Zorn läßt die Energie der Leber, die aufsteigend ist, nach oben strömen). Das Qi entweicht aus der Brust unter dem Einfluß der Leidenschaft und durch den Damm, wenn man von Wollust oder sexuellem Verlangen gepackt wird.

Die wichtigste Vorstellung in dieser taoistischen Alchimie ist es, »den Weg des menschlichen Verfalls umzukehren«, wie es Needham ausdrückt. Es gibt Möglichkeiten der Regeneration (Han) und Umkehrung (Fan), aber auch der Stärkung, Wiederherstellung und des Wiederauffüllens.

Den Weg umzukehren, hat nicht nur symbolische Bedeutung, es heißt auch, den Verlust der Leitbahnen im Körper umzudrehen, um eine Verwandlung der Energien zu bewirken. Gemeint ist, die Wandlungsphasen der »Fünf Elemente« und der »Fünf Organe« umzukehren und also fähig zu sein, die Energie gegenläufig von der Niere zur Lunge zirkulieren zu lassen, von der Lunge zur Milz, vom Herz zur Leber oder andere Mittel zu finden, die »Fünf Organe« zu reinigen.

### Der Energiekörper

Wie im indischen Yoga auch, wird für die taoistischen Visualisierungen eine Darstellung der verschiedenen Energiezentren des Körpers, der Organe und der energetischen Zirkulation benutzt.

Eine der bekanntesten ist die des Taoisten Liu Cheng Yu aus dem Jahr 1886, die im taoistischen Tempel der »Weißen Wolken« in Peking ausgestellt ist. Diese Karte des Körperinneren stellt die verschiedenen Zentren und die Leitbahnen Du Mai und Ren Mai dar. Das Öffnen des »Kleinen Energiekreislaufs« stellt dabei, wie schon gesagt, die erste Stufe der taoistischen Meditation dar. Jede Etappe dieser Öffnung ist mit einem Hexagramm des *I Ging* verbunden. Die erste, das Steißbein, von wo aus die Energie in den Du Mai steigt, entspricht logischerweise dem Hexagramm der »Wiederkehr«. Wenn diese Öffnung vollzogen ist, ist es möglich, zu anderen Öffnungen wie der der acht Sonderleitbahnen überzugehen.

Wenn alle Sonderleitbahnen geöffnet sind, ist der Körper wirklich von der wahren Energie Zhen Qi durchdrungen. Dann kann der Chong Mai in Aktion treten. Der Chong Mai als zentraler Kanal ist derjenige, der Yuan Qi, die ursprüngliche Energie transportiert. Er durchdringt die drei Energiezentren, das »Untere, Mittlere und Obere Zinnoberfeld«, von denen aus, wie wir im Kapitel über die Physiologie gesehen haben, die Energie Yuan in Umlauf gebracht und verteilt wird.

Die Öffnung des Chong Mai und das Ansteigen von Qi in dieser Leitbahn entsprechen der Öffnung der Sushumna im indischen Yoga, dem feinen Kanal (Nadi), der vom Damm zum Scheitelpunkt des Kopfes geht, und durch den die schlafende sexuelle Energie, die Kundalini, aufsteigt.

Übrigens wird Chong Mai mit drei Kanälen dargestellt (Abb. 47): ein mittlerer Kanal, der verschlossen ist und durch ein Leben in Askese geöffnet wird, und zwei seitliche, die den aktiven Zweigen der Leitbahn entsprechen, auf die man durch Akupunktur einwirkt. Diese drei Kanäle erinnern an die drei Nadis des indischen Hatha-Yoga.

Die spezifisch taoistischen Techniken sind aber sanfter. Der »Kleine Energiekreislauf«, der »Große Energiekreislauf« der zwölf Hauptleitbahnen und die Öffnung der acht Sonderleitbahnen sind notwendig, damit der Körper völlig durchlässig für das Qi wird. In gewisser Weise stellt dies zugleich eine Reinigung wie auch eine Spiritualisierung der körperlichen Materie dar. Jedoch immer wenn die Energie nach oben gestiegen ist, muß man sie wieder herableiten und unten im Dan Tian speichern, um das Gehirn nicht zu schädigen.

Die Meditationspraktiken lassen sich folgendermaßen entwickeln:

– Entweder durch ein Auflösen in der Leere, dem reinen Bewußt-sein, durch die Praxis der Embryonalatmung; das heißt durch ein langsames, kaum wahrnehmbares Atmen, geräuschlos und haarfein, das die Luft nicht um einen Hauch bewegt. Je subtiler die Energie des Schülers ist, je ungetrübter das Bewußtsein, je mehr der Geist befriedet, der Körper gereinigt und die Nahrung gesund ist, desto weiter kommt er in der Praxis der Embryonal-atmung, dem völligen Aufgehen im Bewußtsein. Der Mund ist voller Speichel, den er zu schlucken vermeidet;

– oder durch die Visualisierung der »Fünf Organe« mit Hilfe von Farben und speziellen Attributen, um den Körper zu spiritualisieren. Diese Techniken kommen denen des tibetanischen Buddhismus sehr nahe.

– Oder durch eine innere Alchimie, wobei man das *Feuer* (Li) oben im Körper mit dem *Wasser* (Kan) unten vermischt. Symbolisch wird es auch der »Weiße Tiger« und der »Grüne Drache« genannt, das heißt das weibliche und männliche Prinzip, das man in sich hat, das Yin und Yang.

Diese innere Alchimie stellt die Möglichkeit dar, die »Goldene Kugel« herzustellen, das heißt das Shen, das Bewußtseinsprinzip regelrecht zu verfestigen, zu materialisieren. Diese Goldkugel, diese Verdichtung des Qi-Shen, kann im »Kleinen Energiekreislauf« in Umlauf gebracht werden und am Scheitelpunkt des Kopfes ausgestoßen werden, um einen neuen Körper zu entwickeln, den Energiekörper. Dieser Körper baut seinerseits eine Essenz auf, die sich nach außen verlagert, um einen Bewußtseinskörper zu bilden. Dieser Bewußtseinskörper kann dann reisen und die oberen Ebenen oder Reiche des Tao bewußt wahrnehmen.

Im tantrischen und besonders im tibetanischen Buddhismus trifft man auf ähnliche Techniken. Die des Durchstechens des Scheitelpunkts wird als sehr wichtig angesehen, denn es ermöglicht ein bewußtes Verlassen des Körpers im Augenblick des Todes durch diesen Punkt. Die Taoisten sind vom gleichen Phänomen überzeugt und sprechen in dieser Hinsicht von Unsterblichkeit.

Es gibt keine klare Grenze zwischen den rein körperlichen Übungen und dem Mobilisieren des Qi, ebensowenig wie zwischen dem Sammeln des Qi und der Meditation. Aus diesem Grund wird bis heute das Qi Gong in seiner inneren Form des Nei Yang Gong, wie im übrigen auch das Tai Ji Quan, von manchen mit Askese gleichgesetzt.

Gu Mei Chen sprach während einer Vortragsreihe an der Sorbonne im Jahre 1984 von der Öffnung des »Kleinen Energiekreislaufs«, aber auch der Leitbahn Chong Mai in der Praxis des Tai Ji Quan. Für die Lehrer des Tai Ji Quan stellt die Öffnung der Leitbahn Chong Mai die letzte Etappe der »Wiederkehr« dar. Ihnen zufolge endet der Chong Mai nicht am Schlüsselbein, wie auf den ärztlichen

Akupunkturtafeln dargestellt, sondern am Punkt Baihui, dem Scheitelpunkt des Kopfes. Und diese Leitbahn stellt während der Meditation nur eine einzige senkrechte Linie dar.

Die Öffnung des Chong Mai ist schwer und erfordert, wenn man nur Tai Ji Quan übt, mehr als zehnjährige Praxis. Das regelmäßige Qi-Gong-Training jedoch und die Öffnung des »Kleinen Energiekreislaufs« in sitzender Stellung beschleunigen den Prozeß. Man öffnet den »Kleinen Energiekreislauf« durch das Qi Gong schneller als durch die Tai-Ji-Quan-Übungen – in drei Monaten, manchmal weniger. Das gleiche gilt für die Öffnung der acht Sonderleitbahnnen.

Wenn das Qi sehr große Kraft gewonnen hat und alles offen und ohne Blockierung ist, öffnet sich Chong Mai als letztes. Das Qi tritt vom Baihui wie ein Wasserstrahl aus und hüllt den Körper ein, um in die beiden Punkte Yongquan (Ni. 1) zurückzukehren und sich beim Damm zu vereinen.

Das ist die Wandlung des Shen zum Tao, zur Wiederkehr in die große Leere. Gu Mei Chen sagte: »Es durchquert den Körper, aber auch den Makrokosmos. Das ist die Vereinigung des Mikrokosmos und des Makrokosmos. Der Mensch findet zu seiner ursprünglichen Natur zurück.«

Selbstverständlich muß sich dieser Reifeprozeß auf natürliche Weise vollziehen, weder zu rasch und unter Druck, noch zu langsam und lässig, indem man Jahre einfach verstreichen läßt. Sicher kann das Qi Gong diesen Prozeß beschleunigen, aber zuviel Qi-Gong-Training bei einem blockierten Organismus, in dem die Energie nicht durchfließt, kann Probleme und Störungen des Gleichgewichts nach sich ziehen. Es ist folglich ratsam, das Qi Gong mit dem Tai Ji Quan oder anderen körperlichen Trainingsformen des dynamischen Qi Gong zu verbinden, um auszugleichen und das Öffnen zu begünstigen. Vorteilhaft ist auch, neben dem Qi Gong einfach Sport zu treiben.

Um den Prozeß zu erleichtern, muß die sexuelle Energie, wie wir schon gesagt haben, sparsam eingesetzt werden, denn diese Energie mischt sich mit dem Jing, das es zu verfeinern gilt. Das ist die zweite, auf dem Taoismus fußende Methode.

# Das sexuelle Kung Fu

Die sexuellen taoistischen Techniken ähneln in vielem dem indischen Tantrismus. In dem chinesischen Ausdruck »Das Sperma zurückgeben, um das Gehirn zu nähren« kommt die grundlegende Idee zum Ausdruck.

Während des Geschlechtsverkehrs oder einer Übungssitzung soll der Schüler seine Ejakulation beherrschen und sich nicht dem Orgasmus hingeben und seinen Samen verlieren, sondern im geeigneten Moment das Sperma wieder hochsteigen lassen, das heißt die Energie Jing, die in diesem Moment mobilisiert ist, im »Kleinen Energiekreislauf« wieder bis zum Gehirn steigen lassen, um es zu nähren und zu kräftigen.

Es gibt zwei Arten von Übungen, die »Übungen des Hirsches« genannt werden. Die alten Taoisten hatten die hohe Lebensdauer des Hirsches beobachtet und sie auf die Ruheposition des Tieres zurückgeführt, das im Liegen einen Huf gegen den Damm drückt und so den Anus verschließt. Der Damm und der Anus spielen also beim sexuellen Kung Fu eine sehr große Rolle.

- Die erste Form des »Hirsches« wird in sitzender Stellung praktiziert, ohne jede sexuelle Erregung. Man umfaßt seine Geschlechtsteile mit den Händen, und saugt, während man den Anus zusammenzieht, die sexuelle Energie ein, um sie im Du Mai durch langsames Atmen und genaueste Konzentration bis zum Gehirn steigen zu lassen. Der Übende sollte ein Gefühl der Erfrischung, ein zerebrales Wohlbefinden spüren, das manchmal von einem leichten Schwindelgefühl begleitet ist. Diese Eindrücke sind mit dem Gefühl zu vergleichen, das unmittelbar auf den Orgasmus folgt oder das während der Meditation auftritt.
- Die zweite Übung wird im sexuellen Erregungszustand durchgeführt, ausgehend vom Penis des Mannes und den Brüsten und der Vulva der Frau. Diese Übung bereitet auf das sexuelle Kung Fu zu zweit vor. Regelmäßig ausgeführt, ist sie jedoch Bestandteil des medizinischen Qi Gong und wird seit Jahrhunderten angewandt, insbesondere von Frauen, um Regelschmerzen zu lindern, den Blutfluß zu vermindern und um die Regel sogar aus-

bleiben zu lassen. Die taoistischen Ärzte waren der Meinung, daß die Frau durch die Monatsblutungen ihre Vitalität verliert und altert, während der Mann seine durch die Ejakulation verliert.

Auch in den Schriften der Maya Südamerikas findet man das Interesse, die Menstruation zu verkürzen oder zu stoppen. Das Training besteht darin, sich während der Monatsblutung auf den Rücken zu legen, dann die Hüften hochzuheben. Schenkel und Gesäßbacken sind dabei angehoben und werden von den Händen gestützt, die Ellenbogen ruhen auf dem Boden. Gleichzeitig atmet die Frau stark ein und zieht den Anus zusammen.

Für die Taoisten ist es demnach nicht so gravierend, wenn die Frau sich dem Orgasmus hingibt, während der Mann seltener ejakulieren soll. Das erklärt das Abgleiten des sexuellen Taoismus in die profane Erotik: Die Erfahrung und technische Raffinesse, die beim Rhythmus und der Tiefe der Penetration eine Rolle spielen, gestatten es dem Mann, die Frau ein oder mehrere Male zu befriedigen, während er sich dabei zurückhält. Der Mann kommt dabei auch auf seine Kosten, das bestätigen ebenso die modernen Sexualforscher seit Masters und Johnson, denn die männliche Lust muß nicht mit der Ejakulation gleichgesetzt werden. Es ist alles eine Frage der Selbsterziehung, die zu üben gleichermaßen interessant für Mann und Frau ist, da beide zu oft ihre volle Befriedigung mit der Tatsache verknüpfen, daß der Mann ejakuliert hat.

Das Ziel des sexuellen Kung Fu ist zweifacher Art.

– Das erste Ziel ist, das Qi zu verzehnfachen, indem man das Jing benutzt, das während der Erregung in großen Mengen mobilisiert wird. Dieses verzehnfachte Qi soll durch das Aufsteigen in das Gehirn in Shen verwandelt werden.

Anders gesagt, das Dan Tian muß erweckt und der »Kleine Energiekreislauf« vollkommen geöffnet sein. Ohne diese Voraussetzung gibt es keine Fortschritte, oder schlimmer noch, die aufgestiegene Energie kann an den Hemmpunkten unter Umständen noch stärkere Blockierungen nach sich ziehen. Es ist also nicht zu empfehlen, das sexuelle Kung Fu in Angriff zu nehmen, bevor nicht der »Kleine Energiekreislauf« durchlässig gemacht worden ist.

– Das zweite Ziel besteht darin, sich von der Komplementär-
energie des Partners zu nähren. Die Frau nimmt das Yang des
Mannes auf und vermehrt ihr Yin, ihr Jing; der Mann nimmt das
Yin auf und vermehrt sein Yang. Im Altertum und zu Beginn
unseres Zeitalters waren die Taoisten des sogenannten »Linken
Weges« in ihrer Praxis zu einem wahren Vampirismus an jungen
pubertierenden Mädchen herabgesunken. Die Frauen konnten
es, wenn auch seltener, ebenso mit jungen Knaben treiben.
Daraus erklärt sich die Ablehnung dieser Praktiken durch die
Puristen.

Aber der harmonische Austausch zwischen einem Paar ist ein
verlockendes Abenteuer. Während des Aktes kann, wenn die beiden Partner ihren Energiekreislauf geöffnet haben, ein sublimer
Austausch stattfinden. Durch Visualisierung und durch Einschwin-
gen auf den gleichen Atemrhythmus können beide Partner gemeinsam den Umlauf der beiden Kreisläufe vollziehen, wie eine Acht
oben durch den Kuß und unten durch das Geschlecht zusammen-
geschweißt.
Zahlreiche Texte und Zeugnisse sprechen von dem Moment der
Ekstase, des Schwindens der Wahrnehmung von Zeit und Raum,
von Du und Ich. Wenn dann der Höhepunkt vorüber ist, ohne
Orgasmus, trennen sich die beiden Partner, und der Verkehr endet
für den Mann wie für die Frau in liegender Haltung auf der rechten
Seite, um den »Kleinen Energiekreislauf« zu vollziehen und die
Energie zurückzuführen.
Unter diesen besonderen Umständen, wenn das Qi erhöht ist, kann
jeder den anderen heilen. Und es gibt beim sexuellen Taoismus
ebensoviele Hinweise auf therapeutische Stellungen und Möglichkeiten zu heilen wie beim indischen Kamasutra.
Die Gefahr dieser Praktiken liegt darin, daß die Suche nach Lust
und Ekstase zum Endzweck wird und das wahre Ziel, das in der
Verfeinerung der Samenessenz, der sexuellen Kraft zu Qi besteht,
das zu Shen sublimiert wird, aus den Augen verloren wird. Sicher,
wenn man Laie ist, nicht keusch lebt und mit seinem Partner oder
seiner Partnerin schläft, ist es vielleicht besser, den Austausch als
sexuelles Kung Fu zu vollziehen. Aber es gibt zahlreiche Taoisten,
die ein großes Mißtrauen gegenüber diesen Praktiken hegen, die

den Menschen zu einer exzessiven, wenn nicht besessenen Suche nach Lust treiben können, was in der Vergangenheit viele zum Konsum von Partnern verführt hat, ohne sich um einen spirituellen Austausch oder um Liebe zu kümmern. Sie waren einzig auf den Raub der Essenz des anderen versessen. Die Chinesen haben darin jahrhundertelange Erfahrungen und wissen, wovon sie sprechen. Diese Kunst ist von den Taoisten im Laufe der Jahrhunderte je nach Bedarf ausgeübt worden. Sie wurde sowohl als hauptsächliche Methode angewandt, vor allem in den ersten Jahrhunderten, als auch zugunsten der reinen Meditation verworfen. Jedenfalls sollten all jene wissen, die den Weg der Kampfkünste oder des Qi Gong, Tai Ji Quan einbegriffen, einschlagen und die höchste Stufe anstreben, daß die Kunst der Zurückhaltung des Spermas oder allgemeiner des Orgasmus, schon immer empfohlen wurde. Sie ist die *conditio sie qua non* der Geheimtechnik der »Spülung des Marks«, deren Ursprung bis auf Bodhidharma zurückgehen könnte.

Den Schülern, die die sexuellen Techniken ablehnen und Ambitionen auf dem Gebiet der inneren Alchimie haben, wird größte sexuelle Mäßigung, wenn nicht sogar Abstinenz empfohlen. Das anzuratende Minimum ist die sexuelle Abstinenz während der ersten drei Monate, um den »Kleinen Energiekreislauf« zu öffnen und dann Verkehr in großen Abständen, wenn möglich nur einmal im Monat.

Diese dreimonatige Abstinenz ist nicht obligatorisch. Sie ist erforderlich für jene, die schnell zu Ergebnissen kommen wollen. Das Maßhalten ist danach eine Sache des Gleichgewichts und der persönlichen Einschätzung. Einige Meister des Tai Ji lehren ihre Schüler, daß es Zeit sei, mit dem Maßhalten zu beginnen, wenn man anfängt, eine anormale Müdigkeit nach dem Orgasmus zu spüren. Das sei ein Anzeichen dafür, daß die Essenz im Begriff ist, sich wirklich in Qi zu transformieren; dann sei Mäßigung unerläßlich, um weiterhin Fortschritte zu machen. Selbstverständlich ist die Häufigkeit der Orgasmen auch eine Frage des Alters und des Temperaments. Man sollte nicht vergessen, daß die Amerikaner den Geschlechtsakt als bestes Heilmittel gegen Angstzustände eingestuft haben. Es geht also nicht darum, sich Vorschriften zu unterwerfen, die man ohne Frustrationen oder Spannungen nicht einhalten kann.

Ein weiterer Grund, warum vom Schüler des Qi Gong oder Tai Ji Quan verlangt wird, mit seiner sexuellen Energie sparsam umzugehen, ist die Stärkung seines Knochensystems.

Außer der Niere und den Geschlechtsorganen sind die Knochen tatsächlich, wie wir bei der Physiologie gesehen haben, der Speicherplatz für die Energie Jing (wir erinnern uns, daß die Knochen nach der Theorie der »Fünf Elemente« sogar von der Energie der Niere abhängig sind). Genauer gesagt, ist die Energie Jing im Knochenmark enthalten und wird dort gespeichert. Die Kampftechniken der »Spülung des Marks« bestehen in der Schule der äußeren Alchimie (Shaolin), wie schon erwähnt, darin, die Gliedmaßen mit immer härteren Instrumenten zu schlagen, während man den Geist stark konzentriert und mittels Yi die Energie zu dem Bereich, der geschlagen wird, leitet. Dies stellt die äußere Form dar.

Die innere Form des Nei Dan vollzieht sich über eine subtile Atmung, »Atmung durch die Knochen«, während der Bewegung oder in Ruhe. Eine solche Atmung kann auch beim Tai Ji Quan gemacht werden, wenn der »Kleine und Große Energiekreislauf« geöffnet sind. Die richtigen Körperbewegungen ermöglichen es, daß das Jing des Mingmen in die Wirbelsäule eindringt. Man spürt eine Art warme Flüssigkeit im Mark strömen, bis sich nach und nach das ganze Knochengerüst damit anfüllt. Nach Gu Mai Chen ist jemand, dessen Knochen mit Energie gefüllt sind, in der Lage, einen anderen umzuwerfen, indem er ihn nur leicht streift.

Wenn die Knochen durch diese Methoden gehärtet sind, dient das dem Kämpfenden auch dazu, gegen einen Gegner oder ein Hindernis starke Schläge auszuteilen, ohne einen Knochenbruch zu riskieren. Die spektakulären Vorführungen des Kung Fu und Wu Shu beruhen auf diesem Prinzip.

Ein anderer, nicht geringerer Vorteil liegt darin, daß das Skelett jugendlich und kraftvoll bleibt. Die Knochen und Gelenke degenerieren nicht, sondern werden geschmeidig und stark. Umgekehrt sind Kalkmangel, Deformationen und Knochenbrüche bei älteren Leuten ein Beweis dafür, daß ihre Jing-Energie erschöpft ist.

Das Qi Gong, das die Knochen zu Kampfzwecken oder mit dem Ziel der Spiritualisierung des Körpers kräftigt, kann also auch therapeutischen Zwecken dienen, indem es die Knochen kräftigt oder Brüche heilt. In jedem Fall wird der vorbeugende Zweck offensichtlich, wenn man so manche Greise beobachtet, die durch ihre Praxis des Qi Gong oder der Kampfkünste geschmeidig und flink geblieben sind und von den heftigen Attacken viel jüngerer Gegner nicht umgeworfen werden.

## Andere taoistische Methoden

Außer der Meditation und dem sexuellen Kung Fu waren oder sind noch andere Methoden bei den Taoisten in Gebrauch, um in transpersonale, spirituelle Zustände zu gelangen: Alchimie, Diät, halluzinogene Pilze und die Kunst, sich von der Energie der Sterne, der Sonne und des Mondes zu nähren.

- Die Alchimie ist in den ersten Jahrhunderten unserer Zeitrechnung sehr schnell außer Gebrauch gekommen, obwohl die Erinnerung daran immer noch lebendig ist.
- Die Diät bestand darin, sich hauptsächlich von Getreide und Gemüse zu ernähren und dann die Nahrung nach und nach in dem Maße zu verringern, wie sich der Schüler vom reinen Hauch, dem Qi, nähren konnte, wobei er vom Qi der Naturelemente, der Bäume, Berge, Seen und der Sterne, Sonne und des Mondes ausging.
- Es versteht sich von selbst, daß die Kunst, sich vom Qi der Naturelemente und der Sterne zu nähren, nur von denjenigen in Kontemplation erreicht wurde, die isoliert in den Bergen, fern vom verunreinigenden Einfluß menschlicher Wesen lebten. Das Ziel dieser Adepten war es, einen unsterblichen Körper aufzubauen und sich nach dem Tod in die Reiche des Tao zu versetzen. Jedoch enthalten bestimmte traditionelle Formen des Qi Gong noch die Übungen des Heranziehens der himmlischen Energien und ihre Rückkehr in den Baihui, den Scheitelpunkt des Kopfes. Das ist der Fall beim Wu Dang Qi Gong, das ich bei einer Vorführung in New York gesehen habe, und auch bei den Übungen, die im medizinischen Teil besprochen wurden, um Bluthochdruck oder Krebs zu bekämpfen. In gewisser Weise erin-

nern sie an die alten Techniken. Ein Äquivalent dazu findet sich im indischen Yoga bei der Übungsfolge Suryanamaskar, dem »Sonnengebet«.

– Was die halluzinogenen Pilze angeht, so werden sie einige wenige Male in den Texten erwähnt. Sie scheinen ein nicht so oft benutztes Mittel gewesen zu sein, um spezielle Bewußtseinszustände herbeizuführen.

Aus all diesen Methoden zur Erlangung von Weisheit und Unsterblichkeit geht hervor, daß auf der praktischen Ebene die Techniken der inneren Alchimie (Nei Gong), die sexuellen Techniken und die Meditation die wichtigsten sind.

Wenn diese Methoden beständig geübt werden, können sie eine sich langsam verändernde Wahrnehmung der Welt, die Vision der leeren Natur der Dinge und die Überwindung des Egos bewirken. Der Übende wird sich in die Lebensumstände einfügen und sich wahrscheinlich in dem Maße ändern, wie seine Umwelt und sein Leben nicht mehr die gleiche Bedeutung haben. Nach und nach wird das wahre Nicht-Handeln in seinem Inneren Raum greifen und Teil seiner selbst werden.

Das Qi Gong, die Meditation zu praktizieren und dabei nichts an seinem Verhalten und in seiner Lebensführung zu ändern, bedeutet das Risiko, einen Konflikt, eine für das Gleichgewicht des Individuums gefährliche Trennung zu schaffen und ist gleichzeitig ein Hemmnis für weiteres Fortschreiten. Das entspricht dem komplementären Verhältnis von Prajna, der Weisheit, und Upaya, der Geschicklichkeit oder den klugen Mitteln, im Buddhismus. Darum bedeutet ein »Experte« oder »Meister« des Qi Gong zu sein, nicht das gleiche, wie »weise« zu sein. Beispiele dafür gibt es genug.

Aber beharrlich, diszipliniert und gleichzeitig flexibel zu üben sowie offen für die Welt und nicht egozentrisch auf seinen Fortschritt, seine Entwicklung fixiert zu sein, ist auch der Sinn des Nicht-Handels, des Geschehenlassens. Das Erlernen des Yi-Shou-Zustands im Qi Gong kann in gewisser Weise dazu beitragen, dies zu erreichen, wenn man einen dafür empfänglichen Geist hat.

Muß man Taoist sein, um das Qi Gong und die Meditation im Sitzen auf mehr oder weniger entwickelter Stufe zu betreiben?

Sicherlich nicht, wenn es darum geht, seine Gesundheit zu stärken, sich gegen Krankheiten zu wappnen, den Alterungsprozeß zu verlangsamen, sich zu heilen, sich in das Innere seines Körpers zu versenken oder sogar bestimmte übersinnliche Fähigkeiten zu erwerben. Vor diesem Hintergrund ist die Meditation im Sitzen für jeden, unabhängig von seinen Überzeugungen, segensreich, indem sie die Kreisläufe öffnet, dem Geist Frieden schenkt und die Widerstandsfähigkeit gegen Streß erhöht.

Etwas anderes ist es, wenn der Praktizierende nach Mystischem strebt und es sein Ziel ist, in Dimensionen jenseits dieser Welt vorzustoßen. Die Wahl des taoistischen Weltbilds anstelle des buddhistischen, hinduistischen, christlichen, islamischen oder einer anderen Religion und Philosophie ist dann eine Frage der Affinität.

*Sechster Teil*

# Praktische
# Ratschläge

# Wo? Wann? Wie?

*Wo und wie soll man üben?*

Die Kleidung

Die Kleidung sollte nicht drücken, bequem und weit und aus
Baumwolle sein; Synthetikstoffe sind zu vermeiden.
Es gibt Spezialkleidung für das Qi Gong, aber man kann auch im
Jogginganzug, im Pyjama oder T-Shirt üben. Es ist abzuraten, mit
nacktem Oberkörper zu praktizieren, auch im Sommer nicht.
An den Füßen sollte man leichte Turnschuhe oder Baumwollsok-
ken tragen.

Der Ort

Man sollte in ruhiger Atmosphäre üben und vermeiden, von einem
plötzlichen Geräusch (Telefon, Türklingel usw.) überrascht zu
werden.
Wenn man im Haus übt, muß der Raum vorher gut gelüftet werden.
Im Winter soll er ausreichend beheizt, aber nicht zu warm sein. Im
Sommer, wenn man bei geöffnetem Fenster üben möchte, muß
man darauf achten, daß es keinen Zug gibt.
Wenn die Temperatur und die Zeit geeignet sind, kann man draußen üben. In diesem Fall sollte die Sonne nicht zu sehr brennen und
nicht allzu starker Wind wehen. Man sollte weder bei Regen noch
bei dichtem Nebel praktizieren.

Die Himmelsrichtung

*Allgemeine Regel:*
Morgens sollte der Körper nach Osten ausgerichtet sein. Wenn die
Übungen in liegender Position gemacht werden, soll der Kopf nach
Osten zeigen. Tagsüber praktiziert man nach Süden und abends in
Richtung Norden.

*Spezielle Regeln:*

- Wenn der Organismus Yang ist und einen Überfluß an aufsteigender *Feuer*-Herz-Energie aufweist, soll man in Richtung Norden üben.
- Wenn der Organismus Yin ist und einen Überfluß an *Wasser*-Niere-Energie und Kälte in absteigender Bewegung zeigt, soll man in Richtung Süden üben.
- Wenn der Körper Anzeichen von einem ansteigenden Übermaß an Energie von *Holz*-Leber zeigt, in Richtung Westen üben, was die absteigende Bewegung intensiviert.
- Wenn der Körper ein Übermaß an absteigender *Metall*-Lunge-Energie zeigt, soll man in Richtung Osten üben, was das Ansteigen fördert.

Der Zeitplan

- Die beste Zeit zum Üben ist morgens beim Aufwachen, wenn das Yang ansteigt und außerdem die Tagesaktivitäten von unserem Denken noch nicht Besitz ergriffen haben. Da beim Qi Gong akrobatische Geschmeidigkeit oder sehr heftige Streckübungen keine Rolle spielen, ist es im Gegensatz zum Yoga leicht und angenehm, morgens zu üben.

| *Krankes Organ* | *Günstige Stunden Frühling/Sommer* | *Günstige Stunden Herbst/Winter* |
|---|---|---|
| Lunge | 3 bis 5 Uhr | 5 bis 7 Uhr |
| Pankreas/ Milz | 9 bis 11 Uhr | 11 bis 13 Uhr |
| Herz | 11 bis 13 Uhr | 13 bis 15 Uhr |
| Niere | 17 bis 19 Uhr | 19 bis 21 Uhr |
| Leber | 1 bis 3 Uhr | 3 bis 5 Uhr |

Tabelle 4 Günstige Stunden, um die Organe während der Qi-Gong-Übungen zu stärken

- Man kann auch die Übungen auf den Morgen und den Abend aufteilen. In diesem Fall nimmt man sich abends die gleiche oder etwas weniger Zeit.
- Im speziellen Fall einer schweren Krankheit raten verschiedene chinesische Ärzte, sehr früh am Morgen, zwischen 3 und 5 Uhr, zu üben.
- Wenn man sich um transpersonelle Erfahrungen bemüht, wird von den Taoisten des Altertums traditionsgemäß die Zeit zwischen 11 und 13 Uhr und zwischen 23 und 1 Uhr empfohlen.
- Wenn man sich nach der medizinischen Tradition richten will, kann man eine Übungsstunde festlegen, die günstig für die Stärkung eines Organs ist. Man ziehe dafür Tabelle 4 zu Rate.

## Wann soll man üben?

- Wenn möglich, lange nach den Mahlzeiten üben. Mindestens eine Stunde, am besten zwei Stunden nach einer normalen Mahlzeit.
- Wenn man übt, soll der Körper trocken sein. Die Haare dürfen nicht feucht sein; man vermeide es, schwitzend zu üben.
- Nach dem Üben mindestens zwanzig, möglichst dreißig bis vierzig Minuten warten, bevor man ißt und trinkt. Zu kalte Getränke vermeiden.
- Man sollte während dreißig bis vierzig Minuten nach dem Üben nicht mit Wasser in Berührung kommen oder eine Dusche nehmen.
- Morgens sollte man nüchtern üben oder nachdem man ein Glas Wasser getrunken hat.
- Abends eine Stunde vor der beabsichtigten Schlafenszeit üben, vor allem, wenn man Anfänger ist, denn der Zufluß an Energie kann am Schlafen hindern.

## Wann soll man nicht üben?

Auf das Üben sollte man verzichten:
- bei jähen Wetterumschwüngen, wie zum Beispiel: starkem Wind, Gewitter, Schneesturm;
- bei hohem Fieber, im akuten Krankheitsstadium, bei schweren Blutergüssen. Was die Menstruation angeht, siehe weiter unten;

- wenn der Geist sehr erregt ist. Wenn man unzufrieden oder zornig ist, muß man sich zunächst in einen Zustand der Ruhe bringen, indem man fünfzig Atemzüge macht und das »Innere Lächeln« praktiziert.
- Das Qi Gong ist kontraindiziert bei Personen, die unter einer Psychose leiden.

# Übungspläne

## Zeit und Motivation

Wichtig ist regelmäßiges Üben. Es ist besser, sich einzugestehen, daß man nur eine halbe Stunde am Tag Zeit zum Üben hat, als eine Woche lang zwei Stunden pro Tag zu üben und dann aufzuhören. Die verfügbare Zeit hängt von den persönlichen Umständen, aber auch von der Motivation und der eigenen Disziplin ab. Man kann den Übenden nur dazu ermuntern, folgenden chinesischen Spruch zu beherzigen: »Drei Tage angeln gehen und das Filet vier Tage trocknen.«
Denkbare Motivationen sind:

- Den Körper geschmeidig und bei guter Gesundheit halten und den Alterungsprozeß verlangsamen. Das Qi Gong wird dann im gleichen Sinn wie die Gymnastik, das Joggen oder irgendeine andere Sportart benutzt. In diesem Fall ist die Mindestdauer fünfzehn bis dreißig Minuten pro Tag oder zwei Übungsstunden zwei- bis dreimal pro Woche.
- Sich von einer lästigen funktionellen Erkrankung heilen wie Schlaflosigkeit, Verstopfung, Kolitis, Krampfanfälligkeit, Migräne, Tachokardie, sexuelle Störungen.
- Eine chronische Krankheit behandeln und versuchen, sich davon zu heilen oder sogar eine aussichtslose oder schlechte Prognose abzuwenden. In diesem Fall kann die Übungszeit sogar zwei bis drei Stunden täglich betragen.
- Seine Gesundheit steigern, um einen Zustand höchster Lei-

stungskraft zu erreichen, zum Beispiel eine bedeutende Stärkung der körperlichen und intellektuellen Fähigkeiten, Verminderung des Schlafbedürfnisses, größere Widerstandskraft gegen Ermüdungserscheinungen und bessere Anpassung an Umweltbedingungen (Klima, Zeitverschiebungen, Konfliktsituationen, Streß oder zunehmende radioaktive Verseuchung der Umwelt). Dann eine bis anderthalb Stunden pro Tag üben.

– Das Qi für die Kampfkünste und für das Tai Ji Quan erwecken.
– Seine Heilkraft entwickeln, wenn man Akupunktur, Massage, Osteopathie und Heilung durch die Hände ausübt.
– Den Geschlechtsakt in einen spirituellen Akt der Verschmelzung verwandeln und den Austausch der Energie nutzen, um die eigene zu verfeinern. Selbstverständlich spielt dabei die Wahl des Partners oder der Partnerin eine große Rolle.
– Sein Bewußtsein auf der körperlichen, seelischen und spirituellen Ebene erweitern. Seine Lern- und Anpassungsfähigkeit verbessern, um adäquat in alltäglichen Situationen und in persönlichen Beziehungen zu reagieren. Verschiedene Bewußtseinszustände entwickeln und eine beständige Geistesgegenwärtigkeit erreichen. Seine Fähigkeiten, die Vergangenheit und die Zukunft heraufzubeschwören, entwickeln. Telepathische oder seherische Fähigkeiten erwerben. Die Überwindung des begrenzten Egos in der transpersonellen Erfahrung der Verschmelzung mit dem Zell- oder kosmischen Bewußtsein anstreben. In die Bewußtseinsebenen des inneren taoistischen Universums eintreten.

An Zielen herrscht kein Mangel, und die Motivation kann sich ändern und diametral entgegengesetzt sein. Die Mittel und die Auswahl der Übungen werden parallel dazu variieren, ebenso die Übungszeit. Allgemein läßt sich sagen, daß man, je höher die Ambitionen sind, desto mehr Zeit aufbringen muß und sich durch die Wahl eines Lehrers absichern sollte. Die Ratschläge, der Unterricht und die Betreuung seitens kompetenter und gewissenhafter Lehrmeister sind sehr nützlich, wenn nicht sogar notwendig. Die Lehrer wiederum sollten nicht davor zurückscheuen, sich ihrerseits an noch fortgeschrittenere Praktiker des Qi Gong und an Fachärzte zu wenden.

*Beispiele für eine Übungszeit von einer Viertelstunde*

1. Beispiel
- Eine der Stehhaltungen, zum Beispiel »Den Baum umarmen«
  (5 Min.)
- Die »Acht Seidenstücke« (5 Min.)
- Atmung über das Dan Tian (5 Min.)

2. Beispiel
- Allgemeine Massage (5 Min.)
- Stehhaltung (5 Min.)
- Die »Acht Seidenstücke« (5 Min.)

3. Beispiel
- Stehhaltung (5 Min.)
- Massagen für ein langes Leben (5 Min.)
- Atmung über das Dan Tian (5 Min.)

4. Beispiel
- Allgemeine Massage (5 Min.)
- Öffnung der Gelenke (10 bis 12 Min.)

5. Beispiel
- Stehhaltung (5. Min.)
- Der »Kleine Energiekreislauf« im Sitzen (10 Min.)

6. Beispiel
- Übungen zum Entmagnetisieren (2 Min. 30 Sek.)
- Zwei oder drei der »Fünf Tiere« (4 bis 6 Min.)
- Atmung über das Dan Tian (6 bis 8 Min.)

*Beispiele für eine Übungszeit von einer halben Stunde*

1. Beispiel
- Allgemeine Massage (5 Min.)
- Stehhaltung (10 Min.)
- Die »Acht Seidenstücke« (5 Min.)
- Atmung über das Dan Tian (10 Min.)

2. Beispiel
- Allgemeine Massage (5 Min.)
- Stehhaltung (5 bis 10 Min.)
- Ba Duan Jin (5 Min.)
- Verdichtete Atmung durch die sechs Pforten (10 bis 15 Min.)

3. Beispiel
- Allgemeine Massage (5 Min.)
- Massagen für ein langes Leben (5 Min.)
- Stehhaltung (5 bis 8 Min.)
- Makrokosmische Atmung (7 bis 10 Min.)
- Eins der »Fünf Tiere« (5 Min.)

4. Beispiel
- Allgemeine Massage (5 Min.)
- Stehhaltung (5 bis 10 Min.)
- Öffnung der Gelenke (8 Min.)
- Streckübungen (12 Min.)

5. Beispiel
- Allgemeine Massage (5 Min.)
- Stehhaltung (5 bis 10 Min.)
- Der »Kleine Energiekreislauf« (10 Min.)
- Ba Duan Jin (5 bis 10 Min.)


*Beispiele für eine Übungszeit von 45 Minuten oder mehr.*
*Erste Stufe*

1. Beispiel
- Allgemeine Massage
- Massagen für ein langes Leben
- Öffnung der Gelenke
- Atmung über das Dan Tian
- Das »Innere Lächeln«
- Das »Himmelswasser«
- Der »Kleine Energiekreislauf« (10 bis 30 Min.)
- Schlußmassage des Qi Gong

2. Beispiel
- Allgemeine Massage
- Stehhaltung (mindestens 10 Min.)
- Eins der »Fünf Tiere«
- Kosmische Atmung
- Das »Innere Lächeln«
- Das »Himmelswasser«
- Der »Kleine Energiekreislauf«
- Schlußmassage des Qi Gong

3. Beispiel
- Allgemeine Massage
- Stehhaltung
- Ba Duan Jin
- Der »Große Energiekreislauf«
- Das »Innere Lächeln«
- Das »Himmelswasser«
- Der »Kleine Energiekreislauf«
- Schlußmassage des Qi Gong

4. Beispiel
- Allgemeine Massage
- Stehhaltung
- Ba Duan Jin
- Verdichtete Atmung durch die sechs Pforten
- Öffnung der acht Sonderleitbahnen
- Das »Innere Lächeln«
- Das »Himmelswasser«
- Schlußmassage des Qi Gong


*Beispiele für eine Übungszeit von 45 Minuten oder mehr.*
*Zweite Stufe*

1. Beispiel
- Allgemeine Massage
- Öffnung der Gelenke
- Massagen für ein langes Leben

- Atmung über das Dan Tian
- Kosmische Atmung
- Der »Kleine Energiekreislauf« mit Anhalten
- Das »Innere Lächeln«
- Das »Himmelswasser«
- Der »Kleine Energiekreislauf«
- Schlußmassage des Qi Gong

2. Beispiel
- Allgemeine Massage
- Stehübung
- Streckübungen
- Der »Große Energiekreislauf«
- Der »Kleine Energiekreislauf« mit Anhalten
- Das »Innere Lächeln«
- Das »Himmelswasser«
- Der »Kleine Energiekreislauf«
- Eins der »Fünf Tiere« oder Ba Duan Jin
- Schlußmassage des Qi Gong

3. Beispiel
- Allgemeine Massage
- Ba Duan Jin
- Verdichtete Atmung durch die sechs Pforten
- Der »Große Energiekreislauf«
- Öffnung der acht Sonderleitbahnen
- Das »Innere Lächeln«
- Das »Himmelswasser«
- Der »Kleine Energiekreislauf«
- Streckübungen
- Schlußmassage des Qi Gong

4. Beispiel
- Allgemeine Massage
- Die »Acht Seidenstücke«
- Der »Große Energiekreislauf«
- Verdichtete Atmung durch die sechs Pforten
- Öffnung der acht Sonderleitbahnen

- Der »Kleine Energiekreislauf« mit Anhalten
- Das »Innere Lächeln«
- Das »Himmelswasser«
- Der »Kleine Energiekreislauf«
- Tai Ji Quan
- Schlußmassage des Qi Gong

5. Beispiel
- Allgemeine Massage
- Stehhaltung
- Die »Acht Seidenstücke«
- Das »Innere Lächeln«
- Der »Kleine Energiekreislauf« (ungefähr 20 bis 30 Min.)
- Schlußmassage des Qi Gong

*Beispiel für eine therapeutische Übungssitzung*

- Allgemeine Massage
- Stehhaltung (10 bis 30 Min.)
- Atmung über das Dan Tian
- Spezifische therapeutische Übung
- Das »Innere Lächeln«
- Das »Himmelswasser«
- Der »Kleine Energiekreislauf«
- Tai Ji Quan oder Schlußmassage des Qi Gong

# Das ABC der Qi-Gong-Praxis

*Aggressivität*

Die Aggressivität nimmt mit der Praxis des Qi Gong oder der Kampfkünste ab, ohne daß man deshalb seinen gesunden Kampfgeist verliert, der sogar wirksamer ist, wenn eine Nuance des Nicht-Handelns, der Gleichgültigkeit oder Leidenschaftslosigkeit dazukommt. Eine aggressive Haltung, die sich im Laufe des Übens erhöht, deutet auf eine fehlerhafte Technik hin: zuviel Ansammlung oder Aufsteigen von Energie, ungenügendes Verteilen und Abwärtsleiten, ein Übermaß an Übungen der äußeren Formen.

*Alkohol*

Ein regelmäßiger, starker Alkoholkonsum ist in Verbindung mit dem Qi-Gong-Training nicht zu empfehlen. Alkohol bremst den Fortschritt und muß folglich eingeschränkt werden. Andererseits macht das Qi-Gong empfindlicher und vermindert langfristig die Toleranzschwelle und die Neigung zum Alkohol. Qi Gong ist also an sich ein gutes Mittel zur Alkoholentgiftung.

*Appetit*

Das Qi Gong reguliert den Appetit und wirkt sowohl bei Anorexie als auch bei Bulimie heilsam. Normalerweise essen wir zuviel. Das Qi Gong weckt wieder den natürlichen Instinkt, maßzuhalten und die natürlichsten Lebensmittel auszuwählen (siehe Diät).

*Ausdauer*

Die Ausdauer, eine der notwendigsten Tugenden, um aus den Wirkungen des Qi Gong Nutzen zu ziehen, wird von den Konfuzianern *Yung* genannt. Die verschiedenen Stolpersteine sind beleuchtet worden, um den Weg zu kennzeichnen. Aber der Weg des Qi Gong ist nicht so schwer, und die positiven Wirkungen sind sehr viel zahlreicher und natürlicher als die negativen Effekte. Was vor allem zählt, ist Yung, die Ausdauer.

*Blasenentzündung*
(siehe Urin)

*Bluthochdruck*
Hierzu ist das gleiche wie zum Herzklopfen zu bemerken (siehe dort). Man sollte vermeiden, die Energie zu stark, zu lange und zu oft zum Scheitelpunkt des Kopfes ansteigen zu lassen, und folgende Übung durchführen: Vom Dan Tian bis zum Damm und zum Mingmen einatmen; vom Mingmen zu den Beinen bis zum Yongquan (Ni. 1) ausatmen. Um den Yongquan besser zu erfühlen, kann man einen Ball unter die Fußsohle legen. Dauer der Übung: fünf bis fünfzehn Minuten oder länger.

*Depression*
(siehe Mutlosigkeit)

*Diät*
Qi Gong reguliert den Appetit und erlaubt auf natürliche Weise, die Qualität und Quantität dessen, was man ißt, unter Kontrolle zu haben. Die Chinesen wie die modernen Diätetiker empfehlen eine abwechslungsreiche und maßvolle Ernährung. Die Taoisten wiesen nachdrücklich auf den Wert der Getreidekörner hin, die das Jing der Getreidepflanzen enthalten. Es wird empfohlen, bei einigen Mahlzeiten das Fleisch, das ungesättigte Fettsäuren enthält, durch Vollwertkost zu ersetzen. Man sollte auch zwei oder dreimal pro Woche Fisch essen.
Die Taoisten waren Anhänger eines natürlichen Maßhaltens. Man findet bei ihnen keinerlei Ernährungsfanatismus.

*Dickdarmentzündung*
(siehe Stuhlgang)

*Drogen*
Selbstverständlich muß man sich der Opiate und des Kokains enthalten; das steht außerhalb jeder Debatte. Wir sprechen hier von halluzinogenen Drogen wie LSD, Pilzen usw.
Drogen erzeugen Sucht. Das Qi Gong hingegen strebt nach Freiheit, und eines seiner Ziele ist es, die Gesundheit zu verbessern. Der

Konsum von Drogen und Qi Gong lassen sich also schwer miteinander vereinbaren. Außerdem sind die psychischen Wirkungen des Qi Gong wunderbar und begeisternd. Die Suche danach ist ein außergewöhnliches Abenteuer, vielleicht das schönste auf dieser Welt, ein Abenteuer des Bewußtseins, ohne künstliche Mittel und ohne Ketten.

Die schamanistischen Traditionen benutzen Halluzinogene, und die alten Taoisten haben sie einst benutzt, aber im Rahmen von Ritualen, mit einem Führer, um die Erfahrung zu integrieren. Das haben auch einige moderne mexikanische, amerikanische und europäische Psychiater im gleichen Sinn versucht. Es scheint, daß man aus dieser Erfahrung zwei Schlußfolgerungen ziehen kann:

– Einerseits kann der Verzehr in Ausnahmefällen und unter bestimmten Bedingungen, was Meisterschaft, Begleitperson und Kontrolle betrifft, eine initiierende Rolle für veränderte Bewußtseinszustände spielen, was dennoch nicht ohne Gefahr ist. Aber man kann durch nichts beweisen, daß diese initiierenden Erfahrungen notwendig oder sogar nützlich sind, um den transpersonellen Weg, zu dem sich jemand freiwillig entschlossen hat, wirklich zu verkürzen.
– Andererseits scheint der regelmäßige Genuß über längere Zeiträume die Kreisläufe zu verschließen und transpersonelle Erfahrungen auf höherer Ebene zu verzögern oder endgültig zu blokkieren, oder einfacher, bestimmte intellektuelle und körperliche Anpassungsfähigkeiten zu reduzieren. Heute haben fast alle Pioniere der psychedelischen Szene die Zuflucht zur Chemie aufgegeben und erforschen nun ihre Substitution durch psychosomatische Methoden, um die gleichen transpersonellen Ziele zu verfolgen.

Das Haschisch, das in den letzten Jahren scheinbar nichts Besonderes mehr darstellt, ist etwas anderes. Es ist trotzdem nicht ungefährlich. Ich habe eine Frau behandelt, die an einer Persönlichkeitsspaltung litt, die nach einer einmaligen Prise Haschisch ein Jahr andauerte. Die Zahl der Anfälle von Spasmophilie und hysterischen oder neurotonischen Zuständen, die durch einen Joint ausgelöst wurden, ist groß. Das Qi Gong ist sehr gut geeignet, zu einer Entgiftung beizutragen. Wenn man den Qualitätsunterschied zwischen der Heiterkeit, die das Qi Gong bewirkt, und der künstlichen Heiterkeit durch eine Droge gespürt hat, wird man auf ganz natürliche Weise zum Absetzen der Droge neigen.

*Durchfall*
(siehe Stuhlgang)

*Harninkontinenz*
(siehe Urin)

*Haut*
Das Qi-Gong-Training macht die Haut weicher, zarter und glatter; das kann man auch beim Yoga feststellen. Haare und Nägel wachsen schneller dank der gesteigerten Vitalität der Niere, der Lunge, der Leber und des Wei Qi. Die Gesichtshaut wird durch die allgemeine Massage des Gesichts gestrafft.

*Herzklopfen*
Hier gelten die gleichen Bemerkungen wie bei der Kurzatmigkeit. Ursachen sind zu lange und heftige Atemzüge beim angespannten Qi Gong oder zu viele Muskelkontraktionen. Die dafür in Frage kommenden Übungen kontrollieren, vermeiden oder absetzen: Kontraktion des Anus, Muskelkontraktionen, zu heftige oder zu häufige sexuelle Trainingsübungen oder Konzentration auf den Punkt zwischen den Schulterblättern, bevor der »Kleine Energiekreislauf« geöffnet ist. Die Übung gegen Bluthochdruck durchführen.

*Kaffee*
Der Kaffeekonsum von mehr als zwei oder drei Tassen pro Tag erhöht Angstreaktionen und kann zu Herzjagen und Bluthochdruck führen. Übertriebener Kaffeegenuß kann das Qi-Gong-Training behindern. Zu schneller Herzschlag, Kurzatmigkeit, Erregtheit, Schwierigkeiten beim Entspannen der Muskeln sind die Folge. Demgegenüber vitalisiert das Qi Gong, wirkt Ermüdung entgegen und vermindert das Schlafbedürfnis – alles Wirkungen, die man gewöhnlich beim Kaffee sucht. Man schafft es also leichter, weniger zu trinken oder ganz darauf zu verzichten. Im übrigen ist Tee

vorzuziehen, der anregt, ohne nervös zu machen, wenn er in vernünftigen Mengen getrunken wird.

## Kopfschmerzen

Das Qi Gong ist dafür bekannt, Kopfschmerzen oder Migräne zu lindern oder zu heilen. Vor allem sind regelmäßige Selbstmassagen wirksam. Wenn die Kopfschmerzen während der Übungszeit auftauchen, öfter vorkommen oder intensiver werden, dann liegt es an einer fehlerhaften Technik. Gründe sind eine ungenügende Entspannung des Körpers, eine zu kontrollierte Atmung, ein zu heftiges Ansteigen der Energie oder aber der Körper ist zu sehr im Ungleichgewicht.

## Kurzatmigkeit

Sie tritt als Folge einer fehlerhaften Körperhaltung oder Atmungsweise auf.

- Fehler bei der Körperstellung: Der Körper ist entweder zu steif oder zu sehr entspannt.
- Fehler bei der Atmung: Die Dauer der Atemzüge oder des Luftanhaltens wird zu strikt kontrolliert.

Wenn die Kurzatmigkeit durch eine verstopfte Nase hervorgerufen wird, atmet man durch den Mund.
Asthma ist keine Kontraindikation für das Training, ganz im Gegenteil.

## Medizinische Indikationen

Eine Liste von Krankheiten, die auf das Qi-Gong-Training gut ansprechen, ist von Liu Gui Zhen, Direktor des Instituts für Qi-Gong-Therapie in der Provinz Hebei, zusammengestellt worden. Andere Forschungsgruppen aus Shanghai und Peking haben ebenfalls dazu beigetragen, die Indikationen des Qi Gong zu bestimmen. Folgende Krankheiten werden mit Erfolg behandelt, worunter eine Heilung bis zu einer deutlichen Besserung oder eine längere Überlebensdauer bei schweren Krankheiten wie Krebs zu verstehen ist:

- primäre, nicht organische Amenorrhöe
- chronische Mandelentzündung
- Anämie

- Angina pectoris
- Asthma
- Atrophie des Sehnervs
- chronische Bronchitis
- Krebs
- Leberzirrhose
- Dickdarmentzündung
- Verstopfung
- Kollagenose
- Krämpfe
- Blasenentzündung
- Depression
- Diabetes
- Dysmenorrhöe
- Emphysem
- Frigidität
- Glaukom
- Hämorrhoiden
- chronische Hepatitis
- Bluthochdruck
- Überfunktion der Schilddrüse
- niedriger Blutdruck
- Impotenz
- Schlaflosigkeit
- tuberkulöse Hautflechte
- Verdauungsstörungen
- Knochenmarkskrankheiten
- Raynaud-Krankheit
- chronische Darmkrankheiten
- Blutkrankheiten
- Menorrhagie
- Metrorrhagie
- Migräne
- Kurzsichtigkeit
- chronische Nierenentzündung
- chronische Ohrenentzündung
- Periarthritis
- Polyneuritis

- Harnblasenvorfall
- Gebärmuttervorfall
- Erkrankungen der Prostata
- Eingeweidesenkung
- Rheumatismus
- Folgen von schmerzhaftem Gelenkrheumatismus
- Lähmungsfolgen
- Infarktfolgen
- Taubheit
- Gastrektomiesyndrom
- motorische Störungen
- Tuberkulose
- Magengeschwür
- Ménière-Krankheit

*Menstruation*

Während der Menstruation ist das Üben von Qi Gong möglich, außer wenn es den Blutfluß vermehrt. Regelmäßiges Qi-Gong-Training wirkt sich günstig auf die Menstruation aus, verkürzt sie, macht sie weniger schmerzhaft und anstrengend. Zu Beginn des Trainings kann sie verfrüht einsetzen. Man sollte sich darüber nicht wundern.

Wenn das sexuelle Kung Fu praktiziert wird, kann die Menstruation in größeren Abständen kommen und verspätet einsetzen, das ist normal. Bei Frauen, die diese Kung-Fu-Übungen praktizieren, kann sie sogar ganz ausbleiben. Es ist aber nicht zu empfehlen, darauf als empfängnisverhütende Methode zu vertrauen, wie es früher angeblich in China der Fall war.

Das Qi Gong ist dafür bekannt, daß es sich günstig auf anomale Blutungen während und außerhalb der Regel auswirkt. Man sollte aber in solchem Fall nicht ohne medizinische Aufsicht üben.

*Müdigkeit*

Durch das Qi Gong wird Müdigkeit leicht behoben. Es erhöht die Bereitschaft, sich anzustrengen, und die Ausdauer. In seltenen Fällen wird das Training ermüden. Es gibt dafür unterschiedliche Gründe:

- Entweder handelt es sich um eine Erschöpfung aufgrund der

Entgiftungsprozesse, die bei Anfängern normal ist, aber nicht lange anhält,
– oder um eine Müdigkeit, die von Schlafstörungen herrührt. Man achtet in diesem Fall nicht genug auf den natürlichen Rhythmus und schläft nicht ausreichend.
– Oder es handelt sich um eine anfängliche Verschlimmerung einer Krankheit, bevor die Genesung eintritt.
– Oder aber es ist eine Erschöpfung, die durch Fehler beim Üben hervorgerufen wurde und die das Herz überfordert und den Blutdruck erhöht.

*Mutlosigkeit*
Das Qi Gong wirkt dynamisierend und bekämpft Mattigkeit und Mutlosigkeit. Es stellt eine echte Behandlungsmöglichkeit der Depression dar. Wenn depressive Gefühle zu Beginn des Trainings oder für kürzere Zeit auftauchen, ist das normal. Es zeigt sich damit die reinigende Wirkung, das heißt die körperliche Entgiftung oder der Prozeß der geistigen Läuterung.

*Ohrensausen*
Es kann während der Übungen sehr kurzzeitig, einige Sekunden oder Minuten lang, auftreten. Oder aber man hört Geräusche, wenn der Geist ganz ruhig ist, beispielsweise ein ganz leises, kaum wahrnehmbares, feines, den Yogis wohlbekanntes Rauschen. Dieses Phänomen ist nicht gefährlich, und man sollte ihm keine Aufmerksamkeit schenken.
Wenn die akustischen Empfindungen oder das Ohrensausen über die Übungszeit hinaus andauern oder wiederholt auftreten, zeigt es eine körperliche Störung an. In diesem Fall muß man einen Arzt aufsuchen (siehe auch Schwindelgefühle).

*Prostataleiden*
(siehe Urin)

*Reaktionen beim Üben*
Erschöpfung, Kurzatmigkeit, Herzklopfen, Aggressivität, Kopfschmerzen, heißer Kopf, erhöhter Blutdruck, Schwindel, Schlafstörungen (siehe unter diesen Begriffen), wertet man als anomale

Reaktionen. Sie sind Anzeichen für einen Fehler beim Üben oder für eine Unverträglichkeit gegenüber den Übungen aufgrund einer persönlichen Unausgeglichenheit.

Während des Trainings können vorübergehend auch Empfindungen wahrgenommen werden wie Kribbeln, ein Gefühl der Frische, Wärme, Leichtigkeit, Schwere, das Gefühl zu fallen, nach hinten zu kippen, wie auf einer Wolke zu schweben, in Schlaf zu fallen und dabei ganz wach zu sein, das leiseste Geräusch wahrzunehmen, unwillkürliche Bewegungen, Zittern, Schwitzen. All diese Reaktionen sind normal und ein Zeichen für die Versenkung in den Zustand der geistigen Ruhe, die durch die Übungen erreicht wird. Man soll weder versuchen, sie zu vermeiden, noch hervorzubringen oder aufrechtzuerhalten, sondern sich nicht darum kümmern. Diese Empfindungen verschwinden nach dem Üben.

*Reizempfindlichkeit*
Im Zustand der geistigen Ruhe kann die Reaktion auf äußere Reize, insbesondere akustische, herabgesetzt sein. Man hört weniger Geräusche von außen, und sie stören nicht.

Man sollte aber, vor allem anfangs, lieber in einer friedlichen, ruhigen und harmonischen Atmosphäre üben und dafür sorgen, daß man nicht brutal gestört wird, etwa durch das Telefon, lautes Klingeln oder dadurch, daß jemand plötzlich in das Zimmer gestürmt kommt. Das kann zu einem Hochschrecken, zu Herzrasen und einem kleinen, unangenehmen seelischen Schock führen.

*Schlaf*
Das Qi Gong ist dafür bekannt, daß es den Schlaf verbessert und Schlaflosigkeit heilt. Die speziellen Übungen sind in der Tat effizient und unmittelbar wirksam; sie sollten vor dem Schlafengehen oder im Bett durchgeführt werden. Außer bei diesen Übungen sollte man während des Qi-Gong-Trainings nicht einschlafen. Wenn man den Eindruck hat, daß man dabei ist einzuschlafen und der Kopf plötzlich nach vorne kippt, als wenn man im Sitzen schliefe, und man sich dann sofort aufrichtet, ist das normal und wünschenswert, wenn die Konzentration nicht gleichzeitig gestoppt wird. Es ist eines der Anzeichen der geistigen Ruhe, und die Tätigkeit im Inneren bleibt dabei sehr rege. Aber schlichtweg einzuschlafen und

nach einem Moment wieder aufzuwachen, das sollte man vermeiden.

Die allgemeinen Qi-Gong-Übungen können den Schlaf auf verschiedene Art beeinflussen. Sie verkürzen die Schlafdauer

- auf natürliche Weise, wenn diese Verkürzung von ein oder zwei Stunden Schlaf nicht tagsüber Müdigkeit nach sich zieht. Erinnern wir uns, daß manche Meister des Qi Gong nur zwei oder drei Stunden pro Nacht schlafen. Das war auch bei Sri Aurobindo und vielen anderen Yogis der Fall;
- auf krankhafte Art, wenn die Verkürzung des Schlafs tagsüber als Müdigkeit fühlbar wird, wie man sie bei einem Schlafmangel kennt. Das zeigt, daß der Schüler seinen Körper zu sehr vitalisiert und die Energie nicht genügend verteilt hat. Man muß dann das Gewicht auf längeres Ausatmen, auf eine gründlichere Entspannung und auf alle Übungen legen, die das Qi wieder nach unten sinken lassen, oder aber die Übungszeit verkürzen. Diese Wirkung wird oft am Anfang des Trainings gespürt, bevor der Körper sich reguliert. Wenn er sein Gleichgewicht gefunden hat, kann man die Übungssitzungen wieder verlängern;
- indem sich die Einschlafzeit verlängert. Die normale, durch das Qi Gong erzeugte Vitalisierung bewirkt, daß, wenn es abends praktiziert wird, das Verlangen, schlafen zu gehen, zurückgedrängt wird oder daß man im Bett zum Einschlafen längere Zeit braucht. Als allgemeine Regel sollte man nicht kurz bevor man schlafen geht Übungen machen, außer gegen Schlaflosigkeit. Wenn man die Übungssitzung eine Stunde, bevor man normalerweise ins Bett geht, beendet, hört diese Störung auf;
- indem es die Schlafqualität verändert. Der Schlaf ist erholsamer, tiefer und ruhiger. Alpträume verschwinden. Aber die Arbeit mit dem Qi Gong läßt bestimmte Probleme wieder hochkommen, die in den Träumen Gestalt annehmen. Das Qi Gong kann dazu führen, daß man Zeiten erlebt, wo der Schlaf oberflächlich ist. Man erwacht nachts mehrmals und ist nur halb eingeschlafen. Das ist ebenfalls ein Zeichen dafür, daß die Vitalisierung zu stark ist und man die Übungsdauer verkürzen muß.

Nach langer Praxis bewirkt das Qi Gong einen tiefen, ruhigen, ungetrübten, traumlosen, und später einen bewußten Schlaf. Phänomene wie Astralreisen oder Erleuchtung im Schlaf werden in der taoistischen Literatur und von einigen europäischen und asiatischen Praktizierenden beschrieben.

## Schmerzen

Manchmal tauchen zu Beginn des Trainings alte Schmerzen wieder auf, insbesondere Rückenschmerzen. Schmerzen in der Wirbelsäule werden anfangs zum Beispiel durch die Übung der »Öffnung der Gelenke«, der »Acht Seidenstücke«, der »Acht Brokatstücke« und des »Tai Ji Quan« stärker. Normalerweise kommt all das nach einer gewissen Zeit in Ordnung: Man hat es dann geschafft, sich selbst zu regulieren und seine Probleme zu lösen.

Es sei außerdem daran erinnert, daß das Qi Gong bei der Behandlung von Rheumatismus, der Periarthritis humeroscapularis (Verkalkung der Schulter), der Folgen von halbseitiger Lähmung und von Gelenkrheumatismus, der rheumatischen Polyarthritis und der Spondylose mit Gelenkversteifung wirkungsvoll ist.

## Schwangerschaft

Schwangerschaft ist keine Kontraindikation für das Qi Gong, außer bei den Übungen des harten Qi Gong mit Muskelkontraktion und schnellem Atmen. Man sollte zudem vermeiden, mit den Fäusten auf den Bauch zu schlagen, aber das käme auch, glaube ich, keiner Frau in den Sinn.

## Schwindelanfälle

Das Qi Gong gilt als wirksam bei der Behandlung von Schwindelanfällen, insbesondere der Ménière-Krankheit. Aber das Schwindelgefühl während des Qi-Gong-Übens ist Teil des normalen geistigen Ruhezustandes. Es ist ein Gefühl zu schwimmen und zu fallen. Während der Übungen muß man das normale Gefühl des Schwindels, das nicht stört, von dem bei Krampfanfälligkeit oder Hysterie unterscheiden, das die Umgebung durch auffällige Reaktionen, die die Aufmerksamkeit auf sich ziehen sollen, stört, erschreckt oder betroffen macht. Das kann vor allem leicht bei seelisch labilen Patienten vorkommen, die das freie Qi Gong praktizieren. Beim entspannten Qi Gong ist dieses Gefühl durchaus vorhanden. Es stört nicht, und man achtet nicht darauf. Der Drehschwindel, bei dem man das Gefühl hat, daß sich alle Dinge im Zimmer drehen, ist dagegen pathologisch. Wenn diese Schwindelgefühle außerhalb des ruhigen Geisteszustands anhalten und man sie nicht kontrollieren kann, sollte man zu einem Allgemeinmediziner oder zu einem Hals-Nasen-Ohren-Arzt gehen. Das gleiche gilt bei Ohrensausen (siehe dort).

### Schwitzen

Das Schwitzen ist eine normale Reaktion während des harten Qi-Gong-Trainings des »Eisenhemds«. Man schwitzt dabei nach weniger als fünf Minuten. Es ist auch eine normale Reaktion beim Nei Gong, dem weichen Qi Gong, und wird vor allem durch die »Atmung über das Dan Tian« hervorgerufen.

Wenn das Schwitzen zu stark wird, kürzt man die Übung ab. Es ist damit bewiesen, daß das Qi Gong eine Gefäßerweiterung an der Oberfläche bewirkt.

### Sexualität

Es wird gesagt, daß das Qi Gong geeignet sei, die sexuelle Vitalität zu steigern, Libidostörungen zu heilen und die Sensibilität der erogenen Zonen und der Haut zu erhöhen. Aber das Qi Gong erfordert auch eine gewisse Zurückhaltung, damit die Leitbahnen geöffnet und bestimmte Resultate erreicht werden. Die chinesischen Ärzte und die Taoisten empfehlen, nicht zuviel vom Jing, jener kostbaren Energie zu verausgaben. Das betrifft von allem den Mann, denn seine Verausgabung ist größer. Es wird also geraten, sich entweder zu mäßigen oder aber Geschlechtsverkehr mit Zurückhaltung des Spermas auszuüben.

Je mehr der Schüler die innere Alchimie praktiziert und daran interessiert ist, sein Jing zu regenerieren, desto leichter fällt es ihm, seine Leidenschaft zu zügeln und das Sperma zurückzuhalten. Die Vorstellung dabei ist, daß es in dieser Hinsicht weder äußeren Zwang, noch ein Gefühl der Frustration geben und auch nicht der Eindruck entstehen sollte, es bedürfe eines übermenschlichen Willens, um dahin zu gelangen. Ganz im Gegenteil, alles sollte sich auf natürliche Weise entwickeln, in Übereinstimmung mit der eigenen Natur, so wie sie ist oder wie sie im Begriff ist, sich zu verändern.

### Stuhlgang

Durch das Qi-Gong-Training reguliert sich der Stuhlgang. Wenn man an Verstopfung leidet, kann man bei den »Massagen für ein langes Leben« die Anzahl der Bewegungen im Uhrzeigersinn erhöhen (bis auf einhundert) und das Kreuzbein und Steißbein von oben nach unten massieren. Bei Durchfall vermehrt man die Bauchmassagen im umgekehrten Uhrzeigersinn und massiert das Steißbein nach oben.

Das Qi Gong hat bei der Behandlung von Dickdarmentzündungen und chronischen Darmerkrankungen einen guten Ruf. Diese Übungen können jedoch anfangs Probleme mit dem Stuhlgang nach sich ziehen: flüssiger oder weicher Stuhl, schwarz und übelriechend. Das ist jedoch ein ausgezeichnetes Zeichen für eine Entgiftung und verschwindet ganz schnell.

### Tabak

Seine Energiebahnen durch körperliche Übungen reinigen, das Qi und das Blut in die Glieder leiten, was eine Gefäßerweiterung an der Oberfläche bewirkt, seinen Atem trainieren, all das ist mit dem Rauchen unvereinbar. Der Tabak bewirkt tatsächlich ein Zusammenziehen der peripheren Gefäße. Er kann den Prozeß der Öffnung für das Qi nur verlangsamen. Der Tabak verkürzt den Atem und verdreckt die Lunge und vermindert die Qualität des feinen Netzwerkes, das die Lunge auskleidet. Der Tabak verstopft die peripheren Arterien und die des Herzens. Man sollte sich also dazu entschließen, mit dem Rauchen aufzuhören, oder zumindest weniger zu rauchen.

### Unwillkürliche Bewegungen

Spontane Bewegungen der Gliedmaßen, innere Zuckungen und Zittern im Gesicht sind normal. Es ist nicht nötig, sie zu vermeiden, sie zu produzieren, sie aufrechtzuerhalten oder sich um sie zu kümmern. Die spontane Öffnung der Hauptleitbahnen erzeugt unwillkürliche Bewegungen, die man aber, wenn sie störend werden, durch den Willen stoppen kann.

### Urin

Das Qi Gong reguliert den Urinfluß und das Funktionieren des

Harntrakts, wirkt bei Entzündungen der Harnblase und der Prostata und bessert oder heilt in Fällen von Harninkontinenz. Anfangs kann sich auch über längere Zeit die Urinmenge erhöhen. Beim Entschlacken kann der Urin übelriechend und trübe sein.

*Verschlechterungen beim Üben*
Das Qi Gong heilt Körper und Geist. Wenn der Patient krank ist, kann es anfangs zu einer Verschlimmerung der Symptome kommen, die schließlich einer Besserung weicht. Aus diesem Grund ist es besser, in solch einem Fall, zumindest am Anfang, unter ärztlicher Aufsicht und wenn möglich unter Anleitung eines Lehrers zu arbeiten. Manchmal tauchen alte Beschwerden wieder auf, um dann schließlich für immer zu verschwinden, ebenso wie bestimmte Schmerzen (siehe dort). Als Reaktionen auf den Heilungsprozeß treten üblicherweise auf: Müdigkeit, Schlafstörungen, Probleme mit dem Stuhlgang und Urin (siehe unter diesen Begriffen). Das ist normal, aber man sollte die Dauer der Übungszeit kontrollieren, damit die Reinigung so sanft wie möglich vor sich geht.

*Verstopfung*
(siehe Stuhlgang)

# Verzeichnis der chinesischen Begriffe

*An Mo*
Massage, die an jemand anderem praktiziert wird, im Gegensatz
zu Dao Yin.

*Ba Duan Jin oder »Acht Brokatstücke«*
Übungsfolge des äußeren Qi Gong im Sitzen oder Stehen, mit der
Möglichkeit der Konzentration auf das Innere.

*Ba Guan Quan*
Kampfkunst im inneren Stil, die auf den acht Trigrammen basiert
und weniger bekannt ist als das Tai Ji Quan.

*Bodhidharma*
Indischer buddhistischer Mönch, Begründer des Buddhismus in
China, gab den Anstoß für die Chan-Sekte, die Schule des Zen und
war Begründer der Kampfkünste des äußeren Stils (Shaolin).

*Chung*
Konfuzianische Tugend des Gleichgewichts, wichtig für die ausge-
glichene Praxis des Qi Gong.

*Da Bao*
Akupunkturleitbahn, »Großer Lo der Milz«, durch die die Energie
Zong über den ganzen Organismus verteilt wird. Der Verteilungspunkt, zwei Handbreit unter den Achselhöhlen, wird bei der »Allgemeinen Massage« beklopft.

*Da Mo*
Chinesischer Name des indischen Meisters Bodhidharma.

*Da Shou Tian*
»Großer Energiekreislauf« auf der Basis der zwölf Hauptleitbahnen
der Akupunktur, auf die sich der Übende konzentriert.

*Dan Tian*

»Zinnoberfeld«, einige Zentimeter unter dem Nabel im Inneren des Körpers gelegen. Es ist der Ausgangspunkt der inneren Alchimie des taoistischen Yoga und ein wichtiger Konzentrationspunkt in der Qi-Gong-Praxis. Dort beginnt die Sammlung, die Speicherung und die Stärkung des Jing, um es in Qi zu transformieren.

*Dao Yin*

Therapeutische Gymnastik und Selbstmassagen. Hat dem japanischen Do-In seinen Namen gegeben. Dieser alte Begriff wurde mit der Zeit von dem Begriff Qi Gong abgelöst.

*Dao Yin Shen*

Lenkung der Energie durch Gesten und Bewegungen.

*Dao Yin Xi*

Lenkung der Energie durch die Vorstellung während der Übungen.

*Fa Gong*

Methode, um das Aussenden des Qi (Wai Qi) zu Heilungszwecken zu erreichen.

*Fu*

Bezeichnet die »Sechs Eingeweide« Dünndarm, Magen, Dickdarm Blase, Gallenblase und »Dreifacher Erwärmer«. Sie sind hohl, bilden Durchgänge, sind also aktiv bei der Peristaltik und demnach Yang. Sie verwandeln nicht. Die Zahl sechs entspricht den »Sechs Energien« (siehe Zang).

*Gao*

Fettige Flüssigkeit und Nahrung für das Knochen- und Rückenmark. Von der Stärke des Gao hängt das richtige Funktionieren der Knochen, des Rückenmarks und des Gehirns ab. Gao wird von den Körpersäften (Ye) produziert, die von der Niere und der Energie Jing hervorgebracht werden.

*Gou Qi*

Reine Energie, die in der Nahrung enthalten und für den Körper

assimilierbar ist. Es ist das Gegenstück zum Prana der Nahrungsmittel in der Physiologie des Yoga.

*Hsing I Quan*
Chinesische Kampfkunst des inneren Stils, in Europa weniger
bekannt als das Tai Ji Quan, aber heute in China allgemein praktiziert.

*Hsing Qi*
Ältester Fachbegriff für das Qi Gong, das die äußere Zirkulation in
den Muskeln steuert.

*Hua Tuo (190–265)*
Berühmter Arzt aus der Zeit der »Drei Reiche«. Er erfand das »Spiel
der fünf Tiere« (Wu Qing Xi).

*Huang Di*
Der legendäre erste Kaiser von China.

*Hun*
Das Shen, die vegetative Seele, die der Leber entströmt und in
Zusammenhang mit der Materialisierung und dem Beziehungsle-
ben steht.

*I Ging*
Buch der Wandlungen, das auf den 64 Hexagrammen basiert.

*Jie Dan Tian Gong Zuo Gong*
Methode zur Anregung von Wärme und des Gefühls von Energie
am Dan Tian.

*Jin Ye*
Körpersäfte. Sie betreffen den Flüssigkeitshaushalt des Körpers, die
Hydration, das Milieu außerhalb und innerhalb der Zellen und die
Ausscheidungen. Sie stehen im Zusammenhang mit der Immu-
nität, der Wärmeregulierung usw. Die »Fünf Flüssigkeiten« der
»Fünf Organe« sind der Schweiß, der Nasenschleim, die Tränen und
der flüssige und feste Speichel.

*Jing*
Bezeichnet die essentielle Energie, die subtilste und reinste Energie des Körpers. Ein Teil ist angeboren, von Vater und Mutter vererbt; der andere ist erworben und wird vom Körper wieder ersetzt. Das Jing ist in der Niere gespeichert, genauer im Punkt Mingmen. Man versucht, es im Dan Tian zu sammeln, denn in seiner zweiten Bedeutung bezeichnet Jing das »erste Kleinod«, die essentielle Materie, die zu Qi und dann zu Shen transformiert werden kann.

*Jing Gong*
Methode des statischen Qi Gong, die auf die Konzentration und Gelassenheit ausgerichtet ist.

*Kung Fu oder »Völlige Vollendung«*
Früher Bezeichnung für die Gesamtheit der körperlichen alchimistischen Techniken zur Lebensverlängerung und Verbesserung der Gesundheit. Im weiteren Sinn bezeichnet es heute den Kampfsport des äußeren Stils. In einem engeren Sinn wird es auch benutzt, um eine Übung zu bezeichnen, die vom Schüler vollkommen beherrscht wird.

*Laotse*
Begründer des Taoismus, dem das *Tao Te King* zu verdanken ist. Obwohl er eine mythische Persönlichkeit darstellt, ist seine Existenz doch bezeugt.

*Liu Ho Ba Fa*
Kampfkunst des inneren Stils, weniger bekannt als das Tai Ji Quan.

*Nei Dan*
Innere Alchimie, die Gesamtheit der körperlichen Übungen, Atmungs-, Konzentrations- und Meditationsweisen, die eine Wandlung der Energien des Schülers ermöglichen. Bezeichnet auch den esoterischen inneren oder spirituellen Stil der Kampfkünste oder des Qi Gong.

*Nei Jing Su Wen und Nei Jing Ling Shu*
Zwei der ältesten Werke über Akupunktur, etwa aus dem Jahr
200 v. Chr. Die ausführliche Bezeichnung lautet: *Huang Di Nei Jing
Su Wen und Ling Shu.*

*Nei Yang Gong*
Qi Gong der inneren Nährung des vitalen Prinzips.

*Pan Tzu*
Der berühmte Weise, der achthundert Jahre alt wurde. Er soll in
der Epoche von Laotse gelebt haben. Er verdankte seine lange
Lebensdauer der Meisterschaft in der sexuellen Alchimie. Bei ihm
haben sich die drei Lehrmeisterinnen des *Sou Nu Jing* oder der
*»Abhandlung über die Kunst des Schlafgemachs«* die nötigen Informationen zur Unterweisung des Kaisers Huang Di beschafft.

*Po*
Das Shen, die vegetative Seele, die der Lunge entströmt und in
Zusammenhang mit der Verinnerlichung und dem Instinkt der
Erhaltung steht.

*Qi*
Wird mit Energie oder mit Atem übersetzt. Es ist das dynamische
Prinzip, das den lebenden Körper beseelt. Das Qi, das heißt die
verschiedenen Formen von Qi zirkulieren überall im Körper auf
den »Wegen des Qi«, worunter wir die Hauptleitbahnen und die
Sonderleitbahnen verstehen. Im engeren Sinn bezeichnet Qi auch
die Atmung, den Atemhauch oder auch die Wirkung dieses Hauches
auf das Jing, die wesentliche Energie, die sich in Qi, das »zweite
Kleinod«, und dann in Shen transformiert. Das Qi kann nicht unabhängig, sondern nur im Zusammenhang mit den Körpersäften und
dem Blut studiert und zum Wirken gebracht werden.

*Qi Hai*
Sechster Punkt der Leitbahn Ren Mai, 1,5 Zentimeter unter dem
Nabel. Dieser Punkt ist dem Dan Tian gleichgestellt. Er bedeutet
»Meer der Energie«.

*Qi Hua*
Funktion der Transformation der Niere, die die reinen Körpersäfte
und die Abwehrenergie entstehen läßt.

*Ruang Gong*
Langsame Übungen oder entspanntes Qi Gong.

*San Jiao*
San = drei, Jiao = Erwärmer, Kessel. San Jiao bedeutet also in der
chinesischen Physiologie die drei »Erwärmer«, unterer, mittlerer
und oberer, die den drei Dan Tian oder »Zinnoberfeldern« in der
inneren taoistischen Alchimie entsprechen.

*Shaolin*
Kloster in der Provinz Henan, wohin sich Bodhidharma zurückzog
und wo er einen Kampfstil entwickelte. Shaolin bezeichnet diesen
äußeren Kampfstil des Kung Fu, der verschiedene Meister und
Schüler hervorgebracht hat.

*Shao Zhou Tian oder »Kleiner Energiekreislauf«*
Übung zur Verbindung der beiden Leitbahnen Du Mai und Ren Mai,
die den Körper in der Mitte teilen und eine rechte und eine linke
Körperhälfte bilden. Er ist als Konzentrations- und Meditations-
kreis zu verstehen.

*Shen*
Das spirituelle Prinzip des Menschen. Es wird in fünf Formen
unterteilt: Hun, Po, Yi, Zhi und Shen.
In einem mehr esoterischen Sinn bezeichnet Shen das »dritte
Kleinod«, die Stufe der subtilsten und spirituellsten Verfeinerung
des Jing zu Qi und des Qi zu Shen. In diesem Stadium hat der
Schüler dieses spirituelle Prinzip sozusagen materialisiert und
kann es aus dem physischen Körper heraus vergegenständlichen.

*Shi Er Dun Jin oder »Zwölf Brokatstücke«*
Eine Übungsfolge des äußeren Qi Gong, die dem Yi Jin Jing entnommen ist, das von Bodhidharma ausgearbeitet wurde.

*Shiatsu*
Massagetechnik für die Akupunkturpunkte.

*Shui*
Die vom Organismus assimilierten Getränke.

*Shui Dao oder »Weg der Flüssigkeiten«*
Feines energetisches Netzgeflecht, über das die Energie der Lunge
beim Einatmen die Körpersäfte nach unten treibt.

*Shui Gu*
Der reinste energetische Teil der vom Körper assimilierten flüssigen und festen Nahrung.

*Tai Qi*
Die reine Energie, die in der Luft enthalten ist und von der Lunge
aufgenommen werden kann. Es ist das Gegenstück zum Prana in
der Physiologie des Yoga.

*Tai Ji Quan*
Kämpferische Übungsfolge, die langsam und mit innerer Konzentration durchgeführt wird und von Chang San Feng entwickelt
wurde. Das Tai Ji Quan ist eine Übungsfolge des inneren Qi Gong,
das sowohl in China als auch in der ganzen Welt sehr bekannt und
verbreitet ist und am meisten praktiziert wird. Es bietet zugleich
die kämpferische Ausbildung zur Selbstverteidigung, das spirituelle Wachstum durch die Wandlung der Energien und therapeutische
Möglichkeiten, indem die Gesundheit gestärkt wird.

*Tui Na*
Massagetechniken.

*Wai Dan*
Äußere Alchimie. Bezeichnet die Alchimie der Kuren auf der
Grundlage von Pflanzen und Mineralien. Steht im Gegensatz zu Nei
Dan, der inneren Alchimie (siehe dort). Bezeichnet auch den eso-
terischen äußeren Stil der Kampfkünste oder des Qi Gong.

*Wai Qi*
Das äußere Qi, das vom Übenden abgegeben wird, um jemanden zu heilen.

*Wei Qi*
Abwehrenergie des Körpers; zirkuliert an der Oberfläche des Körpers und wird durch die Praxis des harten Qi Gong erhöht.

*Wu Dang*
Berühmter Landstrich, wo der Begründer des Tai Ji Quan lebte. Seitdem bezeichnet Wu Dang die Kampfkünste im inneren Stil.

*Wu Qing Xi oder »Spiel der fünf Tiere«*
Reihe von Übungen, in der fünf Tiere imitiert werden, von Hua Tuo erfunden. Wird seit zweitausend Jahren erfolgreich praktiziert und hat verschiedene Varianten erfahren.

*Wu Shu*
Kampfkunst, die die »Fünf Tiere« imitiert und fünf verschiedene Stile umfaßt. Bezeichnet auch die Kunst, außerordentliche Leistungen zu bringen, die durch die Qi-Gong-Praxis entwickelt wurden (Steine spalten, auf Dolchen gehen usw.).

*Xu Li*
Akupunkturleitbahn, die »Großer Lo des Magens« genannt wird. Eine innere Leitbahn, über die die vom Magen aufgenommene Energie in Umlauf gebracht wird.

*Xue*
Das Blut und seine Funktion in der chinesischen Physiologie. Umfaßt sehr komplexe und miteinander verbundene Vorgänge aus der Hämatologie: arterieller und venöser Blutkreislauf, die Versorgung der Gewebe, Abbauprozesse, das Zusammenziehen der Gefäße, Kapillarisierung, Koagulation, Immunität. Berührt die Endokrinologie, Sexualität und Zeugungsvorgänge, Widerstandsfähigkeit und körperliche Konstitution. Das Blut wird nicht isoliert betrachtet, sondern in engem Zusammenhang mit dem Qi, der Energie und den Körpersäften.

*Yi*

Das Shen, die vegetative Seele, die« aus der Milz strömt und in Zusammenhang mit den Ideen, der Reflektion und den Sorgen steht.

*Yi Jin Jing*

Übungsfolge von Bewegungen zur Stärkung der Muskeln und Sehnen, deren Schöpfer Da Mo (Bodhidharma) ist.

*Yi Shou*

Zustand der Entspannung und Gelassenheit des Geistes, der bei der Praxis des Qi Gong empfohlen wird.

*Ying Qi Gong*

Qi Gong der Muskeln oder hartes Qi Gong.

*Yong Qi*

Nährende Energie, die von der Milz, dem Magen und der Lunge auf der Grundlage der in der Nahrung enthaltenen Energie gewonnen wird.

*Yuan Qi*

Ursprüngliche Energie, die dem »Früheren Himmel« entstammt (vor der Empfängnis) und vom Vater und der Mutter geerbt wird. Diese Energie sitzt im Punkt Mingmen, in Taillenhöhe auf der Wirbelsäule zwischen den beiden Nieren und zirkuliert über die Leitbahnen Chong Mai und den »Dreifachen Erwärmer« im ganzen Körper.

*Yung*

Konfuzianische Tugend der Beharrlichkeit und Ausdauer.

*Zang*

Bezeichnet die »Fünf edlen Organe«, Leber, Herz, Milz-Pankreas, Lunge, Niere, an denen sich die energetische Physiologie der Akupunktur festmacht. Diese Organe sind gefüllt und schwer; sie vollziehen den Stoffwechsel der Quintessenzen. Im Verhältnis zu den sechs Fu-Organen (siehe dort) sind sie Yin. Alle Übungen des therapeutischen Qi Gong haben die Kräftigung und Harmonisierung der fünf inneren Zang-Organe zum Ziel.

### Zheng Qi
Wahre Energie oder Energie der Leitbahnen. Zheng Qi ist das Qi in seiner Gesamtheit, dasjenige, das in allen Leitbahnen des Körpers zirkuliert und das man in verschiedene Arten unterteilen kann: Yuan, Jing, Zong, Yong, Wei (siehe dort).

### Zhi
Das Shen, die vegetative Seele, die der Niere entströmt und in Beziehung zum Willen und zur Kreativität steht.

### Zong Qi
Die ursprüngliche Energie, die dem »Früheren Himmel« entstammt (vor der Empfängnis) und von Vater und Mutter geerbt wird. Sie bestimmt die Widerstandsfähigkeit des Menschen und seine Fähigkeit, aus der Nahrung und der Luft die Energie herauszuziehen, sowie die Kraft der Lunge und des Herzens, die die Aufgabe haben, die Energie in den Leitbahnen zirkulieren zu lassen.

# Literatur

Achtenberg, J.: Heilung durch Gedankenkraft. Scherz Verlag, München 1989

Chang, T. S.: The Tao of sexology. Tao Publ., San Francisco 1986.

Chia, M.: Tao Yoga der Liebe. 5. Aufl. Ansata-Verlag, Interlaken 1990.

Chia, M.: Tao Yoga des Heilens. Die Kraft des Inneren Lächelns, Die Sechs Heilenden Laute, Die Praxis der Chi-Massage. Ansata-Verlag, Interlaken 1987.

Chia, M.: Tao Yoga. Eisenhemd Chi Kung. Ansata-Verlag, Interlaken 1989.

Chia, M.: Tao Yoga. Praktisches Lehrbuch zur Erweckung der heilenden Urkraft Chi. 5 Aufl. Ansata-Verlag, Interlaken 1990.

Chia, Mantak/Chia Maneewan: Tao Yoga der heilenden Liebe. 4. Aufl. Ansata-Verlag, Interlaken 1990.

Clerc, R.: Grundlagen des Yoga der Energie. Verlag Via Nova, Petersberg 1989.

Deshimaru-Roshi, T.: Za-Zen. 3. Aufl. Verlag Kristkeitz, Leimen 1984.

Despeux, C.: Tai Ji Quan, art martial, technique de longue vie. Ed. Guy Trédaniel de la Maisnie 1981.

Despeux, C.: Traité d'alchimie et de physiologie taoïste. Les Deux Océans, Paris 1979.

Eisenberg, D./Wright, T. L.: Chinesische Medizin. Knaur Verlag, München 1990.

Granet, M.: Das chinesische Denken. Suhrkamp Verlag, Frankfurt am Main 1985.

Guo, L.: Exercise of new Qigong therapy, in: Collections of Qigong therapy. Beijing 1980.

Guorui, J.: Qigong Yangsheng. 2. Aufl. Medizinisch Literarische Verlagsges., Uelzen 1989.

Hackl, M./Wu, K. K.: Qi Gong – Heilender Atem. Verlag Bruno Martin, Südergellersen 1989.

Hackl, M.: Hui Chun Gong. Hugendubel Verlag, München 1991.

Hempen, C.-H.: Die Medizin der Chinesen. Goldmann Verlag, München 1991

Kaltenmark, M.: Lao Tse und der Taoismus. Suhrkamp Verlag, Frankfurt am Main 1981.

Laotse: Tao Te King. Übers. von R. Wilhelm. Eugen Diederichs Verlag, München 1991.

Liu, D.: Tai Chi und Meditation. Hugendubel Verlag, München 1989.

Liu, Q.: Qi Gong. Hugendubel Verlag, München 1992.

Longyu, Z./Petersohn, L.: Qi Gong. Karl F. Haug Verlag, Heidelberg 1989.

Maspero, H.: Le Taoïsme et les religions chinoises. Gallimard, Paris 1971.

Nakamura, T.: Das große Buch vom richtigen Atmen. Knaur Verlag, München 1987.

Needham, J.: Wissenschaft und Zivilisation in China. Suhrkamp Verlag, Frankfurt am Main 1988.

Page, M.: Die Kraft des Chi. Sphinx Verlag, Basel 1990.

Requena, Y.: Acupuncture et Phytothérapie. 3 Bände, Ed. Maloine, Paris 1983/84.

Robinet, I.: Méditation taoïste. Dervy Livres 1979.

Schillings, A./Hinterthür, P.: Qi Gong – Der Fliegende Kranich. Windpferd Verlagsges. 1989.

Siegel, B.: Liebe, Medizin und Wunder, Econ Verlag, Düsseldorf 1991.

Takahashi, M./Brown, S.: Qi Gong for health. Japan Publ. Inc., New York 1986.

Traditional Chinese fitness exercises. China spotlight series. New World Press, China 1984.

Zhang, M. W./Sun, X. Y.: Chinese Qigong therapy. Shandong Science and Technology Press, Jinan 1985.

Zöller, J.: Das Tao der Selbstheilung. Ullstein Verlag, Berlin 1987.

# Register

Der Franzose Yves Requena ist Arzt und seit über fünfzehn Jahren Spezialist für Akupunktur. Als ausgewiesener Kenner der taoistischen Medizin ist er Autor mehrerer in Frankreich erfolgreicher Bücher zu den Themen Akupunktur und chinesische Heilsysteme. Sein Wissen über Qi Gong sammelte er bei dem Amerikaner Jake Fratkin, der sich zeitlebens mit dem Thema beschäftigte, dem Chinesen Peter Moy, einem bekannten New Yorker Qi-Gong-Lehrer, George Shen, dem Direktor des Qi-Gong-Instituts in Shanghai, und vielen anderen chinesischen Meistern, deren Begegnung Yves Requena im Laufe der Zeit suchte.

Der vorliegende Band ist das in Frankreich zu diesem Thema meistverkaufte Buch.

# Edgar Cayce

## Die Heilgeheimnisse
## des schlafenden Propheten

Krankheitssymptome und ihre Überwindung

Bewußtes Heilen basiert auf dem Zusammenklingen von Körper, Psyche und Seele. Edgar Cayce, der »Schlafende Prophet«, hat für diese Erkenntnis echte Pionierarbeit geleistet. Seine mehr als 14 000 hinterlassenen schriftlichen *readings* wurden akademisch erforscht und in der klinischen Praxis erprobt. Für Cayce ist der Mensch ein unsterbliches Wesen mit einem spirituellen Wesenskern, dessen »materieller Körper« das Produkt seines mit spiritueller Energie wirkenden Geistes ist. Ziel seiner Therapie ist es, die Funktionen des Körpers, des Bewußtseins und der spirituellen Realität ins Gleichgewicht zu bringen. Das Buch enthält:

– Edgar Cayces Gedanken zur Gesundheit
– Das Verzeichnis der von Cayce behandelten Krankheiten
– Cayces Pharmakologie
– eine Auswahl von Cayces wichtigsten Heilmethoden
– Cayces Methoden auf dem Prüfstand moderner Medizin

Ein Paperback im Goldmann Verlag
Deutsche Erstveröffentlichung
ISBN 3-442-12105-1

# William G. Gray

# Magie

### Das Praxisbuch der magischen Rituale

Die Magie und ihre Arbeitstechniken gehören über die Jahrhunderte zu den bestgehütetsten Geheimnissen esoterischen Wissens. In ihrem Zentrum steht das Ritual, dessen Grundlagen und vielfältige Anwendungsformen hier ausführlich dargestellt werden. William G. Gray, der sich Zeit seines Lebens mit weißer und zum Teil auch mit schwarzer Magie befaßt hat, bietet jedem »Zauberlehrling« die Ausbildung, die ihn zum Meister seines Faches machen kann. Das Buch enthält:

- die Bildung des magischen Mysteriums
- die Sprache der Symbole
- Riten und ihre Komponenten
- sensorische Ritualtechniken
- rituelle Laute und Anrufungen
- die Schulung des Bewußtseins

Jeder, dem Magie gleichbedeutend mit einer geistigen Wiedergeburt ist, wird in diesem Praxisbuch ersten Ranges einen weisen und unverzichtbaren Führer zu einem fast schon vergessenen Gedankengut finden.

Ein Paperback im Goldmann Verlag
Deutsche Erstveröffentlichung
ISBN 3-442-12157-4

# Richard Moss

# Illusion der Getrenntheit

## Die unzähligen Spielmöglichkeiten unserer Seele

Jeder Mensch im westlichen Kulturkreis muß immer wieder die schmerzliche Erfahrung von Isolation und Getrenntheit machen: Auf der einen Seite steht das Ich, auf der anderen »der Rest der Welt«. Auf dieser Dualität beruhen sämtliche Bereiche des Lebens – Kultur, Arbeitswelt, Partnerschaft –, und immer erleben wir uns mit unseren Bedürfnissen im Gegensatz zu oder im Konflikt mit anderen. Wie kann es uns gelingen, diese kulturbedingte Getrenntheit aufzugeben und uns eins mit der uns umgebenden Welt zu erfahren? Richard Moss, als Arzt ursprünglich ein nüchterner Naturwissenschaftler, lebt vor und beschreibt in seinem Buch, was geschieht, wenn man die Illusion der Getrenntheit als solche erkennt und überwindet. Schon bald eröffneten sich ihm durch Meditation, Auseinandersetzung mit anderen Kulturen und durch das Leben in Gruppen ganz neue Erfahrungswerte: Es entwickelte sich in ihm eine verstärkte Wahrnehmungsfähigkeit, Hellsichtigkeit, bisher ungeahnte Empfindsamkeit und, für Richard Moss am wichtigsten, die bedingungslose Bejahung aller Menschen und Dinge.

»Ich glaube, wir befinden uns an der Schwelle dessen, was ich als Kollektivierung des Geistes bezeichne. Das gesamte persönliche Bewußtsein wird überschritten, und ein Bewußtsein bereitet sich vor, das mit viel stärkeren Kräften umgehen kann und seine innere Verbundenheit mit der ganzen Menschheit unmittelbar erfahrbar macht.« *Dr. Richard Moss*

Ein Paperback im Goldmann Verlag
Deutsche Erstveröffentlichung
ISBN 3-442-12132-9

# Petey Stevens

## Entdecken Sie Ihre übersinnlichen Fähigkeiten

PSI, Telepathie, Levitation, Hellsehen, Zeitreisen
und andere Techniken

Haben Sie sich schon einmal die Frage gestellt, ob Sie über
magische Kräfte verfügen? Oder haben Sie es schon erlebt,
daß Sie plötzlich der Person gegenüberstehen, an die Sie
gerade gedacht haben? Oder hatten Sie sogar das Gefühl,
künftige Geschehnisse beeinflussen zu können? Dann gehören wahrscheinlich auch Sie zu den sensitiv veranlagten
Menschen.

Mit diesem Buch und dem darin enthaltenen PSI-Q-Test
haben Sie die Möglichkeit, Ihre Gabe auszuloten und einen
tiefgehenden Zugang zu Ihren intuitiven Fähigkeiten zu
finden. Dieses Werk gibt Ihnen zielgerichtet Aufschluß
über:

- Entwicklungsmöglichkeiten Ihrer paranormalen
  Anlagen
- Sensitive Kommunikation und Interaktion
- Spirituelle Führung und mediale Sitzungen

Eine reichhaltige Auswahl von Übungen, die Petey Stevens
seit langem als Grundlage für ihre Seminare dient, gestattet
es Ihnen, auf spielerische Weise neue – und vielleicht die
spannendsten – Dimensionen Ihres Selbst zu entdecken.

Ein Paperback im Goldmann Verlag
Deutsche Erstveröffentlichung
ISBN 3-442-12084-5